EQUAL EDUCATION IN MEGACITIES

RESEARCH ON MIGRANT CHILDREN'S COMPULSORY EDUCATION IN MEGACITIES

大城同学

特大城市流动儿童义务教育问题研究

佘 宇 冯文猛 等著

中国发展出版社
CHINA DEVELOPMENT PRESS

图书在版编目（CIP）数据

大城同学：特大城市流动儿童义务教育问题研究 / 佘宇，冯文猛，等著．— 北京：中国发展出版社，2017.12

ISBN 978-7-5177-0804-9

Ⅰ．①大… Ⅱ．①佘… ②冯… Ⅲ．①流动人口—儿童教育—义务教育—研究—中国 Ⅳ．① G61

中国版本图书馆 CIP 数据核字（2017）第 278481 号

书　　名： 大城同学：特大城市流动儿童义务教育问题研究
著作责任者： 佘　宇　冯文猛　等
出 版 发 行： 中国发展出版社
（北京市西城区百万庄大街 16 号 8 层 100037）
标 准 书 号： ISBN 978-7-5177-0804-9
经　销　者： 各地新华书店
印　刷　者： 三河市东方印刷有限公司
开　　　本： 710mm × 1000mm 1/16
印　　　张： 22.5
字　　　数： 355 千字
版　　　次： 2017 年 12 月第 1 版
印　　　次： 2017 年 12 月第 1 次印刷
定　　　价： 69.00 元

联 系 电 话：（010）88919581 68990692
购 书 热 线：（010）68990682 68990686
网 络 订 购： http：//zgfzcbs.tmall.com
网 购 电 话：（010）88333349 68990639
本 社 网 址： http：//www.develpress.com.cn
电 子 邮 件： 370118561@qq.com

“特大城市流动儿童义务教育问题研究”课题组

课题顾问

葛延风　　国务院发展研究中心社会发展研究部部长、研究员

课题负责人

佘　宇　　国务院发展研究中心社会发展研究部调研员、副研究员
冯文猛　　国务院发展研究中心社会发展研究部副调研员、副研究员

课题组成员

富晓星　　中国人民大学人口与社会学院副教授
田　阡　　西南大学城乡统筹发展研究中心主任、教授
付来友　　西南大学历史文化学院人类学与民族学系讲师
杨　昕　　上海社会科学院城市与人口发展研究所副研究员
高　慧　　上海社会科学院城市与人口发展研究所助理研究员
曹启挺　　长沙民政职业技术学院社会工作学院讲师
张　龙　　中山大学哲学系博士研究生
谢　萍　　英国诺丁汉大学教育学院博士研究生
张建茹　　内蒙古广播电视大学教授
张　贺　　国务院发展研究中心办公厅助理研究员

内容摘要

改革开放后特别是20世纪90年代以来，随着大规模农村人口进城务工经商，在我国以地方政府作为教育筹资和服务提供主体的制度安排下，流动人口随迁子女即流动儿童的教育问题日益引起社会关注。相关研究及动态监测调查数据表明，近年来流动人口的流动性减弱，常住化和家庭化趋势日益显著，这一群体正在成为流入地特别是特大城市稳定的就业者和居住者。

当前，特大城市流动儿童在义务教育阶段主要面临公办学校准入门槛进一步提升、“钱随人走”实际变成“钱随籍走”、学校教育连续性的破坏和家庭教育的缺失、身份认同等心理问题严重以及民办学校特别是打工子弟学校教师流动性大等问题和障碍。究其原因，主要在于教育政策与城镇化政策之间的张力与冲突、国家教育政策与地方政府及府际之间功能和利益的冲突以及教育资源供给与流动儿童公平教育需求之间的冲突。

破解特大城市流动儿童义务教育困境，需要从教育公平和城镇化两个视角出发，综合讨论解决之道，同步推进教育公平与城镇化有序发展。特大城市流动儿童义务教育问题聚焦于特大城市这一典型区域、流动儿童这一特殊群体、义务教育这一重要阶段，困难与挑战更为突出，各方也更为关注。这一问题如能顺利解决，其他相关问题也就有望迎刃而解了。因此，有必要在顶层设计中明确教育政策和城镇化政策之间的关系，进而解决目前两套政策体系带来的问题冲突。鉴于教育政策与城镇化政策之间的梗阻主要集中于对于特大城市人口规模的严控，破解两套政策体系带来的问题冲突，关键仍在于对特大城市人口规模的科学认识。

有关研究表明，特大城市的人口问题首先是一国首位城市的人口问题。人口向特大城市集聚，关键还是因为经济集聚发展有利于提高劳动生产率和国家竞争力。城镇化水平越高，越大的城市劳动生产率越高，越能够创造就业岗位，首位城市人口规模也不断扩大；开放度越高，劳动力等生产要素越会向少数特大城市集聚。从我国的国家战略角度来看，做好包括流动儿童、留守儿童在内的 1 亿人左右的人力资本储备和提升，将为推动经济持续增长、消除城市内二元结构、促进社会稳定和公平、实现城镇化有序发展奠定坚实的基础。因此，本报告建议，破解特大城市流动儿童义务教育困境的总体思路可以确定为"顺应人口流动和城镇化内在规律，做好 1 亿人左右的人力资本储备和提升"。

具体政策建议包括：突破计划控制思维，科学预测城市人口，适时增加教育资源供给；进一步提高中央和省级政府在义务教育的教育支出中的分担比例；规范学籍的线上与线下管理，减少权力寻租行为，落实打工子弟学校财政补贴；加强对流动人口的宣传和辅导，提高其对相关教育政策的认知和理解。

目 录

总 报 告

案 例 报 告

总 报 告

破解特大城市流动儿童义务教育问题的思路与建议

改革开放后特别是20世纪90年代以来，流动儿童的教育问题日益引起社会关注。当前特大城市流动儿童在义务教育阶段主要面临公办学校准入门槛进一步提升、“钱随人走”实际变成“钱随籍走”、学校教育连续性的破坏和家庭教育的缺失、身份认同等心理问题严重以及民办学校特别是打工子弟学校教师流动性大等问题。究其原因，主要在于教育政策与城镇化政策之间的张力与冲突、国家教育政策与地方政府及府际之间功能和利益的冲突以及教育资源供给与流动儿童公平教育需求之间的冲突。本报告认为，破解特大城市流动儿童义务教育困境的总体思路可以确定为顺应人口流动和城镇化内在规律，做好1亿人左右的人力资本储备和提升。具体政策建议包括突破计划控制思维，科学预测城市人口，适时增加教育资源供给；进一步提高中央和省级政府在义务教育的教育支出中的分担比例；规范学籍的线上与线下管理，减少权力寻租行为，落实打工子弟学校财政补贴；加强对流动人口的宣传和辅导，提高其对相关教育政策的认知和理解。

一、备受社会关注的流动儿童义务教育问题

改革开放后特别是20世纪90年代以来，随着大规模农村人口进城务工经商[①]，在我国以地方政府作为教育筹资和服务提供主体的制度安排下，流动人口

① 《2016年农民工监测调查报告》显示，2016年农民工总量达到28171万人，比2015年增加424万人；其中，外出农民工16934万人，增加50万人。

随迁子女即流动儿童[①]的教育问题日益引起社会关注。

据2010年第六次全国人口普查结果显示，我国流动儿童约为3610万人、留守儿童约6973万人，两者数量之和过亿，占全国儿童总数的38%。今后5年，这一数据还将增长，且流动儿童数量增长更快（段成荣，2015）。《2016年全国教育事业发展统计公报》显示，2016年全国义务教育阶段在校生[②]中有流动儿童1394.77万人，在小学就读1036.71万人，在初中就读358.06万人。

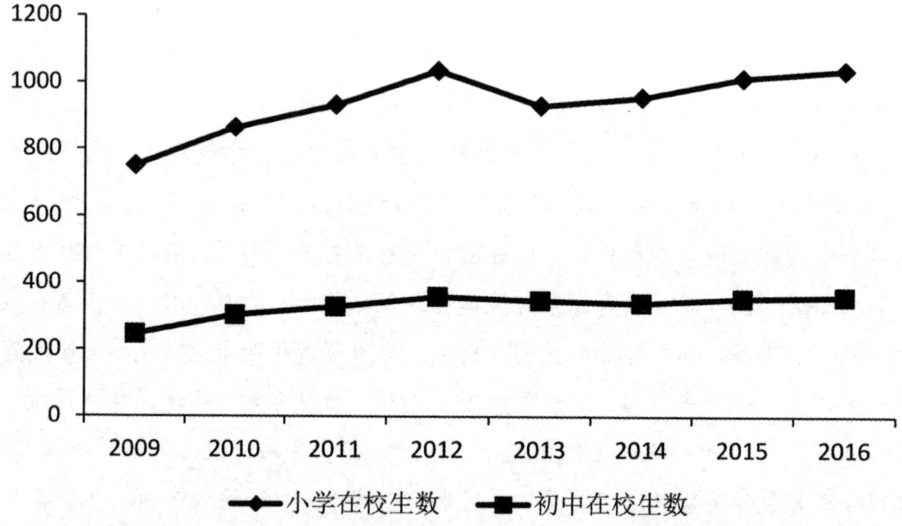

图1　义务教育阶段在校生中的随迁子女数量（单位：万人）

《国家教育督导报告——2014年全国义务教育均衡发展督导评估》显示，2014年全国进城务工随迁子女在校生达到1294.7万人，79.5%的随迁子女在公办学校就读。这一比例在464个县（市、区）也达到了78.7%。也就是说，仍有约两成、超过200万的流动儿童未能进入公办学校，只能在民办学校或条件

① 1998年原国家教委、公安部发布的《流动儿童少年就学暂行办法》将流动儿童界定为："6至14周岁（或7至15周岁），随父母或其他监护人在流入地暂时居住半年以上有学习能力的儿童少年或称作流动人口子女"。根据第六次全国人口普查数据，义务教育阶段的流动儿童（6~14岁）的规模达到1393万（段成荣等，2013）。"流动儿童"在研究中又被称作"打工子弟""流动人口子女""农民工子女""进城务工人员随迁子女"等，本研究统称为"流动儿童"。

② 根据《2016年全国教育事业发展统计公报》，全国小学在校生9913.01万人，初中在校生4329.37万人。

简陋的打工子弟学校就读。

（一）流动儿童义务教育政策的历史沿革

从中央层面相关政策进展来看，在流动儿童规模日趋扩大的背景下，中央政府已明确意识到1986年确立的适龄儿童和少年在户籍所在地“就近入学”的原则越来越不能适应形势发展的需要[①]。针对流动儿童的教育问题，中央在随后的一些重要文件中都做出了战略性的定位和规划（如表1所示），其中最为重要的是“以流入地政府管理为主，以全日制公办学校为主”，即通称的“两为主”政策。

表1　中央有关流动儿童教育问题的重要论述

时间	政策文件	相关政策
第一阶段：从严格控制到有条件接收		
1986	《中华人民共和国义务教育法》	地方各级人民政府应当合理设置小学、初级中等学校，使儿童、少年就近入学
1992	《〈中华人民共和国义务教育法〉实施细则》	适龄儿童、少年到非户籍所在地接受义务教育的，经户籍所在地的县级教育主管部门或者乡级人民政府批准，可以按照居住地人民政府的有关规定申请借读。借读的适龄儿童、少年接受义务教育的年限，以其户籍所在地规定为准
1996	《城镇流动人口中适龄儿童、少年就学办法》	凡户籍所在地有监护条件的，必须在户籍所在地接受义务教育；户籍所在地没有监护条件的，流动期间在流入地接受义务教育。 城镇流动人口中适龄儿童、少年就学，应以在流入地全日制中小学借读为主。没有条件进入全日制中小学的，可以入各种形式的教学班、组，接受非正规教育

① 需要指出的是，在当时非户籍人口数量相对较少的背景下，1986年颁布的《中华人民共和国义务教育法》及1992年制定的《〈中华人民共和国义务教育法〉实施细则》中的有关规定无疑有其针对性和合理性。

续表

时间	政策文件	相关政策
1998	《流动儿童少年就学暂行办法》	流动儿童少年常住户籍所在地人民政府应严格控制义务教育阶段适龄儿童少年外流。凡常住户籍所在地有监护条件的，应在常住户籍所在地接受义务教育；常住户籍所在地没有监护条件的，可在流入地接受义务教育。 流入地人民政府应为流动儿童少年创造条件，提供接受义务教育的机会。流入地教育行政部门应具体承担流动儿童少年义务教育的职责。 流动儿童少年就学，以在流入地全日制公办中小学借读为主，也可入民办学校、全日制公办中小学附属教学班（组）以及专门招收流动儿童少年的简易学校接受义务教育
第二阶段：从有条件接收到一视同仁		
2001	《关于基础教育改革和发展的决定》	要重视解决流动人口子女接受义务教育问题，以流入地区政府管理为主，以全日制公办中小学为主，采取多种形式，依法保障流动人口子女接受义务教育的权利
2003	《国务院关于进一步加强农村教育工作的决定》	城市各级政府要坚持以流入地政府管理为主、以公办中小学为主，保障进城务工就业农民子女接受义务教育
2003	《关于进一步做好进城务工就业农民子女义务教育工作的意见》	进城务工就业农民流入地政府（以下简称流入地政府）负责进城务工就业农民子女接受义务教育工作，以全日制公办中小学为主
2006	《中华人民共和国义务教育法》	父母或者其他法定监护人在非户籍所在地工作或者居住的适龄儿童、少年，在其父母或者其他法定监护人工作或者居住地接受义务教育的，当地人民政府应当为其提供平等接受义务教育的条件
2006	《国务院关于解决农民工问题的若干意见》①	保障农民工子女平等接受义务教育。输入地政府要承担起农民工同住子女义务教育的责任，将农民工子女义务教育纳入当地教育发展规划，列入教育经费预算，以全日制公办中小学为主接收农民工子女入学，并按照实际在校人数拨付学校公用经费。城市公办学校对农民工子女接受义务教育要与当地学生在收费、管理等方面同等对待，不得违反国家规定向农民工子女加收借读费及其他任何费用。输入地政府对委托承担农民工子女义务教育的民办学校，要在办学经费、师资培训等方面给予支持和指导，提高办学质量

① 国务院研究室负责人在《国务院关于解决农民工问题的若干意见》的答记者问上解释，对输入地政府提出这样的要求，主要基于三点考虑：一是解决农民工同住子女的义务教育问题，并不会引发农民盲目将子女送进城市享受义务教育的状况。二是农民工与当地户籍职工一样，为输入地发展创造了财富，提供了税收，贡献了力量，当地政府应当承担起农民工同住子女义务教育的责任。三是义务教育属于政府应该提供的最基本的公共服务，直接关系国民素质，各地应从全局和长远认识解决农民工子女义务教育问题的重要性。

续表

时间	政策文件	相关政策
第三阶段：促进教育公平公正		
2010	《国家中长期教育改革和发展规划纲要（2010—2020年）》	坚持以输入地政府管理为主、以全日制公办中小学为主，确保进城务工人员随迁子女平等接受义务教育，研究制定进城务工人员随迁子女接受义务教育后在流入地参加升学考试的办法
2012	《国家教育事业发展第十二个五年规划》	保障进城务工人员随迁子女享受基本公共教育服务权利。健全输入地政府负责的进城务工人员随迁子女义务教育公共财政保障机制，将进城务工人员随迁子女教育需求纳入各地教育发展规划。加快建立覆盖本地进城务工人员随迁子女的义务教育信息服务与监管网络。鼓励各地采取发放培训券等灵活多样的形式，使新生代农民工都能在当地免费接受基本的职业教育与培训。推动各地制定非户籍常住人口在流入地接受高中阶段教育，省内流动人口就地参加高考升学以及省外常住非户籍人口在居住地参加高考升学的办法

通过上述政策梳理不难发现："两为主"政策出台后，这一基本方针一直持续至今，同时对流入地政府在教育投入与管理上的责任给出了越来越明确和细致的规定。与此同时，中央对这一问题的关注焦点，也从最初的"流动人口子女"转向"农民工子女"；对相关人群的受教育年限，也由"完成其常住户籍所在地人民政府规定的义务教育年限"，转至"确保农民工子女义务教育的普及程度达到当地水平"；对相关人群的收费政策，更由当初"可依国家有关规定收取借读费"转向"不得加收借读费及其他任何费用"。正是在上述"变"与"不变"之间，中央逐渐把流入地政府对流动儿童的责任细化和固定下来。

近些年，在促进教育公平的目标导向下，与流动儿童相关的教育政策又有了新发展。首先，学籍制度不断发展与健全，为跨省转学提供了正规途径，有助于保障流动儿童的教育权利。2013 年，教育部印发了《中小学生学籍管理办法》，从此前的分省学籍管理转为建立起全国统一的中小学生学籍制度，确保学生学籍全国统一、终身唯一、籍随人走。统一学籍制度的建立，加之之后电子信息平台的构建，为流动儿童跨区域转学接受教育提供了便利。其次，教育财政政策的发展也为流动儿童接受教育提供了更多支持。2015 年，国务院发布了《关于进一步完善城乡义务教育经费保障机制的通知》，提出统一城乡义务教育"两免一补"政策，对城乡义务教育学生免除学杂费、免费提供教科书，对家庭经济困难寄宿生提供生活费补助，同时统一城乡义务教育学校生均公用经费基准定额，实现生均公用经费基准定额资金随学生流动可携带（即“钱随人走”）。这些措施的出台，有效推动了流动儿童教育问题的进一步解决。

（二）与流动儿童义务教育密切相关的三类具体政策

在流动儿童义务教育政策形成过程中，有三类具体政策与这一群体的关系最为密切。分别是学籍政策、“五证”审核办法及财政政策。

1. 学籍政策

最初，我国中小学曾经一度实行分省管理，中央没有对其学籍管理出台专门的管理制度，只是在《小学管理规程》（1999 年）中提出，“小学学籍管理的具体办法由省级教育行政部门制定”，对中学则没有做出相应规定。各省在学籍建立、转移等做法不一，导致了较为混乱的学籍管理局面。从 2007 年开始，学籍管理制度逐步规范，普遍采用信息化手段，基本做到“一人一号，全省统一”。电子学籍制度逐步建立。2013 年 7 月，教育部印发《中小学生学籍管理办法》，规定从 9 月秋季入学开始，施行新中国有史以来第一个全国统一的中小学生学籍制度。作为管理方式和手段，2013 年初开始在全国内地所有省份部署电子学籍系统，2014 年 1 月开始全国联网试运行。学生学籍全国统一、终身唯一、籍随人走，无论公办还是民办，不漏一校一生。

电子学籍，是以学生的身份证号为基础，在进入小学时就进行信息的首次采集，录入到全国统一的管理系统当中，并在从基础教育到高等教育的整个阶段中使用（教育部，2013）。学籍信息系统遵循“两级建设、五级应用”的建设模式，“国家级信息中心”下设各个省的“省级信息中心”，再下设“地市级信息中心”和“区县级信息中心”，“区县级信息中心”下直接连接各个小学和初中（终端用户）。流动就学学生的电子学籍通过“区县级信息中心”完成流动管理交接手续，校与校之间没有权限直接进行信息流动，每个学校只有权浏览本校学生信息（如图 2 所示）。

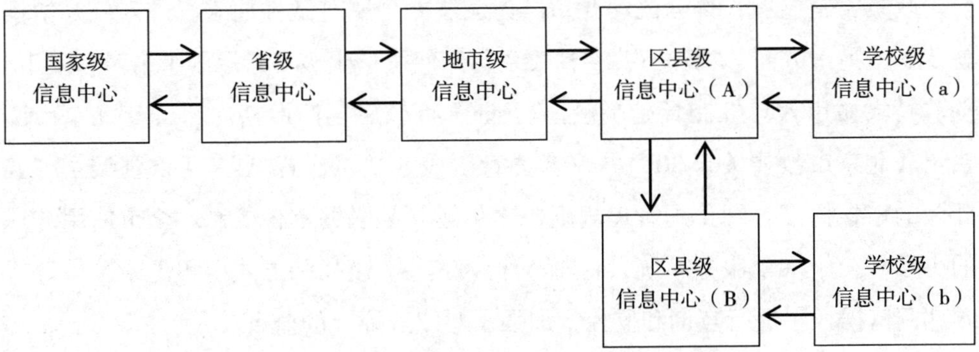

图 2　全国统一电子学籍信息管理系统模型

与此同时，获得学籍的标准也在提升。例如，2014 年上半年，北京市出台的非京籍儿童入学政策，要求非京籍适龄儿童在北京接受义务教育必须持有“五证”（父母或其他法定监护人本人在本市务工就业证明、在实际住所居住证明、全家户口簿、暂住证、户籍所在地街道办事处或乡镇人民政府出具的在当地没有监护条件的证明等相关材料），否则无法获得公办学校的正当学籍。可以说，学籍政策在宏观上与财政政策、在微观上与流动儿童个人发展有着很大的关系。

2.“五证”审核办法

以北京市为例，2004 年，市教委颁布了《北京市人民政府办公厅转发市教委等部门关于贯彻国务院办公厅进一步做好进城务工就业农民子女义务教育工作文件意见的通知》（京政办发［2004］50 号），其中详细规定了来京务工就业农民子女接受义务教育的入学程序。其中明确要求，来京务工就业农民工子女要求到本市义务教育阶段公办学校就读，须由其家长或监护人持本人在京暂住证、在京实际住所居住证明（如房屋产权证、住房租赁合同等）、在京务工就业证明（如劳动合同、受聘合同、营业执照等）、户口所在地乡镇政府出具的在当地没有监护条件的证明、全家户口簿（可以是复印件）等证明、证件，向暂住地的街道办事处或乡镇政府提出申请。

政策实施以后，部分流动儿童因为无法办全所有证件而难以进入公办学校就读，但另一方面，“赞助费”“找关系”又使得学生破格录取的事情时有发生。随着特大城市人口控制日趋严峻，“五证”审核也逐渐严格。2014年北京市出台了《北京市教委关于2014年义务教育阶段入学工作意见》，再次强调了“五证”的审核标准，细化了管理规则，逐步建立起联网审核机制。全市使用统一的小学和初中入学服务系统，将每一个学生入学途径和方式全程记录，教育行政部门依据权限进行查询和监控，加强了对“五证”的监管。

3. 财政政策

2000年以前，我国对于流动儿童进城上学采取限制态度。随着“举家迁徙”模式的出现，流动儿童的教育问题越来越难以回避，教育公平也成为全社会热议的焦点。为了保障流动儿童的受教育权，国务院于2001年颁布了《关于基础教育改革与发展的决定》，其中明确规定“要重视解决流动人口子女接受义务教育问题”，并提出了“以流入地区政府管理为主，以全日制公办中小学为主，依法保障流动人口子女接受义务教育的权利”。同时规定“县级人民政府对本地农村义务教育负有主要责任，要抓好中小学的规划、布局调整、建设和管理”，事实上形成了“以县为主”的义务教育财政体制（范先佐，2009）。

但是，一直以来，财政对于教育经费的支付是按照地域划分的。准确地说，是按照户籍拨付的，某个学生的户籍在哪里，教育经费就拨付到哪里。这就带来一个问题，即保障外来学生接受义务教育，原本是其户籍所在地（流出地）政府的义务，现在却变成了流入地政府的义务。“两为主”政策的实施，虽然确保了外来学生的“同城待遇”，但“责任基层化”的财政体制却使得各地的义务教育经费有着较大差异。其中，生源较多的县、市将背负更为巨大的财政负担，这也在一定程度上挤压了当地学生的教育资源。

因此，国务院2015年11月颁布的《关于进一步完善城乡义务教育经费保障机制的通知》规定，从2016年春季开始，我国义务教育经费保障机制将实现城乡统一。这也就意味着，流动人口子女进城上学，“两免一补”（即免教科书费、免杂费、补助寄宿生生活费）和生均公用经费将随学生流动，即“钱随人走”。新政策实施后，大约1300万从农村进城务工人员随迁子女将会直接受益。

即学生无论在哪里接受义务教育，国家都会按照不低于基准定额的标准足额安排补助（具体见表 2）。

表 2　三类具体政策近年来的演变情况（以北京市为例）

时间	“五证”审核办法	学籍政策	财政政策
1999 年		政策文件:《小学管理规程》 内容：小学学籍管理办法由省级教育行政部门制定	
2001 年		政策文件:《国务院关于基础教育改革与发展的决定》 内容：以县为主，建立学籍管理办法	政策文件:《国务院关于基础教育改革与发展的决定》 内容：事实上形成了“以县为主”的义务教育财政体制；实施“两免一补”
2004 年	政策文件:《北京市人民政府办公厅转发市教委等部门关于贯彻国务院办公厅进一步做好进城务工就业农民子女义务教育工作文件意见的通知》 内容：在公办学校就读需办“五证”		政策文件:《北京市人民政府办公厅转发市教委等部门关于贯彻国务院办公厅进一步做好进城务工就业农民子女义务教育工作文件意见的通知》 内容：对符合来京务工就业农民子女条件的借读生免收借读费
2007 年		政策文件:《中小学学生学籍信息化管理基本信息规范》 内容：“一人一号，全省统一”、信息化平台	
2013 年		政策文件:《中小学生学籍管理办法》 内容：全国统一学籍号	
2014 年	政策文件:《北京市教委关于 2014 年义务教育阶段入学工作意见》 内容：加强“五证”把关	政策文件:《北京市教委关于 2014 年义务教育阶段入学工作的意见》 内容：实施“五证”，“幼升小”统一建档	
2015 年			政策文件:《关于进一步完善城乡义务教育经费保障机制的通知》 内容：“两免一补”城乡统一，随学籍流动；教育经费随学籍流动

二、流动儿童及其家庭“城镇化”及流动儿童“社会化”综合状况

相关研究及动态监测调查数据表明，流动人口的流动性减弱，常住化和家庭化趋势日益显著，这一群体正在成为流入地特别是特大城市稳定的就业者和居住者。国家卫生计生委流动人口司发布的《中国流动人口发展报告 2016》显示，2015 年我国流动人口规模达 2.47 亿人，占总人口的 18%，未来一段时期我国人口流动迁移仍将持续活跃。家庭化流动趋势加强，超过一半的家庭有 3 人及以上同城居住，居住时间越长则共同流动的家庭人口数量越多。流动人口的居留稳定性持续增强，在现住地的平均居住时间超过 4 年，未来打算在现住地长期居住的比例超过半数。与 2010 年相比，2014 年流动人口子女在现住地出生的比例上升了 29.1 个百分点，达到 56.6%，而在户籍地出生的比例则明显下降。

（一）问卷调查主要发现

从我们在广州、深圳、北京和上海开展的 607 份调查问卷结果来看，流动人口家庭与本地家庭相比，在很多方面具有相似性，二者之间的差异比公众一般的认知和媒体宣传的要小。例如，流动人口家庭的人均居住面积低于所在城市平均水平，但其家庭平均收入总体上接近本地常住人口家庭平均水平，也就是说，流动人口虽然更容易成为城市的弱势群体，但其原因主要不是因为经济上的贫困。

从流动人口子女异地读书情况来看，虽然半数以上出生在原户籍地，但近八成的流动人口子女在小学一年级时就已经随父母迁居异地读书，且在其成长过程中，转学现象不断发生。那些跟随父母居住在特大城市的儿童，在整个中小学阶段发生转学的概率比本地户籍儿童要高很多。75% 的流动人口子女在高中毕业前会有至少一次转学记录，因高考而回原户籍地就读高中是一个重

要原因。

如前所述，一部分在原户籍地出生的流动人口子女，在到达入学年龄时会迁移到父母所在的特大城市入学，这一点显著提升了子女与父母的共同生活的机会。通过比较流动人口子女不同学龄阶段的情况可以发现，流动人口家庭亲子不同城的比例未来将随其子女年龄的增长而逐年降低。

从流动人口对子女异地读书情况的态度来看，虽然中央和各特大城市地方政府多年来为教育公平做了不懈努力，但仍有超过一半的受访者感受到了其子女和本地儿童之间的待遇差异。除了笼统说外地户籍上学难外，被提及较多的问题具体包括“流动人口子女就学需要支付高于本地学生的费用”“流动人口子女中考录取分数线高于本地学生”“手续烦琐，证件太多，个人难以搞清楚”以及“学生情绪和社会适应方面的问题”等。

（二）个案访谈主要发现

人口流动现象伴随着时间和空间维度呈现双重变化。从北京的个案访谈情况来看，相较于打工子弟小学，公办小学家长更早开始流动，且在流入地生活时间更长，对流入地就学的相关政策更加了解，准备也更加充分，因此其子女也更有机会进入公办小学就学；而且，公办小学家长的流动经历（次数）也更为丰富，这意味着更为丰富的阅历和更多从事高端职业的机会①，也就更可能满足流入地政府对工作、社保等政策审核的要求。从子女流动情况来看，大部分就读于公办学校的流动儿童在出生后 3 年内就会跟随父母到流入地生活，而打工子弟小学的则大部分是达到学龄年龄（或读完一年级后）才离开家乡来到流入地就学。达到学龄年龄才开始随父母流动，或者从家乡小学转学到流入地小学，往往会因为材料准备时间短、学籍转换手续复杂等因素达不到公办小学就学条件，因此也就更可能进入打工子弟小学就学。

从上海的个案访谈情况来看，流动人口家庭在流入地生活时间都比较长，无论是生活方式、就业方式还是行为方式都实现了城镇化，实际上已经实现了

① 从调研情况来看，公办小学家长较多从事的是专业技术、商业、生产等技术要求较高、职业声望较高的行业，而打工子弟小学家长则较多从事技术要求较低的体力劳动。而且，后者在家待业的人数也远多于前者。

从农村到城市的“嵌入”，其与家乡的联系基本只剩下父母亲情，家乡更多表现为一种文化符号。绝大部分流动儿童从幼儿园开始就在上海接受教育，他们对于生活环境、学校环境并没有任何不适应，他们的学业表现、社会交往等并没有受到其户籍的影响。即使少数转校生有迁移带来的不适表现，但也主要集中在民办学校，且这种问题会随着时间流逝自然解决。多数流动儿童对流入地已经有归属感，一旦因为升学无望或就读困难而离开，反而会给他们带来身份认同上的困惑甚至混乱。

从广州的个案访谈情况来看，流动人口一般是个人或夫妻二人先到城市打工，然后再把子女迁入就读，流动儿童多以核心家庭的形式在城市生活。流动儿童往往以就近入学为主，但学校质量与家乡的教学进度存在差距。受城市公共服务不健全和父母工作时间限制，流动儿童的朋友圈较小且活动范围有限，但其网络利用率较高且有强烈的意愿接触主流文化及其他城市亚文化。虽然流动儿童的学习欲望较强，但其学习效果容易受到父母期望、父母工作强度、学校教学质量及朋友互助的可能性等外在因素影响。流动儿童没有形成较为清晰的地域认同感，但对学校的认同度较高，融入学校生活的欲望较强。学校教育对于流动儿童集体意识有较强的影响，但教学活动及其与家长的联系却更多偏向于学业成绩。

从重庆的个案访谈情况来看，在社会融合方面，流动儿童和户籍儿童在班级初级群体的交往上存在一定隔阂，户籍儿童自觉或不自觉地在一定程度上把流动儿童排斥在自己的交往范围之外；对于超过一半的流动儿童来说，他们也不认同自己现在所生活学习的地方（流入地），家乡（流出地）才是他们真正的家。在综合素质方面，流动儿童和户籍儿童虽然同在公办学校就读，但他们的学习成绩存在一定差距，这与家庭资源禀赋差异密切相关，家庭收入、父母教育水平等因素在儿童成长过程中发挥着重要影响，不同社会群体之间资源掌握的多少也在其下一代中得到延续。

三、当前特大城市流动儿童在义务教育阶段面临的主要问题和障碍

以往研究关于流动儿童在义务教育阶段面临问题和障碍的探讨，或集中于社会适应、社会融入、身份认同等方面，或着眼于教育机会与教育公平、在学校接受教育过程中的学校适应、学业表现等方面。从调研情况来看，也有类似反映和发现，这里不再赘述。下文的讨论，更多是基于城镇化和教育新政的综合背景展开，换言之，在当前人口控制和教育政策之间的张力与冲突下，特大城市流动儿童的义务教育又面临哪些主要问题和障碍。

（一）公办学校准入门槛进一步提升

“五证”审核结果区分的是流动儿童能否进入公办学校接受教育。从北京调研情况来看，流动人口在通过“五证”审核中主要面临两方面困难：一是源于政策本身，二是源于流动人口群体自身的特点。在实际操作过程中，相关材料的审核往往不止“五证”，办证对于流动儿童家庭来说变成了巨大的困难。例如，在京合法住所居住证明“外延”最广、难度最大，迫于经济压力，流动人口往往无法选择合法的、正规渠道的住房；即便租住了“合法”房屋，房东的完税证明、房产证原件、身份证原件等相关材料也同样难以取得，在实际上影响着流动儿童的就学。又如，在京务工就业证明的困难核心在于“社保”，缴纳社保的情况又与单位和工作性质有关，从社保缴纳要求来看，取得这一证明难度很大。概言之，“五证”审核的总体特点就是证件手续复杂、政策变化快、审核时间紧。不可忽视的是，流动人口自身的某些特点也为其通过审核带来了额外的困难，例如，受教育程度不高，为其了解审核要求和证件要求制造了困难；又如，法律意识不足，对于政府规定的需要办理的证件（暂住证），以“用不着就不办、用得着再办”的实用主义思维对待，等到“五证”审核时“再办”常常“为时已晚”。

上海对于流动儿童的教育政策几经演变，2000~2012 年之间的政策变动以不断放宽作为主要特征，而 2013 年以后则因人口调控的需要有所收紧。在提高

流动儿童在沪就读的相关条件后，上海又严格落实以积分制为主体的居住证制度，以控制人口规模、优化人口结构。未达到居住证申领条件仅持有临时居住证的来沪人员，只能享受有限服务。就来沪人员子女接受义务教育而言，准入门槛无疑提高了。入学门槛的提高，导致的最直接后果就是流动儿童新入学规模的逐年减少，同时，因为看不到升学希望，不少学生提前转回到户籍所在地就读，进而带来在校流动儿童的规模也逐年减少。在广州，入读公办学校大致分为两块：一块为政策性借读，其中包括优秀外来务工子女、引进的高端人才等；另一块则为积分部分，包括稳定的职业、住址、社保缴纳等。一般来讲，能够满足要求的家长大多并不在乎政策的要求，即使各区的要求不一样；而那些在意政策要求的，往往又是难以就读公办学校子女的家长，他们往往因为不能符合政策条件或加分优势低而不能进入公办学校照顾的范围，只能选择门槛较低、教学设施较差的民办学校。

与北京、上海和广州不同，在绝大多数流动儿童都能在公办学校入学的条件下，重庆流动儿童在义务教育阶段面临的问题主要体现在社会融合以及学业表现方面。虽然重庆各个区的教委都规定了相应的入学限制条件，但事实上这些限制条件执行的并不严格。自从成为国家统筹城乡改革试验区以来，重庆对农民工子女的入学问题给了比较充分的重视，为流动儿童准备了充足的入学名额，因此能够保证绝大多数流动儿童的正常入学。而对于部分证件不够齐全的流动儿童，他们入学的方式主要有两种：一种到区教委“闹”来取得免去烦琐的证明，让教委“开个单”就可以入学；另外一种方式则是通过伪造证件来获得入学资格。总之，在重庆，入学限制条件实际上并不能得到严格的执行，这与政府解决流动儿童入学的意愿和能力紧密相关，而资源的宽松又使得文本制度的执行出现弱化和变通，让尽可能多的流动儿童进入校园学习。

（二）“钱随人走”实际变成“钱随籍走”

“五证”的意义，不仅在于其已成为流动儿童进入公办学校的关键门槛，从北京调研情况来看，“五证”审核和学籍政策的变化实际上也对“钱随人走”教育新政的实行效果产生着影响。在北京，“五证”办法始于2004年，来京务工群体可持“在京借读证明”到暂住地附近的公办小学、初中或经批准的民办学校为孩子联系就读事宜。在2004~2012年政策相对宽松的时期，即使没能通过“五证”审核，流动儿童也可通过某些方式（例如，所在打工子弟小学联系教委）辗转获得学籍。但从2014年开始，“五证”审核从“入学”（公办学校）门槛转变为“入学籍”门槛，没有通过“五证”审核的流动儿童无法再如之前那样获得在京学籍。2015年以后，“五证”直接与全国统一的中小学生电子学籍管理办法挂钩，对于能通过“五证”审核进入公办学校的流动儿童，学籍政策的变动对他们没有太大影响；但对于通不过“五证”审核的流动儿童，在学籍政策变化之前，可以通过某些方式获得在京学籍，而政策变化后，他们只能在打工子弟学校就读，但新入学的流动儿童却不能再获得学籍。打工子弟小学的孩子没有学籍，有着更为长远的影响。由于“五证”审核与学籍挂钩，这些没有学籍号的流动儿童，按照现有的初中入学政策（必须有北京市学籍），很可能无法取得在京读初中的入学资格。

2015年，国务院出台“钱随人走”政策主要有两个目的：一是从国家层面，尽可能缓解流入地因流动人口涌入带来的教育财政压力，以便在流入地和流出地之间实现教育经费资源的合理配置；二是从流动人口角度，实现教育经费“可携带”，即随儿童流动纳入到流入地的教育经费支出中，从而切实保障流动儿童的教育权利。对于通过“五证”审核、在公办小学就学的流动儿童来说，“钱随人走”政策在中央财政和地方财政按比例分担的基础上，可以至少将中央承担的部分生均教育经费随流动儿童的学籍获得转到流入地，这等于真正实现了“钱随人走”。但从调研情况来看，流动儿童无论是在北京取得学籍，还是将户籍所在地学籍迁到北京来，都面临很大困难，“钱随人走”很有可能变成“钱随籍走”。2015年教育新政出台之后涌现出的“无北京市学籍”学生，其父母按《北京市中小学生电子学籍管理办法》要求，先在老家为孩子办理学籍，然后再让孩子在京暂时借读。也就是说，这批孩子的相关教育经费，很难随孩子流动到北京，而是“钱随籍走”地留在流出地财政经费中。受限于考试要求，那些面临小中考、高中学业水平测试等的流动儿童，要么以各种方式取得北京市学籍，继续在京学习；要么就得回到户籍所在地，并且需要及时将学籍转入至户籍所在地，否则就要面临无法参加重要考试的结果。

从政策影响方面来看，“钱随籍走”意味着以学籍作为经费拨付的重要载体，将使打工子弟小学难以从中获益。也就是说，这一政策的实际意义，更多在于补贴公办学校接受流动儿童所付出的生均教育经费投入；而对于打工子弟小学而言，受“五证”审核和电子学籍政策的共同影响，不仅这些学校享受不到“钱随人走”的政策福利，流动儿童家庭还需自付其在京的学（杂）费用。无论是老师的补课，还是由政策变化衍生出的权力寻租空间，其产生的经济负担最终都会由流动儿童及其家庭来承担。流动儿童及其家庭必须比原先付出更多的精力成本和经济投入，来保证其在北京可以继续接受“暂时性”的教育。

（三）其他值得关注的问题

首先，学校教育连续性的破坏和家庭教育的缺失。对于那些没有能力或没有资源通过“五证”审核并取得学籍的流动儿童，要么选择缴纳“择校费”或其他费用，要么选择回到家乡，从“流动学生”变为“留守学生”。而流动儿童回到家乡继续学业，除了耗费额外的精力和财力外，还将面临学校教育连续性和家庭教育缺失性的问题。大多数流动儿童回户籍地就读的时间为初一、初二或高二，以期提前适应当地教材和学校生活。但即便如此，教材、教学方法、教学环境的不同，往往还是让回户籍地读书的流动儿童无法迅速适应。而且，初中或高中阶段回乡就读的流动儿童，往往是一个人寄宿于亲戚家中，甚至独自住校，一学期往往仅能见到父母一次。父母管理和关心的缺失，使得很多流动儿童面临着学习、生活、成长、心理等诸方面的问题。

其次，身份认同等心理问题严重。流动儿童回到户籍地后，面临再社会化的过程，即在流入地的社会融入还未完成，又要重新融入流出地的地方社会，流动儿童的身份始终处于模糊状态，很可能造成严重的心理问题。另一方面，流动儿童的父母往往留在流入地继续工作，这些儿童从“流动”变为“留守”，缺少亲人足够的照顾；但他们又和传统意义上的留守儿童不同，后者缺失的是核心家庭的生活照料和家庭教育，而这种从“流动”变为“留守”的儿童除了突然失去生活照料和家庭教育之外，还要独自面临身份认同问题。

第三，民办学校特别是打工子弟学校教师流动性大。除了前文提到的“钱随籍走”使得打工子弟学校难以获得与学籍挂钩的经费补贴，办学经费捉襟见肘，学校经济压力较大外，教师流动性大也是其面临的突出问题。由于民办学校教师工资水平低、劳动强度大，加之职称评定难、职业上升机会少，吸引不了也留不住优秀教师，而教师的频繁更换，意味着流动儿童要不断适应新的教师及新的教学风格，并不利于他们的知识学习及自我发展。

四、特大城市流动儿童义务教育问题的原因分析

（一）教育政策与城镇化政策之间的张力与冲突

流动儿童的教育问题，不仅受到教育政策变化的影响，在很大程度上也受到了城镇化政策尤其是新型城镇化政策[①]的左右。改革开放以来，我国城镇化发展迅速。1978 年到 2015 年，我国城镇常住人口比率从 17.9% 提高到 56.1%。2014 年发布的《国家新型城镇化规划（2014–2020 年）》之中，也明确提出了“推进农业人口市民化”，“2020 年时，常住人口城镇化率达到 60% 左右，户籍人口城镇化率达到 45% 左右，户籍人口城镇化率与常住人口城镇化率差距缩小 2 个百分点左右，努力实现 1 亿左右农业转移人口和其他常住人口在城镇落户”的具体目标。新型城镇化政策的一个重要内容，就是改变传统城镇化追求的城乡二元分割的单向式发展模式，探索建立城乡一体的，在人口、土地、经济、文化和保障等层次交互进行的，嵌套式的整合发展战略。

特别需要指出的是，在这些发展战略之中，人口、资源、环境矛盾突出的“大城市病”，也成为新型城镇化政策试图解决的重大难题。在应对大城市病的具体策略中，无论中央层面还是地方层面，严格控制人口规模都成为有效缓解“大城市病”的首要措施。迄今为止，城镇化政策总体上延续了深化户籍制度改革、逐步放宽流动人口落户条件、使更多人能够在流入地定居下来成为市民的基本方向，但针对不同规模的城市，也体现出了差异。2013 年，十八届三中全会通过的《中共中央关于全面深化改革若干重大问题的决定》进一步明确了

① 这里所指的新型城镇化政策是指以 2014 年 3 月颁布的《国家新型城镇化规划（2014—2020）》为核心的一系列政策。

户籍制度改革的方向，即“全面放开建制镇和小城市落户限制，有序放开中等城市落户限制，合理确定大城市落户条件，严格控制特大城市人口规模”。2016年发布的《国民经济和社会发展第十三个五年规划纲要》也明确指出，要对超大城市和特大城市实行差异化的落户政策，即“以具有合法稳定就业和合法稳定住所（含租赁）、参加城镇社会保险年限、连续居住年限等为主要条件”。

表 3　教育政策与城镇化政策的对比分析

教育政策：保障流动儿童教育权利		城镇化政策：严格控制特大城市人口	
《国务院关于解决农民工问题的若干意见》（2006年）	保障农民工子女平等接受义务教育。输入地政府要承担起农民工同住子女义务教育的责任，将农民工子女义务教育纳入当地教育发展规划，列入教育经费预算，以全日制公办中小学为主接收农民工子女入学，并按照实际在校人数拨付学校公用经费。城市公办学校对农民工子女接受义务教育要与当地学生在收费、管理等方面同等对待，不得违反国家规定向农民工子女加收借读费及其他任何费用。输入地政府对委托承担农民工子女义务教育的民办学校，要在办学经费、师资培训等方面给予支持和指导，提高办学质量	《中共中央关于全面深化改革若干重大问题的决定》（2013年）	推进农业转移人口市民化，逐步把符合条件的农业转移人口转为城镇居民。创新人口管理，加快户籍制度改革，全面放开建制镇和小城市落户限制，有序放开中等城市落户限制，合理确定大城市落户条件，严格控制特大城市人口规模
《国家中长期教育改革和发展规划纲要（2010—2020年）》（2010年）	坚持以流入地政府管理为主、以全日制公办中小学为主，确保进城务工人员随迁子女平等接受义务教育。制定进城务工人员随迁子女义务教育后在当地参加升学考试的办法	《国家新型城镇化规划（2014—2020年）》（2014年）	实施差别化落户政策：以合法稳定就业和合法稳定住所（含租赁）等为前置条件，全面放开建制镇和小城市落户限制，有序放开城区人口50万–100万的城市落户限制，合理放开城区人口100万–300万的大城市落户限制，合理确定城区人口300万–500万的大城市落户条件，严格控制城区人口500万以上的特大城市人口规模。大中城市可设置参加城镇社会保险年限的要求，但最高年限不得超过5年。特大城市可采取积分制等方式设置阶梯式落户通道调控落户规模和节奏

续表

教育政策：保障流动儿童教育权利		城镇化政策：严格控制特大城市人口	
《国家教育事业发展第十二个五年规划》（2012年）	保障进城务工人员随迁子女享受基本公共教育服务权利。健全输入地政府负责的进城务工人员随迁子女义务教育公共财政保障机制，将进城务工人员随迁子女教育需求纳入各地教育发展规划。 完善进城务工人员子女接受义务教育体制机制，探索非本地户籍常住人口随迁子女非义务教育阶段教育保障制度。 进城务工人员随迁子女在公办学校接受免费义务教育的比例达到85%以上	《中华人民共和国国民经济和社会发展第十三个五年规划纲要》（2016年）	省会及以下城市要全面放开对高校毕业生、技术工人、职业院校毕业生、留学归国人员的落户限制。推广专业技术职称、技能等级等同大城市落户挂钩做法。大中城市不得采取购买房屋、投资纳税、积分制等方式设置落户限制。超大城市和特大城市要以具有合法稳定就业和合法稳定住所（含租赁）、参加城镇社会保险年限、连续居住年限等为主要条件，实行差异化的落户政策

在上述政策指引下，近些年，一些特大城市为了缓解人口过度增长带来的各类问题，维持了从紧的落户政策，流动儿童的教育也因此受到影响。教育在现实中可能成为除就业、居住之外的，特大城市控制人口的第三个手段。这在流动儿童义务教育过程中已初露端倪。例如，在申请公办学校入学时，流动儿童须由其家长或监护人持“五证”向暂住地的街道办事处或乡镇政府提出申请。如果办不齐这“五证”，则无法获得公办学校学籍。可以说，“五证”已成为流动儿童入学不可逾越的一道“门槛”，由其带来的“入学籍难”问题更是阻碍流动儿童获得在公办学校接受教育的机会。相当一部分因经济、就业等处于弱势地位的进城务工群体难以办齐“五证”，因此，不得不选择让子女就读民办打工子弟学校，这进一步导致流动儿童内部分层。与此同时，公办学校能够获得“钱随人走”等各方面政策资金支持，而打工子弟校收纳的“无学籍”学生则需要缴纳学杂费来负担其在流入地的教育费用，“钱随人走”政策在这一群体中体现的却是“钱随籍走”效果，实际上架空了国家旨在促进城乡教育公平的政策初衷。

综上，对于当前特大城市流动儿童义务教育问题的分析，不仅要看到教育政策的发展，也要将之放入城镇化的整体进程中加以考虑。一方面，特大城市快速发展导致的“大城市病”使得落户政策日趋收紧，人口严格控制成为必然；另一方面，“两为主”政策又将责任落到了流入地政府。在城镇化与教育发展的两条脉络中，人口控制和教育政策之间的张力与冲突得以显现，造成了特大城市流动儿童目前存在的就学问题。

（二）国家教育政策与地方政府及府际之间功能和利益的冲突

在流动儿童义务教育问题方面，中央政府面对已有的“城”对“乡”的资源垄断和排斥，显然持有保护和支持弱势群体、力求社会团结的态度。但是，“钱随人走”这一保障公民基本教育权利的国家政策，却在实际操作过程中遭遇两方面问题：一是“人（学）籍分离”。建立全国统一的电子学籍，理论上是希望“人（学）籍统一”，即通过注册学籍掌握儿童的流动状况，并将相关教育经费拨付到学籍所在地；但在快速城镇化的背景下，“人（学）籍统一”变成了中央政府最不想看到的“人（学）籍分离”。这一情况的出现，也就引发第二个问题，即国家教育政策与地方政府及府际之间的功能和利益的冲突。

从流出地政府角度来看，其和流入地政府的府际矛盾清晰可见。简单来说，就是流出地政府到了手的钱（如“两免一补”经费）不愿再拨出去，因此，在实际操作中会设置种种障碍阻碍流动儿童学籍的外迁。也就是说，流出地政府为了保护地方教育的利益，面对从 2001 年开始实行的“两免一补”政策，实际上采取了一些应对措施，以阻碍流动儿童的学籍向外迁移。阻碍的方式有很多，例如拖延时间、不开具某项证明，这都是在农村地区推行“两免一补”政策中存在的问题。从流入地政府角度来看，“五证”收紧的时段是在 2014~2015 年左右，这正是北京等特大城市“十三五”规划出台的时间，严控人口成为这些城市推行新型城镇化的重要内容，这也的确是特大城市均衡发展的必然诉求。严格控制城区人口 500 万以上的特大城市人口规模，在 2014 年颁布的《国家新型城镇化规划（2014—2020 年）》中也有明确表述，而教育部等部门倡导的教育平等理念又不得不执行。因此，地方政府以一种非常微妙的姿态，呈现在国家不同的行政系统之间以及国家与地方之间的博弈关系中。

这样一种国家和地方的博弈，恰恰体现了决策一统性与执行灵活性的动态关系，这是国家治理的核心过程。在一些学者看来，基层政府在贯彻实施中央政策指令的过程中，会根据当地情况对政策做不同方向上的偏移，以增强其解决地方实际问题的能力。北京等特大城市近些年来“五证”和类似“五证”办法的出台，恰恰提供了一个现实的清晰例证。

一方面，针对流动儿童的义务教育问题，中央政府通过 2015 年“钱随人走”这一教育新政，希望将流动儿童的“两免一补”和生均公用经费基准定额经费的中央负担部分划入流入地财政，以做到属地事权与财权的统一。但由于中央支持水平同地方支出水平之间存在着不小的差距，即使实施这项政策，落实“两为主”政策也无疑会为流入地政府带来不小的财政负担。在这一背景下，流入地政府落实“两为主”政策的积极性就会大打折扣。另一方面，对于特大城市而言，基层政府近期关注的首要问题，是如何克服城市不断膨胀引发的“大城市病”，以获取进一步的经济社会发展动力。在这一背景下，“功能疏解”和选择性的“严控人口”成为特大城市发展中的必然选择，并且《国家新型城镇化规划（2014—2020 年）》中“严控人口”的指导意见无疑又为相关措施的出台提供了最直接的支持。上述背景两相交叠，流动儿童的教育权利和防范城市发展中的“大城市病”发生冲突，地方政府进行了基层治理意义上的“趋利避害”的理性选择，但却造成了流动儿童教育获得的现实困境。

（三）教育资源供给与流动儿童公平教育需求之间的冲突

我国以户籍为基础的“地方负责，分级管理”义务教育管理制度，也是造成流动儿童教育权益不能得到有效保障的重要原因。2015 年国务院发布了《关于进一步完善城乡义务教育经费保障机制的通知》，希望解决城乡义务教育经费有关政策不统一、经费可携带性不强、资源配置不够均衡等问题。按照文件规定，自 2016 年春季学期开始，各地义务教育阶段学生的生均公用经费全国统一，其中中西部地区普通小学每生每年 600 元，普通初中每生每年 800 元，东部地区两者各增加 50 元。现有公用经费补助标准高于基准定额的，要确保水平不降低。这笔费用由中央和地方按比例分担，西部地区及中部地区比照实施大开发政策的县（市、区）为 8∶2，中部其他地区为 6∶4，东部地区为 5∶5。同时，取消对城市义务教育免除学杂费和进城务工人员随迁子女接受义务教育的中央奖补政策。

但是，从政策的具体设计来看，对于一些特大城市而言，效果十分有限。从调研情况来看，中央政府核定的生均公用经费基准定额过低，并不能弥补流入地政府的财政投入，且流动儿童接受义务教育的规模越大，流入地的市区财政在这项支出上的逆差就越大。可以说，“钱随人走”政策并不能充分调动地方政府解决流动儿童义务教育问题的积极性。即便“钱随人走”政策能在公办学校就读的流动儿童群体中得到落实，但在打工子弟学校就读的“无流入地学籍”的流动儿童中，因其“人（学）籍分离”，“钱随人走”演变成“钱随（学）籍走”，“两免一补”和生均公用经费基准定额资金很难做到“可携带”。

如前所述，特大城市出于自身发展的利益诉求，在获得新型城镇化进程中“严控人口”这一指导原则的支持后，促使流入地政府在执行中央不同部门出台的“确保流动儿童教育权利”和“预防大城市病”这两套政策体系的过程中，进行了趋利避害的选择。这反映在流动儿童义务教育方面，就是“入学门槛提高，入学难度增大”。需要指出的是，这种政策愿景和实际操作层面的矛盾，同样折射出教育资源分布结构和分配方式滞后于教育公平的广泛要求。从调研情况来看，特大城市的教育资源饱和程度较高，有限总量下的教育资源只能在城市内部以有限公平的方式分配，户籍制度、“五证”审核等不过是对教育资源饱和的一种制度回应。以“五证”审核为例，手续要求的证件多，符合条件的流动儿童就少，教育资源的承载压力就小；而那些具有稳定工作且收入较高，或者前期投入了较多的经济资本与社会资本换来了当下一定的文化资本——高学历和高技术——的人，有更多的条件去完成手续流程。

五、破解特大城市流动儿童义务教育困境的政策建议

（一）总体思路

破解特大城市流动儿童义务教育困境，需要从教育公平和城镇化两个视角出发，综合讨论解决之道，同步推进教育公平与城镇化有序发展。特大城市流动儿童义务教育问题聚焦于特大城市这一典型区域、流动儿童这一特殊群体、

义务教育这一重要阶段，困难与挑战更为突出，各方也更为关注。这一问题如能顺利解决，其他相关问题也就有望迎刃而解了。因此，有必要在顶层设计中明确教育政策和城镇化政策之间的关系，进而解决目前两套政策体系带来的问题冲突。

《国家新型城镇化规划（2014—2020 年）》已经明确提出“保障随迁子女平等享有受教育权利”的目标，要求“将农民工随迁子女义务教育纳入各级政府教育发展规划和财政保障范畴，合理规划学校布局，科学核定教师编制，足额拨付教育经费，保障农民工随迁子女以公办学校为主接受义务教育。对未能在公办学校就学的，采取政府购买服务等方式，保障农民工随迁子女在普惠性民办学校接受义务教育的权利。”至此，中央政府关于流动儿童义务教育的政策实现从“两为主”向“两纳入”[①] 的演进。但是，《国家新型城镇化规划（2014—2020 年）》同时又提出“实施差别化落户政策”的目标，要求“以合法稳定就业和合法稳定住所（含租赁）等为前置条件，全面放开建制镇和小城市落户限制，有序放开城区人口 50 万 ~100 万的城市落户限制，合理放开城区人口 100 万 ~300 万的大城市落户限制，合理确定城区人口 300 万 ~500 万的大城市落户条件，严格控制城区人口 500 万以上的特大城市人口规模。大中城市可设置参加城镇社会保险年限的要求，但最高年限不得超过 5 年。特大城市可采取积分制等方式设置阶梯式落户通道调控落户规模和节奏。”可见，教育政策与城镇化政策之间的梗阻主要集中于对于特大城市人口规模的严控，破解两套政策体系带来的问题冲突，关键仍在于对特大城市人口规模的科学认识。

有关研究表明[②]，特大城市的人口问题首先是一国首位城市的人口问题。人口向特大城市集聚，关键还是因为经济集聚发展有利于提高劳动生产率和国家竞争力。城镇化水平越高，越大的城市劳动生产率越高，越能够创造就业岗位，首位城市人口规模也不断扩大；开放度越高，劳动力等生产要素越会向少数特大城市集聚。从我国的国家战略角度来看，做好包括流动儿童、留守儿童在内

① 即将农民工随迁子女义务教育纳入各级政府教育发展规划和财政保障范畴。如果把 2015 年发布的《国务院关于进一步完善城乡义务教育经费保障机制的通知》综合考虑，那么中央政府关于流动儿童义务教育的政策则进一步演进为“两统一”，即统一城乡义务教育“两免一补”政策，统一城乡义务教育学校生均公用经费基准定额。可以说，“两为主”“两纳入”和“两统一”是当前我国流动儿童义务教育政策的核心内容。

② 陆铭：“应科学认识特大城市的人口规模”，载于财经网，2013 年 12 月 1 日。

的 1 亿人左右的人力资本储备和提升，将为推动经济持续增长、消除城市内二元结构、促进社会稳定和公平、实现城镇化有序发展奠定坚实的基础。因此，破解特大城市流动儿童义务教育困境的总体思路可以确定为“顺应人口流动和城镇化内在规律，做好 1 亿人左右的人力资本储备和提升”。

（二）若干建议

1. 突破计划控制思维，科学预测城市人口，适时增加教育资源供给

如前所述，城镇化水平和经济开放度是促进人口向首位城市集聚的两个非常重要的因素。特大城市的人口规模是由经济规律决定的，人口向特大城市流动，主要是由于人口聚集产生的规模经济效应，特大城市的劳动生产率和工资水平更高，并且有利于创造更多的就业机会。如果特大城市的人口增长是有规律可行的，那么就应该突破计划控制的思维定式，在科学测算城市未来人口增长的基础上，理性调整城市基础设施和公共服务规划。

为保障流动儿童平等享有受教育权利，特大城市应适时增加教育资源供给，加大教育用地投入和学校的规划建设，提供与学龄儿童数量相适应的学位。一是，从空间布局和资源配置两方面，继续增加公办学校学位供给，简化公办学校准入条件，规范公办学校的管理和收费，完善以公办学校为主的政策，扩大公办学校接纳流动儿童的数量；二是，通过政府购买学位的方式，对质量、安全等达到相关标准的民办学校予以补贴及相关政策优惠，加大扶持和规范力度，通过发展普惠性民办学校来化解公办学校学位不足的难题；此外，鉴于满足低收入群体流动儿童义务教育需求的打工子弟学校在很长一段时期内仍将继续存在的现实，对于此类学校应实事求是地予以区别对待，不能“一刀切”一关了之，而应帮助其消除安全隐患，提高教育质量，并逐步纳入民办学校的规范管理。

2. 进一步提高中央和省级政府在义务教育教育支出中的分担比例

《义务教育法》明确指出“义务教育是国家统一实施的所有适龄儿童、少年

必须接受的教育，是国家必须予以保障的公益性事业。”流动儿童的义务教育作为全国性、跨区域的公共产品（或准公共产品），中央政府毫无疑问需要承担重要责任。与此同时，《义务教育法》也明确规定“义务教育经费投入实行国务院和地方各级人民政府根据职责共同负担，省、自治区、直辖市人民政府负责统筹落实的体制。”也就是说，省级政府负有统筹所辖区域义务教育经费的责任。鉴于《义务教育法》没有明确义务教育的终极财政责任，在实际执行中，往往是（流入地）区县政府承担终极责任，这种责任安排显然不符合流动儿童义务教育的属性。因此，建立健全流动儿童义务教育经费保障机制，核心是进一步提高中央和省级政府在义务教育支出中的分担比例，建立各级政府共同分担、以省级政府为主的流动儿童义务教育财政供给体制。

具体来看[①]，跨省流动到非直辖市的流动儿童的义务教育经费，由中央、省、市和区县四级政府分担。具体分担模式可以由各级政府协商确定，但以省级政府为主。跨省流动到直辖市的流动儿童的义务教育经费，由中央、直辖市和区县三级政府分担，以直辖市政府为主。在省内跨市和区县流动的流动儿童的义务教育经费，由省、市和区县三级政府负担，以省级政府为主。在直辖市内跨区县流动的流动儿童的义务教育经费，由市和区县政府共同分担，以市级政府为主。

对于特大城市（大多在东部地区）而言，其实际的生均公用经费已然高于现有的“钱随人走”的生均公用经费基准定额，加之中央政府分担比例偏低，现有政策并不足以调动流入地政府解决流动儿童义务教育问题的积极性。从长远来看，酌情提高生均公用经费基准定额，且由中央政府完全承担这一费用应是未来的改革方向。至于各地实际生均公用经费高于基准定额的部分，仍应强调各级政府共同分担、以流入地省级政府为主，具体分担模式可以由各级政府协商确定。

① 袁连生：“农民工子女义务教育经费负担政策的理论、实践与改革”，载于《教育与经济》2010年第1期。

3. 规范学籍的线上与线下管理，减少权力寻租行为，落实打工子弟学校财政补贴

在加快落实“钱随人走”政策的同时，更要避免其在实际操作过程中变为“钱随籍走”。如前所述，借由“五证”审核和电子学籍政策的共同效果，不仅作为满足低收入群体流动儿童义务教育需求的打工子弟学校享受不到“钱随人走”的政策福利，流动儿童家庭还需自付其在流入地的学（杂）费用。这既加大了打工子弟学校的经济压力，也间接加大了流动儿童家庭的经济负担。与此同时，流动儿童的学籍在迁入迁出时面临流出地政府的各种阻碍以及流入地政府的学籍审核日益严格，处于需求侧弱势地位的流动儿童家庭，限于其社会地位与人际关系、受教育程度等方面的影响，无法与其中存在的权力寻租现象进行抗争。旨在促进城乡教育公平的“钱随人走”政策的设计初衷也就难以实现。

因此，有必要在完善全国电子学籍信息平台的同时，迅速规范学籍管理办法，有效减少权力寻租行为，确保流动儿童在转学、升学等方面的教育衔接。与此同时，还应加快学籍的信息化建设，并将重点放在线下系统的完善和管理，不要让线下的拖沓成为电子学籍系统发挥作用的“最后一公里”阻碍，这样才能有效避免政策偏离状况的发生。此外，在短时间内不能有效解决流动儿童学籍问题的情况下，可尝试根据打工子弟学校在校生人数而非学籍人数进行生均教育经费的财政补贴，并加大对打工子弟学校的扶持和规范力度，解决其实际困难，尽可能缩小其与公办学校在硬件和软件方面的差距。特别是那些硬件设施一时难以改善的打工子弟学校，要将其师资建设和提高工作纳入流入地政府教育规划。

4. 加强对流动人口的宣传和辅导，提高其对相关教育政策的认知和理解

信息沟通能力也是政策需要考虑的一项内容。政策能否取得预想的效果，既取决于政策的制定，也取决于政策的执行，更取决于公众的参与。流动人口仍然较多地依靠原有的乡土人际网络来运作，包括信息的共享、应对策略等。各种信息渠道不能提供对政策完整性的描述，以至于虽然多种渠道均能获得政

策信息，但大多数流动人口对政策仍处于一种“一知半解”的状态。

因此，要提高政策宣传和辅导的有效性、精准性，提高流动人口对相关教育政策的认知和理解，减少以讹传讹。充分依靠和依托各地街道办事处和居民委员会的社区服务中心、社区社工站以及其他专业社会工作机构的社会工作者，加强对辖区内流动人口的教育政策宣传。充分利用宣传单、微信公众号等传统和现代相结合的宣传教育方式，对流动人口进行精准化的宣传服务。此外，针对流动儿童面临的教育连续性中断、缺少家庭核心成员陪伴、身份认同模糊等问题，建议相关机构、社会工作者对此予以足够重视，并通过提供基层社工服务给予相应预防和干预措施。

佘　宇　冯文猛　执笔

案例报告

北京市流动儿童义务教育调查报告

进入 21 世纪以来，随着“两为主”政策的逐步落实，确保流动儿童在流入地平等地享有教育权利这一目标正在逐步实现。但与此同时，为了消除人口持续集中带来的“大城市病”，教育正在逐渐成为近两年特大城市严控人口的政策选择。这种不同政策体系的目标冲突，带来了特大城市流动儿童教育获得中的现实困境。基于 2015 年 11 月至 2016 年 6 月在北京市进行的针对打工子弟小学和公办小学的流动儿童及家庭的经验性研究，本报告旨在对特大城市流动儿童教育获得的影响因素及动态关系，不同政策体系的实际演绎过程以及教育困境的具体作用机制进行剖析和阐释。研究发现，在存在不同政策体系目标冲突的情况下，地方政府在具体政策实施过程中进行了趋利避害的理性选择，打工子弟小学的流动儿童由于“人（学）籍分离”，“钱随人走”政策很难实现；公办小学的流动儿童虽可享受到教育政策福利，但教育机会的获得有诸多限制。这种教育不平等的出现，是国家教育公平政策、国家新型城镇化政策、特大城市可持续发展、个体家庭背景及社会资本在实践中综合作用的结果。

一、研究概述

（一）调研方法概述

本研究[①]的研究时段为 2015 年 11 月至 2016 年 6 月，主要以定性研究为主，

---

① 王源、陈杭、朱晨聪、王元超、林岱仪、马艺乔、李逸、庞思勤、董浩月、洪昕宇、陈玉佩、隋新然、苗苗、王倩、沈涵、刘上、李建鹏、刘洋、杜姗姗、徐华、赵薇、章天一、黄新叶、佘欣艺、何奕霖、朱琳、吴晓瑶、彭雪、蔡帼仪参与调研及访谈。

并辅以少量量化数据分析，力图从流动儿童的生活情境中探索他们面临的教育问题。本研究辅以必要的定量研究，以期对流动人口及其家庭、生活、迁移等状况有更为深入和具体的了解。总体来说，本研究采用了递进的方法与策略，具体方法如下：

1. 资料获取

（1）抽样方法

研究采用非概率抽样中的判断抽样方法，即根据抽样框中的个体特点进行判断，选择有代表性的样本①。本研究将儿童户籍性质和就学年级作为判断筛选的基准，流动儿童样本量为68。具体步骤如下。

首先，选取海淀区某民办打工子弟小学（学生全部为流动人口）四年级的27个流动儿童进行入户访谈。根据2013年全国电子学籍制度，该打工子弟小学900名在校生中有500名无学籍，以此将样本扩展至朝阳区某公办小学（共600名学生，非京籍学生约占80%），选取二年级和六年级的流动儿童25名进行入户访谈，就入学审核、教育资源等方面展开对比研究。这里之所以选择二年级和六年级，一是和A校的四年级样本有所区别，二是A校和B校样本基本涵盖了小学从低年级到高年级的不同特点。

此后，研究策略扩展至流动儿童"小升初"的学籍状况调研，又选取海淀区某公办学校（共396名学生，非京籍学生约占49%）。选取初一和初三年级各8名外地户籍的初中学生进行调研，以了解初中入学选择和程序以及"初升高"的教育选择等问题，这样基本可以从一个横断面调研中看到九年义务教育中流动儿童的教育机会问题。

（2）访谈方法

（a）个案深入访谈

如上所述，在行知小学和高家园小学，研究采取入户访谈，从微观角度获

① 2010年人口普查数据显示，昌平、大兴、朝阳、海淀和丰台这五个区中，5~14岁流动儿童在总人口中所占的比例均超过了1.5%。2011年北京市教委的数据显示，北京市70%的流动儿童在公办小学就学。根据上述结果，本研究在区域选择时将朝阳和海淀作为采样点；在学校类型上，研究既包括公办学校，也包括打工子弟学校。通过这一研究对象确定过程，以使所选取的样本具有代表性，能反映出北京市整体流动儿童的就学概况。

取他们城镇化、社会化、教育问题等综合性信息。

研究重视知情人访谈，分别访谈了三个学校的校长、教导主任和所访儿童所在班级的班主任和任课老师等，共计 13 人。此外，还选取朝阳区高家园小学 4 京籍儿童家长进行访谈，以了解京籍儿童家长在入学问题上的经历、态度与流动儿童家长的区别与联系。并且，研究还对朝阳区教委副主任进行两次个案深入访谈，以期在政策变化、政府态度、实际难题等宏观角度给予较为准确的把控。

（b）专题小组讨论

在理工附中南校区，按同一性别，将初一 4 人和初三 4 人组成两个小组，就教育期望、学校融入、人际关系、心理状况等问题展开专题小组讨论。具体访谈提纲内容如下：

主题	具体内容	参考提问方式
破冰（5 分）	主持人记住小组成员的姓名，了解成员的班级、老家等基本信息	通过热场游戏获得相关信息
流动与融入（5 分）	了解基本学生流动情况	来北京多久了？描述一下对北京的印象或感觉？觉得北京与老家有怎样的不同？
升学（17 分）	流动儿童小升初信息	之前在哪个学校读小学的？小升初是如何入读理工附中的？需要哪些手续（有没有参加过面试或考试？谁组织的？要不要参加培训机构？要不要交钱？）？
学校生活（10 分）	教育期望、学校融入、人际关系、心理状况	学习或生活中有哪些烦恼或困惑？对学习、成绩的看法？你觉得学习的目的是什么？父母对你的要求是什么样的？你自己对自己的要求是怎样的？
未来规划（17 分）	教育期望、初升高信息	现在用的是什么教材？老家用的什么教材？准备继续读高中吗？在哪里读？为什么？如果回老家，谁会在老家照顾你？
课余生活（6 分）	兴趣爱好、课余安排	有什么兴趣、爱好？学习之余会做什么？周六周日做什么？平时都和谁一起玩，一起交流？和父母会沟通哪些问题？

（以上两图，为专题小组讨论现场）

2. 资料整理

在征得访谈对象同意的情况下，我们对入户访谈和专题小组讨论进行了录音，按照访谈问题的主题整理成文字稿，呈现为案例。最后，对访谈文本进行主题编码和矩阵排列，以提供跨个案对比。

（1）生命地图法

在资料整理过程中，本研究发展出一种称为“生命地图”的资料整理和分析方法。具体包括以下四个方面：

（a）借鉴人口学研究生命历程的列克西斯图①，时间和空间变动两个角度呈现流动儿童及其父母的迁徙经历；

（b）采用照片，直观呈现流动儿童目前居住的空间环境和区位；

（c）采用社会人口学信息表格，呈现流动儿童家庭包括父母教育程度、收入等在内的社会人口学特征；

（d）采用对话体文本，真实呈现访谈情境，从而透视流动儿童父母对于教育状况、亲子关系和社会适应等状况的叙述。

本研究将以上四方面的丰富内容呈现在同一份文档中，无论从历时还是共时层面，可获得流动儿童从出生到现在的整体性信息，从而提供更为恰切的分

① 列克西斯图是将时期因素和队列因素纳入到同一个分析框架的人口统计学模型，横轴代表时间，纵轴代表年龄。利用列克西斯图可以生动地反映一个人口队列在不同时期发生的人口事件，也可以反映同一时期内，不同队列的人口发生的人口事件。本研究中的生命地图借鉴了列克西斯图的第一种分析思路，通过绘制生命线来反映流动儿童家庭成员在不同时期的居住地及流动流动路线。

析和解释。

（2）定量分析

在定量研究方面，上述（a）的资料进行分类统计并做可视化表达，绘制流动儿童家庭的迁移路线图；上述（c）的资料整理等同于开放式问卷，采用后编码的方式将定性文本转化为定类数据，并做基本的数据统计分析。

（二）样本概况及学校概况

本次调研采用定性访谈法，共完成 78 个样本的面对面访谈和资料整理。样本涵盖了就读于打工子弟小学的流动儿童家庭、就读于公办小学的流动儿童家庭、北京户籍家庭、外地户籍初中生、访谈学校的校长和老师。调查对象的具体分布情况如图 1 所示。

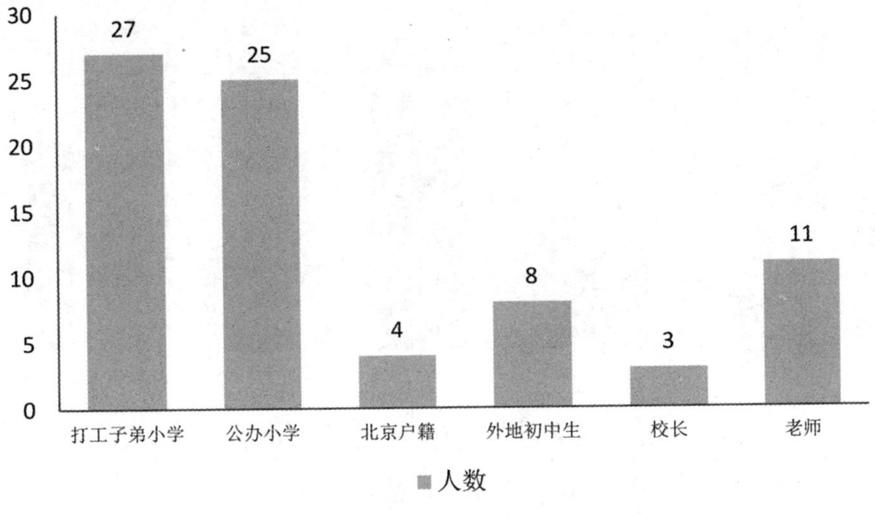

图 1　调查对象的数量分布情况

27 户就读打工子弟小学流动家庭和 25 户就读公办小学流动家庭为本次调研的核心资料来源，其他类别的样本则从不同年龄儿童、不同户籍家庭和学校领导、班主任等若干侧面对核心资料进行补充，使得信息更加全面和完备。

27 名打工子弟学校流动儿童在访谈时均为四年级，25 名公办小学流动儿童中有 17 名二年级学生和 8 名六年级学生。这些流动儿童家长的出生年份基本分布在 1975~1985 年，属于同一年龄段出生队列，其生命历程具有可比性。

参考生命地图，本研究对人口流动的路线、地区分布，流动人口家庭的收入状况等情况进行了分析如下。

1. 样本结构分析

（1）家长的流动情况

人口流动现象伴随着时间和空间维度的双重变化，我们首先考察两类家庭的流动起始时间差异。将家庭成员中首先开始流动的一方（一般是父亲）的起始流动时间作为关键变量，以五年为间隔制作柱形图。

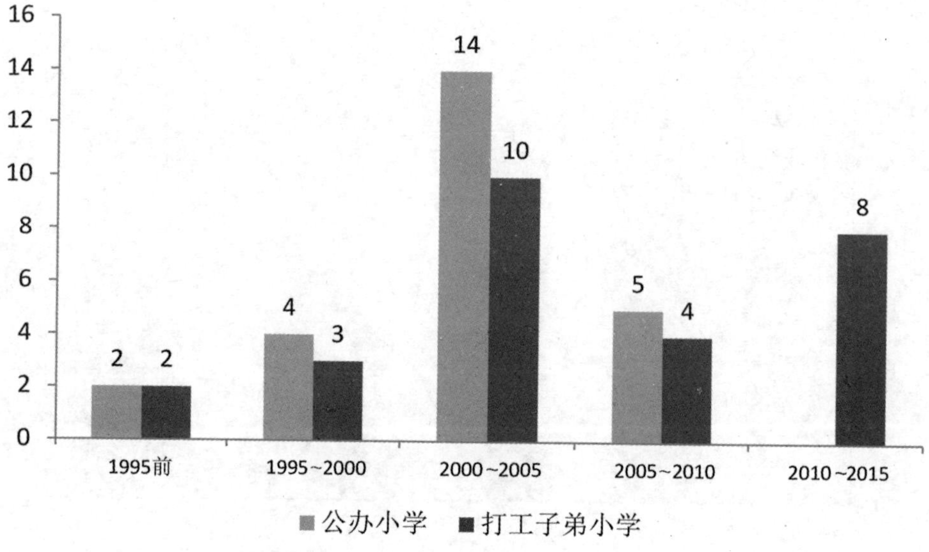

图 2　起始流动时间的数量对比

从图 2 可以发现，80% 的公办小学家长在 2005 年以前就开始流动，这一比例远高于打工子弟小学家长的 55.6%。那些更早开始流动的家长在流入地生活的时间更长，对于流入地就学的相关政策更加了解，准备也应更加充分，所以更早开始流动的家长的孩子更有机会进入公办小学就学。

再从流动路线差异的角度来看，将每户家庭首先开始流动家庭成员的流出地及其流动经历进行汇总，绘制在地图中。图3和图4中，不同形式的阴影代表调查对象中来自不同省份的流动家庭数量。箭头表示曾有多次流动经历家庭的流动路线。例如，公办小学虚线代表某一户家庭从湖北流动到云南，再从云南流动到北京；实线代表一户家庭从安徽－上海－浙江－澳门－北京的流动路线；有几条相同类型的线就代表这个家庭流动了几次。橙色箭头的出发所在省份，为流动儿童流出最多的省份。

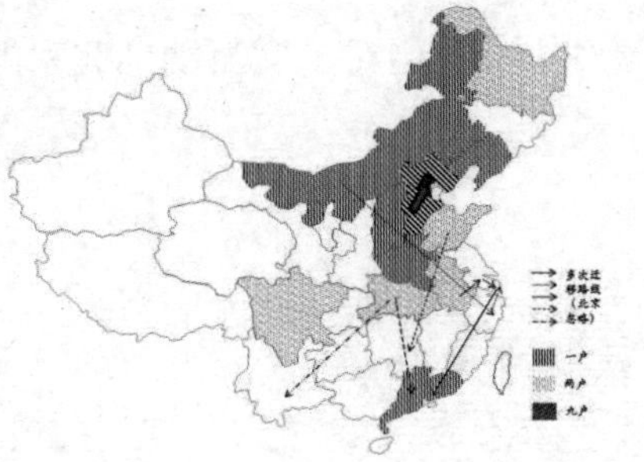

图3　公办小学家长流出地及流动路线汇总

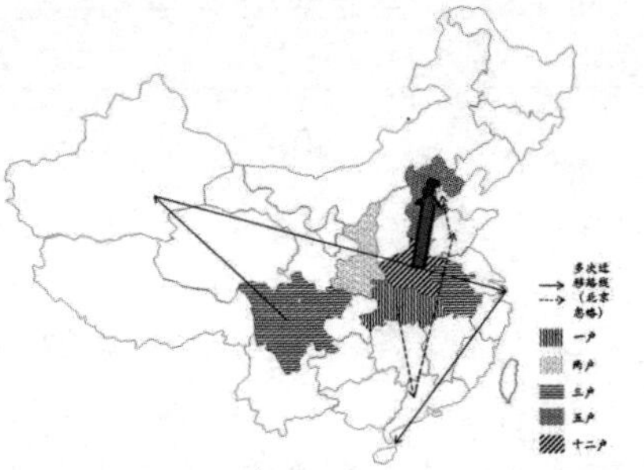

图4　打工子弟小学家长流出地及流动路线汇总

公办小学家长的流出地分布较为分散，从东北到华南均有分布，而打工子弟小学家长的流出地集中在北京周边的几个劳动力流出大省，来自河北和河南两省的流动家庭数量最多。有 20% 的公办小学家长有多次流动的经历，而在打工子弟小学，这一比例仅为 7.4%。丰富的流动经历意味着更丰富的阅历和更多从事高端职业的机会，更可能满足流入地区教育部门对于工作、社保等政策审核要求。

（2）孩子的流动情况

孩子的流动经历往往和父母的流动经历具有较大的相关性。较早开始流动的家长其子女在流入地出生的可能性更大。在 27 户打工子弟小学流动家庭和 25 户公办小学流动家庭中，子女在北京出生的比例分别为 29.6% 和 32%。在子女出生在家乡的 36 户家庭中，我们对子女流动到北京的年龄差异进行对比。

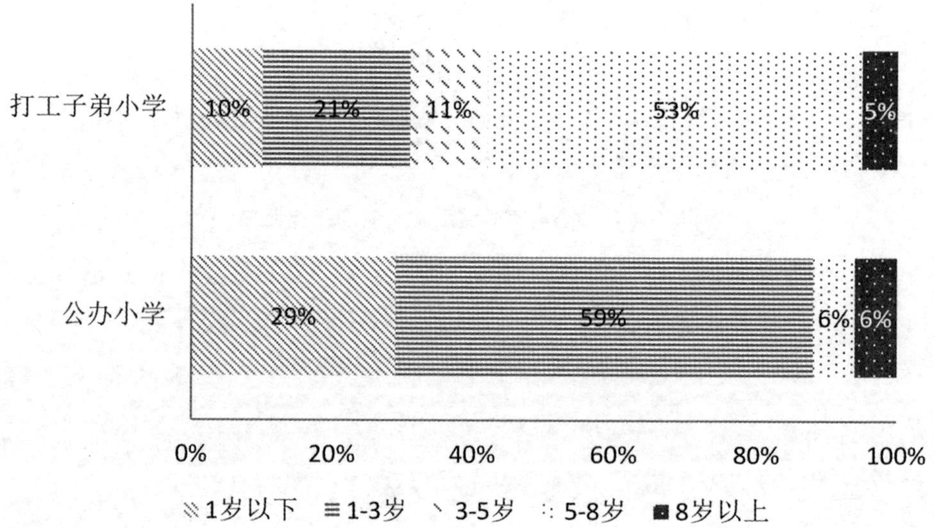

图 5　流动儿童[①] 到达流入地年龄对比

可以发现，大部分就读于公办小学的流动儿童在出生后三年内就会跟随父母到流入地生活，而打工子弟小学的学生大部分是达到学龄年龄（即 5~8 岁）才离开家乡，来到流入地就学。公办小学流动儿童进入流入地的平均年龄为 2.1 岁，打工子弟小学流动儿童则为 5.2 岁。此外，有 4 名在 0~3 岁来到流入地的打工子弟小学流动儿童，达到学龄年龄后又返回户籍地，在家乡读完小学一年

① 出生在北京市的流动儿童除外。

级后再转学到打工子弟小学继续学习。这种先回流、再返回的现象没有在公办小学流动儿童中出现。

儿童在达到学龄年龄才开始随父母流动，或者从家乡小学转学到流入地小学，往往会因为材料准备时间短、学籍转换手续复杂等因素而达不到入读公办小学的条件，所以更可能进入打工子弟小学学习。

（3）职业和收入状况

（a）职业状况

根据《中华人民共和国职业分类大典》，我国劳动力的职业类型划分为 18 大类 74 小类。将本次调查中流动家庭家长的职业进行分类统计，其中，打工子弟小学家长共 53 个样本（1 户单亲），公办小学家长共 50 个样本。两组样本中都不存在的职业类型将不在统计图中展现。

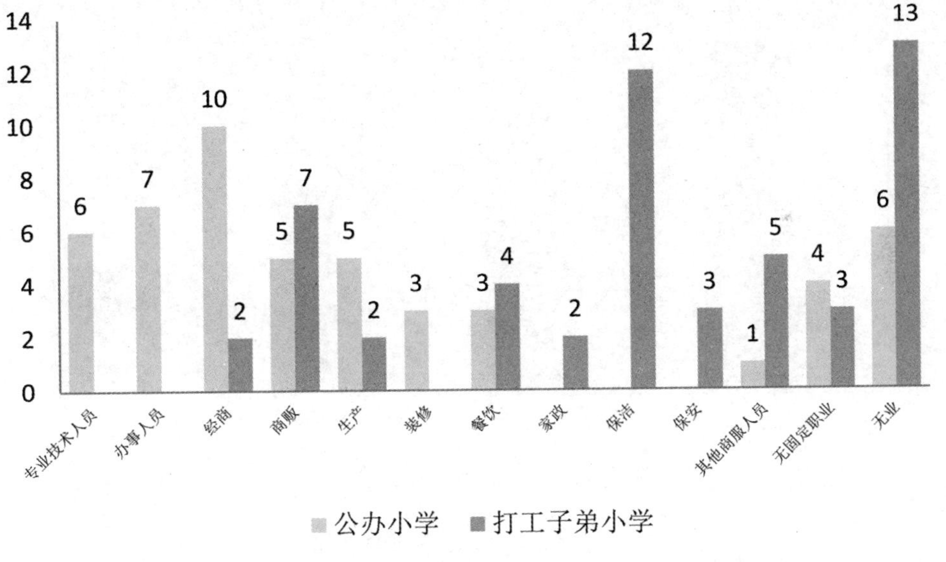

图 6　家长从事的职业类型对比

可以发现，公办小学家长较多从事专业技术、商业、生产等技术要求较高、职业声望较高的行业，而打工子弟小学家长则较多从事技术要求较低的体力劳动。此外，打工子弟小学家长在家待业的人数远多于公办小学家长。

从单位性质和缴纳社保的比例来看，44 名在业的公办小学家长，有 3 名是企业法人，25 名与单位签订了正规的劳动合同，两者合计占比为 63.6%，长期缴纳养老保险的人数为 31 人，占比 70.5%。而在 40 名在业的打工子弟小学家长中，这两个比例分别为 20% 和 22.5%，差距比较明显。

（b）收入状况

对家庭月收入进行分类统计，计算父母双方的合计月收入作为家庭月收入。在所有 52 个调查家庭中，家庭月收入的四分位数分别为 4500 元、7000 元和 9000 元，以此为分界点制作柱形图。

在中位数左侧代表的收入较低的家庭中，打工子弟学校的家庭占比为 69.2%，在右侧代表的较高收入家庭中，打工子弟学校家庭占比为 38.5%。可以发现，孩子就读于打工子弟学校的家长的收入会明显的低于公办学校的家长。

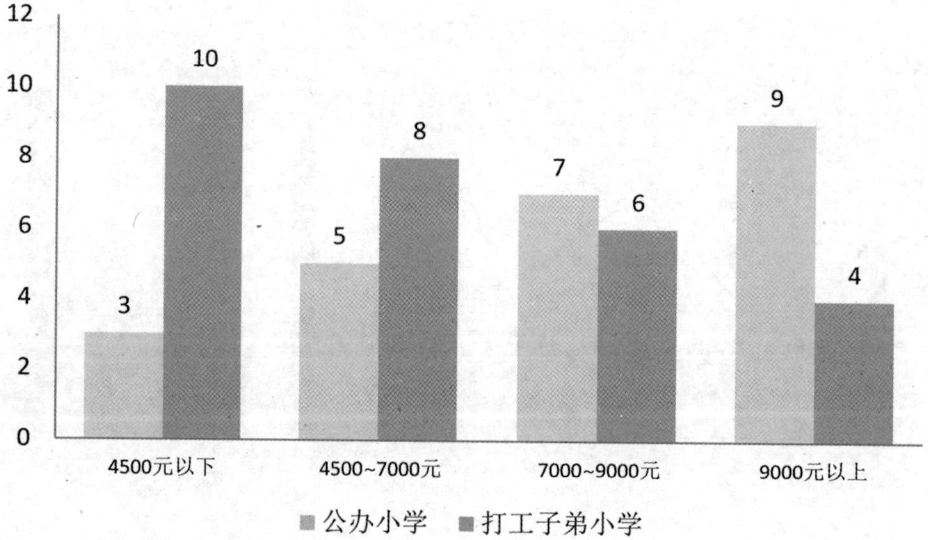

图 7　家庭月收入分类统计对比

2. 调研学校概况

本部分将对调研学校的概况及特点做概述，以提供便于理解下文中的访谈资料的背景材料。本次调研主要涉及三个学校：海淀区行知小学（民办小学）、高家园小学（公办小学）、北京理工大学附属中学南校区（公办中学）。本部分重点在于介绍学校情况，对学生的具体情况不做介绍。

（1）海淀区行知小学

（图为行知小学，是“庙改校”的结果）

作为主要调研地的北京市海淀区行知实验学校创办于1995年6月，至今已逾二十年。共6个年级，人员设置状况如下：

表1 行知小学人员概况

类别	人员
一年级、二年级	每年级5个班级，每班约40余人
三年级、四年级	每年级3个班级，每班约40余人
五年级、六年级	每年级2个班级，每班约40余人
教职工	约20人

本次调研中，我们发现了行知小学的如下重要特点：

（a）学生、教师流动性大

学生方面，基于儿童在流动人口迁移决策中的附属性地位，行知小学作为流动之中一个微小的点，见证了流动儿童上学路上的曲折与颠簸。

以前（流动）还是比较多的，可能上一学期在的这一学期不在了，下一学期又回来了。父母不在北京了，比如有的要回老家，或者说带不了（孩子）了，送回去给爷爷奶奶带。最近几年，开始实行学籍制度（指统一学籍）才开始好转的。因为有学籍他就受到限制了嘛，不能说走就走说来就来，就得考虑清楚是不是长期要在北京或者是长期在老家。现在（统一学籍后）少多了，基本上走也走不了几个，来新生也来不了几个，一个班有 2、3 个……那肯定流动的就少了呀，你学籍不好转呀。（FM，男，教导主任，2016 年 1 月）

由于全国统一学籍这一限制性因素，学生的流动行为的确有一定程度的减少，但这种“减少”并非出于流动人口的主观意愿，而是一种外在的、受政策影响的结果的呈现。且“统一学籍”又在另一方面引发了新的问题，这点我们在后面会详细谈到。

教师方面，打工子弟小学受限于经费，在老师的待遇问题上往往捉襟见肘，这也导致了老师的流动性十分大。

之前一学期能走十多个（教师），可能到时候又再来七八个，甚至十多个，就这样。而且（之前）一直处在老师比较紧张的状态，总是缺人……工资太低了呗，人家不想在这儿了，就觉得条件也不好，钱又少（笑）。要是比如说环境特别好，或者环境不好也行，你工资高一点，钱多一点也行，可能还觉得在这就在这了。反正现在哪头都不靠（两个都不好），所以就走了。后来上了“五险”，没有“一金”，才稍微好一点。（FM，男，教导主任，2016 年 1 月）

老师的频繁更换，意味着学生要不断适应新的老师及新的教学风格，这对学生的知识学习及自我发展都造成了多方面的限制。

（b）教育连续性不足

行知小学的流动儿童在受教育活动和受教育内容的连续性上，经常受到以下因素的挑战。

一方面，由于家庭流动主要源于经济选择，子女的教育选择仅仅处于附属地位，在家庭经济得不到保障的前提下，若想保证流动儿童在一个固定地方保持教育连续性具有一定难度。一旦家庭经济稳定，流动儿童想获取连续教育之时，却又受到制度方面的诸多限制。在对学生家长的访谈中，这个问题得到了充分体现。

我们小孩多，五六个小孩……孩子从老家一来就在这里上学。大姐姐，从老家十来多岁才来的，来都上五年级了。俺这个老二一直在行知上，上到这高中，就回去上了，就因为不叫考学嘛，没有户口你考啥学啊。今年才回去，她也不想回去，爹妈都在外头，小孩自己在家。（WM，女，47 岁，该户 2003 年为躲避当地计划生育政策来到北京，2015 年 12 月）

另一方面，由于教材的多样性以及北京市所用教材的特殊性，行知小学的学生们在受教育内容的连续性上也得不到充分保证。

北京现在用的课本版本多了，有用人教版的，有用北师大版的，还有用的山东的什么的。现在由于咱们这些孩子中途要回家，回家的话课本衔接不上，所以咱就改成人教版，教委老去跟咱们换教材，让换成北师大版的，但是换了教材家长回去以后衔接不上……你比如咱这小数乘法学了，老家可能正在学分数。他回家可能小数乘法咱都学完了，后面才讲，再学分数吧，这还没讲呢，那边已经讲完了。（LM，校长，2015 年 12 月）

行知小学的学生流动快，常常中途离开；大部分学生会在小学毕业后，离开北京市回老家继续初中教育。到达新教学环境后，教材的变更、教学进度不同等因素，导致学生跟不上老师讲课的节奏，无法很快适应新的学习生活。

此外，行知小学与其他打工子弟小学类似，还存在课外活动匮乏、教师水平不高、人才稀缺等问题。这些问题对于流动儿童的社会发展也有重要的影响。

（2）朝阳区高家园小学

（图为高家园小学）

朝阳区高家园小学是隶属于朝阳区教委的九年制义务教育，六年制公办完全小学，接受京籍儿童及通过“五证”审核的非京籍儿童入学就读。学校创办于 1987 年，随附近的厂矿家属院一起建立，至今已有 29 年。

伴随社会变迁，高家园小学的生源结构也发生了变化。流动儿童比例上升，近年来由于“五证”审核逐渐严格，流动儿童增长速度明显放缓。高家园小学共 600 余名学生，20 个班级，其中 80% 为流动儿童。46 名教职工在编，另有数名临时代课老师。

如前所述，高家园小学与行知小学可以形成鲜明对比。教学设施方面，高家园小学教学设施齐全且先进，已经实现了多媒体教学，配有各种类型的实验室、视听室、音乐教学室。师资力量方面，高家园小学的老师均有教师资格证。教师基本拥有本科学历，且有部分小学高级教师。教学活动方面，高家园小学创办了诸多兴趣班，如书法班、绘画班、科技班等，作为课外活动向学生免费开放。此外，学校也配备了图书角满足学生的阅读需求。

（图为学生在上音乐课）

学生流动方面，高家园小学的学生流动性明显低于行知小学，部分原因在于一旦通过“五证”审核，流动儿童不仅可上公办小学，还可以免于审核手续，直接升入对口的初中就学。但由于中高考的户籍限制，常有流动儿童在六年级或升学时返回户籍所在地，以提前适应当地的教学。

学籍肯定不好转。崔博通上次转了一个月。我们班有个同学，他从暑假的时候就开始转学籍，要转学回老家，然后六年级开学一周后，才转回去的。反正我知道转这个好复杂，要一堆证件。我们旁边班有一个是我好朋友的哥哥，然后他现在也要转学了，反正我那个好朋友每天到黄老师那边拎着一大袋子东西回家。（LM，男，12 岁，2016 年 4 月）

即使学生离开流入地学校，将学籍转回户籍所在地的手续也是相当烦琐，且周期很长，如上所述耗费了老师和家长相当大的精力。据调研，在高家园小学，学籍管理的任务是由老师兼职来干，负责该项任务的老师经常要抽出一上午的时间（甚至是上课的时间）去解决一个学生的学籍转出，可见全国电子学籍信息平台附带的地方沟通成本较大。

（3）海淀区北京理工大学附属中学（南校区）

北京理工大学附属中学（南校区）原为北京市六一中学，于 2016 年并入北京理工大学附属中学。学校招收生源广泛，设有学生宿舍满足住校生的需求。在调研中，作为承上启下的初中反映出了流动儿童教育进程中的某些延伸性问题。

（a）学生流动性大

学校 2015~2016 年度共有初中学生约 400 人，每年级 4 个班。非京籍的学生在初中阶段基本完成了“回迁”，具体表现就是学生人数的减少。以下表为例：

表 2　高家园小学学期末学生人数变化情况

年级	人数（人）		
	2015 年 9 月	2016 年 1 月	减少
初一	149	130	19
初二	131	108	23
初三	116	91	25

与小学不同，初中阶段流动儿童的“回迁”是受户籍限制的中考政策的无奈选择。我们也看到，初一至初三的各年级人数呈递减趋势，每个学期减少的人数呈逐年级上升趋势。学生的流动在初中体现得尤为明显，由此也带来了其他问题。

（b）学生流动下的心理、管理问题

调研发现，高流动性不仅仅对流动儿童的发展不利，不断的学生调整和人数增减以及带来的别离情绪，也冲击着学校自身的管理，造成了学生的心理问题。也就是说，学生的流动不光对流动儿童自身发展造成了困扰，也对“留下”的老师、学生造成了心理上的影响。

很大的一个问题是在哪儿呢？学生不断地流动，在这个流动过程中呢老师们的那种……一些挑战就是这种老师的情感和孩子的情感，心里的一个情绪，这种管理真的很重要。因为你每学期看到你教的学生就会走一部分，走的这些孩子都是要回原籍。确确实实在这个过程中……老师们……因为人是有感情的嘛，感受到了特别是回去的孩子跟老师是特别紧密的联系，而且包括孩子想回来，但是父母这块儿肯定是不让回来。就这种孩子的感情的纠结，这是个体的。还有一个群体的，孩子们本身从同伴来讲是相互依恋的，因为这种流动，造成了孩子们之间的这种分离。（校长，2016 年 4 月）

这种对于在校生和老师的感情及情绪管理，成为校长眼中亟待解决的重要问题。同时，也为多样化教育的开展造成了困难。

二、调研结果分析

在调研的过程中，我们发现，“五证”在流动儿童教育机会获得上发挥了决定性作用。

（一）“五证”审核的实际操作及困难

“五证”审核的结果区分的是流动儿童能否进入公办学校接受教育。本报告将论述操作过程中，流动人口通过“五证”审核主要面临的两方面客观困难：一方面源于政策本身，另一方面源于流动人口群体自身的特点。

1. 证件审核过程

按北京市现有规定，非本市户籍的适龄儿童办理入学手续，需审核如下材料：本人全家户口簿、在京暂住证、在京合法住所居住证明、在京务工就业证明和适龄儿童户籍所在地无人监护证明等相关材料（简称“五证”），并按流程提交相关部门进行审核。但在实际操作过程中，相关材料的审核也不止“五证”，受访者表示有“七证”甚至“二十证”，办证对于很多流动儿童家庭来说变成了巨大的困难，而困难主要集中在以下方面。

（1）在京合法住所居住证明

此证件“外延”最广、难度最大，直接反映了受审核流动儿童家庭的经济、社会关系、阶层状况。难度主要集中在以下几个方面。

（a）“非法”租房问题

“直接在违法建设及违反国家和北京市房屋租赁规定的建筑上出具的居住证明无效。按有关规定在不得转租的公有住房、保障性住房、军产房，以及办公用房、地下室等非居住性质的房屋证明无效”（2015 年非本市户籍适龄儿童少年在海淀区接受义务教育证明证件材料审核细则）。

迫于经济压力，流动人口在选择住房之时，往往无法选择合法的、正规渠道的住房——完全合法的租房行为往往意味着更高的经济成本。选择棚户区盖房、无房产证的群租房甚至地下室，可以为流动人口家庭节省不小的开支。而流动人口家庭一旦选择了这些住房，实际上就意味着放弃了通过“五证”审核的机会。相比之下，公办小学的多数流动儿童家庭租住的是公寓房，少数家庭租住的是城乡接合部的自建房。也就是说，公办小学流动儿童家庭租住的基本为符合“五证”规定的住房。这种差异，实际上是由流动儿童家庭的经济收入所决定。

我们将父母双方的合计月收入作为家庭月收入做了计算。结果显示，对所有 52 户家庭的收入从低到高进行排列，家庭月收入的四分位数分别为 4500 元、7000 元和 9000 元。如前所述，图 7 是以这三个四分位数为分界点制作的柱形图，每一类别都有 13 户家庭。在中位数左侧代表的收入较低（7000 元以下）的 26 户家庭中，打工子弟小校的家庭占比为 69.2%，在右侧代表的 26 户较高收入（7000 元及以上）家庭中，打工子弟小校家庭占比为 38.5%。这一结果表明，打工子弟小学的学生家庭收入明显低于公办小学的学生家庭收入。调研中我们还发现，就房屋租赁费用来说，打工子弟小学所在城区，群租房或棚户区的平均住房开支为 1000~2000 元 / 月，一居室租房开支约 3000 元 / 月。

（距公办小学仅百米的棚户区，与住宅小区相映）

对比图 7 所反映的家庭经济收入，群租房是打工子弟小学家庭在北京市谋生唯一可以负担得起的住房。而群租房作为一种家庭选择的“违法的居住行为”，却影响到了下一代人的教育状况。

（b）房产证问题

即使是此类人群自身的居住行为合法，租住了“合法”的房屋，房东的行为通过影响其拿到房产证及相关材料的可能，在实际上影响着流动儿童的就学：

申请人在海淀租房的，要提供规范有效房屋租赁合同（房屋租赁合同为北京市国土资源和房屋管理局与北京市工商行政管理局共同制订的示范文本），房主房产证原件、房主身份证原件、半年以上的租房完税证明。房屋适宜居住（使用面积人均不低于 5 平米），能保障适龄儿童少年安全，必要时提供安全责任书。（2015 年非本市户籍适龄儿童少年在海淀区接受义务教育证明证件材料审核细则）

首先，房东的完税证明难以取得，而这与房东的个人交税状况有关（房产税、营业税、个人所得税）。对于有逃税漏税现象的房东，即使能够通过各种“关系”补交税款，这部分税款也往往是流动儿童家庭代付，这无疑造成了额外的经济负担。

还要什么房东证，还有房东不是要给国家交什么费嘛，这个费如果他没交，那你这个证也办不到，费用交完才能办得到……房东的房产证，这个还要托关系，比如说认识朋友，拿朋友的房产证过去也可以。我觉得这两个是最主要的，一个房产证，一个是房东的一些手续。就是我和你说的，房东假如说把这些费用完成了，那就可以。我听说有的时候为了让小孩子读书，比如我想让我的小孩进公办小学，房东欠的税要我给垫上，你不垫人家凭啥交？（ZM，男，40岁，2015 年 11 月）

暂住证、无监护证明，缴税证明，像我们还需要用工合同、房东房屋租金缴税证明。房屋就是要税，按照房屋在市场上的租金价格，像我 4000 元的房租，就是要交 1200 吧。我们的房子是朋友免费借我们住的。房屋都免费借我们住了，不可能税还要替你缴吧。很多房东就是我不替你缴税，你要缴自己缴去。所以基本上租房缴税证明，99.9% 都是租房的自己去缴的租金。（ZM，男，35岁，2016 年 4 月）

其次，根据了解到的情况，同一房产证 6 年只能用于一次“五证”审核，也就是说，流动儿童家庭租户很有可能会占用房主的学位名额；且当地街道还需进行“家访”，即实地考察房屋居住条件，这一方面在实际操作上增添了“五证”通过难度，另一方面无疑提供了权力寻租的空间。

五证过了的都还有些是上不了学的，还有个家访。就是到你家去看看，你是不是真的在这儿住着的。如果我去了你上班不在家，那这就去掉了（审核不通过）。（LM，打工子弟小学校长，2015 年 12 月）

你租房，以前是有租房合同就行，现在是有租房合同还不行，就是要你租的这个房子给你交了房产税才行，而且就是说你一个房子挂了一个孩子，你 6 年之内是不能挂另一个孩子的。（LM，男，39 岁，2016 年 4 月）

最后，房主房产证原件、身份证原件不易取得。

我们那年就是特别严，就是什么都特别严，我也是跑了好久……老要房东过来，老要用人家房产证和身份证（原件），这种东西就是人家是不会愿意交到你的手上的，要本人过来，本人过来我就要协调什么税务所的啊，什么老师审核的啊，你得协调这个时间，人家比如说只 11 点接待，但是房东这个点儿能走开啊，人家也上班啊，挺麻烦的。（LM，男，39 岁，2016 年 4 月）

房产证！反正主要就是房产证！房产证这一项就没有！暂住证，这好办，主要就是那个房产证！房东有（房产证），他不让你用呀！还要正联儿（原件），不要副联儿，复印的都不行！人家正本的房产证会给你拿着一气儿跑吗？不可能的！（ZM，男，40 岁，2015 年 12 月）

表 3　不同住房来源对比

	群租房或棚户区[①]	一居室正规租房[②]
平均住房开支	1000–2000 元 / 月	约 3000 元 / 月
房产证	部分有	有
完税证明	无	大部分有
有效房屋租赁合同	无	有

（如此的居住环境能为住在这里的人们一个月省下约 2000 元）

其实，住房的状况往往与家庭经济状况乃至所处的社会阶层有关。这项政策实际上在流动儿童内部进行了阶层的划分：那些有经济能力承担正规渠道住房开支的家庭与那些不愿或无能力承担正规渠道住房开支的家庭，由此被“筛

① 来自访谈资料整理。

② 信息来自访谈资料与某房屋中介网站，房东电话中提供。

选”成两个群体，从而决定了流动儿童不同的教育路径。

（2）在京务工就业证明

在京务工就业证明涉及的事项集中在工作领域，其困难核心在于“申请人或其配偶按相关规定在北京市缴纳社会保险并提交的北京市社会保险个人权益记录”，即“社保”。

缴纳社保的比例与单位和工作性质有关。44 名在业的公办小学家长，有 3 名是企业法人，25 名与单位签订了正规的劳动合同，两者合计占比为 63.6%；长期缴纳养老保险的人数为 31 人，占比 70.5%。40 名在业的打工子弟小学家长中，这两个比例则分别为 20% 和 22.5%，与前者差距比较明显。从职业上看，打工子弟小学家长多从事保洁、市场商贩、保安等低技术性工作，并且在家待业的家长人数远多于公办小学家长，因此，常常会出现弃缴或所在单位不按规定缴纳社保的情况。

当初不是要去那个 LJD 小学嘛，办不下来啊。最主要就是没交社保。税、医疗保险什么的都没交。要交得一千多吧，咱挣这些钱还不够交的呢。在老家都交了合作医疗。你没看前一阶段，开学那阵，家长去教育局那闹嘛，都上电视了都。（ZM，男，40 岁，2015 年 12 月）

（店面环境，此类职业的流动人口往往不能缴纳社保）

将“缴纳社保”明确写进“非本市户籍适龄儿童接受义务教育证明材料审核程序和标准”文件中是在 2015 年。2015 年前，各城区根据自身实际情况，可制定适合本城区发展的审核细则。

审核通过后，区教委牵头各相关部门对获得我区入学就读资格的非本市户籍适龄儿童少年父母或其他法定监护人自 2015 年 5 月 1 日之后连续缴纳社保的情况进行审核，以保障申请人子女在我区连续接受义务教育的资格。（2015 年非本市户籍适龄儿童少年在海淀区接受义务教育证明证件材料审核细则）

调研发现，在 2014 年朝阳区社保材料的审核中，出现了值得思考的现象，那就是“异区社保”问题[①]。流动儿童要在某学区上小学，需要父母双方均在同一城区内连续缴纳一定时间的社保。

就是我们上的时候对社保好像三个月就行，我们那是第一年实行（2014 年），我女儿上的时候。之前（其他人）好像是只要你有劳务合同就行。然后等我们上的时候就是你只有劳务合同不行，就是你得你所在的单位给你交了社保才行，否则他会认为你是虚拟的嘛。还有他要求你，孩子在朝阳上，你社保必须交到朝阳，那好多外企的我在朝阳住我可能在海淀上班，那我单位在海淀社保肯定交在海淀啊。反正挺多不合理的。（LM，男，39 岁，2016 年 4 月）

也就是说，父母双方都必须在朝阳区缴纳超过一定时长（3 个月）的社保证明，但在实际操作中这一规定造成了很大困难。首先，父母双方并不一定均有正式的稳定工作，如一方（通常为女方）为“全职妈妈”，无法出具；其次，如父母双方都有缴纳社保的证明，但不在同一城区，其子女则无法取得朝阳区的入学资格；最后，城区的划分较为严格，可能出现工作地点相近但分属于不同城区，导致“异区”缴纳社保的情况。如此一来，诸多父母均缴纳社保的流动儿童却无法取得朝阳区公办小学的入学资格。

有一些其他因素也导致通不过社保审核。其一，有的父母工作的公司虽然注册地址在朝阳区，但公司找外部机构代缴社保，社保可能在其他城区缴纳。对于不了解情况的父母常常会使得他们手忙脚乱。其二，社保需要连续的缴纳，如在审核要求的时间内（通常为 11 月至次年 5 月）更换工作并因此断缴社保，则不能通过审核。

---

① 2015 年后，朝阳区有关缴纳社保的审核细则调整为：适龄儿童少年父母（或其他法定监护人）受雇于用人单位的……社保应处于正常缴费状态，到 2015 年 5 月 1 日连续缴纳 6 个月以上（含），且至少一方在朝阳区缴纳，缴纳单位与劳动合同单位名称一致，补缴的不算连续缴费。

从社保缴纳的要求来看，取得“在京务工就业证明”难度很大；但从实际情况来看，公办小学的流动儿童家庭仍旧顺利地拿到这项证明并通过“五证”审核，这实际涉及流动儿童家庭的进一步分化，其中流动儿童家庭做出的反应也值得我们深思，具体情况我们将在后面部分予以呈现。

（3）总体特点：证件手续复杂、政策变化快、审核时间紧

我们曾经跑教委跑了很多次。教委啊、学校啊，跑了很多，上班都耽误了好多……也有一个月啊，就说不是每天，但就是有一两个月一直在办，隔几天跑一个、隔几天跑一次这样的。（GM，男，32 岁，2016 年 4 月）

综合家长的说法，进行五证审核要设计的单位或组织包括北京市当地和户口所在地的街道（村委会）、派出所、教委以及北京市当地的学校。涉及中途转学的还需要获得原校的相关证明。办事涉及的主体多且权力关系组成复杂。这样就造成了以下几个问题：

第一，复杂的证件材料要求极易使得审核因某一证件而失败。证件审核要求十分复杂和严格，涉及的证件数目繁多且各自要求不同。

反正就好多，学校是随机派的，不是我们选的。就开始咨询啊，每个学校就开始问，我们这片属于哪片管，就去找就去问，然后都没有答案，因为学校不管这个。必须得到教委，到教委之后教委说政策还没有下来，下来的时候都已经四月多五月份了，我记得可晚了，那时候可麻烦了……材料是（街道）办事处管，办事处审核了一遍又一遍，审核了三遍还是四遍，就这个酒仙桥办事处。然后每个手续都得审核，可严了……审核好几遍呢，你缺一个东西，比如纳税证明，我听说呢，三遍通过你就通过了，通过不了你就不行。（ZM，女，35 岁，2016 年 4 月）

就是那个无人看管证明，不知道怎么开，去派出所、去民政局，最后才知道去镇政府办公室盖章才行，跑了三趟。（LM，男，40 岁，2016 年 4 月）

在这种情况下，如果证件审核的要求说明不足，复杂的材料要求往往会成为本符合条件的流动人口通过审核的最大障碍。而据家长称，家长能拿到的是一份材料的“清单”，上面给出了需要用什么材料。而这些材料如何去办理，家长往往不清楚，只能投入时间和精力去了解。

第二，流动人口常常需要奔波于北京市和籍贯地两地，往返于街道、派出

所、学校、教委等场所。

哎呀，当然很久啊。得去（老家）农村，需要去民政局、派出所，我的同学就有在老家派出所的，但它需要去镇政府办公室盖那个章。就那个无人看管证明……都不容易吧。当时打印出的材料有这么厚（15 厘米左右的样子）呢，每个都得复印两份、三份……我是必须亲自回家办，办了两次。第一次我们过年就怕这个，我开过来证明之后人家给写的单子，我们拿着证明，所有的手续准备完了，好多手续都不合格。（ZM，女，35 岁，2016 年 4 月）

第三，政策自身也有较快的变化，且审核时间紧张。每年的审核政策都有不同，而政策细则出台的时间又较晚，这就使得审核时间十分紧张。以 2015 年北京市小学入学的审核办法为例，其正式发布约为 4 月，家长获悉具体情况基本是 5 月左右。而众多材料均有一定的时间要求，这就为家长准备审核材料造成了一定的困难。

表 4　北京市小学入学审核办法（2015 年）

时间	工作内容
5 月 1 日（周五）~5 月 17 日（周日）	非本市户籍适龄儿童家长登陆“北京市义务教育入学服务平台”，进入“非本市户籍适龄儿童接受义务教育证明证件审核入口”，进行信息注册，打印《申请表》
5 月 4 日（周一）~5 月 15 日（周五）	1. 各学区审核“七类人”子女入学证明证件材料 2. 各学区审核非本市户籍超龄儿童相关证明材料
5 月 18 日（周一）~5 月 28 日（周四）	非本市户籍儿童家长备齐五证及《申请表》，提交街道（镇），联审工作小组审核证明证件材料
5 月 29 日（周五）~5 月 31 日（周日）	各街道（镇）反馈审核结果。通过审核的非本市户籍儿童家长进入“小学入学服务系统”，打印《信息采集表》
6 月 13 日（周六）~6 月 14 日（周日）	小学进行登记，审核入学信息
7 月 3 日（周五）	小学发放新生《入学通知书》

例如下面的案例：

暂住证还行。但是好多人因为在北京不涉及办暂住证他就不办，但是他是以你的初次办证时间为准。你看我的暂住证是 2013 年的，是 2013 年还是 2010 年的，我 1997 年就在北京交社保了，我可能是 2013 年来的北京吗？但是他是以你初次办证的时间为准，他不以你实际什么时候来北京为准，有好多家长就是暂住证办不下来……或者他能办下来，但是他的时间不够。比如我们小孩是

2015年九月份，他要求是，2014年12月之前办的暂住证才有效，否则他认为你是新来的，临时的就不行。那你说，2015年九月份入学，那你2015年三月份这些政策才出来说要这些政策，你出来政策我们才知道你要什么东西啊，暂住证，好那我们去办吧，但是去办其实人家好多家长在这儿生活并不需要暂住证，就不办。凡是外地的都是需要暂住证，除非你有工作居住证，就是那种大的企业的那种。那我说有的还多公司办不了工作居住证，那要暂住证，那好多家长之前孩子不上学不需要暂住证他就不办。那办的时间不对啊，就是他2015年一月、二月办的都不行，必须要2014年12月之前办的，他时间给你卡死了。之前是不卡时间的，但是他政策就变啊。（LM，男，41岁，2016年4月）

每年的审核政策出台的时间基本为三月份或四月份，而以海淀区的审核要求为例，材料审核截止的时间为5月28日。即使家长在政策刚出台时便着手准备，也只有两个月左右的时间去准备材料，而这些材料中有些还需要回户籍所在地办理。如果像上面提到的有材料不符合要求，时间就更加紧迫。得知政策要求，获悉材料办理要求，这客观上都需要时间和精力。而另一方面，流动人口自身的一些特点（我们将在后面部分予以呈现），也使得某些本满足审核条件的人在审核中遇到了额外的困难。

2.“弱者的武器”：假离婚和买社保

流动人口群体在面临“五证”审核的过程中，并不仅仅是处于一个消极的、被动接受的位置。相反地，流动人口以其独特的方式，以一种“弱者的武器”的形式，在现有政策下争取到了最大程度的利益。面对严苛的“五证”审核，尤其是“异区社保”问题，朝阳区部分家长的解决方法值得深思。

（1）流动儿童家庭的应对措施

（a）假离婚

现在政策他要求，比如你在朝阳区上学的话，他要求你的社保也在朝阳上。像现在，我们公司，我是在朝阳，我老公是在怀柔的。如果这样的话将来我们要“假离婚”。因为我们社保不在一起，政策这块是不好的。因为我在朝阳是符合朝阳的条件的，他在怀柔就不属于朝阳区，这样的话孩子就不能在朝阳上，在怀柔也不行。因为怀柔的话我的又不在怀柔，现在像他们上

学的时候，好几个家长都是假离婚的，都是有一方的条件不符合。（GM，女，33 岁，2016 年 4 月）

好像要的证件挺多的，夫妻双方的，我当时做兼职，没有保险，所以我们俩先离了婚，孩子户口在爸爸那边正好，他爸爸是有工作、有保险什么的，他都有。（JM，女，33 岁，2016 年 4 月）

当时上学没那么严，是从 2008 年我家孩子上一年级的那年开始变严的。所以姐姐和弟弟没法一块上，变成一个在朝阳一个在这边。爸爸的社保是朝阳的，他现在规定哪区交的社保需要在哪区上学。（GM，女，35 岁，2016 年 4 月）

通过"假离婚，再复婚"，流动人口成功将自己的孩子的身份变为"单亲家庭"子女。这种身份的变化带来的是审核标准的变化。单亲家庭自然不需要提供双方的社保缴纳证明。但是，与其说他们"钻政策空子"，不如说是 2014 年政策突然严控之后，流动人口情急之下的权宜之计。流动儿童在不知情的状况下，以"单亲家庭子女"的身份开始学校生活。对于这种成规模的"单亲家庭子女"现象，学校表示了担忧：

这一政策设立的初衷也一定程度上是为了保障在公办学校上学的孩子都有稳定的家庭环境。比如这里面很多孩子的家庭都是离异家庭，爸妈都离婚了。爸妈连稳定的家庭环境都没有，孩子怎么安心学习？（教导主任，女，2016 年 5 月）

也就是说，老师们对这一情况是不了解的，家长也不可能让老师去了解。老师会不会无意透露出孩子父母离婚的"事实"？"怕孩子知道"成了采用这种方式通过社保审核的家长的共同担忧。

王：当时是谁建议您去采取"假离婚"这个方式呢？是您还是……

妈：就很多家长一起交流嘛！

王：你们还会为这个事交流啊？

妈：那肯定的嘛，孩子上不了学，没办法，就走这一步。

王：那后来是去哪儿办的？

妈：就回老家呗！

王：那他回来之后怎么审核？有家访吗？

妈：没有。

王：那当时走这个过程会不会对您生活产生什么影响啊？

妈：就怕孩子知道呗，孩子知道肯定，孩子那么小，知道了心里不舒服。（JM，女，33岁，2016年4月）

（b）买社保

有些家长出于家庭因素考虑，没有选择“假离婚”而采取“买社保”的方式。由于社保只要求三个月的缴纳记录，所以某些提前知晓政策要求的流动人口家庭就可以“挂靠”代理公司进行社保缴纳。如果试着搜索“社保代缴”，可以见到琳琅满目的“代缴”服务。

应该是跟那种机构吧，代缴。就是买了之后给你公司下面挂一个名，因为我也没有交过，不太清楚这个事，他们说好像是，买三个月。有的人就继续交下去了，有的人买完这三个月就不交了……你说你要是去现找工作交社保也不可能，找工作还有一个适用期呢，一个月，到时候孩子上学基本都不可能了。（JM，女，33岁，2016年4月）

当时社保是在我一个朋友公司上的，现在还在上呢，一个月给人家点那个什么……不额外收钱，朋友的肯定就不用，你要是外面的肯定就得收钱，管理费什么的。一个月以前是一千二百块钱，现在不知道……能享受（社保待遇），都能享受。但是以后咱们就不知道回北京政策还是回老家领呢，这个政策就不知道了。政策一时一个变化。就是说不一定能不能用得上，但是为了孩子上学这个东西必须交。（ZM，女，36岁，2016年4月）

（2）弱者的反抗与诉求

我们看到，社保审核中的城区划分背离了其希望流动儿童家庭收入稳定，可为儿童提供良好教育环境等设计初衷，在实际操作过程中却被转化成了权力寻租的反转空间（即被审核者“钻了政策空子”），这俨然是阶层较低群体对于教育排斥规则的反抗。按照詹姆斯·斯科特的说法，这种反抗可称之为弱势群体的“原始”的反抗。这种反抗对改变宏大的国家结构没有兴趣，也没有组织化的社会运动，它只是在困难条件下的从属阶级的日常策略（斯科特，2011）。因此，就如斯科特研究的马来西亚农民采取消极怠工、规避和破坏收割机等手段来达到自利的目的一样，流动儿童家庭采用“假离婚”“买社保”等方式，使自家孩子可以享受到和京籍适龄儿童相似甚至是相同的教育待遇。

从社会学的角度，与对利益的控制与反控制的物质冲突不同，符号性冲突则是对排斥规则的合法性的攻击与维护（刘精明，2005：63）。显然，流动儿童家庭的反馈属于符号性的，他们以“假离婚”“买社保”戏谑式地表达了对现有规则的不满和反击。然而这种符号性冲突，用斯科特的话也可叫作象征性反抗，却是将反抗与社会学意义上要革命、无自利的“真正”反抗做出割裂化的二元处理（斯科特，2011：353–355）。斯科特更倾向于将满足基本生存需要的自利与反抗融合在一起，认为这是农民的日常政治和日常反抗的关键动力（斯科特，2011：358），这也恰恰是调研对象没有说出，甚至并未意识到，却是用行动表达出来的诉求。

因为我们现在很担心的一个问题是我们将来如果在北京考不了试，中考或者高考之类的，面临着我们必须要回家的问题，回家的话家里学的东西要比北京多很多，所以这方面我们孩子真正是废了。我们主要是担心这个问题，我们现在就希望这个教育改革能快一些。这个问题我觉得你们也应该会给上级有一些反映，因为这是每一个外地家长的心声。（GM，男，32岁，2016年4月）

我们不可能把他送回老家，把他扔到一个无人看管的地方，那风险是很大的，那也是对他不负责任。现在留守儿童有6000多万，出了多少问题？说明国家不重视这个问题。怎么说呢，教育是一国之本，是最应该体现公平原则的，而恰恰在这方面当儿戏。你看那么多孩子，天不管地不收，没有人去解决这个问题。只有把他们推给社会、推给父母，那父母怎么办？（ZC，男，41岁，2016年4月）

调研对象用语言表达出来的需求，聚焦于在北京市参加中考或高考，这也是目前制度下，流动儿童在京生活学习多年后所必然面临的教育选择。在对流动儿童约占在校生80%的海淀区理工附中（南校区）的延伸性调研中发现，学生不断流回原籍，不仅对流动儿童自身，而且对老师和京籍学生都造成了负面心理影响。回到户籍地后，流动儿童还将面临“流动”变“留守”的另一重教育和社会困境，这也是家长的担心所在。

（3）社会资本对教育获得的影响

此外，我们关注到弱势群体反抗行动的自助形式，他们缺乏正式的、系统的组织，避免直接与权威对抗，但又保持行动的默契。在流动儿童教育机会获得的过程中，恰恰是家长们的信息交流发挥了重要作用。这种信息交流基于经济、地位同质化个体所组成的社会网络，在本研究中呈现为以下三方面特征：

（a）从职业声望来看，相较打工子弟小学而言，公办小学学生家长较多从事专业技术、商业等受教育程度要求较高、职业声望较高的行业。

（b）从流动起始时间来看，80% 的公办小学学生家长在 2005 年以前就开始流动，这一比例远高于打工子弟小学学生家长的 55.6%。那些更早开始流动的家长在流入地生活的时间更长，对于流入地各方面的情况了解得更为透彻。

（c）从流动路线的差异来看，公办小学学生家长的流出地分布较为分散，从东北到华南均有分布，而打工子弟小学学生家长的流出地集中在北京市周边的几个劳动力输出大省，其中来自河北和河南两省的流动家庭数量最多。20% 的公办小学学生家长有多次流动的经历，而在打工子弟小学的学生家长中，这一比例仅为 7.4%，丰富的流动经历意味着更为丰富的阅历和更广的交往渠道。

以上三个特征呈现出流动儿童家庭的社会网络的差异性，打工子弟小学学生家长的生活比较封闭，虽然生活在北京市，但社会网络局限在亲缘、地缘等“强关系”上；公办小学学生家长在京居留时间长，社会阅历广，职业声望高，社会网络更具“弱关系”的延展性，而基于网络的社会资本产生的各方面利益也就越大。因此，我们看到，正是由于公办小学学生家长的信息通达，再加之彼此交流频繁，才找到“钻政策空子”的时机和空间，将制度加诸个体上的不利降至最低。或者说，除了家庭经济收入之外，社会资本造就了流动儿童家庭的进一步分化。

3. 流动人口的自身特点

一方面，“五证”审核政策设置复杂、证件多，流动人口经常由于某一证件的原因无法通过审核。而另一方面，不可忽视的是，流动人口自身的某些特点也为其通过审核带来了额外的困难。

（1）受教育程度不高

第一个是“老家无人看护证明”嘛，我们当时放假的时候专门回老家开的，但是因为具体的政策是过了“五一”之后才能有的，我们寒假回家的时候开的是手写的，然后盖了章的，这个不行，政策要求是有固定格式的，然后我们又

按照格式弄好，传真过去，专门找了那边的朋友帮忙盖的章。（WM，男，36岁，2016年4月）

无人看管证明这个人家是必须在他那儿拿个单子再回去，用他们的单子（指制式单），必须从那儿盖章，拿人家的单子回去办去，我们当时是写了一张让村委会开的，办事处什么盖的章，不管用……具体的人家没说，咱也没问啊，上次去了人家说，你咋不问呢！（ZM，女，36岁，2016年4月）

流动人口的组成中，打工者占很大的比例。而这些人在受教育程度上存在限制，这就为其了解审核要求和证件要求制造了困难。在访谈中，部分家长不清楚证件的要求，以为某些证明只需要手写就可以，而不知道应该有北京市相关单位开具的制式单。当家长不了解这些需求之时，常常会求助于朋友、熟人等，而鲜有向教委、派出所、办事处等正式单位求助，甚至不问、不求助，仅凭自己的了解去收集审核要求的材料。一方面，流动人口在与正式的单位打交道时，由于身份的不平等和部分办事人员表现出的态度，难免会有自卑的心理；另一方面，这也与其受教育程度不高、不清楚证件办理的流程，也没有去求证了解的意识有关。

（2）法律意识不足

与受教育程度不高相关的，是部分流动人口存在法律意识不足的特点，如对于政府规定需要办理的证件，如果“用不着”，就不办了。

以暂住证为例，现在采用的IC卡形式的暂住证，成本高、制作周期长，且实际作用受限制。暂住证有效期为一年，每年需要办一次。这些因素促使诸多流动人口没有办理暂住证的“需要”。

他们有的就是夫妻双方的暂住证没办，被卡回去了，就是特别简单的那种就卡回去了。比如说我老公他办暂住证了，我来了之后从来没办过，因为不需要，所以从来没办过。（ZM，女，36岁，2016年4月）

但按照有关规定，在京工作的外来务工人员必须持有暂住证。“五证”审核中对于暂住证也有要求，且需要满一年。如此一来，当得知“五证”审核要求时再去办理暂住证常常为时已晚。用不着就不办，用得着再办，以实用主义的思维面对法律和制度规定，部分流动人口存在的这一特点使其无法通过审核。

（二）“五证”与“钱随人走”政策的联系

从上面的论述不难看出，“五证”已成为流动儿童在特大城市接受义务教育的关键门槛，然而其意义却不仅仅于此。这一部分，将主要从学籍政策和“五证”审核的变化来谈“钱随人走”政策的实行可能面临的困难及带来的影响。

1.“五证”与“中小学生电子学籍管理办法”

原来的话你在北京上学，我们就把学生名单、学生信息给上报了，上报了就有学籍了。就从全国统一学籍号以后就不允许这样报了，就是户口所在地办学籍。因为“五证”跟这个有关了……（没有北京学籍的学生）有二百多是今年一年级升上来的，一年级都是在老家办学籍的，在北京办不了啊，没有“五证”啊。有五证了，没有交社保的，政策把他卡住。之前五百多学生的学籍之所以能转过来，是因为（2012 年）以前北京市办学没有那么多的政策，是以前办的学籍，还有一部分是从（老家）转来的。（打工子弟小学校长，2015 年 12 月）

在北京，“五证”办法于 2004 年开始实施[①]，来京务工群体可持“在京借读证明”，到暂住地附近的公办小学、初中或经批准的民办学校为孩子联系就读事宜（市教委等，2004）。调研显示，2004~2012 年，在政策把控相对宽松的情况下，即使没能通过“五证”审核，流动儿童也可通过某些方式（例如，所在打工子弟小学联系教委）辗转获得在京学籍。2013 年，政策已经开始收紧，但表现还没有那么明显。而从 2014 年开始，“五证”审核从“入学”[②]门槛转变为“入学籍”的门槛，没有通过“五证”审核的流动儿童无法再如之前那样获得在京学籍。例如，行知小学全部 900 名在校生中，只有约 500 名学生有学籍。

因为孩子太多了，这几年不光我们一个学校在扩，城区整体发展，外来人口增多。从 2015 年开始，咱们实施电子学籍、就近入学，严把一些东西，从这儿开始人数往下走了。在之前这两年，一年扩一个班，扩两个班，连着三年扩，

---

① 具体参见北京市教委等部门:《关于贯彻国务院办公厅进一步做好进城务工就业农民子女义务教育工作文件意见的通知》，2004 年 8 月 25 日。

② 这里“入学”的内涵是在公办学校就读。

扩到20个班了……从2015年那拨孩子入学开始，所有这些审核，这些把关，都是由政府、招办统一，协调有街道、社保什么的都协调好了，分别审核完了，这些孩子材料过关了，由教委这儿网上登记，一个纸质的登记，都做完了，按照就近入学这种方式，是哪片的，就把孩子按片儿分了。分完了之后，到时候我们统一一个时间，我们到招办去把分给我们的孩子档案领回来，然后我们才通知孩子们、家长见面。在之前我们都没有接触。（公办小学校长，2016年4月）

2015年以后，“五证”直接与全国统一的中小学生电子学籍管理办法（2013年7月发布，2014年实施）挂钩。学籍政策变化前后，“五证”是否齐全、能否上公办小学、能否获得北京市学籍之间的关系如下表所示：

表5 “五证”审核与学籍政策变化的互相影响

	全国统一学籍管理前（2013年9月前）	全国统一学籍管理后（2013年9月后）
通过“五证”审核	能上公办小学 能获得北京市学籍	能上公办小学 能获得北京市电子学籍
通不过“五证”审核	不能上公办小学 能获得北京市学籍	不能上公办小学 不能获得北京市电子学籍

明确“学籍政策到底发生了什么变化”对于我们理解接下来的问题十分重要。如表5所示，对于能通过“五证”审核，从而进入公办学校的流动儿童，学籍政策的变动对他们不会产生太大影响；但对于通不过“五证”审核的流动儿童，在学籍政策变化之前，可以通过某些方式（如学校上报教委等）获得在京学籍。政策变化后，他们还是只能在打工子弟学校就读，但新入学的流动儿童却不能再获得学籍。一言以蔽之，原有的“五证”决定的是“学生能否进入公办学校”，现在的“五证”则直接决定了学生的“学生能否获得北京学籍”。

打工子弟小学的孩子没有学籍，还有更长远的影响。受访者表示，对于行知小学的新入学学生来讲，由于“五证”审核与学籍挂钩，他们无法获得北京市学籍。而这些没有学籍号的流动儿童，按照现有的初中入学政策（必须有北京市学籍），很可能无法取得在京读初中的入学资格。

新的学籍办法旨在清查和统一学籍，也一定程度上达到了其“标准化、规范化”的管理目的。但这也意味着，无法通过“五证”审核的流动儿童，只能回到户籍所在地办理当地学籍，其在统一的电子平台上显示的是户籍所在地的学生身份。在这种情况下，流动儿童如果想继续留京上学，只能在打工子弟小学暂时借读，做“无北京市学籍”的学生。由此可见，原有的“五证”决定的是“学生能否进入公办学校”，现在的“五证”则直接决定了“学生能否获得北京市学籍”。而是否取得北京市学籍，将和流动儿童的教育权利以及国家教育政策的落实紧密相连。

2.“钱随籍走”政策的转义

2015年，国务院出台“钱随人走”政策，主要目的有两个：一是从国家层面，尽可能缓解北京市等流入地因流动人口涌入带来的教育财政压力，以期在流入地和流出地之间实现教育经费资源的合理配置；二是从流动人口角度，国家希望教育经费“可携带”，即随儿童流动纳入到流入地的教育经费支出中，从而切实保障流动儿童的教育权利。

书费不用交、学费不用交，所有的费用基本上都不用交，包括现在孩子们的社会实践活动，这一块儿材料费什么的都给了大力支持。每年初我们把学生人数报上去，报完之后剩下的都不用我们考虑的。所以这两年我们欣慰的就是，不像他们之前的校长说的，我们又得愁这又得愁那儿，又得愁着老师又得愁着学生，还得愁经费，还得想办法自个儿去“创收”去，我觉得我在这几年这块儿还挺幸运的。（公办小学校长，2016年4月）

对于通过“五证”审核，在公办小学上学的流动儿童来说，“钱随人走”政策在中央财政和地方财政按比例分担的基础上，可以至少将中央承担的部分生均教育费随着流动儿童的学籍获得而转到流入地，这等于真正实现了“钱随人走”。然而这项政策还没有实施，只是停留在政策设计阶段，已经面临各种阻碍。从调研情况来看，流动儿童无论是在北京取得学籍，还是将户籍所在地学籍迁移到北京来，都面临很大困难。

（1）流出地政府的“阻碍”

“钱随人走”，即为了解决流入地政府财政问题，将教育经费实现随人流动的制度设计。自《国务院关于进一步完善城乡义务教育经费保障机制的通知》

发布后，学籍在可预见的几年内将成为经费流动的重要载体。但从调研情况来看，“钱随人走”政策很有可能变成“钱随籍走”。也就是说，虽然流动儿童实际上在流入地接受教育，但由于其学籍不在流入地或无法转入流入地，用于其接受教育的中央财政支出也无法转到流入地。

这个实现不了。你不要看国务院弄这个，我是河南的，这孩子你要转走，我绝对不让你转走。现在农村弄什么补助（两免一补），现在农村好多学生在这儿上学的，学籍转不过来的原因就是这个。他要是转走了，以后对他们的补助就没有了，更不用说那个经费了。谁家经费宽裕一点事情不就更好办一点？（打工子弟小学校长，2015 年 12 月）

你国家除非是这样，你这个学校有多少人，给多少经费，这样的话才能有用。你比方说，今年你把名单报上来，就这么多人在这里上学的，经费就按照这个人头给你拨。要不然，最有可能的（情况）是你说让他携带着，他不让你带走。转学才能带吧？你落不上（北京）学籍你就带不走，我就不让你转学……对我们还是没啥意义，就是给他们（公办小学）准备的。（WM，女，打工子弟小学班主任，2015 年 12 月）

也就是说，流出地政府为了保护地方教育的利益，面对从 2001 年开始实行的“两免一补”政策，实际上采取了一些应对措施，以阻碍流动儿童的学籍向外迁移。阻碍的方式有很多，例如拖延时间、不开具某项证明，这都是在农村地区推行“两免一补”政策中存在的问题。2015 年教育新政出台之后涌现出的“无北京市学籍”学生，其父母按《北京市中小学生电子学籍管理办法》要求，先在老家为孩子办理学籍，然后再让孩子在京暂时借读。也就是说，这批孩子的相关教育经费，也很难随孩子流动到北京市，而是“钱随籍走”地留在流出地财政经费中。

她学籍从这里办啊，办家里，就现在还没办好呢。前天打电话说，妈呀，啥考试都没带她考。我说咋地啊。她说我学籍还没下来呢。我说你爸给你办好了，这边都弄好了（学籍在北京清掉）。她说，那省里没批。会考都没能考。家长：嗯，她没有学籍不让她考会考啊。她在这边考的都算，但是没考完，还得考。她是 8 月 17 号回去，回去就从这边把学籍办了。成天她给我打电话。我咋弄，我打个电话给她爸。他整天就去问啊，咱们家里有那个办学籍的老师，他就问。他就说我一天跑四五趟，最后电脑上说还没批下来……都不让她会考，没有学籍啊。俺那小孩学习好，班里九十多个小孩，她前十名。（WM，女，打工子弟小学班主任，2015 年 12 月）

受限于考试要求，与这位学生情况类似的（面临小中考、高中学业水平测试等）的流动儿童，要么以各种方式取得北京市学籍，继续在京学习；要么就得回到户籍所在地，并且需要及时将学籍转入至户籍所在地，否则就要面临无法参加重要考试的结果。

（2）导致新的“权力寻租”

新政策使得学籍的审核变严格，但同时又没有完全断绝取得学籍的实际可能性，这无疑提供了一种权力寻租的空间。

上高中没有学籍啦，就是人家学校管，从 DX 过来的。还交钱呢，还交两千几……你不交你没有学籍啊，你没有学籍你上什么……给教练（老师），然后他帮她姐姐把这个学籍办了。这就是开家长会都是这么说的。他说交两千多块钱，但是今年暂时还不好交，学籍可能还没挂上学校吧，挂上学校才交。（WM，女，47 岁，2015 年 12 月）

受访者表示，现在不比“原来”，政策“变严了”，如果想要上学籍，有上初中的资格，或参加高中的学业水平考试，光靠学习成绩还不行，必须要花钱搞定学籍的问题。由于缺乏法律知识以及对于政策的了解，流动儿童家庭更容易将自身的行为看作“违法行为”，导致其回乡就读的过程中往往处于不利的地位，更容易下意识地服从各种要求，或不敢为自己的权利申辩。权力寻租的行为往往就会在此时发生。

在当地学校，公办学校你找人，可麻烦了，本来我们就不应该在这上学，回去也没办法，得找人啊。北京这边的学籍销了，然后上那边去，那边不给上学籍，说得仨月才能上，仨月了还没上。说得省里批。又是按指纹啥的，我去查查我学籍有没有挂上，还没有批。他那电脑挂上，省里没批。我不识字，我就听他那么说。咱也不敢说多了呀，只能找人给办呀。（WM，女，47 岁，2015 年 12 月）

综上，学生遇到的情况可用下图表示：

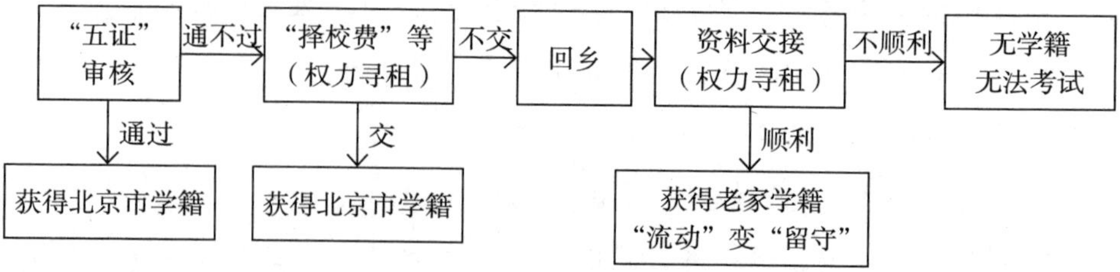

图 8　流动儿童入学的路径选择

（3）加大打工子弟学校的经济压力

政策影响方面，既然以学籍为经费拨付的重要载体，可以预见打工子弟小学并不能从这一新政中获得益处。也就是说，这一政策的实际意义，更多在于补贴公办学校接受流动儿童所付出的生均教育经费投入。对于打工子弟小学而言，借由“五证”审核和电子学籍政策的共同效果，不仅这些学校享受不到“钱随人走”的政策福利，流动儿童家庭还需自付其在京的学（杂）费用。

第一，对于学校，享受不到与学籍挂钩的经费补贴，办学经费自然不足。校长反映，学校的支出很大，现有的经费捉襟见肘。仅仅是冬天用空调取暖就要有大笔开支，如果不按照学生而按照学籍发放经费，没有学籍的学生就一定会占用学校的经费开支。

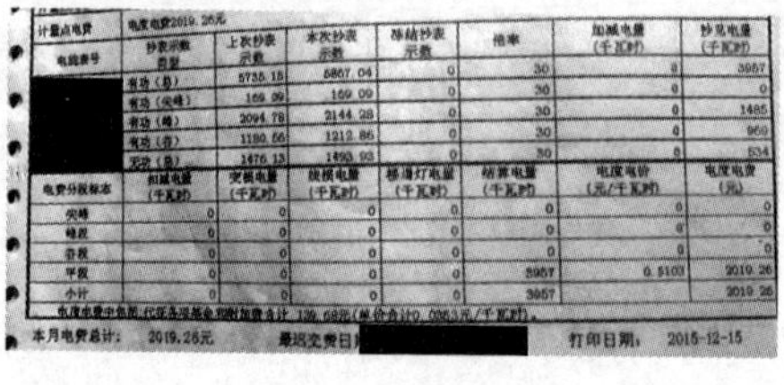

计量点电费	电度电费2019.26元						
电能表号	抄表示数类型	上次抄表示数	本次抄表示数	冻结抄表示数	倍率	加减电量（千瓦时）	抄见电量（千瓦时）
[redacted]	有功（总）	5735.15	5867.04	0	30	0	3957
	有功（尖峰）	169.09	169.09	0	30	0	0
	有功（峰）	2094.78	2144.28	0	30	0	1485
	有功（谷）	1180.56	1212.86	0	30	0	969
	无功（总）	1476.13	1493.93	0	30	0	534
电费分段标志	扣减电量（千瓦时）	变损电量（千瓦时）	线损电量（千瓦时）	[illegible]灯电量（千瓦时）	结算电量（千瓦时）	电度电价（元/千瓦时）	电度电费（元）
尖峰	0	0	0	0	0	0	0
峰段	0	0	0	0	0	0	0
谷段	0	0	0	0	0	0	0
平段	0	0	0	0	3957	0.5103	2019.26
小计	0	0	0	0	3957		2019.26

电度电费中包括代征各项基金和附加费合计 139.68元（单价合计0.0353元/千瓦时）。

本月电费总计：2019.26元　最近交费日[redacted]　打印日期：2015-12-15

（图为自从禁止燃煤取暖后，打工子弟小学的几间教室使用空调的月耗电量）

第二，对于学生，间接加大了负担。据了解，打工子弟小学教师工资不高，扣除伙食、保险后月均约 1800 元。理性地讲，老师收入太低，就会以补课的方式满足其生活支出等需要。而这部分成本，只能由学生承担。

兴趣班主科上课，像那些英语呀什么的，数学、语文啊，那些。就在学校，我们老师教……谁想上谁上，就是自愿的，天天都有，每天一个半小时……辅导班 500 一个月，中午上……就那几个人上，其他不上的就自由活动呗。（XM，11 岁，女，2015 年 11 月）

对于补课的行为，校长的态度也十分模糊。

这个按规矩，国家要求，按海淀区教委要求的话，人家不允许搞（辅导班）。但是生活嘛……特别是这一个……到外面那个（补课）……你像礼拜六礼拜天这个学校就管不了了，一些培训机构，他去带个课呀，这种现象也有，公办学校更多，我们这还算少。现在说实在的，医院的医生还可以到外面去做点。咱这儿可能……（工资）平均就是两千吧，还得去掉一百二十块钱的伙食费、住宿费，再加上五险一金，新来的一些老师还不愿意上五险一金，说我挣这一点钱，今年先不上了，等工资高了再上。得让人吃饭啊！（打工子弟小学校长，2015 年 12 月）

“不能又要马儿跑，又要马儿不吃草”，规则理性在面对特大城市的维生需求时往往苍白无力。

无论是老师的补课，还是由政策变化衍生出的权力寻租空间，其产生的经济负担最终都会由流动儿童及其家庭来承担。流动儿童及其家庭必须比原先付出更多的精力成本和经济投入，来保证其在北京市可以继续接受“暂时性”的教育。

（4）教育资源分配的博弈

从社会学角度分析，教育资源的分配机制与社会排斥和团结紧密结合在一起。国家作为葛兰西意义上的力量主体，在对群体竞争或群体垄断进行干预的过程中，形塑和规范着阶层结构框架（刘精明，2005：73–75）。在流动儿童教育这个问题上，国家面对已有的“城”对“乡”的资源垄断和排斥，显然持有保护和支持弱势群体，力求社会团结的态度。然而“钱随人走”这一保障公民基本教育权利的国家政策，却在实际操作过程中遭遇两方面问题：一是“人（学）籍分离”。从国家层面，建立全国统一的电子学籍，理论上是希望“人（学）籍统一”，即通过注册学籍掌握儿童的流动状况，并且将相关教育经费拨付到学籍所在地。但在快速城镇化的背景下，“人（学）籍统一”变成了中央政府最不想看到的“人（学）籍分离”。而这一情况的出现引发了第二个问题，即国家教育政策与地方政府及府际之间的功能和利益的冲突。

从流出地角度来看，其和流入地的府际矛盾清晰可见。简单来说，就是流出地到了手的钱（如“两免一补”经费）不愿再拨出去，因此，在实际操作中会设置种种障碍阻挡流动儿童学籍的外迁。

从流入地角度来看，我们发现“五证”收紧的时段是在2014~2015年，这正是北京市等特大城市“十三五”规划出台的时间，严控人口成为这些城市推行新型城镇化的重要内容，这也的确是特大城市均衡发展的必然诉求。严格控制城区人口500万以上的特大城市人口规模，在2014年3月颁布的《国家新型城镇化规划（2014—2020年）》中也有明确表述。然而，教育部等部门倡导的教育平等理念又不得不执行，因此，我们看到，地方政府以一种非常微妙的姿态，呈现在国家不同的行政系统之间以及国家与地方之间的博弈关系中。

这样一种国家和地方的博弈，恰恰体现了决策一统性与执行灵活性的动态关系，这是国家治理的核心过程（周雪光，2011：74）。在周雪光等学者看来，基层政府在贯彻实施中央政策指令的过程中，会根据当地情况对政策做不同方向上的偏移，以增强其解决地方实际问题的能力。北京市等特大城市近些年来“五证”和类似“五证”办法的出台，恰恰提供了一个现实的清晰例证。

一方面，针对流动儿童的义务教育问题，中央政府通过2015年“钱随人走”这一教育新政，希望将流动儿童的“两免一补”和生均公用经费基准定额经费的中央负担部分划入流入地财政[①]，以做到属地事权与财权的统一。但由于中央支持水平同地方支出水平之间存在着不小的差距，即使实施这项政策，落实“两为主”政策也无疑会为流入地政府带来不小的财政负担。在这一背景下，流入地政府落实“两为主”政策的积极性就会大打折扣。

另一方面，对于诸如北京市这样的特大城市，基层政府近期关注的首要问题，是如何克服城市不断膨胀引发的“大城市病”，以获取进一步的经济社会发

① 根据《国务院关于进一步完善城乡义务教育经费保障机制的通知》（2015），在财政机制上，中央和地方对城乡义务教育将实行统一的“分项目、按比例分担”。具体而言，国家规定课程的免费教科书资金由中央全额承担；寄宿生的生活费补助由中央和地方按5：5比例共同分担；公用经费中央和地方的分担比例，在西部地区为8：2，在中部地区为6：4，在东部地区为5：5。此外，2016年中央统一确定的城乡义务教育生均公用经费基准定额，中西部的小学是600元，初中是800元；东部的小学是650元，初中是850元。统一公用经费基准定额和“两免一补”政策，固然可以促进教育公平，减轻流入地政府的财政压力，然而流动儿童大部分的教育经费仍需流入地政府承担。

展动力。在这一背景下，“功能疏解”和选择性的“严控人口”成为这一类城市发展中的必然选择，并且《国家新型城镇化规划（2014—2020 年）》中“严控人口”的指导意见，无疑为相关措施的出台提供了最直接的支持。上述背景两相交叠，我们看到流动儿童的教育权利和防范城市发展中的“大城市病”发生冲突，地方政府进行了基层治理意义上的“趋利避害”的理性选择，但这一选择却造成了流动儿童教育获得的现实困境。

（三）流动儿童、家庭及学校

除却上述论及的流动儿童教育难题之外，我们还应考量这类特殊人群的社会和心理问题。流动儿童虽然无法在小学或初中结束后，继续留在北京市上学而回到家乡，但其生在北京市、长在北京市，对北京市有更强的认同感。回到家乡后，语言、生活方面的巨大差异常常使其身份认知产生断裂和不适，这一伴生性问题需要引起足够重视，主要表现在以下几个方面。

1.“流动”变“留守”：教育连续性的破坏

对于那些没有能力或没有资源通过“五证”审核并取得学籍的流动儿童，要么选择缴纳“择校费”或其他费用，要么选择回到家乡，由一名“流动学生”重新变为一名“留守学生”。流动儿童回到家乡继续学业，除了耗费额外的精力和财力外，还将面临学校教育连续性和家庭教育缺失性的问题：

第一，“流动 - 留守”儿童面临核心家庭教育的缺失。初中或高中阶段回乡就读的流动儿童，往往是一个人寄宿于亲戚家中，甚至独自住校，一学期往往仅能见到父母一次。父母管理和关心的缺失，使得很多流动儿童面临着学习、生活、成长、心理等诸方面的问题。

案例：陈玉的二姐姐，高一入学正面临学籍清查，虽然身边有的人成功取得了学籍，但她却没能让自己的身份“合法化”。2015 年 9 月，为参加学业水平测试，以顺利取得毕业证，陈玉的姐姐独自一人回到河南信阳的老家继续高二的学习。

“老家可条件差啊，这边算条件好了。我们老家，俺那娃回去上学多可怜呐，下雨，她说妈啊，我那脚啊疼得很啊。我们老家也没有暖气，没有啥的……”

有的家庭选择父母二人两地分居，一方继续工作，一方回家陪读，家庭关系受到影响。

小孩受影响特别大。我听说有的孩子现在在老家，有的孩子也跟不上，破罐子破摔的那种。孩子现在跟在北京没法比，都没法弄，整个家庭都受到损失，挺可怜的真的……孩子不好的话父母双方感情也好不了，天天因为这个事嘟嘟囔囔的。（ZM，女，35 岁，2016 年 4 月）

第二，“流动 – 留守”儿童面临学校教育连续性的断裂。大多数流动儿童回户籍地就读的时间为初一、初二或高二，以期提前适应当地教材和学校生活。但即便如此，教材、教学方法、教学环境的不同，往往还是让回户籍地读书的流动儿童无法迅速适应。

这就是为什么有些家长在小学他就提前走了，他不等初三，就是为了给孩子接轨提供更好的条件。我们的教材统一就是人教版，跟教委统一的。其他的地方一般都是人教版，但是海淀区委他们有时候用北师大版的，换教材有时候孩子就跟不上。（公办小学校长，2016 年 4 月）

2. 身份认同等心理问题严重

流动儿童在回到户籍地后，面临再社会化的过程，即在流入地（北京市）的社会融入还未完成，又要重新融入流出地的地方社会，流动儿童的身份始终处于模糊状态，很有可能造成严重的心理问题。另一方面，流动儿童的父母往往留在北京市继续工作，这些儿童从“流动”变为“留守”，缺少亲人足够的照顾；但是，他们又和传统意义上的留守儿童不同，留守儿童缺失的是核心家庭的生活照料和家庭教育，而这种“流动 – 留守”儿童除了突然失去生活照料和家庭教育之外，还要独自面临身份认同问题。

和爷爷奶奶的话，可能会感觉到这是爷爷、这是奶奶，如果说感情的话真的不太深，因为都没怎么接触过。有时候回老家，就一个星期孩子们都会不适应；春节的话家里都很忙，也顾不上孩子们。所以就没有特别深厚的感情。（GM，女，35 岁，2016 年 4 月）

我现在对老家还没有对北京熟悉，都二十多年，变化太大了。孩子在老家就一个朋友（笑），那是我们现在的邻居。就包括他在内，将来肯定对北京比对老家熟悉……我在北京都不需要导航，但回我们老家，除了从县城到我家那一段不需要导航之外，方圆五公里都需要导航了，路都变了。（LM，男，40 岁，2016 年 4 月）

回老家就没有了，就现在我们带他回去，三天就腻了，哭着闹着要往北京回来。就感觉北京是他的家。你想想，孩子从小在北京，他的朋友什么都在北京，然后他回去，说是回老家，其实跟外地人没啥区别。什么都接受不了，就连孩子都接受不了。（ZM，女，35 岁，2016 年 4 月）

3. 教育问题的附属决策地位

统一电子学籍的最终目的是实现“一人一号”“人随籍走”，而对于就学的流动儿童来讲，其教育需求始终是被置于家庭的经济决策之后的。如前所述，在这种经济考量下，流动儿童所在的家庭不太可能、也难以在实践上因儿童的入学需求进行家庭回迁的决策。

他不是说越早回去越好，家长从中途回家或者他们来北京，他不是为了上学，他是为了生意问题，或者家庭老人有病了，这样转学的。初中的话基本是初三那一年都回老家了，初三那年回家的原因就是要上高中，家里或者说是有人管你了，他就回家了……影响不大，该来上学还来上学。你不给我钱了，我没人管放在家里，怎么办？你像好多孩子家长说的，在老家上学国家还有补助咧，一个月还给他们多少钱呢，到这来了，我还得交钱呢，他也得上啊，他没人管呀。（打工子弟小学校长，2015 年 12 月）

舍不得啊，因为他从小学的时候就一直在这里上嘛，然后北京的环境和状态都很熟悉了，孩子不愿意走。从家长来讲呢，又得让他走。还有确确实实也走不了，因为父母都在这边工作，然后要么把孩子托给老人了，还有连老人都托不了的，只能放到亲戚家来的。父母的主要考虑一定还是工作，教育一定是排在后面的。他也很重视，他也很希望孩子能学好，所以我觉得做父母的真的很纠结的。（公办小学教师，2016 年 4 月）

学籍政策变动，虽然在很大程度上造成流动儿童回原籍就读的结果，但是，其家庭并不会随儿童回迁至户籍所在地，教育的附属地位可见一斑。虽然诸多公益广告、媒体报告都将留守儿童家庭教育的缺失单向归结为“缺少父母的陪伴”，但是，却忽视了父母放弃陪伴、选择打工这一所谓“失职选择”背后，其实是整个家庭的生存需求。

三、结论和建议

（一）结论

教育作为社会所有成员的基本权利，以国家职能的方式加以保障，是20世纪之后在全球越来越多国家中出现的现象。教育权利最基本的构成，是以生存为取向的“生存教育”，在我国则主要是以义务教育的形式得以普及和发展。这种国家优先保障，旨在促进资源与机会平等分配的“团结”策略，显然与旨在“筛选”或者“排斥”的精英教育与社会分层策略并不一致。社会学讨论中国社会的教育机会不平等，往往集中在中、高等教育的精英选择机制上，而家庭背景、高校扩招制度、重点中学等多元利益主体的共同作用，使得教育选择与国家意志之间的关系变得复杂且动态（吴晓刚，2016；郝大海，2007；刘精明，2005）。耐人寻味的是，在教育政策和教育经费有力保障的前提下，生存教育均等化的进程中却出现了阶层分化和社会排斥的情况，且这种情况是国家教育公平政策、国家新型城镇化政策、特大城市可持续发展、个体家庭背景及社会资本综合作用的结果，这是本研究得出的主要结论。

从国家和地方的关系来看，教育具有资源分配物与资源分配体制的双重特性。在本研究中，资源分配物说明教育作为城市提供的公共服务产品，被纳入基层治理体系。资源分配体制代表科层组织内部，从中央到地方的制度安排和政策执行，以保障教育作为公民基本权利的实现。在实际操作过程中，可以预见“钱随人走”政策在公办小学借读的流动儿童群体中可以得到落实，然而在打工子弟小学就读的“无北京市学籍”的流动儿童中，因其“人（学）籍分离”，“钱随人走”演变成“钱随（学）籍走”，“两免一补”和生均公用经费基准定额资金很难做到“可携带”。虽然在公办小校上学的约 80% 流动儿童享受到政策福利，然而政策设计初衷与政策执行的偏差现象不容忽视。城市发展的自身利益诉求，在获得新型城镇化进程中“严控人口”这一指导原则的支持后，促使地方政府在执行中央不同部门出台的“确保流动儿童教育权利”和“预防大城市病”这两套政策体系的过程中，进行了趋利避害的理性选择。而这一选择，不啻为通过教育政策的执行，形成国家和地方一种新的“拉”“推”张力，也给作为政策受体的流动儿童家庭带来了直接影响。由此可见，政策执行本身是一个各种机制交织互动的过程。

“五证”在国家 – 地方关系中扮演了非常重要的角色，在不同情境中具有不同含义。

（a）从教育机会获得来看，“五证”从 2004 年以来决定适龄流动儿童能否进入北京市公办小学的基准，转变为 2015 年以来决定适龄流动儿童能否获得北京市学籍的标准。“五证”成为流动儿童在城市获取义务教育机会的中间机制。

（b）从国家 – 阶层群体的关系模式来看，在既存不平等基础之上，“五证”有助于阶层结构中较高地位的群体，对较低的进城务工群体进行再次分化。也就是说，通过“五证”筛选出一个新的阶层群体，即我们看到的通过“五证”审核，可就读于公办小学的流动儿童家庭，并将他们视为新市民群体，对其开放原本封闭的社会资源。这不啻是在新型城镇化过程中，通过教育完成了一轮新的社会筛选，并重新调整了社会阶层秩序。

教育获得研究的一项中心议题就是分析个人的家庭背景对教育获得的影响。以往的讨论集中在家庭背景对于精英教育获得，加之学业成就的“学校过程”的影响，而在本应无差异的义务教育（生存取向，而非精英取向）入学机会上却关注甚少。在本研究中，流动儿童家庭由于不同的社会经济地位，影响了儿童就读学校的质量，从而促进流动儿童群体的进一步分化。经济收入较低、租不起政策规定的“合法”房屋、无社保的流动儿童家庭，如果不回户籍所在地，则只能选择让孩子在“无北京市学籍”的打工子弟小学暂时借读；而经济收入较高、可租住合法房屋、但出现“异区社保”情况的家庭，则动用日常社会网络累积的社会资本，通过“假离婚”“买社保”等信息渠道满足“五证”审核标准，从而让孩子就读于有北京市学籍且教育质量更高的公办小学。这种社会资本倚赖流动人口群体的职业、阅历和交往，从而成为除家庭背景之外，影响流动儿童教育获得的重要变量。

从社会治理的角度，“假离婚”“买社保”应予整饬；然而从受教育主体的角度，面对越来越严苛的规定，这些行为实属争取教育权利的无奈之举。除公开呼吁教育权利的群体性行动外，本研究中的流动儿童家庭避免了直接与权威对抗，他们使用“隐藏的文本”①，在生存教育的权力关系中悄悄地完成了自助。从某种程度上，他们以一种低姿态的努力，依靠非正式网络，实现了权力关系的反转，社会资本在自组织过程中发挥了重要作用。针对这种状况，有关区县对“五证”审核要求更为严格。比如，海淀区规定“2016 年 3 月至 5 月期间的社会保险缴费记录为补缴的不予通过，且申请人子女获得入学就读资格后，如不按月正常连续参保和缴费，将对升入初中产生影响”。然而，为适应形势变化，一些新的谨慎的反抗手段也很有可能继续出现。这种反抗行动恰恰通过教育，反映出流动儿童在日常阶层关系中的特殊位置。如果选择回户籍所在地读书，他们很可能面临“村小撤并、集中办学”“流动”变“留守”的困境，这都是需要我们将教育置于国家经济转轨、社会变迁与发展的宏观背景中予以考量的现实难题。

（二）政策建议

从政策对比来看，如果将中央的教育政策与新型城镇化政策进行对比，可以清晰地看到：一方面，特大城市快速发展导致的“大城市病”使落户政策日趋收紧，严格控制人口成为必然；另一方面，“两为主”的教育政策又将责任落到了流入地政府，这对城市发展承载能力提出了进一步的挑战。在城镇化与教育发展的两条脉络中，人口控制和教育政策之间的张力与冲突得以显现，造成了特大城市流动儿童目前存在的就学难题。在特大城市的有序发展与流动儿童的教育权利发生冲突的当下，鱼与熊掌兼得实属两难。本研究从保障流动儿童教育权利角度，尝试提出如下建议。

---

① 斯科特意义上的“隐藏的文本”，是指在面对强权时，相对弱势的群体的完整文本只能展现其安全的和适于展现的那一部分，其真实意图被很好地隐藏起来。详见詹姆斯·斯科特著，郑广怀等译：《弱者的武器》，凤凰出版传媒集团 2011 年版，第 344~350 页。

1. 落实打工子弟小学的财政补贴，提供经济支持

“钱随人走”政策规定：“将由中央统一制定城乡义务教育学校的公用经费基准定额，并从2016年春季学期开始实施……政策明确将民办学校也纳入补助范围”。但从实际调研状况来看，北京市各区县目前还未落实这一政策。而且，正如前文所述，“钱随人走”政策在落实的过程中，很有可能变成“钱随（学）籍走”。在不能有效解决流动儿童北京市学籍的情况下，可否按照打工子弟小学学生人数，而非（北京市）学籍人数进行生均教育经费的财政补贴，并提高对于地方教委承认合法的打工子弟小学的经济支持。在公办小学不能吸纳全部流动儿童的现实状况下，尽可能缩小打工子弟小学和公办小学办学硬件和软件的差距，促进教育公平，确保政策设计初衷的实现。

2. 规范学籍的线上与线下管理，减少权力寻租行为

调研中我们看到，自2014年开始，适龄儿童的学籍审核日益严格，但同时也提供了一种权力寻租的空间。这种权力寻租的行为，表现为流动儿童接受教育的种种人为障碍，尤其是对初中、高中因故回乡就读的流动儿童，其学籍能否顺利转回户籍所在地对于其继续接受正常教育有重要意义。流动人口处于需求侧的弱势地位，又限于其社会地位与人际关系、受教育程度等方面的影响，无法与寻租现象做抗争，只能选择接受此规则。但是，这种现象并不是制度本身造成的，而是“五证”审核与学籍政策变化过渡中产生的转变阵痛。因此，建议在完善全国电子学籍信息平台的同时，迅速规范学籍管理办法，促进管理办法更新换代。这一能有效减少权力寻租行为，二能保证流动儿童在转学、升学等方面的教育衔接。此外，还应加快学籍的信息化建设，并将重点放在线下系统的完善和管理，不要让线下的拖沓成为电子学籍系统发挥作用的阻碍，这才能有效避免政策偏离状况的发生。

3. 重视“流动－留守”儿童心理问题，提供基层社工服务

研究发现，流动儿童因不能在北京市参加中考和高考，中途会离开北京市的学校，返回户籍所在地继续读书。流动儿童的中途离去，会给北京市本地学

生和其他尚未离开的流动儿童带来心理波动，因此，应在公办初中配备心理老师，以为不时之需。

尤值一提的是，由于“流动”变“留守”，“流动－留守”儿童这一群体的数量在不断增加，其“城市边缘人”“农村陌生人”“家庭孤独人”的三重身份，注定他们在社会化过程中遭遇更多、更复杂的社会和文化问题。教育连续性中断、缺少家庭核心成员陪伴、身份认同模糊是其面临的主要问题，因此，建议相关机构、社会工作者对这一系列问题予以足够重视，并给予相应预防和干预措施。

富晓星　王　源　陈　杭　执笔

参考文献：

[1] 代祥，李志友．关于随迁农民工子女学籍档案管理的思考［J］．兰台世界，2011，21：38–39

[2] 段成荣．我国流动和留守儿童的几个基本问题［J］．中国农业大学学报（社会科学版），2015，01：46–50

[3] 段成荣，吕利丹，邹湘江．当前我国流动人口面临的主要问题和对策——基于 2010 年第六次全国人口普查数据的分析［J］．人口研究，2013，02：17–24

[4] 段成荣，周皓．北京市流动儿童少年状况分析［J］．人口与经济，2001，01：5–11

[5] 范先佐．人口流动背景下的义务教育体制改革［M］．北京：中国社会科学出版社，2011

[6] 蒋太岩，刘芳，谷颖，王坤．从歧视走向公平：中国农民工及其子女教育问题调查与分析［M］．沈阳：东北大学出版社，2009

[7] 班建武，余海婴．教育政策执行难的利益分析——以北京市流动儿童义务教育政策实施为例［J］．教育科学，2006，03：10–13

[8] 陈东升．中小学生学籍管理制度建设及其信息化探索［J］．教育研究，2015，09：78–83

[9] 陈俊峰，杨轩．农民工迁移意愿研究的回顾与展望［J］．城市问题，2012，04：27–32

[10] 范先佐．“流动儿童”教育面临的财政问题与对策［J］．教育与经济，2004，04：1–5

[11] 冯虹，张艺．北京农民工子女教育公平问题探析［J］．民族教育研究，2008，04：52–56

[12] 郝大海 . 中国城市教育分层研究（1949—2003）[J]. 中国社会科学，2007，06：94-107+206
[13] 洪岩璧，钱民辉 . 中国社会分层与教育公平：一个文献综述 [J]. 中国农业大学学报（社会科学版），2008，04：64-76
[14] 龚磊 . 等待“学籍号”：流动儿童教育政策的背离研究 [D]. 中国青年政治学院，2015
[15] 郭星华，王嘉思 . 新生代农民工：生活在城市的推拉之间 [J]. 中国农业大学学报（社会科学版），2011，03：5-10
[16] 侯云 . 流动儿童义务教育政策执行的复杂性——基于政策网络视角的研究 [J]. 教育科学研究，2012，07：38-41
[17] 金乐，付卫东 . 流动儿童教育财政的困境与出路 [J]. 华中师范大学学报（人文社会科学），2010，03：156-160
[18] 李阳 . 流动儿童义务教育供给的动态博弈分析 [J]. 生产力研究，2014，01：101-106
[19] 李忠路，邱泽奇 . 家庭背景如何影响儿童学业成就？——义务教育阶段家庭社会经济地位影响差异分析 [J]. 社会学研究，2016，04：121-144+244-245
[20] 梁珺超 . 进城务工人员随迁子女异地高考制度困境研究 [D]. 广西师范学院，2013
[21] 林李霞 . 流动就学农民工子女学籍档案管理研究 [J]. 内蒙古科技与经济，2006，14：142-144
[22] 刘鸿渊 . 多元利益格局下的城市流动儿童教育问题研究 [J]. 社会科学研究，2007，06：191-195
[23] 刘善槐 . 进城务工人员随迁子女公办学校入学机会问题探讨 [J]. 教育发展研究，2009，02：17-19
[24] 刘精明 . 国家、社会阶层与教育——教育获得的社会学研究 [M]. 北京：中国人民大学出版社，2005
[25] 卢晖临，梁艳，侯郁聪 . 流动儿童的教育与阶级再生产 [J]. 山东社会科学，2015，03：79-87
[26] 宋茂华 . 流动儿童义务教育面临的困境及反思 [J]. 湖北文理学院学报，2012，09：55-59
[27] 邵书龙 . 国家、教育分层与农民工子女社会流动：contain 机制下的阶层再生产 [J]. 青年研究，2010，03：58-69+95
[28] 孙翠香 . 流动人口子女教育政策分析 [J]. 教育学术月刊，2009，01：7-11
[29] 陶西平 . 我国流动儿童教育问题的制约因素和政策出路 [J]. 教育科学研究，2012，

05：5–9

［30］王慧娟．制度排斥与流动儿童教育：基于实证调查的分析［J］．重庆理工大学学报（社会科学），2015，04：130–136.

［31］王中会，蔺秀云，方晓义．公办学校和打工子弟学校中流动儿童城市适应过程对比研究［J］．中国特殊教育，2010，12：21–26.

［32］翁启文，周国华．过渡阶段流动儿童教育的政策目标、体系设计与制度保障［J］．国家行政学院学报，2012，01：86–90.

［33］吴晓刚．中国当代的高等教育、精英形成与社会分层——来自“首都大学生成长追踪调查”的初步发现［J］．社会，2016，03：1–31

［34］吴愈晓．中国城乡居民的教育机会不平等及其演变（1978—2008）［J］．中国社会科学，2013，03：4–21+203

［35］修路遥，高燕．流动儿童教育公平问题的社会学分析［J］．河海大学学报（哲学社会科学版），2011，03：37–40

［36］许洵．北京市流动人口子女就读公办学校的制约因素及对策建议［J］．新视野，2009，04：86–87

［37］杨东平，王旗．北京市农民工子女初中后教育研究［J］．北京社会科学，2009，01：49–54

［38］杨东平．高等教育入学机会：扩大之中的阶层差距［J］．清华大学教育研究，2006，01：19–25

［39］杨菊华，段成荣．农村地区流动儿童、留守儿童和其他儿童教育机会比较研究［J］．人口研究，2008，01：11–21

［40］张元元．谈教育公平视野下的流动人口子女教育政策［J］．才智，2014，21：164

［41］周皓．中国人口迁移的家庭化趋势及影响因素分析［J］．人口研究，2004，06：60–69.

［42］周国华，翁启文．流动儿童教育问题文献研究述评［J］．人口与发展，2011，05：101–112

［43］周序．流动儿童教育政策中的社会控制理念［J］．江西教育科研，2007，05：35–38

［44］周序．教育券：解决城市流动儿童入学问题的良方还是歧途？［J］．城市观察，2014，03：18–25

［45］周雪光．权威体制与有效治理：当代中国国家治理的制度逻辑［J］．开放时代，2011，10：67–85

［46］周雪光．基层政府间的“共谋现象”——一个政府行为的制度逻辑［J］．开放时代，

2009，12：40-55

[47] 朱家德. 流动儿童教育政策演变路径分析 [J]. 教育学术月刊，2014，06：49-53

[48] 詹姆斯·斯科特著，郑广怀、张敏、何江穗译. 弱者的武器. 北京凤凰出版传媒集团，2011

附件 1：入户访谈提纲

一、流动路线

1. 您老家是哪里的？您是哪年生人啊？多大离家出外打工的啊？第一个地方去的是哪里？哪一年呢？做的什么工作？之后又去了哪些地方？

2. 您是哪年来的北京？当时为什么选择北京而不是别的城市呢？（主要看来北京的方式，也许是老乡带来的？）做的什么工作？那时有没有这个小孩？小孩从小和谁生活在一起？如果孩子从小和爷爷奶奶或是姥姥姥爷生活在一起，您多久回家一次？

3. 孩子多大时候来的北京（也可能生在北京）？因为什么，您要把他带来北京（希望多陪孩子？上学？或者其他别的原因）？孩子之前还和您一起在别的地方住过吗？都是哪些地方？

二、家庭情况

4. 父母现在从事什么工作？现在的工作每天工作多长时间？有无节假日？家庭月收入多少？

5. 家里几个孩子？性别和年龄？都在北京吗？

6. 老家还有什么人？谈谈老家的情况（包括种地、房子什么的）。

三、教育情况

（一）入学状况

7. 孩子一开始上的什么学校？一定要让他们讲印象深刻的故事。多关注对比。

◎民办小学此部分提纲

7.1 如果是和现在一样的学校，可问：当时考虑过选择公办小学吗？困难在哪里？（需要哪五证？为什么没办理下来？哪个环节最难办？比如街道、学校等部门）您有什么建议吗？

7.2 如果是从公办小学转过来，为啥不继续读呢？困难在哪里？您有什么建议吗？

7.3 如果是老家的学校，谈谈那边上学的基本情况（花费、老师水平、办学条件和北京学校的不同）。那为什么选择来北京上学呢？

◎公办小学此部分提纲

7.1 如果是一直在公办小学就读，可问：当时是如何进行审核的（需要哪五证？怎么办下来的？哪个环节最难办？比如街道、学校等部门）您有什么建议吗？委婉地问有没有为此找过关系？

7.2 如果是从其他公办小学转过来，为什么进行转学呢？

7.3 如果是老家的学校，谈谈那边上学的基本情况（花费、老师水平、办学条件和北京学校的不同）。那为什么选择来北京上学呢？

7.4 如果是上的北京民办小学，可问：哪一年转学的？之前为什么没有能够上公办小学？民办小学和公办小学的不同之处是什么？

7.5 有没有交过借读费或者给学校捐资之类的行为？

（二）学校生活

8.1 孩子还上兴趣班或者补习班吗？要买其他的教辅材料吗？花费有多少？家里能负担得起吗？

8.2 学校会提供补助吗？如果有的话有多少？

9.1 您孩子的学习成绩怎么样？孩子在学校表现好吗？学习成绩您如何了解？

9.2 学校平时会举办哪些课余活动？孩子都参与吗？这些课余活动要收费吗？有您参与过的活动吗？能举个例子吗？

10.1 在孩子学习这个问题上，您觉得老师的作用是什么？您的作用是什么？（很多家长认为自己没文化，教育孩子是老师的事情）

10.2 您平时和老师沟通吗？老师会主动找您吗，找过几次？都沟通什么问题呢？

11. 您认为学校在教学方面有什么问题吗？如果您觉得有问题，您有什么意见和建议？

12. 您认为学校在管理方面有什么问题（比如排座、选班干部等）？如果您觉得有问题，您有什么意见和建议？

13. 孩子在学校，您最担心他什么？（如果不明白，可列举成绩、安全、吃饭、调皮捣蛋什么的）

14. 孩子小学毕业后，您是计划让他在北京继续读书，还是回老家？为什么？

14.1 如果继续读书，可以问打算去哪儿读书，手续好办吗？

14.2 如果选择回老家，可以问为什么不在北京（是家庭安排还是手续办不下来）全家是否一起回老家，孩子谁来照看等问题

四、亲子关系

15. 平时管孩子，是父亲管得多，还是母亲管得多？（看看性别角色）怎么管呢？您和爱人的教育方式一致吗？不同在哪里？

16. 孩子晚上放学后怎么回家？您会不会关心、监督孩子的学习、作业？对孩子学习上遇到的问题，您能解答吗？

17. 孩子会主动给您讲白天在学校发生的事情吗？您什么反应？孩子会向您抱怨老师或者是埋怨同学吗？孩子有没有报喜不报忧的现象？当孩子和您说不开心的事时，您会如何处理？

18. 您会主动问孩子什么方面的问题，或者您最关心孩子什么事？您关心孩子有什么兴趣爱好吗？

19. 您节假日会带孩子出去玩吗？都去过哪些地方？

20. 孩子在家听话吗？想不想帮父母干家务？那您让孩子干吗？如果不让孩

子干，为什么？孩子会照顾兄弟姐妹和老人吗？

21. 您和孩子吵过架吗？主要因为什么？通常会采取什么方法解决？（会打孩子吗？）有您做错的时候吗？给我们举个例子。您会向孩子承认错误吗？

22. 听起来，您的工作非常累，您会主动和孩子说您工作辛苦，养家不容易吗？孩子会在乎吗？

五、社会适应

23. 孩子刚来北京时，适应北京生活吗？如果不适应，体现在哪些方面？想念爷爷奶奶姥姥姥爷吗？想念在家乡的兄弟姐妹吗？通过什么方式联络？

24. 在学校和北京本地的同学相处怎样？北京本地的同学有多少？外地的同学有多少？经常和谁一起玩？

25. 放学回家，都和谁一起玩？跟周围邻居家的小孩相处得好吗？有没有要好的朋友？家长认识吗？周末的时候和谁玩呢？在老家还有好朋友吗？

26. 有志愿者大哥哥大姐姐去学校吗？多长时间去一次？都讲些什么内容？都做哪些活动？你对他们印象如何？

27. 孩子喜欢 / 不喜欢北京吗？为什么？北京给孩子印象最深的地方是什么 / 在哪里？

28. 孩子的理想是什么？毕业想回老家，还是留在北京？在北京有什么愿望想实现？

附件 2：打工子弟小学校长及老师访谈提纲

◎小学校长访谈提纲（含公办、民办小学）

1. 谈谈校长个人经历。哪里人？何时开始从事教育？何时来到北京？工作了多少年？

2. 国家要实行教育新政，“中央统一制定城乡义务教育学校的公用经费基准定额，并从 2016 年春季学期开始实施。但各地仍能结合实际，提升当地的生均预算。政策明确将民办学校也纳入补助范围。”这个对像咱们小学有啥帮助吗？比如教学水平、办学硬件等。

3. 教育经费朝“可携带”模式发展，即不管你流动到哪里，钱随人走，这个生均教育经费得通过什么程序才能落实到咱们小学身上？政策落实有什么障碍（学籍方面）？能否谈谈您的看法。

3.1 钱随人走的新政实行后，会影响公办小学的招生吗？招生指标会不会扩大？

4. 之前我们的教育经费是怎么筹措的？每个孩子的生均公用经费有没有计算过？政府部门（海淀区政府、教委等）有没有什么补助措施？

4. 之前我们的教育经费是怎么筹措的？钱是什么地方给？按照人数给吗？

4.1 政府会给的生均教育经费大概有多少？每个孩子需要用多少钱？

4.2 两者相比较够用吗（相差的话怎么办）？政府部门（海淀区政府、教委等）有没有什么其他的补助措施（两免一补）？补助这两年有什么提高吗？

5. 就您所了解的，咱们的孩子上公办小学有什么困难？谈谈您印象深刻的一件事。（过高的借读费？街道不给盖章？）

5.（问公办小学校长）在咱们学校就读的外来务工人员子女多吗？满足什么条件才能来上学？学校有什么审核办法吗？

5.1（通过的那些）他们的教育经费怎么算？会不会对学校造成负担？

5.2（通不过的那些）他们一般是哪个环节出了问题？

5.2–1 这个条件卡的真的那么严吗？有没有条件不太满足但是又想来公办小

学上学的？学校能不能接受啊？（会有人来走后门吗？）

5.2–2 您平时和其他学校的校长交流过吗？刚才说的情况别的学校有没有呢？（比如我们去过海淀）

5.3 接受借读的学生吗？能借读吗？

5.4 外来务工人员子女的学籍都落在哪里？

6.（民办）像咱们的孩子读行知小学，需要什么证件吗？学籍一般落在哪里？

6.1（民办）钱随人走的新政实行后，会影响民办小学的招生吗？（“以流入地区政府管理为主，以全日制公办中小学为主”的“两为主”政策的不断落实）

7. 您平时和其他学校（加问私立学校）的校长交流过吗？都是什么场合？交流什么内容？

8. 除了教育部门之外，您还和其他部门打过交道吗？交流什么内容？

9. 能否介绍一下公办（民办）学校办学的困难之处？最难的是什么？这些年办学条件有所改提升吗？体现在哪里？

10. 咱们的老师都是怎么招募的？竞争激烈吗？都是什么学校的老师？会提前培训吗？

11. 咱们老师的待遇怎么样？何时开始上五险一金的？解决北京户口、住房吗？和民办（公办）小学教师待遇相差多少？您和民办（公办）学校校长的待遇相差多少？

12. 能否谈谈咱们的教师流动状况和学生流动状况？

12.（公办）咱们老师走的多吗？都去了哪儿？流动儿童的学生（中途）走得多吗？大概一年能有多少？

13. 咱们孩子小学毕业后，一般去向是哪里？

13.1 不是当地的孩子们一般去哪儿上学？留在北京的和回家的比例各占多少？

13.1–1 如果留在北京，他们一般去哪儿上学？跟其他孩子一样吗？初中需要审核吗？怎么划片？

13.1–2 如果不留在北京，他们是什么原因呢？是审核通不过还是有别的原因？

14. 您是怎么理解教育公平这个问题的？您有什么建议？

15. 对于民办（公办）小学改善教师待遇，您有什么建议？

◎ 初中校长访谈提纲

1. 谈谈校长个人经历。哪里人？何时开始从事教育？何时来到北京？在六一工作了多少年？能否介绍一下六一的历史？六一现在有多少学生？多少老师？外地和本地学生的比例是多少？

2. 教育经费朝“可携带”模式发展，即不管你流动到哪里，钱随人走，这个生均教育经费有落实到咱们中学身上的说法吗？政策落实有什么障碍（学籍方面）？能否谈谈您的看法。

3. 之前我们的教育经费是怎么筹措的？每个孩子的生均公用经费有没有计算过？政府部门（海淀区政府、教委等）有没有什么补助措施？多少钱？

3.1 政府部门（海淀区政府、教委等）有没有什么其他的补助措施（两免一补）？补助这两年有什么变化吗？

（生源）

4. 在咱们学校就读的外来务工人员子女多吗？满足什么条件才能来上学？学校有什么审核办法吗？北京的孩子也需要这么多手续吗？

4.1 咱们学校的学生都是来自哪些小学的？有没有外地上小学来这里上初中的？

4.2 接受借读的学生吗？能借读吗？

5. 外来务工人员子女的学籍都落在哪里？

6. 您平时和民办初中的校长交流过吗？您了解他们的办学条件和办学困难吗？咱们老师的待遇比他们民办初中老师的待遇强在哪里？

7. 能否介绍一下咱们目前学校运行的困难之处？最难的是什么？这些年办学条件有所改变吗？体现在哪里？

8. 您提到学校有心理咨询老师，说学生心理挺敏感的，您能详细讲讲这方面的情况吗？

9. 咱们的老师都是怎么招募的？竞争激烈吗？都是什么学校的老师？会提前培训吗？

10. 能否谈谈咱们的教师流动状况和学生流动状况？

11. 咱们孩子初中毕业后，一般去向是哪里？

12.1 不是当地的孩子们一般去哪儿上学？留在北京的和回家的比例各占多少？

12.1–1 如果留在北京，他们一般去哪儿上学？跟其他孩子一样吗？高中一般什么时候回家？

12.1–2 有没有留在北京不上学的？原因是什么呢？

13. 您是怎么理解教育公平这个问题的？您有什么建议？

教师访谈提纲

一、教师基本情况（如果是北京人，这部分略过；如果是外地人，这部分也可以简略些问，尤其在收入方面，发问要有技巧）

1. 您老家是哪里的？您是哪年生人啊？

1.1 您是哪年到北京的？为什么选择到北京来？

2. 您成家了没？家里都有什么人？都在哪里？

3. 您是一直做老师，还是之前做过别的工作？

4. 您是哪年到北京的？为什么选择到北京来？

5. 您现在月收入能有多少？五险一金都有吗？从什么时候开始给上的？您现在的收入和打工子弟小学教师的收入能相差多少？

（如果是外地人）解决北京户口了吗？住房呢？

二、学生情况

6. 咱们学校的学生都是从哪个小学来的？本地孩子和外地孩子各占多少？本地孩子和外地孩子上咱们学校，都需要经过什么手续？不同之处在哪里？（问清楚流动儿童入学的手续要求）如果手续复杂的话，可以问以前的手续有这么复杂吗？这是从哪一年开始的？

6.1 现在的外地孩子流动得多吗？每学年 / 学期能来走多少个孩子？和以前的流动状况比，有什么变化？这种变化是从哪一年开始的？据您了解，他们都是因为什么流动的？

6.2 听杜校长说，我们还有住宿生，这样的孩子有多少？他们因为什么住校？学校怎么管理？

7. 班上外来孩子的父母都有从事什么工作的？有家庭条件不好的（农村）的孩子来上学吗？ 这样的孩子在和其他同学交往中，存在什么问题？会很敏感吗？

7.1 孩子一年要交多少费用？孩子享受什么补助吗？这些补助是怎么发的？

8. 您带的班毕业了，有留在北京读高中的吗？多少回老家读书？（要让他们多举例子）他们一般什么时候回老家？初二还是初三？为什么会有这样的选择？回老家的有人照顾吗？怎么生活？

9. 学校平时会组织什么活动？本地孩子和外地孩子参加活动时有什么不同的特点（如积极性）？孩子们的学习态度怎么样？

10.1 听校长说，学校有心理辅导老师。据您了解，孩子们有什么心理问题吗？体现在哪些方面？

11.（注意流动儿童和当地孩子的差别）家长和您平时沟通得多吗？主要沟通什么？你感觉家长在亲子沟通方面，存在什么问题？

三、教师情况

12. 就您个人而言，有没有参加过教师培训活动？如果参加过，是在什么时间，在哪里呢？是什么内容呢？在学校里，有没有参加过培训？如果有，是什么方面的？如果没有，您觉得需要在哪些方面加强培训呢？

13. 现在也有一些专门招收外地孩子的民办初中，您了解那些学校的情况吗？您觉得民办中学存在什么问题？哪些方面需要改进？您有什么建议吗？

附件 3：公办小学校长及老师访谈提纲

1. 谈谈校长个人经历。哪里人？何时开始从事教育？何时来到北京？在六一工作了多少年？能否介绍一下六一的历史？六一现在有多少学生？多少老师？外地和本地学生的比例是多少？

2. 教育经费朝"可携带"模式发展，即不管你流动到哪里，钱随人走，这个生均教育经费有落实到咱们中学身上的说法吗？政策落实有什么障碍（学籍方面）？能否谈谈您的看法。

3.1 之前我们的教育经费是怎么筹措的？每个孩子的生均公用经费有没有计算过？政府部门（海淀区政府、教委等）有没有什么补助措施？多少钱？

3.2 政府部门（海淀区政府、教委等）有没有什么其他的补助措施（两免一补）？补助这两年有什么变化吗？

（生源）

4. 在咱们学校就读的外来务工人员子女多吗？满足什么条件才能来上学？学校有什么审核办法吗？北京的孩子也需要这么多手续吗？

4.1 咱们学校的学生都是来自哪些小学的？有没有外地上小学来这里上初中的？

4.2 接受借读的学生吗？能借读吗？

4.3 外来务工人员子女的学籍都落在哪里？

（去向）

5. 咱们孩子初中毕业后，一般去向是哪里？

5.1 不是当地的孩子们一般去哪儿上学？留在北京的和回家的比例各占多少？

5.1–1 如果留在北京，他们一般去哪儿上学？跟其他孩子一样吗？高中一般什么时候回家？

5.1–2 有没有留在北京不上学的？原因是什么呢？

6. 您平时和民办初中的校长交流过吗？您了解他们的办学条件和办学困难吗？咱们老师的待遇比他们民办初中老师的待遇强在哪里？

7. 能否介绍一下咱们目前学校运行的困难之处？最难的是什么？这些年办学条件有所改变吗？体现在哪里？

7.1 您提到学校有心理咨询老师，说学生心理挺敏感的，您能详细讲讲这方面的情况吗？

8. 咱们的老师都是怎么招募的？竞争激烈吗？都是什么学校的老师？会提前培训吗？

9. 能否谈谈咱们的教师流动状况和学生流动状况？

10. 您是怎么理解教育公平这个问题的？您有什么建议？

上海市流动儿童义务教育调查报告

21 世纪以来，上海对于流动儿童的教育政策几经演变，与户籍制度改革和人口调控政策之间具有较为紧密的联系，2000~2012 年之间的政策变动以不断放宽作为主要特征，而 2013 年以后则因人口调控的需要有所收紧。这两个阶段的举措差异明显，由此带来的效果也截然相反。深入访谈结果显示，被访流动人口家庭在上海生活的时间都比较长，无论是生活方式、就业方式和行为方式都实现了城镇化；被访流动儿童中的绝大部分从幼儿园开始就在上海接受教育，他们对于生活环境、学校环境并没有任何不适应，他们的学业表现、社会交往等并没有受到其户籍的影响。但随着教育政策的收紧，流动儿童“读书难”的问题再次出现。因此，妥善解决流动儿童义务教育问题，需要中央政府建立符合实际需求的流动儿童教育经费保障机制，地方政府在规范城市管理的过程中应实现人性化操作、切实落实异地中高考政策、进一步加大对民办小学的管理和扶持力度等。

进入 21 世纪以来，我国流动人口规模持续增加，随迁子女数量也随之增加。为了解决流动儿童的教育问题，中央政府多次发文，最终明确了“以流入地政府管理为主、以全日制公办学校为主”的政策原则，2010 年颁布的《国家中长期教育改革和发展纲要（2010—2020 年》和 2012 年颁布的《国家教育事业发展第十二个五年规划》进一步表明了中央政府促进教育公平的决心。在促进教育公平的目标指导下，学籍管理、财政支持等具体措施相继实施，全国范围内流动人口子女受教育的问题得到初步缓解。

在推进教育公平的实践过程中，我们也看到，流动儿童的教育问题不仅仅受到教育政策变化的影响，还受到城镇化发展战略和户籍制度改革进程的影响。

总体而言，我国城镇化发展战略和推进教育公平并不矛盾。2014 年发布的《国家新型城镇化规划（2014—2020 年）》中，就明确提出要“推进农业人口市民化”，具体目标是到“2020 年时，常住人口城镇化率达到 60% 左右，户籍人口城镇化率达到 45% 左右，户籍人口城镇化率与常住人口城镇化率差距缩小 2 个百分点左右，努力实现 1 亿左右农业转移人口和其他常住人口在城镇落户”[①]。为了实现这一目标，中央政府不断推动户籍制度改革，逐步放宽流动人口落户条件，以期让更多的人能够在流入地定居下来并成为市民。但基于“因地制宜、区别对待”的改革原则，对于不同级别的城市，户籍制度改革力度还是存在较大差异。根据《国务院关于进一步推进户籍制度改革的意见》（国发〔2014〕25 号）[②]的相关规定，建制镇和县级市的落户限制被全面放开；地级以上城市的落户根据就业、住所及缴纳城镇社会保险的具体情况而定；而特大城市则继续实行严格控制人口规模的做法。

虽然国家的新型城镇化战略的意图是推动大中小城市和小城镇协调发展，合理引导农业流出人口有序向城镇（特别是中等以下城市和建制镇）转移，但鉴于人口迁移的主要原因是经济因素，实行严格控制人口增长规模的特大型城市往往是人们迁移的主要目的地，北京、上海、广州等城市尤为如此。为了缓解人口过快增长带来的各类问题，在严格控制特大城市人口规模增长的政策指引下，特大城市维持了从紧的落户政策，对居住证办理的条件也有从紧的趋势，流动儿童的教育因此受到影响。

一方面，快速增长的人口对城市公共设施和服务提供带来了很大压力，由此产生的“大城市病”将阻碍城市的进一步发展，从这个角度上讲，对人口规模进行适当控制是必要之举；另一方面，让未成年人与父母共同居住并在父母的监护下接受义务教育，是每个适龄公民都应享有的基本权利，从这个角度上讲，积极推进教育公平、实现就近入学也是正当诉求。在城镇化和教育发展这两条脉络下，特大城市人口控制和教育权利实现之间的冲突显得必然而又无奈。

但是，城镇化道路的本质是实现人口的城镇化，让进入城市的人们切实享

---

① 资料来源：《国家新型城镇化规划（2014—2020 年）》，中央政府门户网站，http://www.gov.cn/zhengce/2014-03/16/content_2640075.html。

② 资料来源：《国务院关于进一步推进户籍制度改革的意见》（国发〔2014〕25 号），中央政府门户网站，http://www.gov.cn/zhengce/content/2014-07/30/content_8944.html。

有各项权利和服务才是真正的城镇化。因而，城镇化和教育发展之间本质上并不存在相悖之处，对特大城市流动儿童教育问题开展研究并寻求相应的破解之道，将有助于缓和甚至解决两者之间的冲突，最终实现协同发展。

本研究[①]以上海市这个特大城市作为典型案例，梳理了上海流动儿童义务教育政策演变、举措及效果，刻画了人口调控背景下上海流动儿童义务教育的现实状况，分析了流动儿童义务教育仍面临的突出问题及成因，然后在此基础上提出针对性的对策调整思路，以期为上海有关部门保障流动儿童接受平等义务教育的工作提供决策参考。

一、上海市流动儿童义务教育的政策、举措及效果

作为我国经济最发达的地区之一，上海吸引了来自全国各地的流动人口。2000~2015 年非户籍人口规模从 313.49 万上升到 981.65 万，十五年间非户籍人口规模增长了 213.14%，年均增长率超过 20%。2015 年时，非户籍人口规模占上海全市常住人口规模的比例已经达到 40.64%[②]。在这一过程中，随迁子女的数量也逐年上升，2015 年时仅 6~10 岁、11~14 岁义务教育阶段的流动儿童规模分别达到 38.59 万、18.38 万，占当年同年龄段常住人口的 45.6% 和 37.8%[③]。非户籍人口规模不断上升，一方面反映了上海经济发展有活力，另一方面也反映出这个城市对于流入人口具有较大的包容性。而尽可能将非户籍人口纳入公共服务提供范围正是这种包容性的具体反映。

21 世纪以来上海对于流动儿童的教育政策几经演变，2000~2012 年之间的政策变动以不断放宽作为主要特征，而 2013 年以后则因人口调控的需要有所收紧。这两个阶段的举措差异明显，由此带来的效果也截然相反。

① 惠竞、张旋、于天旭参与调研及访谈。

② 数据来源：《上海统计年鉴》(2011~2016)。

③ 数据来源：上海市公安局实有人口数据库。

（一）2000~2008 年：初步解决流动儿童义务教育

1. 政策沿革及措施

从中央层面看，20 世纪 80~90 年代我国有关流动儿童教育问题的若干政策呈现出从严格控制到有条件放开的转变特征。2001 年国务院颁布《关于基础教育改革和发展的决定》（国发〔2001〕21 号）则是进一步放开的开端。在这份文件中，首次提出了"以流入地政府管理为主"和"以全日制公办中小学为主"，也即"两为主"原则，要求依法保障流动人口子女接受义务教育的权利[①]。2003 年国务院又相继颁布《关于进一步加强农村教育工作的决定》（国发〔2003〕19 号）和《关于进一步做好进城务工就业农民子女义务教育工作的意见》（国发〔2003〕78 号），再次强调了这一原则[②]。

上海市政府快速响应于中央政府的政策，于 2004 年 2 月转发了市教委等七部门《关于切实做好进城务工就业农民子女义务教育工作的意见》（沪府办发〔2004〕12 号），明确要求"市政府有关部门间进城务工就业农民子女的义务教育纳入全市社会事业发展计划和本市义务教育工作规划，制订切实有效的具体政策措施，在加强指导、协调和管理的同时，在经费编制等方面给予相应的支持"[③]。

根据这一文件，上海市各级政府主要从以下方面入手解决农民工子女就学问题。第一，明确规定能够申请进入公办学校就读的农民工需符合的条件，包括：流出地政府出具的流出证明，流入地务工证明，具有合法固定住所。第二，明确表示"支持社会力量举办以接受民工子女就学为主的学校，并将其纳入本市民办学校管理范围"，"教育部门要对这类学校的师资培训、教育教学方面予以支持和督导"。第三，努力减轻农民工子女教育费用的负担，包括：按照本市义务教育阶段各类学校收费项目和收费标准收取费用，对于家庭困难的学生可参照相关规定予以学杂费分期付款和减免以及给予助学金；在转学时及时办

① 资料来源：《关于基础教育改革与发展的决定》（国发〔2001〕21 号）。

② 资料来源：《关于进一步做好进城务工就业农民子女义务教育工作的意见》（国发〔2003〕78 号）。

③ 资料来源：市教委等七部门《关于切实做好进城务工就业农民子女义务教育工作的意见》（沪府办发〔2004〕12 号）。

理手续且不收取任何费用。第四，公安、劳动保障和卫生等相关部门要根据职责依法加强对农民工子女义务教育工作的监督和管理。第五，在建立市、区县、街道（乡镇）三级管理工作制度，同时加强与流出地政府的沟通与联系，确保各项政策的落实。

2004 年 7 月，为了逐步改善和规范农民工子女学校的办学条件和办学质量，上海市教委下发《关于进一步加强本市以接受进程务工就业农民子女为主学校管理工作的意见》(沪教委基〔2004〕44 号) ①,要求农民工子弟学校必须在办学目的、责任人资格、办学场地、教工资质、办学经费筹集及使用、教学管理、办学形式、学籍管理等方面达到相应条件，并在程序和管理等方面提出要求。

2006 年 4 月,《上海市中小学学籍管理办法》② 进行了修订，将经区县政府登记同意开设的以接受进城务工就业农民子女为主的学校也纳入全市中小学学籍管理的范畴，同时将持有一年以上《上海市居住证》且在有效期内的非户籍人员的义务教育适龄子女划为借读生，他们进入公办学校借读将按上海户籍学生同样标准收费。

2. 实施效果

2004 年以后上海市发布的相关政策其目的有二，一是尽可能让更多的流动儿童接受正规的义务教育，二是尽可能将农民工子弟学校纳入上海市义务教育管理。政策制定后的具体措施都是为了实现以上的两个目的。从数据来看，成效显著。

2000 年在上海接受义务教育的流动人口子女有 26.30 万人，2005 年时规模增加到 38.18 万人，之后增速趋于平缓，基本稳定在 38 万 ~39 万人之间 ③，2007 年时大约有 37.9 万人在沪就读 ④，2008 年有 40.2 万人在沪就读，占全市义务教育阶段就读学生总数的 35.9%。

---

① 资料来源：《关于进一步加强本市以接受进程务工就业农民子女为主学校管理工作的意见》(沪教委基〔2004〕44 号)。

② 资料来源：《上海市中小学生学籍管理办法》(2006 年修订版)。

③ 数据来源：上海市教委研究报告，《上海农民工子女教育调研》，2007 年。

④ 数据来源：蒋佳佳、焦苇，“沪上农民工子弟小学将纳入民办教育管理”，东方网 2008 年 1 月 21 日。

在2000年以前，由于很难进入公办学校就读，大部分义务教育阶段的流动儿童都在农民工子弟学校就读，而随着“两为主”措施的不断推进，进入公办学校就读的比例不断走高，到2007年在上海市全日制公办学校就读的流动儿童约为21.69万人，占全部流动儿童就读人数的57.10%[①]，2008年时在全日制公办学校就读的流动儿童进一步增加到24.8万人，占比进一步上升到61.6%。进入公办学校就读的流动儿童能够享受同等的义务教育待遇，按公办学生注册学籍、按生均公用经费拨款和配置教学设施、免除学杂费书费和借读费，在评优奖励参加各项活动等方面也与户籍学生同等对待。

在将尽可能多的流动儿童纳入公办学校的同时，上海市各级政府对农民工子女学校展开规范与扶持相结合的措施。一方面，对于不合格的农民工子弟学校进行清理、整顿和关停，农民工子弟学校的数量从2001年高峰时期的519所下降到2008年的248所。另一方面，通过财政专项拨款和培训师资等方式改善留存农民工子弟学校的办学条件和办学水平。2004年以后，上海市政府每年划拨3000万专项资金用于增盖图书馆、食堂和厕所等配套设施；各区县加强对农民工子弟学校师资聘用制度的规范，并加强对其师资的培训，有条件的区县还向农民工子弟学校委派督导员或输送教师。

（二）2008~2013年：进一步解决流动儿童义务教育问题

1. 政策沿革

2008年1月，为了确保外来少年儿童接受义务教育的权利，上海市教委印发了《关于进一步做好本市农民工同住子女义务教育工作的若干意见》（沪教委基〔2008〕3号），同时启动了《农民工同住子女义务教育三年行动计划（2008—2010年）》，提出义务教育阶段公办中小学接收农民工同住子女的比例“十一五”期间力争达到70%左右，初中阶段适龄农民工同住子女纳入公办学校就读；发挥社会力量在解决农民工同住子女义务教育中的作用，委托现有民办中小学招收农民工同住子女；加大扶持力度，逐步将符合基本条件的现有农

① 数据来源：蒋佳佳、焦苇，“沪上农民工子弟小学将纳入民办教育管理”，东方网2008年1月21日。

民工子女小学纳入民办教育管理，到 2010 年，基本完成农民工子女学校纳入民办教育管理工作。

2008 年 9 月，上海市教委等五部门联合发布《关于继续做好本市农民工同住子女进入义务教育阶段公办学校就读免借读费工作的意见》(沪教委基〔2008〕58 号)，在全市范围内统一的农民工同住子女的身份认标准，并对其享受公办学校就读免借读费所需提供的材料做出规定，凡是能够提供户口本、父母身份证、持有有效期一年以上的《上海市居住证》或就业证明即可在就读公办学校时免除借读费。

2009 年 6 月，上海外来儿童义务教育权益进一步得到了法律的保护，《上海市实施〈中华人民共和国义务教育法〉办法》中规定：父母或者其他法定监护人在本市工作或者居住期间，其同住的非本市户籍适龄儿童、少年需要在本市接受义务教育的，由其父母或者其他法定监护人持本人身份证明与就业证明或者本人身份证明与居住证明以及适龄儿童、少年的身份证明等材料，到居住地所在区、县教育行政部门申请就读，区、县教育行政部门应当统筹解决。

2010 年 1 月，为进一步规范管理，提高教育教学质量，保障在校学生依法接受义务教育的基本权益，上海市教育委员会出台了《关于加强以招收农民工同住子女为主的民办小学规范管理的若干意见》，并启动了《民办小学规范管理三年行动计划 (2010—2012)》，要求进一步逐步改善这些民办小学的办学条件，健全学校财务管理，加强师资队伍建设，规范教育教学常规管理，促进健康发展。提出到 2012 年，使民办小学成为办学行为规范、教育质量稳定、校园安全和谐、学生健康发展、家长社会认可的学校。

2010 年 9 月，上海市委、上海市人民政府颁布了《上海市中长期教育改革和发展规划纲要 (2010—2020 年)》，其中针对外来少年儿童义务教育进行了中长期规划。

这一系列的文件，为保障上海流动儿童教育权益提供了政策依据，也为保障他们的教育权益提供了思路、目标、方式及方法。

2. 重要举措

（1）多方式扩大义务教育阶段公办学校接收流动儿童的比例

——降低入学门槛。以往上海流动儿童就读公办学校，家长必须具备身份证明、居住证明、就业证明、计划生育证明、学籍证明等“五证”，很多家长因为没有“五证”而不能将其子女送入公办学校。2008 年 9 月，为了方便流动儿童求学，上海降低了他们的入学门槛，凡能提供父母的身份证明、在沪居住证明或就业证明“两证”就可以进入义务教育阶段公办学校就读。

——挖掘公办中小学潜力。上海市、区教育行政部门鼓励上海各区县公办中小学尽可能挖掘潜力，采取整校招生、独立编班、插班就读等多种形式吸纳流动儿童入学。

——放宽公办中小学班额限制。上海市、区教育行政部门鼓励公办学校放宽班额吸纳外来少年儿童，大部分城乡结合地区人口集聚街镇公办学校班额已从 40 名增加到 46~48 名。

——按实际学生数拨款。为鼓励公办学校招收流动儿童，上海市教委按实际招收学生人数核定教师数，下拨公用经费。仅 2009 年上海市、区财政用于公办学校的此项拨款就达 36.9 亿元。

（2）加强对农民工子女学校的扶持与规范管理

——继续关闭不符合条件的农民工子女学校。2008~2010 年，在之前关闭 217 所不合格农民工子弟学校的基础上又关闭了 100 所不合格学校。到 2010 年，上海基本清除了未经审批的农民工子女学校现象。在关闭这些学校的同时，把学校的所有学生统筹安排到区域内的公办学校。

——把符合条件的农民工子女学校纳入民办教育管理。在公办教育资源确实不能满足流动儿童入学需求的城郊结合地区，从 2008 年开始，上海将符合基本办学条件的农民工子女学校改造后纳入民办教育管理，同时鼓励社会力量申办以招收流动儿童为主的民办小学。上海市、区两级政府把以招收进城务工子女为主的民办小学纳入民办学校管理体系，并加大补贴力度，给予每校 100 万元办学设施改造补贴，2008 年、2009 年、2010 年、2012 年分别按每生 2000 元、3000 元、3300 元、5000 元标准给予成本补贴，大大提高了这些民办小学的办学条件和办学质量。2012 年这类政府购买服务的民办小学共有 157 所。据统计，2008 年至 2012 年间，上海市、区财政共投入 10 余亿元补贴这些民办小学；每年政府向民办学校购买免费义务教育学位，解决流动儿童就学难题。

——加强对民办小学的扶持。上海市各区县通过加强培训，与公办学校结对，规范教师聘用制度，委派督导员、输送教师等多种形式，扶持提升这些民办小学的办学水平。同时，为改善这些民办小学办学条件，提高学校的教育质量，2010 年上海各区县共投入资金 2375 万元，为这些学校配备了标准图书室，增配了体育运动器材。

3. 实施效果

在此阶段，上海流动儿童义务教育状况得到了很大改善，他们的教育权益在一定程度上得到了保障。

（1）在校生规模大，小学生更明显

如图 1 所示，2010 年幼儿园、小学、初中外来人口在校生总数为 59.46 万人，占全市总在校生的 38.9%，其中小学 24.66 万人，占全市小学在校生人数的 48.5%；初中 13.04 万人，占全市初中在校生人数的 13.04%。

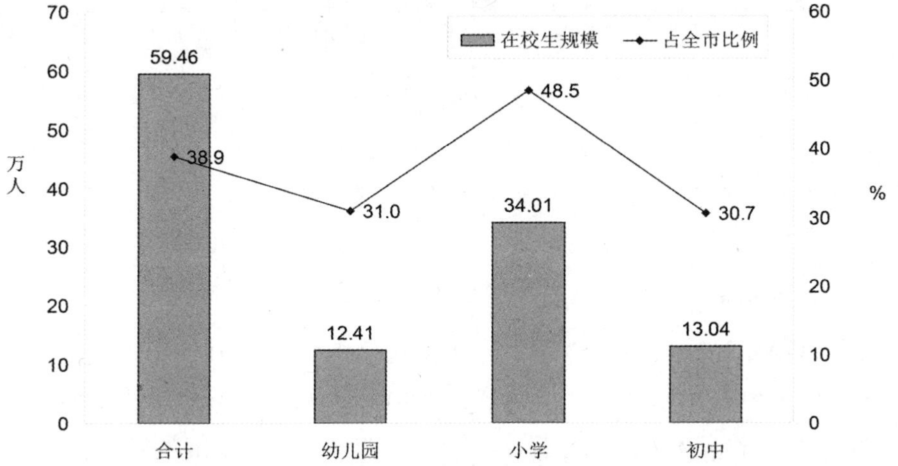

图 1　2010 年上海外来人口在校生规模及占全市的比例

资料来源：2010 年上海教育年报、《上海教育统计数据手册》。

（2）进入公办中小学就读的规模不断扩大，比例不断上上升

如图 2 所示，2012 年外来人口子女在上海全日制公办中小学就读人数达到 40.2 万，比 2003 年增加了 26.5 万，平均每年增加 2.9 万；占外来人口子女在校生总数的 74.7%，比 2003 年提高了 32.9 个百分点，平均每年提高 3.7 个百分点。这些在公办中小学就读的外来人口子女，与上海户籍人口子女享受同等的义务教育待遇，一律按公办学生注册学籍，按生均公用经费定额标准拨付经费，配置教学设施设备等，另外在评优奖励、担任学生干部、参加团队组织等方面也与本市学生一视同仁，目前也一样享受免费的义务教育。

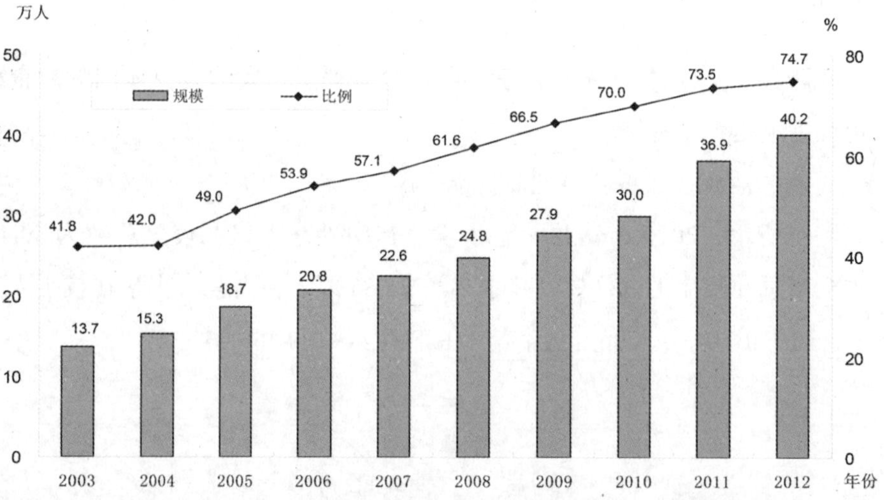

图 2　2003~2012 年上海外来人口子女在公办中小学校规模及比例变化

资料来源：（2003~2006 年的数据）上海教育科学研究院课题组："上海流动人口子女义务教育后出路问题研究"，载于《教育发展研究》，2008 年 第 3 期；（2007~2012 年数据）各年份上海教育年报、《上海教育统计数据手册》。

（3）民办小学的就读规模也不断增多，比例也不断上升

如图 3 所示，2012 年 157 所民办小学共接纳了 13.6 万外来人口子女就读，比 2008 年增加了 8.5 万人；占义务教育阶段外来人口子女在校生的 25.3%，比 2008 年提高了 12.6 个百分点。这些由政府购买服务的民办小学就读的外来人口子女也同样享有免费的义务教育。

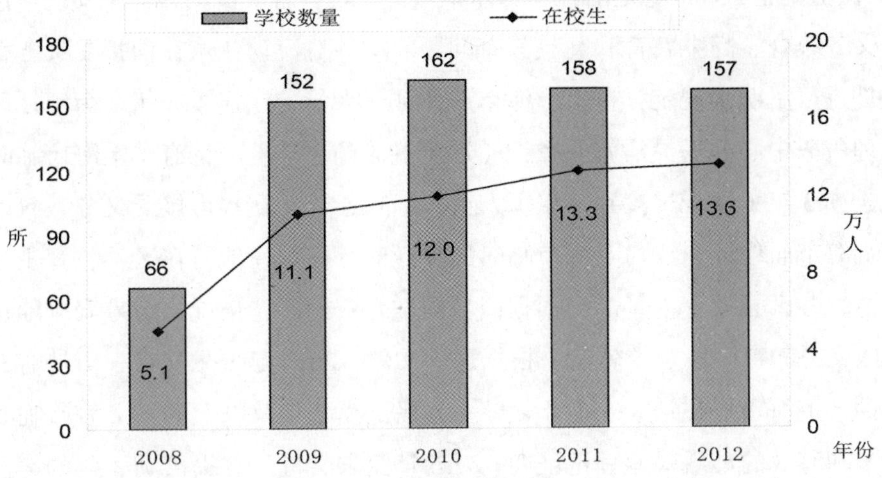

图 3　2008~2012 年在民办小学的数量及外来人口子女在校生规模变化

资料来源：各年份上海教育年报、《上海教育统计数据手册》。

（三）2013 年以来：政策收紧后流动儿童义务教育状况

2013 年 11 月党的十八届三中全会召开，作出了《中共中央关于全面深化改革若干重大问题的决定》，在健全城乡发展一体化体制机制的部分提出"创新人口管理，加快户籍制度改革，全面放开建制镇和小城市落户限制，有序放开中等城市落户限制，合理确定大城市落户条件，严格控制特大城市人口规模"。之后，中央政府又在《国家新型城镇化规划（2014—2020）》和"十三五"规划中继续强调这一要求。北京、上海、广州等地纷纷开始进入调控人口规模的阶段。

在调控人口政策的过程中，上海采取了产业政策、落户政策以及综合治理等方面的政策手段，其中包括对流动儿童义务教育提供的调整。

1. 政策文件

2013 年 12 月，上海市教育委员会、上海市发展和改革委员会、上海市人力资源和社会保障局、上海市公安局 4 部门联合出台了《关于来沪人员随迁子女就读本市各级各类学校实施意见的通知》（沪府办发〔2013〕73 号），要求以

“合法稳定就业、合法稳定居住”为基本条件，妥善解决流动人口子女的学前教育、义务教育、高中教育和高等教育问题。文件对流动儿童在沪接受义务教育的条件进行了明确规定：持《上海市居住证》人员，或连续 3 年在街镇社区事务受理服务中心办妥灵活就业登记（逐步过渡到 3 年）且持有《上海市临时居住证》满 3 年（逐步过渡到 3 年）人员，其随迁子女在本市接受义务教育，可向《上海市居住证》或《上海市临时居住证》登记居住地所在区县教育主管部门申请；各区县教育主管部门根据区域内教育资源配置情况，统筹安排随迁子女进入义务教育阶段学校就读。根据这一文件，2014 年要求父母一方持有有效期内的《上海市居住证》；或者父母一方提供满 2 年及以上的《上海市临时居住证》和有效的灵活就业登记证明；2015 年要求父母一方提供满 3 年的《上海市临时居住证》和连续 2 年的灵活就业登记证明；2016 年起要求父母一方提供满 3 年的《上海市临时居住证》和连续 3 年的灵活就业登记证明。

在提高了流动儿童在沪就读的相关条件后，上海又严格落实以积分制为主体的居住证制度，以控制人口规模、优化人口结构。上海的积分指标体系由基础指标、加分指标、减分指标和一票否决指标四部分组成，积分标准是 120 分。与之前实行的引进人才居住管理办法相比，凡是具有合法稳定居住及稳定就业的人都可以申报，这大大增加了正规就业的非户籍人口的申请可能，但另一方面，自我雇佣及大量的灵活就业人群的申请障碍也大大增加了。

从 2014 年开始，上海的公共服务供给与居住证积分制挂钩，通过“梯度赋权、权责对等”的公共服务提供来调控人口。对于持有《上海市居住证》的来沪人员，可以按照国家和本市有关规定享受更为广泛的公共服务，几乎与上海市民是同城待遇。对于未达到居住证申领条件，而持有临时居住证的来沪人员则只能享有有限服务。就来沪人员子女享受教育服务而言，准入门槛无疑提高了。

2. 主要举措

由于上海的教育资源和适龄人口的分布存在差异，各区县流动儿童教育服务提供的压力也大相径庭。本研究选取了流动人口尤其是流动儿童较为集中的三个近郊区——闵行、宝山和嘉定——作为研究的样本区域，以具体说明人口调控背景下的相关举措与实施效果。

（1）加强居住证管理

——严审两个合法稳定条件。嘉定区贯彻实施市居住证管理办法，并在全市率先制定居住证的实施细则，严格“两个合法稳定”认定和管理，减少了居住证的办理。据嘉定区人口办统计，2015 年 1~9 月全区办理临时居住证 21558 张、居住证 3474 张，较 2014 年同期减少 35.6% 和 84.1%，临时居住证累计 25.6 万张、居住证 8.3 万张。

——注销虚假或逾期居住证。宝山区加强房屋编码信息与居住证系统对接，实现 100% 规范办证、100% 注销虚假办证，2015 年以来共有 15630 名来沪人员因证件逾期未办理签注手续被自动注销。

（2）严把“入学关”

——严审居住证和灵活就业证明。闵行、宝山、嘉定三区教育条线启用全市统一招生管理信息平台，严格按照入学条件，通过技术手段加强对居住证、灵活就业证明的审核，全面做好“幼升小”的技术审查和“小升初”的联动审查工作。2015 年严格按照儿童持《上海市临时居住证》+ 父母一方持《上海市居住证》或父母一方持《上海市临时居住证》满 3 年 + 连续 2 年灵活就业登记的入学条件。据统计，嘉定区 2015 年共有 13000 余名适龄儿童小学入学登记，经过严格审核，只有 9331 人信息登记成功，近 3600 名不符合入学条件。宝山区强化居住证的管理功能，坚持来沪人员子女凭证入学，2015 年小学一年级新生 12927 人，其中外来人口子女 6061 人，占 46.9%，比 2015 年初全区摸底人数减少了 33.72%。

——调整（增加）入学门槛。在教育资源紧缺的区域，除了市里统一规定的政策外，区县政府还增加了一些额外条件。嘉定区在嘉定镇街道、嘉定新城（马路镇）、安亭等区域，除了要求父母一方持有招生区域内上海市居住证，且积分达到标准分值，还要持有招生区域内的房产证。闵行区也规定流动儿童进公办学校其父母除了需持有符合规定的居住证和积分，必须拥有招生区域内的房产证。

——调整证件办理的有效期限。按市里的规定，一般以 6 月底作为居住证办理的截止时间。但在不同区县，截止时间并不是以此作为标准，嘉定区的截止时间就提前了一个月。有不少学生因为时间相差几天、甚至一天而无法在上海就读。

3. 实施效果

入学门槛的提高，最直接的后果就是流动儿童新入学规模的逐年减少，而因为看不到升学希望，也有不少学生提前转学回到户籍所在地就读，进而带来在校流动儿童的规模也逐年减少。

（1）流动儿童入学规模总体减少

2010–2013 年，闵行、嘉定两区小学流动儿童招生规模基本上都是逐年增加，而 2014 年后却有了不同幅度的减少，其中嘉定区更明显：2014 年小学流动儿童招生规模比 2013 年减少了 1226 人，且 2015 年招生规模继续减少，比 2014 年又减少了 464 人。这也是造成 2014 年以来闵行、嘉定全区小学招生规模逐年减少的主要原因。初中也是如此。（见表 1、表 2）

表 1　2010~2015 年闵行、嘉定小学招生数变化（单位：人）

年份	闵行区		嘉定区	
	全区	其中流动儿童	全区	其中流动儿童
2010	11609	4400	9135	5555
2011	13451	5400	10078	6122
2012	13654	5600	11002	7168
2013	15733	6600	10896	6890
2014	13823	6400	9856	5664
2015	13703	6600	9474	5200

资料来源：上海社会科学院 2015 年《人口调控下外来人口子女教育问题》调研；2015 年数据是截至 2015 年 10 月份，下同。

表 2　2010~2015 年闵行、嘉定初中招生数变化（单位：人）

年份	闵行区		嘉定区	
	全区	其中流动儿童	全区	其中流动儿童
2010	8899	3700	4889	1694
2011	10011	4170	5466	2246

续表

年份	闵行区		嘉定区	
	全区	其中流动儿童	全区	其中流动儿童
2012	10209	4200	6083	2676
2013	11134	4600	7313	3811
2014	10197	4300	6451	2879
2015	10600	4460	6317	2537

资料来源：上海社会科学院 2015 年《人口调控下外来人口子女教育问题》调研。

（2）流动儿童小学在校生规模总体减少

2010~2013 年，闵行、嘉定两区小学流动儿童在校生规模基本上都是逐年增加，2014 年后则大幅度逐年减少：2014 年闵行、嘉定两区小学流动儿童在校生规模比 2013 年分别减少了 1659 人、1898 人，2015 年比 2014 年又分别减少了 1858 人、1557 人；流动儿童占全区在校生规模的比例也明显下降（见表 3）。

表 3 2010~2015 年闵行、嘉定小学在校生数变化（单位：人）

年份	闵行区		嘉定区	
	全区	其中流动儿童	全区	其中流动儿童
2010	73121	39740	43749	31629
2011	77782	42593	46057	33895
2012	80474	43815	49122	37425
2013	86784	46527	48740	30708
2014	89377	44868	48486	28810
2015	91208	43010	47479	27253

资料来源：上海社会科学院 2015 年《人口调控下外来人口子女教育问题》调研。

（3）公办学校招收流动儿童的规模减少

2010~2013 年，闵行区在公办小学的流动儿童在校生规模逐年增加，2013 年增加到 23997 人，比 2010 年增加了 5333 人；在公办小学就读的比例也趋于上升，2013 年达到 51.6%，比 2010 年提高了 4.6 个百分点。2014 年后，闵行区在公办小学的流动儿童在校生规模逐年减少，2015 年减少到 20171 人，比 2013 年减少了 3826 人；公办小学就读的流动儿童比例也逐年下降，2015 年为 46.9%，比 2013 年下降了 4.7 个百分点（见表 4）。

表 4　2010~2015 年闵行区公办小学流动儿童在校生规模及比例

年份	规模（人）	比例（%）
2010	18664	47.0
2011	20462	48.0
2012	22845	52.1
2013	23997	51.6
2014	22017	49.1
2015	20171	46.9

资料来源：上海社会科学院 2015 年《人口调控下外来人口子女教育问题》调研。

二、上海市流动人口家庭城镇化的基本状况

本研究在上海市流动人口较为集中的近郊区——嘉定区和闵行区选择了 47 户流动人口家庭进行深入访谈，访谈内容包括父母的迁移路径、家庭基本状况、家庭教养方式、流动儿童的学业表现和学校适应、社会交往及社会适应以及流动儿童的心理归属，等等。从这 47 份深入访谈中，我们能够大致了解流动人口家庭城镇化的基本状况。

（一）被访者基本情况及迁移路径

1. 父母受教育程度普遍不高，主要来自安徽

鉴于访谈对象是小学阶段的流动儿童，其父母的年龄大致在 30~40 岁之间，有少数年龄超过 40 岁。被访的 47 位家长中，初中文化程度的有 20 位，占全部被访父母的 40% 左右，高中及中专受教育程度的有 7 位，大专及以上的有 4 位，占被访父母的比例分别为 14.29% 和 8.16%，这与流动人口的整体受教育水平大致相符。被访父母中，安徽籍比例达到 42.85%。

2. 父母离家很早，在上海居住时间多数超过 10 年

他们中的多数在十几岁的年纪（初中或者高中毕业后）就离开家乡，加入

外出打工的行列，其中有三分之二的人在多个地方打工，外出的第一站目的地多为广州、东莞、深圳等沿海城市，或是江浙一带的中等城市或小城市，也有一些的首站目的地是离家乡不远的城市。在被访的47位家长中，有三分之一左右的人离家后的第一站就是上海，并且一直在这个城市生活和工作。被访儿童的父母在上海生活的平均年数超过十年，最长的甚至已经有20年。而离家后直接来到上海的被访者，在上海的平均生活年数为15年。他们的迁移主要是跟随亲戚或者同乡。

3. 孩子很小就随父母到上海，多数从幼儿园起就在上海接受教育

被访儿童中绝大多数在老家出生，在很小的时候（三岁以内）就跟随父母亲来到上海，也有少量的被访儿童就在上海出生，基本没有在老家长时间居住。孩子与父母亲分离期间，基本都是让老家的爷爷奶奶或外公外婆照顾。多数被访儿童是在上海上的幼儿园。

王女士：女儿7岁，在闵行区梅陇镇弘梅小学上二年级

问：您老家哪里？哪一年生人？

答：老家是安徽寿县，1979年的。

问：您什么时候离开家的？到哪里呢？

答：1996年初中毕业以后就出来了，就到上海。

问：您到上海做什么工作呢？

答：在浦东的印刷厂里工作，一直到不做。

问：哦，为什么会到上海来？

答：那时候，因为哥哥在上海，有亲人带，所以到上海来了。

问：那老公呢？

答：我一直跟我老公在一起工作的，没变过地方。

问：老大在上海生的吗？

答：回去生的。

问：老二呢？

答：2009年老二出生，这两个都是在上海怀孕到老家生的。

问：孩子谁来照顾的？

答：老大孩子三个月时，我就回到上海了，老大就留在家里让婆婆照顾，后来，2009 年怀了老二，回家生养，老二生下来我就带到上海来了。2010 年老大在老家上完幼儿园，也接了过来。

问：那就是老大是五六岁的时候来的，老二基本上就是在上海长大？

答：是的。老大直接来上海上一年级，老二一直是在身边，在上海上的幼儿园，是公办的。

金女士：女儿 11 岁，在嘉定区徐行镇育红小学上五年级

问：什么时候结婚的？在哪里？

答：到上海后，2004 年结的，就在上海。

问：那孩子呢？几个孩子啊？

答：这个老大是 2005 年生的，就在上海生的，2007 年又生了老二，是个男孩。我们家两个都是上海生的。

问：孩子是你自己照顾吗？

答：是的。一直在上海，自己照顾。

将老家的孩子接到身边照顾，一方面是为了团聚，另一方面因为爷爷奶奶照顾下的孩子成长的并不好，或者因为长辈病故无人照顾了。

陈先生：女儿 10 岁，在嘉定区徐行镇育红小学上五年级

问：孩子是在哪里出生的？谁来带呢？

答：在老家。我老婆自己带。她在家带孩子带了一段时间，2007 年的时候一起带她过来了。但当时我们刚在浦东开了第一家点，在起步的时候，实在太忙，孩子小实在不方便，所以过了半年，实在没有办法，就让老婆又带着她回去了。

问：后来呢？什么时候又把孩子接来的？

答：2008 年的时候，店里比较忙，我就把老婆叫回来了。不过，孩子放在老家让奶奶带着。后来孩子在老家上幼儿园上了一年，爷爷奶奶太宠她，不好好吃饭，很瘦，体检发现是严重的营养不良。在老家，爷爷奶奶要忙农活，而且想吃什么就吃什么。所以，我们就把她接到上海来了。

吴先生：女儿 9 岁，在嘉定区徐行镇育红小学上四年级

问：孩子是在哪里出生的？

答：两个孩子都是在老家出生的。老家生，有人照顾。

问：孩子出生后谁来照顾？

答：孩子生下来没有多久，她妈妈就回上海了，孩子一直由爷爷奶奶照顾，两个都是。没有办法，上海生活水平太高了，如果一家人都在上海，一年下来根本挣不到钱。

问：那孩子们什么时候接过来的？为什么接他们过来？

答：今年才来。因为奶奶去世了，爷爷一个人没办法带他们。所以孩子们今年过完年一起带到了上海，爷爷也跟着一起来了，好搭把手。现在房租一个月要上千元，现在老大上四年级，小的上幼儿园。

何女士：儿子 11 岁，在闵行区梅陇镇弘梅小学上五年级

问：小孩是在哪里出生的？

答：湖北随州。

问：小孩跟你过来之后是怎么安排的？

答：就是在学校里面去找了一下，问了有没有什么要求，他们说叫我们早点去，到时候人多了，教室安排不下。

问：在老家的时候小孩是和谁生活的？

答：一直跟我们在一起，那个时候在老家我们公公婆婆都在一起。

问：为什么会把孩子带来上海？

答：怎么说呢，他老爸说不能一个人在外面打工。

问：那为什么没有把孩子留在家里？

答：在家里爷爷奶奶也不会教他写字，在我们身边还可以教他写写作业。

（二）被访者家庭基本状况

1. 一孩和二孩家庭占多数，核心家庭同住的情况比较普遍

被访者家庭中有两个孩子的家庭有 20 个，1 个孩子的有 15 个，3 个孩子的仅有 2 个，其中绝大多数是核心家庭成员一同居住，仅个别家庭与祖父母居住在一起。被访家庭的祖父母绝大多数还在老家农村，是家中土地的主要耕种者。

2. 家庭收入水平中等偏下，但家庭之间差异很大

这些被访者家庭基本都是普通的工薪家庭，有个别的个体工商户，总体而言，收入水平中等偏下，但家庭之间收入水平的差异比较明显。一半以上的家庭月收入在 7000~10000 元，有 20% 左右的家庭月收入在 5000~7000 元，但也有 20% 家庭在除去开支后一年还能够结余 8 万 ~10 万元，而家庭收入水平最高的可以达到年家庭收入 40 万 ~50 万元。

张先生：儿子 7 岁，在嘉定区徐行镇育红小学读五年级

问：在干嘛呢？

答：在集装箱厂。

问：具体是干什么工作？

答：是搞油漆工，就是喷漆的，在集装箱厂油漆工。

问：那妈妈呢？

答：他妈妈来了这里之后给人家卖服装。

问：那爸爸妈妈一个月的收入大概有多少呢？

答：爸爸每个月四千多块钱。

问：妈妈呢？

答：妈妈两千块钱左右。

问：那两个人就是六七千这样子是吗？

答：六千五百块钱左右。

洪先生：女儿 8 岁，在嘉定区徐行镇育红小学读二年级

问：现在做什么工作？

答：现在做新楼房的消防设备工作，是工地的主要负责人，是项目总经理。

问：上班忙吗？

答：上班忙，没有休息时间。除了过年有几天假，其他国家法定假都没有的。每天又要投标，又要预算，什么都要管。吃住在公司，没有固定的时间上下班。有时最晚搞到晚上 1~2 点。没有办法，如果不这样，一家人生活过不了。

问：年收入多少？有没有社保？

答：14 万 ~15 万，有社保。

范女士：儿子 8 岁，在徐汇区向阳育才小学读一年级

问：介绍一下工作情况吧？

答：开了一个网络监控方面的公司，注册 100 万资金，不是实体的公司，我们是以施工队为主的，出去施工这个样子。

问：你老公毕业就做这个吗？

答：他父母在上海有一个门店，他们先来，我们结完婚后，他们希望我们过来一起做。其实我们不太喜欢上海，住在农村住惯了，不太喜欢大城市拘束的感觉。

问：收入多少？

答：一年差不多 40 万 ~50 万。

3. 被访父母工作时间长，因而教育孩子以一人为主，父亲缺位现象比较普遍

被访父母大多工作时间很长，如果是开店，则可以一边看店一边照顾孩子，如果是职员，则基本由工作时间较短的一方来照顾孩子。在有些家庭，由于父亲几乎没有休息时间，母亲基本承担了全部教育责任。在被访家庭中，父亲的缺位现象比较普遍。

陈先生：女儿 10 岁，在嘉定区徐行镇育红小学读五年级

问：您现在就是经营这个店是吗？每天工作时间长不长？节假日什么的休

息吗？

答：对，就这个店。一般早上七点开门，晚上八点关门。我们天天要开店的，除了春节回家。回家嘛，也就是一周左右，一般初五初六就回来了。我们这样的小生意，不敢休息的。

问：平时管孩子，爸爸妈妈有没有分工？为什么？有没有因为孩子吵过架？

答：平时管孩子，谁有时间、谁有能力就谁管，我们不吵架的。

龙女士：儿子 8 岁，在嘉定区徐行镇育红小学读二年级

问：你们现在开店要开多久？节假日是否正常休息？

答：我们早上六点半起来，送他上学，然后上班，到他放学，3 点 40 分，接他回来，然后就不能干活啦。不过店也一直都开着的，直到晚上。我们一直都开门，所以基本上没有什么双休日。

问：一边看店，一边带孩子还是很辛苦的。

答：恩。现在就一个孩子。家里人都劝再生一个，可我自己实在是不想生了，一直自己带孩子，实在带的够够的了。

问：你们管孩子有分工吗？谁管的多一些？

答：家里我管孩子比较多，他很忙，回来以后就不想管了，我们都没有文化，所以主要请教其他家长和老师。

王女士：女儿 7 岁，在闵行区梅陇镇弘梅小学读二年级

问：那家里老公是唯一的收入来源？

答：是的。

问：那工作忙吗？

答：只有他做的好才能做的久，所以经常会加班，本来他是做六休一的，但现在很少休息，节假日不用上班的，平时如果有事情了，他也要去的。

问：您和先生谁管孩子多？

答：管孩子都是我，老公很忙，没有时间。他下班回来时孩子都睡了，早上她们还没有起，他已经要出门了。

（三）受访儿童教育状况

本次受访的儿童最小的2010年出生，最大的2005年出生，基本在小学阶段五个年级里均匀分布。对其家长的访谈主要询问了入学过程、学校教学安排及最关心的问题等。从访谈内容中可以看出，流动儿童的受教育问题并没有得到妥善解决，而且随着特大城市人口调控的深化，这一问题的解决变得越来越难。对于孩子的升学问题，几乎所有的被访父母都感到担心。为了让孩子能够继续在上海读书，多数家长做出了种种努力，但他们也表示如果政策进一步从严，最终还是会离开，去其他相对宽容的城市或者回到老家。

1. 不同年级孩子的入学难度差异明显，2014年以后入学难度增加

2013年以前，上海对于解决流动儿童义务教育问题采取了积极的态度，无论从政策还是实事工程方面都可以看到这样的努力，而流动儿童入学规模也充分说明当时宽松的环境。对于被访者家庭来讲，由于进入公办学校门槛较高，所以他们也接受子女在民办学校上学的现实。但从2013年开始人口调控后，流动儿童的入学受到明显影响，即使是民办学校，入学条件也很严格。这种现象在全市都很普遍。

陈先生：女儿10岁，在嘉定区徐行镇育红小学读五年级

问：你们一开始就让炳兰上的这所学校吗?

答：是的。一直都是。

问：没有考虑公办学校吗?

答：上公办小学要求太高，这个证那个证我们拿不出来。一开始就没打算让她上公办，上不了，我们知道的。所以，育红小学是第一选择。

问：你们知道上公办和民办学校都有什么要求吗?

答：知道。她上学那会儿，上公办和民办学校要求不一样，公办条件更多。公办学校要拿暂住证、营业执照和社保。我们哪里有社保啊。再说，听人家说，公办学校进去要给钱的。我们也没有钱。他们育红小学的要求是，孩子去考试，

没有问题就可以了，证件是要求暂住证和营业执照，暂住证是孩子大人都要要的。

问：炳兰上学时证件好办吗？

答：她那会儿早，办证件不困难的。跟现在不一样。现在我们去办，就办不下来了。以前办证件只要提供营业执照就可以了，但现在办暂住证要求提供房主的房产证，但这房子是村里的，没有房产证，所以没有办法办暂住证。

问：是因为这样，所以老二没办法上学？

答：老二上学时，进民办学校除了营业执照、暂住证还要灵活就业，灵活就业证还得是规定时间里的。刚才不是说了，我的灵活就业证晚了 19 天。后来人家出主意，让我们去外面找人，把我们的暂住证挂在别人名下，但因为村里在抓，万一发现暂住证和房产证对不上就麻烦了，所以人家也不愿意的。实际上，育红小学现在都招不满人，我女儿她们年级有五个班，听说今年招的只有 1~2 个班了。

王女士：女儿 7 岁，在闵行区梅陇镇弘梅小学读二年级

问：那就是老大是五六岁的时候来的，老二基本上就是在上海长大？

答：是的。老大直接来上海上一年级，老二一直是在身边，在上海上的幼儿园，是公办的。

问：哦，那还不错。上公办幼儿园难吗？

答：那时候条件很宽松的，而且我老公是他们厂里的技术骨干，他们老板一直给他加金的，所以我们一直是有长期居住证。他一直交社保，所以一直可以办理长期居住证。这样的话，孩子可以上公办幼儿园。

问：老二读书的时候，没有想过上公办学校吗？

答：老二读小学时，因为老公的积分不够，而且我们没有房产证，所以她不能上公办学校，但可以进入民办学校。开始的时候我们想入公办学校，但因为积分不够，所以无法进入公办学校的。

2. 不同区域的入学条件有所差异，教育资源越紧张的区域入学门槛越高

和其他大城市一样，流动人口在上海的分布很不均匀，在空间上呈现出中心城区和远郊区稀疏，近郊区和城乡接合部密集的特征，再加上近郊区也是户

籍人口的主要导入区，近郊区的公共资源的供给就更加显得紧张。我们选取的闵行和嘉定都是上海近十多年来主要的人口导入区，教育资源、医疗资源、交通资源等都明显不足，两者之间的差别能够从流动儿童读公办小学的入学条件上反映出来[①]。在嘉定区流动人口集中的部分区域、在闵行区全区，除了长期居住证，还需要有招生区域的房产证。

李校长：闵行区梅陇镇弘梅小学校长

问：生源怎么样？入学有什么样的条件？

答：学生主要来自周边社区，从 2014 年开始，市教委对入学条件有了新规定，需要有一年期居住证，孩子要有临时居住证，或者家长有三年以上的灵活就业证明和 3 年以上的临时居住证。这个时限是累加的，明年入学要求就是 4 年了。如果进公办学校的话，还需要有自购房屋的房产证（这比其他区严格）。

何女士：女儿 7 岁，在闵行区梅陇镇弘梅小学读二年级

问：孩子上学时哪一年？一开始就打算到这所弘梅小学来吗？

答：老大 2014 年入学。刚开始想去公办的，但因为在上海买不起房，先生虽然有长期居住证，但还是无法达到闵行区的条件。

问：不是有长期居住证和合法居住证明就可以吗？

答：不行，我们闵行这里条件高，要房产证的。上海房子这么贵，买不起。所以第一选择还是弘梅小学。

3. 子女升学问题是不少家长关心的首要问题，担心、焦虑是其最主要的情绪

孩子的升学问题是不少家长目前最关心的问题，尤其是四、五年级孩子的家长。无论是经济条件好的还是经济条件不好的家庭，无论是有积分还是积分无望的父母，对于未来都充满了担心和焦虑。政策的不确定性让被访者们始终

① 根据调研，闵行区规定“流动儿童读公办小学的入学条件，除了长期居住证，还需要有招生区域的房产证”，闵行区是“全区”都是这个规定；而嘉定不是“全区”而是“部分区域”，如前文所述，嘉定区在嘉定镇街道、嘉定新城（马路镇）、安亭等区域，除了要求父母一方持有招生区域内上海市居住证，且积分达到标准分值，还要持有招生区域内的房产证。因此，闵行区与嘉定区在“从流动儿童读公办小学的入学条件上”是有差别的，表现出闵行区更严格一点。

处于走还是不走的选择之中。未来的不确定性以及从中体会到的排斥感，让被访者家庭表现出担心、焦虑、委屈等情绪。

陈先生：女儿 10 岁，在嘉定区徐行镇育红小学读五年级

问：对于孩子，您目前最担心的是什么问题？

答：就是她读书嘍。现在已经五年级了，再过半年都不知道到哪里去上学。这附近也有一些初中的，不是公办的，就是收我们这样的外地人的小孩的。说是初中，很差的虽男孩子从那里毕业了都是打架乱来。我认识几个孩子，也是他们育红的，小学毕业没有回老家，又进不去上海本地的初中，就到那个学校去了，小学时原来成绩很好的，现在成绩很差了。我碰到那个孩子原来的小学老师，说还不如回到老家去上。上着学人就找不到了。

问：那您现在是怎么打算呢？

答：现在唯一的打算可能就是回家上了。周围公办的学校就是徐行中学，实际上徐行中学也空的，根本没有多少人，可是进不去。（妈妈插话）说老实话，有地方却不让孩子上学，让我们把她再送回去，骨肉分离，这真的是很残忍的。……老家也没有人脉，我们现在回不去了却感觉也留不下来。所以很头疼。都是中国人，现在却成了不知道什么人（说这一段话时，孩子的妈妈多次插话，边说边哭）。

范女士：儿子 7 岁，在徐汇区向阳育才小学读一年级

问：对孩子教育今后有什么打算？

答：回老家的话，宁波市区的教育也并不比上海差，但费用上确实比老家少。

……

问：你的打算是怎样的？

答：我一直也在考虑这个问题。我到底是回去还是留在上海？也要根据小孩子的想法。……另外，父母都是希望把孩子留在身边的，不想让孩子做一个留守儿童。当然是希望他留在身边能读书。

问：那像你，在上海已经买了房子，孩子上初中应该没有什么问题了？

答：那主要是针对你们上海户籍的。外地户籍的话，不是你买了房就能上初中。买房子只是你上学的一个条件，不是你上学的一个保证。像我们，也要有一个积分。目前的积分是 120 分，但 2016 年底积分政策又更改了，2017 年又会有一个新的政策出来，积分 1 年清零。

……

问：以后的教育打算？

答：如果小孩子能够在上海参加高考，我还是选择让他留在这里的。……现在的感觉是，上海基础设施都建设好了，现在想把一批有能力的新上海人留下来，而一批基础建设者流散出去。现在上海很多政策，就不利于我们早期进来的这批人。如房产政策，新上海人学历高、收入高，可以买得起房子。徐汇、闵行都在拆违，一些低收入者不得不走了。

4. 一些被访家长会想办法留下，但多数人可能最终选择离开

被访家庭中有的家长为了让孩子能够在上海读书，做了种种努力，包括：想办法进入上海社会保险体系，交足“五险一金”，以求获得办理长期居住证的资格；报考成人自学考试，希望能够在孩子毕业之前拿到本科毕业证书，以达到 120 分积分要求；努力工作赚钱，希望能够在上海购置房产，进而继续升学。但是，对多数被访父母而言，长期居住证和积分都是很难实现的条件，因而最终还是会离开上海。

曹女士：大女儿 10 岁，小女儿 8 岁，在闵行区梅陇镇弘梅小学读五年级和三年级

问：您对积分落户制度的知晓程度？

答：了解是了解的，但觉得自己没有做到最好。

问：是否希望通过这个制度将户口落下来？为之做了哪些努力？

答：希望的，但感觉是很渺茫的事。我打算去学习，一步一步来，过完年要去考财务证，未来也打算上夜大。

金女士：女儿 11 岁，在嘉定区徐行镇育红小学读五年级

问：目前，您最担心的是什么问题？

答：目前来讲，最担心的问题就是升学问题。我们都没有社保，不能办理

长期居住证，所以没有办法让孩子的在公办学校上学（原来是可以挂靠的，但因为没有早点关注，所以时间上来不及了）。如果不能读，就只能回老家了。

5. 多数受访父母认为民办与公办学校之间有差距，但也对民办学校表示认可

虽然2008年以来，上海的民办学校已经纳入上海市教育系统统一管理，课程设置、活动安排等都尽量向公办学校看齐，但与公办学校相比，民办学校的基础设施、师资等还是相对落后。这种差距，多数受访家庭的父母是认同的，但他们也认为，与老家的教育水平相比，这些民办学校已经相当不错了。换句话说，上海与被访者家乡在教育水平上的巨大差异，让他们对相对简陋的民办学校也持有认可的态度。而这也是他们想方设法让孩子在上海读书的原因。

洪先生：女儿8岁，在嘉定区徐行镇育红小学读二年级

问：育红小学和曹王小学感觉有差别吗？

答：与以前一起上过幼儿园的家长沟通，听说曹王小学的学习作业不多，而自己知道育红小学的作业很多，但两个学校的成绩好像差别很大，不知道什么道理，是不是教育方法不同，这只是推测。

问：现在还可以转到曹王小学吗？

答：到目前为止，还没有这个打算。以前育红小学的一个印老师在开家长会的讲，想转过去是不可能的。估计两个学校有交流。

问：学校存在管理和教学方面的问题吗？

答：我们还是比较认可的。

蔡女士：儿子6岁，在闵行区梅陇镇弘梅小学读一年级

问：对学校、老师有什么看法？

答：班主任非常负责任。我可能是选对了这个班主任，可能也是缘分。因为进学校的时候，班级是分配的，我们也没有选择的能力。能进入这个班级真的是很幸运的。这个班主任不是说你成绩不好他就不管你了，他不会的。他每天在群里跟家长说，谁的作业没有做完，请家长重视，尽量让孩子自己的事情自己做，不要依赖家长。比如读题，孩子上一年级，有不认识的字，要家长协助一下，让孩子自己做。

（四）家庭教养方式与亲子关系

与本地孩子相比，被访儿童中超过半数与父母亲双方或者单方分开过，这是流动人口家庭中较为普遍的现象，对于孩子很小时就一家团聚的家庭，这种分离并没有带来明显的隔阂，但对于一些分离时间较长的家庭，子女和父母之间的隔阂需要较长时间才能消除。也正因为这个原因，面对孩子必须返乡继续学业，这些家庭觉得更加难以接受。

父母亲在对于子女教育的问题上，理念多少会有一些差异，但这种差异并不一定会带来争吵。有的被访家庭表示，虽然理念不一致，但面对孩子时，父母还是会统一立场，或者以其中一方作为教育的主导方。随着社会的进步，被访家庭中体罚孩子的情况并不多，批评教育以及思想沟通时更有效的方法。多数家庭会与学校、老师保持一定频率的沟通，以及时了解孩子在学校的表现情况。除了个别家长，绝大多数家长对于孩子身心成长比较关心，而且较为了解孩子的学习、社会交往、生理发育及心理变化等。

1. 多数家庭父母的教育理念比较一致，体罚孩子的家长不多

除少部分家庭外，多数家庭会按照男主外女主内的分工原则，对孩子的教育责任进行划分，或者由学历较高的一方负责学业辅导而另一方负责生活照料。一般而言，母亲承担的教育责任更重些，这一点从受访家长的性别构成就可以看出来。在问及教育理念的差异时，三分之二的家庭父母保持一致，而三分之一的表示会有差异，但这种理念上的差异并不一定会带来争吵。体罚孩子的家长也是少数。

钟先生：儿子 8 岁，在嘉定区徐行镇育红小学读三年级

问：在教育孩子方面，你们有冲突吗？

答：这个嘛，有时候也会有些冲突的。

问：主要表现在哪里？

答：有时候，她说我给孩子的压力太大。像礼拜六、礼拜天，老师布置的

作业完成了。我就会到图书馆借一些书回来让他读。

问：离图书馆远吗？

答：不是很远，骑车十来分钟，感觉也很方便的。今天下雨嘛，我就没有去了。有时候晴天了，我会带他到图书馆去，图书馆比较安静一点，环境相对来说比较好一点。教育嘛，我想继续创造条件让他在上海继续读书，她就说，我们没有办法，肯定要回家读书了。我说，是要回家读书啊，但有一线希望的话，还是在外面啊，对吧。

王女士：女儿 7 岁，在闵行区梅陇镇弘梅小学读二年级

问：您和先生谁管孩子多？

答：管孩子都是我，老公很忙，没有时间。他下班回来时孩子都睡了，早上她们还没有起，他已经要出门了。

问：您最经常陪孩子做什么？

答：我会陪小的这个做作业，大女儿只要多聊聊，不用时刻陪在身边了。不过，反正整天都在家里的，我不会把孩子留在家里自己出去玩。只是老大的功课我不怎么过问的。她很优秀的。

问：您和先生会因为教育问题吵架吗？

答：从来不吵的，总是一个人说了算的。反而他会配合我。

问：有打过孩子吗？

答：孩子做错事情不会体罚，而且她们很乖的，也没有犯错，为什么要打呢。

问：你们会因为考试成绩什么的罚她们吗？

答：我们对分数不是很在意，只要平时都努力的，分数自然会有的。

2. 受访家庭成员间有交流，但幼年期的分离让少数家庭的交流发生困难

多数家庭的成员之间有良好的沟通，孩子们会主动与父母分享在学校的经历，包括学习成绩、同学交往、情绪变动等，但这种沟通多数情况下呈现出单向的特征。父母亲大多扮演倾听者的角色，而他们自己的负面情绪并不会与孩子沟通。受访父母认为孩子年龄较小，可能对成年人的经历无法理解。从访谈

内容来看，幼年时与父母亲的分离多数情况下不会影响到代际之间的交流，但也有少数家庭，由于子女与父母分离时间较长，隔阂的消除期比较长。对这些家庭而言，如果无法解决孩子的升学问题而面临再次分离时，有可能给孩子带来更大的伤害，也容易使原本已经修补好的代际关系再次恶化。

陈先生：女儿 10 岁，在嘉定区徐行镇育红小学读五年级

问：妈妈和女儿相处的怎么样？

答：（妈妈回答）女儿不是在我们身边长大，和我们的隔阂很大的，她甚至觉得不是我亲身的。以前一直觉得妈妈不喜欢她，直到前年都是这样，甚至是恨妈妈。她说，在老家没有人说她有妈妈，她觉得没有妈妈。因为这点，夫妻之间也会吵架。果然是这样，没有自己带，孩子和父母之间就有隔阂。现在好多了，女儿都会跟妈妈撒娇了。可是，眼看又要分开，真是很不舍得（妈妈哭了）。其实，我也不知道如何跟女儿相处，现在真的好很多。不在身边，真的不一样。

……

问：那您现在是怎么打算呢？

答：……当初，她妈妈是哭着把孩子接回上海的，（妈妈插话）孩子严重营养不良，满头虱子，生活习惯一塌糊涂。刚到上海的时候，女儿很排斥我们，觉得我们是不要她才把她留在老家，好几年都不肯叫我们爸爸妈妈（妈妈哭了）。这过了好几年，总算是培养起来了感情，可是又要把她送回去。为了孩子读书，大家很痛心的。……（妈妈插话）我们现在打算把孩子送回镇上的寄宿学校。我心里很害怕，孩子在青春期，上一次她就说我们抛弃她，这一次再离开父母会变成什么样，我不知道……

问：那您和您爱人最常陪伴做什么事情呢？

答：我陪孩子出去玩多一些，她妈妈陪孩子做手工做作业之类的。

问：孩子会主动与你们分享学校生活吗？会抱怨老师、同学吗？

答：会的。还小所以什么都说。

问：那您会怎么回应呢？孩子对您的回应满意吗？

答：都是认真听的，让她处理好同学关系，教育她。因为是正能量，孩子肯定满意的。

问：孩子会向您主动诉说不开心的事吗？您是如何回应的？

答：会说。我还是以开导为主，还小不能给她负面的东西。

3. 受访父母与学校之间有联系，主要围绕学习问题展开

虽然受访父母大多工作繁忙，但还是能够与学校和老师保持联系。对低年级的孩子父母来讲，趁着接送孩子就能够与老师聊两句，而对于高年级的孩子来讲，微信、QQ 等网络社交工具是最主要的联络方式。从家校联系的内容来看，学业难题、家校表现等是最主要的议题。特别是那些受教育程度较低的家庭，与老师保持联系既是全方位了解的需要，更是辅导孩子功课的需要。

三、上海市流动儿童社会化的基本状况

在深入访谈的过程中，我们还关注了流动儿童在迁移过程中社会化的基本状况，这其中既包括学业表现、学校适应，也包括社会交往与社会适应，还包括他们已经形成的心理归属。

（一）学业表现与学校适应

1. 学业及学校表现好坏不一，转学生在转学前后的表现存在落差

与公办学校一样，同一民办学校里学生也是表现好坏不一，这主要与学生的智力水平、勤奋程度以及方法选择有关，本次访谈的近 50 位流动儿童中，既有学业出色、兴趣广泛的孩子，也有学习成绩落后、学校表现并不突出的孩子。总体而言，一直在上海就读的孩子表现比较稳定。但需要注意的是，有一些上学以后从老家转来的孩子，转学前后的表现存在落差。这一方面是由于不同地区之间的教材差异导致的，另一方面也是生活环境突然变化后不适应的表现。

吴先生：女儿 9 岁，在嘉定区徐行镇育红小学读四年级

问：孩子在学校成绩如何？您对她的功课进展了解吗？

答：成绩一般吧。老家和这里的学习内容不一样，我们那边英语到三年级

才上，可是这里一年级就上了，所以她转学过来以后，其他都还好，就是英语跟不上，基本上差一半。语文和数学成绩都很不错的。

……

问：您觉得孩子来上海还适应吗？

答：她今年才来上海，肯定有个缓冲期。她不太愿意主动跟我们说，但有一次，我去学校接她，看到她趴在桌子上，不跟别人说话。好在她性格还可以，比较外向，所以没有多长时间就混熟了。这全靠她自己。毕竟这么大了。

何女士：儿子 11 岁，在闵行区梅陇镇弘梅小学读五年级

问：那周子博的成绩应该还不错吧？

答：成绩一般般。

问：在班上可以排多少名呢？

答：以前在那边还可以的，在这边一下子掉得很远。

问：孩子一年级来上海读书的时候有适应问题吗？

答：一开始过来，读了好长时间，都记不住人家同学的名字，一问他，他也不知道。

2. 没有发现流动儿童的校内交往有障碍，但有个别家长反映孩子受到欺负

从访谈结果来看，所有的孩子在学校里都有若干个好朋友，不仅孩子之间，孩子的家长之间也有一定的往来，而朋友的多少、受欢迎的程度更多地受到孩子的性格影响。但也有个别家长反映在学校里还是有欺负人的同学，但学校和老师们对家长的反映并不十分认同。

王女士：女儿 10 岁，在闵行区梅陇镇弘梅小学读四年级

问：孩子跟同学相处的好吗？

答：她性格内向，胆子小，在学校里面不太说话的。在这所学校里朋友不算多，还是原来那所的关系更好些。

问：哦，相处会有问题吗？为什么呢？

答：现在很多学生很势利的，她的朋友会不让她跟与朋友关系不好的同学玩。我就教育她说，不要让别人影响你，没有人有权利影响你交朋友。而且，

现在的孩子之间会存在金钱交易。比方说，她们班以前打她的同学，现在不打她了，让她写作业，而且还会付钱给她。对她来说，因为比原来挨打好，所以她还是愿意这么做。

问：这些问题，老师知道吗？

答：反正我们是提过的，但老师似乎并没有怎么处理。反正，现在还算是相安无事了吧。

孙女士：女儿 8 岁，在嘉定区曹行镇曹王小学读二年级

问：她的学校里面外地孩子多吗？

答：曹王小学里面本地孩子少。因为这边是郊区嘛。本地人有条件的都去城里的。所以虽然是公办的，还是外地的多。

问：哦。同学都是哪里的？她和同学相处的怎么样？

答：哪里的并不清楚，总不过是河南安徽江苏这几个地方，这里这几个地方的多。她和同学相处很好的，我经常会问她的同学她和人家处的怎么样，孩子都说还不错，可能有一两个关系不好。她是班长嘛，她自己会说当班长很累的，有一两个孩子不听话。哈哈。

问：看来是位负责的班长啊。

答：是呀。有一两个不听，她可着急了。

问：那您是否认识她的好朋友？

答：认识，我都叫得上名字。幼儿园的时候，不光小孩认识，他们的家长我也都认识。现在嘛，有几个认识，有些只是知道是她同学的家长，没有打过交道。

问：你们几个好朋友的家庭之间会一起玩吗？

答：大家都忙，小孩子也忙呀。所以一般不太一起的。只有一个，因为和我女儿一直是同学，从幼儿园开始就是一个班，她家长也是育红的，所以会一起去市里玩什么的。

（二）社会交往与社会适应

从访谈的结果来看，孩子的社会交往仍是以同学为主，或者是幼儿园的同学、兴趣班的同学，放学以后，孩子们的玩伴多是自己的兄弟姐妹或者邻居家的同龄人。对于孩子而言，空间距离对社会交往有较大的影响。当从老家来到上海，或者转学之后，被访儿童与原来的朋友的联系就会大幅下降甚至消失。

（三）社会融入与心理归属

如前文所说，我们进行深入访谈的家庭在上海生活的平均时间超过 10 年，大部分孩子从幼儿时期就在上海生活，其中一些甚至出生在这里。上海这个城市对于他们就是故乡。

1. 多数孩子对上海有归属感

当问到是否喜欢上海时，孩子们的答案惊人的一致，喜欢上海。因为他们已经熟悉了这里的生活环境，这里有他们的朋友、伙伴，这里有爸爸妈妈。

赵先生：儿子 9 岁，在嘉定区徐行镇曹王小学读四年级

问：他一直在上海，对这边的生活一定是适应的吧。

答：他在上海出生，一直生活在这里，所以什么都很适应的，对老家的印象就是我们新买的别墅，我们老家是在县城里面，是买的。

问：他喜欢上海吗？对于可能会回老家的事情有什么想法呢？

答：他很喜欢上海，对老家的印象很模糊，也不吃辣椒。我们经常讲，所以孩子也清楚将来可能回老家，所以也没有特别的表现情绪。

刘女士：女儿 8 岁，在闵行区梅陇镇弘梅小学读三年级

问：她喜欢上海吗？

答：很喜欢上海，她不舍得离开。跟她说过，可能要去杭州，她不舍得。而且，她觉得如果要离开上海，家里人就会分开了，爸爸在上海，我们在杭州，一说到这里，她就很难过。

2. 离开上海可能会带来流动儿童在身份认同上混乱

由于孩子们对于上海具有归属感，当知道有可能离开上海时，有可能会带来他们身份认同上的混乱。这一点在家庭条件较好的孩子身上表现得更为明显。因为在宽松政策时期，这些家庭不存在读书难的问题，父母亲很少提到离开上海。

范女士：儿子 8 岁，在徐汇区向阳育才小学读一年级

问：你的打算是怎样的？

答：我一直也在考虑这个问题。我到底是回去还是留在上海？也要根据小孩子的想法。毕竟孩子从满月开始就一直在上海生活，他觉得这边是他的故乡，还有一个很严肃的问题，我们回老家后，老家的人会说，你们是上海人啊，等于又是一个外地人的身份。现在小孩子不理解，但人家在说的时候，他会反问你，我不是上海人嘛？我说，你不是上海人，你是宁波人。他说，我不是一直生活在上海嘛。所以我会很努力，给他创造一个留在上海的机会，但又太苛刻。不是外地人不想留，而是没有办法留。

问：孩子喜欢上海吗？

答：他会有个疑问的，他会问一下，为什么我们上海人不是上海人？

问：作为家长是如何回答这个问题的？

答：有时候我们回老家，我们会告诉他，爸爸妈妈出生在这里，那里是我们最开始的一个家。他也知道我们也买了一个房子在这里，他也会因为我的家也是在这里的。我说，你不管是上海也好，是宁波人也好，不需要有太的区域强化意识，你只要好好地做你的事情就够了。你只要不是做一个小坏人，完全没有关系。

四、上海市流动儿童义务教育问题的成因分析

自 2013 年上海市人口调控开始实施以来，流动儿童“读书难”的问题再次出现，而近三年来的数据表明问题的难度在逐年加大。究其原因，主要表现在以下几个方面。

（一）城市规范管理与外来人口生存现状之间存在冲突

为了防止特大城市人口过快增长引发“大城市病”，中央政府要求在推进中等以下城市户籍制度改革的同时加大对特大城市的人口调控。人口调控的手段之一就是进一步推进城市的规范管理，这其中包括规范就业、居住、公共服务享有等。但一直以来，由于户籍制度改革推进缓慢，外来人口群体在城市的生存状态却是以“不规范”为主要特征。虽然随着就业、社会保障体系的日益完善，这一群体中不规范的现象已经大幅减少，但非正规就业、不在社会保险覆盖范围以内以及租住违法搭建建筑的人口规模仍然巨大。当规范管理在各个环节展开时，必然产生矛盾与问题，反映在流动儿童义务教育方面，就是“入学门槛提高，流动儿童入学难度增大”。

按照《关于来沪人员随迁子女就读本市各级各类学校实施意见的通知》（沪府办发〔2013〕73号），要求以“合法稳定就业、合法稳定居住”为基本条件。流动儿童家长至少需要同时具备社会保险和长期居住证两个入学条件，在教育资源紧张的区域，入读公办学校还必须持有房产证，但由于种种原因，目前流动人口在上海办理长期居住证、缴纳社会保险的比例并不是很高，能买房子的比例更低了。

1. 长期居住证是入学的前提条件，但外来人口办证比例不高

据上海市公安局人口办的统计（表5），2015年10底，上海来沪人员办证率不足40%，而且办证类型中72%是临证，其中青浦来沪人员办证率仅为22.8%，全市最低，还有些办证受理点办证率不足10%，有的受理点办证率甚至1%都不到；从区域差异看，中心城区办证率高一点，近郊区低一点，而远郊区更低，而外来人口尤其子女主要分布在郊区尤其是远郊区。

表 5　2015 年 10 月上海来沪人口办证情况（单位：%）

区域	合计	未办证	办证	办证类别				
				小计	临证	投靠	从业	人才
全市	100.0	60.8	39.2	100.0	71.9	7.5	19.9	0.8
黄浦	100.0	50.1	49.9	100.0	75.3	11.0	13.3	0.4
徐汇	100.0	40.9	59.1	100.0	66.6	10.9	20.9	1.6
长宁	100.0	62.9	37.1	100.0	55.4	14.7	27.8	2.1
静安	100.0	52.4	47.6	100.0	73.4	11.6	14.0	1.0
普陀	100.0	44.5	55.5	100.0	65.5	11.5	21.7	1.3
闸北	100.0	37.7	62.3	100.0	71.4	9.7	17.3	1.6
虹口	100.0	29.8	70.2	100.0	64.4	16.4	18.5	0.7
杨浦	100.0	63.6	36.4	100.0	44.8	23.7	30.5	1.0
闵行	100.0	57.4	42.6	100.0	70.3	7.8	20.7	1.2
宝山	100.0	64.1	35.9	100.0	66.7	11.0	21.7	0.6
嘉定	100.0	63.0	37.0	100.0	76.4	3.4	20.0	0.3
浦东	100.0	66.4	33.6	100.0	70.1	7.9	21.0	1.0
金山	100.0	69.6	30.4	100.0	80.4	2.5	16.9	0.2
松江	100.0	55.5	44.5	100.0	79.0	2.5	17.8	0.6
青浦	100.0	77.2	22.8	100.0	78.5	2.4	18.9	0.2
奉贤	100.0	55.2	44.8	100.0	81.6	2.8	15.5	0.1
崇明	100.0	66.4	33.6	100.0	75.6	7.8	16.4	0.2

资料来源：上海市公安局人口办。

访谈中了解到流动儿童家长办理不了长期居住证的主要原因：一是租房不符合要求，如群租房、动迁房等；二是房东不配合。

梁先生：儿子 10 岁，在嘉定徐行镇曹王小学读 4 年级

问：对孩子教育有什么担心的？

答：爱人在在嘉定徐行镇育红小学当老师。入小学时候，学校可以办理长期居住证，现在学校不可以办了。因为当时已经在学校上学了，就一直上下去了。如果上初中的，又需要重新办理长期居住证。

问：现在买房子了？

答：上海房子买不起，老家有的，市里，买了 6 年了，为了考虑他以后回去上学。

问：那么早就考虑了？

答：现在要求很严，不让高考的话，必须要回去。你的积分又不够。除非是上海引进的人才，纳税大户，才可以。一般的打工的，是上不了的。

问：老婆学历上去后是不是积分就上去了？

答：但长期居住证办不了，不给办。积分满了，没有长期居住证也不行。

问：为什么不给办？

答：办理长期居住证，首先要房东提供房产证，其次是社保。如果房东不提供房产证，就办不了长期居住证。

问：你现在住的房子，房东给办吗？

答：不给办。房东嫌麻烦了或者什么，不给办，这就给你卡死了。

问：为什么不租个稍微好一点的房子？

答：租不到。要么就是小房子，即使租个像样的房子，也同样面临房东不给办的情况。他不给你办，你没有办法。

问：你周围的人或者你的职工，面临这种情况的多不多？

答：几乎都是这样的。你上到初中，就不可以去上了，因为你没有长期居住证。现在我还是打算找个房子，能办理长期居住证。

孙女士：儿子 8 岁，在嘉定区徐行镇曹王小学读二年级

问：对孩子最担心什么？

答：现在上学要求严格了，就是从今年，每年都要审核居住证。儿子今年是二年级，明天还要审核。如果你没有居住证，没有社保，就立马让你走。班级里面就出现过这种情况，有走人的。所以说这个问题，真的很头痛、很烦。你像比如做生意的，没有社保，办理不了居住证。

问：你们具备条件了吗？

答：居住证有，但房东不一定每年都配合。假如我们没有居住证，明年我们也不能读书了。因为我听说，这里要拆迁了，如果拆迁的话，就不会给你办理居住证了。如果拆迁的话，你就不能住了，或者你就走人。另外还要找大房子，才能给你办。

2. 缴纳社会保险满一定年限是入学的前提条件，但外来人口参保率不高

流动儿童的家长自我雇佣或者自由职业人员的比例较高，按现有的社会保险相关条例，无法纳入社会保险体系中，而不缴纳足够期限的“五险一金”，就无法办理长期居住证。

任先生：小儿子 11 岁，在闵行区梅陇镇弘梅小学读四年级

问：小儿子有没有考虑到公办小学读？

答：我们有考虑。讲实话，我们要进公办学校的话，要收费的，还要托好多关系。

问：收费大约收多少？

答：一次性收费 2 万左右。

问：现在是 4 年级，当时读小学入学条件没有像现在这么严格吧？

答：但我们的条件也是达不到的，没有社保。我们一直做生意，没有去想像在公司那样缴社保什么的。如果有社保，我们缴点钱也无所谓了，让孩子接受好一点的教育，最起码素质高一点、觉悟高一点。

2015 年嘉定区进行小学入学登记的 13000 名适龄儿童中，有近 3600 名不符合入学条件，这就意味着当年有 27.69% 的适龄儿童不能如期入学。因为这个原因，在上海就读的流动儿童规模大幅下降，宝山区 2015 年 9 月小学一年级新生 12927 人，其中外来人口子女 6061 人，占 46.9%，比 2015 年初全区摸底人数减少了 33.72%。还有很多的流动儿童因为没有在上海购买住房，而无法进入公办小学就读，只能选择民办小学。

钟先生：儿子 8 岁，在嘉定区徐行镇育红小学读三年级

问：你有没有想办法到曹王小学去上学？

答：如果有办法的话，我是可以想想的，但确实没有办法。像我们，又不认识人，人家说分配就等着分配了。

蔡女士：儿子 6 岁，在闵行区梅陇镇弘梅小学读一年级

问：为什么没有选择公办小学？

答：我们是有自知之明，公办肯定是进不去了。现在进公办的条件非常严

格，所以我们也就没有去。

问：你觉得哪个条件最难达到？

答：就我们了解的情况是，你必须要有一个房产证。像我们普通外地人过来，在上海要有一个房产是一个很大的限制的。尤其是现在新政出来，你要满 5 年缴社保。另外公办学校不允许你有两个孩子的。就只能选择民办了。

3. 积分落户制度标准过高，绝大多数流动儿童家长达不到

按照《关于来沪人员随迁子女就读本市各级各类学校实施意见的通知》（沪府办发〔2013〕73 号），持《上海市居住证》且积分达到标准分值人员随迁子女在本市参加中等学校高中阶段招生考试并具有本市高中阶段完整学习经历的，可在本市参加普通高等学校招生考试。持《上海市居住证》且积分达到标准分值人员连续持有《上海市居住证》3 年，其子女为本市高中阶段毕业生的，可在本市参加普通高等学校招生考试。但目前上海流动人口文化程度普遍比较低，绝大多数达不到 120 分的积分标准，并且在申请积分中会遇到很多困难。

孙女士：小儿子 11 岁，在嘉定区徐行镇育红小学读五年级

问：听说过上海的积分制制度吗？

答：听是听说过，但我们的居住证肯定没有，主要是针对大学毕业生什么的。像我们这种学历，有长期居住证也没有积分的。一般的打工者是根本不可能拿到积分的。

姜先生：大女儿 10 岁，在嘉定区徐行镇育红小学读四年级

问：你觉得一般的打工者，获得上海户口的可能性不大？

答：不大。在我们曹王，我估计能拿到的不多，因为要求学历还比较高。我老婆报考夜大，明年毕业。我说，你报考夜大也没有用。

钟先生：儿子 8 岁，在嘉定区徐行镇育红小学读三年级

问：你听说过上海的积分制吗？

答：我知道啊，但达不到。你想，目前缴金的是我老婆，学历也没有学历。这个积分我也查过了，基本上一个是技术、一个是学历。这两个积分是比较高

的。学历没有学历，技术知识普工。所以积分是达不到的。我也在网上做了个测试，我们积分只达到 70~80 分，相差太多了。

问：积分还会涨的啊？

答：涨也涨的太少了，涨只是一分两分。社保、居住时间都涨得很慢的，基本上是达不到的。

范女士：儿子 8 岁，在徐汇区向阳育才小学读一年级

问：那像你，在上海已经买了房子，孩子上初中应该没有什么问题了？

答：那主要是针对你们上海户籍的。外地户籍的话，不是你买了房就能上初中。买房子只是你上学的一个条件，不是你上学的一个保证。像我们，也要有一个积分。目前的积分是 120 分，但 2016 年底积分政策又更改了，2017 年又会有一个新的政策出来，积分 1 年清零。

问：1 年清零？

答：积分 1 年再去申请。像我们，我本身积分已经达到了 120 分，我的学历和年龄已经满足了 120 分的条件，但是我们在实际申请的过程中就遇到不少的问题，导致我的积分很难申请的出。

问：你这个问题是指什么？

答：一个就是说，你所在的公司有没有这个资质去申请。然后你的公司能不能帮你申请是另外一回事。就是它有一个公司的要求。另外除了学历、年龄、职称证明或者是社保、个税证明啊，包括回调档案，还有独生子女证啊，它一会要这个一会要那个。但我们每办理一个证，都是很曲折的状态。如领独生子女证，看上去很简单。你去老家打证明的时候，要求你必须去结扎或上环手术，才给你开证明。我是过敏体质，医生认为我不适宜做上环手术，那就没有办法拿到这个证明了。我来上海快 10 年了，我们自己办公司，我们也知道这些人事上的问题，所以我们就耽误了很长一段时间。等到我们要上幼儿园的时候报名的时候，他就要求一些条件，如缴社保及相关的材料。当到那时候就发现，我们只有临时居住证，就没有想到需要长期居住证。然后你再去办证的话，就一环扣一环，很多问题在里面，办了很长时间。

问：你现在的积分是多少？

答：毕业出来有学士学位，加上年龄，我就已经有 120 分，另外我社保也缴了几年了，但我们外地的职称在这里就不适用了。上海原来有个人才引进的积分，当时我们就没有办理这个证件。我是学文秘出来的，我有全国通用的中级职称资格证，但必须在公司相对应的岗位工作到多长时间，然后再去审核。这个上面就有一个卡口，必须在公司相对应的岗位工作到多长时间。但是像我们出来，不一定到相对应的职称公司。如我，虽然是文秘职称，但我到这个公司是做市场部，它不属于文秘职称的话，就没有办法申请，公司也有这个规定。因此我们就像在闯关一样，有个人积分，就像锅里的肉一样，你看得到，但拿不出来。

（二）以户籍为前提的中高考制度与教育连贯性之间存在冲突

一直以来，中考和高考都是以户籍为前提进行的。2008 年时有人大代表提出为了维护流动人口子女的受教育权利，应当放开异地中考和高考。2012 年 8 月，国务院办公厅转发教育部等四部委《关于做好进城务工人员随迁子女接受义务教育后在当地参加升学考试工作的意见》（国办发〔2012〕46 号）[①]，要求各地在 2012 年底之前出台具体政策。之后，各地方政府按照要求出台了具体政策，但都规定了严苛的条件，在北京、上海这样的大城市，则只开放了中职和高职，普通高中和本科院校都没有真正开放。

如果教育内容仍如多年以前那样全国统一，升学考试并不会成为不可逾越的障碍。但目前高中以下阶段的教材版本有十多种，各地区的教学内容和考题形式有很大差异。如果不能在就读学校所在地参加升学考试，则很有可能无法通过。于是，中考和高考这两道门槛将本应连贯的教育过程割裂开来。为了能够适应老家的学习进度和教学方法，许多义务教育阶段的孩子只能转学。

孙女士：小儿子 10 岁，在嘉定区徐行镇育红小学读五年级

问：对孩子教育最担心什么？

答：六年级马上要升到嘉定区徐行镇徐行中学去了。我和老公正在商量，六年级是在这里读还是回老家读。在这里不是不能异地高考嘛，毕竟中学就回

① 资料来源：《关于做好进城务工人员随迁子女接受义务教育后在当地参加升学考试工作的意见》（国办发〔2012〕46 号）。

老家读。如果中学在这里读，这里教学肯定与老家是不一样的，这里不能考高中，到时候还要回老家考。我们现在还在犹豫，如果六年级是到徐行读的话，现在证件不是都要办齐嘛，到那里读一年，后面还是要回老家读，还不如早一点回老家。

问：对孩子的教育期望是怎样的？

答：肯定是希望更好一点。文凭上，肯定给他创造一个读大学的机会。他读好读不好是他的事了。反正中学必须回老家读了，否则，回去的越晚，越跟不上老家的课程了。如果上海放开高考的话，多花点钱，也肯定让他在这里继续读。

姜先生：大女儿 10 岁，在嘉定区徐行镇育红小学读四年级

问：对孩子最担心什么？

答：在这里小孩只能读到初中。

问：你怎么知道这个信息的？

答：上海不是一直这样的。我也关注上海教育政策变化，但我们积分积不了。但如果把孩子送回去的话，也怕成绩跟不上。

问：难道上海教学质量不高？

答：上海与老家不一样，回老家话，只有数学、英语是可以的，语文跟不上。老家主要重视教学，主要抓的就是成绩。再怎么皮，怎么打架都不管你，只要你成绩好。不像上海，是多方面的。

问：对孩子今后教育是如何考虑的？

答：也考虑到今后送回老家去读。送回老家，至少初中上完，能高考；在这边，初中上完，不能高考。如果没有能力去考中，也没用。

洪先生：女儿 8 岁，在嘉定徐行育红小学读二年级

问：将来的教育打算？

答：如果在这不能高考，打算明年或者后年带她回去，回去的话，爷爷奶奶回去，我们在这里继续赚钱。因为安徽教材和上海教材不一样，回去她跟不上课，会影响到她学习。一年级、二年级的教材还都比较简单，但三年级后差别比较明显了。另外我们也有老乡的孩子在徐行镇上初中嘛，是本地学校，这个学校把本地孩子分到一个班，搞好的老师来教，这种做法我们是不接受的。让女儿回去，她有点不开心，要求可不可以上完四年级或者五年级再回去，我们也很无奈。就目前的政策看，在上海高考是没有希望了，肯定是不行了。另外老乡的孩子成绩比较好的，老师都劝他们早点回老家：在这里不让高考，而回老家考大学很有希望；如果回去晚了，把你的成绩拉下来了，你就不值了。女儿的班主任是河南人，也劝我们早一点回去。我们去年在（景泰）县城都买了房子，马上就准备装修。我们县城教学质量可以，我就是景泰一中出来的。

钟先生：儿子 8 岁，在嘉定区徐行镇育红小学读三年级

问：将来的教育打算？

答：虽然孩子在上海可以上初中，但又不可以中考。对我们来说，没有什么用。如果不能跟你们孩子一样参加中考的话，那么我们小学上不完，可能就要回家了。如果你小学毕业，到初中才回老家的话，因为上海的课程肯定是与老家不一样的。到老家的话，肯定压力会很大，如果中考的话，肯定会有影响。如果我们在小学的话，可能会好一点吧。我们现在是三年级，如果到四五年级，说你们外地孩子也可以跟本地孩子一样，可以在上海参加中考、高考，那我们肯定会选择留在这边。

问：对孩子最担心什么？

答：我还是比较在乎学习的，你现在在这里上学，马上回家上学了，肯定会有一定出入的。成长嘛，都随着环境的变化而变化。

问：在教育政策还不是很明朗的情况，你还是想把孩子送回老家的打算？

答：这是没有办法的办法，不是我想的。我不可能，上到初二、初三了，这里不能参加中考了，我才考虑回家。话说得直接一点，孩子成绩好还可以，否则不就浪费人才了。如果孩子成绩不好，就不管他了，就给他上上算了。孩子成绩，我是感觉还行，我倒是希望他在这里能继续上下去，回老家上，说不定成绩就会掉下来了，这对我们家长来说，是很不希望看到的事情。你想，本来我们的文化程度就低，我可不希望孩子继续跟自己一样。有知识、有文化，才能做大事。

因为大多数流动儿童初中选择回老家读书，造成上海初中各年级在校生规模减小比较明显。2012 年上海初中预备班在校生规模是 11.78 万，2013 年的一年级、2014 年的二年级分别减少到 11.53 万、10.44 万，2015 年的三年级进一步减少到 9.34 万，比 2012 年减少了 2.4 万人，减少了 20.7%，其中流动儿童比较多闵行、嘉定、浦东减少幅度都超过了 25%（表 6）。

表 6　2012~2015 年上海初中分年级在校生数变化（单位：人）

区域	2012 年	2013 年	2014 年	2015 年
	预备班	一年级	二年级	三年级
全市合计	117757	115298	104361	93435
黄浦	3809	3794	3566	3249
徐汇	6434	6431	6231	5936
长宁	3541	3470	3312	3053
静安	2023	2019	1954	1836
普陀	5319	5220	5000	4566
闸北	4364	4324	4259	3982
虹口	4163	4114	3969	3653
杨浦	5356	5276	5096	4808
闵行	10250	9687	8686	7517
宝山	8865	8498	8080	7157
嘉定	6223	6099	5391	4610
浦东	29632	27770	24612	21851
金山	4864	4615	4159	3945
松江	6512	7625	6622	5668
青浦	5261	5944	4684	3785
奉贤	7847	7105	5741	4924
崇明	3294	3307	2999	2895

资料来源：2012~2015 年《上海市教育统计数据手册》。

如表 7 所示，青浦博文学校、静安爱国学校小学三、四、五年级、初中预备班流动儿童在校生规模还是比较大的，但到了初中一年级则有了大幅度减少，初中三年级就更少了。

表7　两所学校 2017 年 2 月份学校各年级学生数（单位：人）

年级	青浦区博文学校		静安区爱国学校	
	总学生数	其中流动儿童	总学生数	其中流动儿童
小学三年级	131	106	124	46
小学四年级	225	197	123	69
小学五年级	186	160	80	45
初中预备班	197	169	82	42
初中一年级	121	96	49	19
初中二年级	82	58	61	27
初中三年级	51	32	50	14

资料来源：上海社会科学院 2017 年《上海中小学生基本情况》调研。

（三）流动儿童公平教育需求与教育资源供给区域差异之间存在冲突

我国以户籍为基础的“地方负责，分级管理”义务教育管理制度，也是造成流动儿童教育权益不能得到有效保障的重要原因，这一制度造成了流动儿童接受公平教育需求与教育资源供给存在区域差异之间的冲突。虽然 2015 年国务院发布了《国务院关于进一步完善城乡义务教育经费保障机制的通知》（国发〔2015〕67 号）[①]，希望解决城乡义务教育经费有关政策不统一、经费可携带性不强、资源配置不均衡等问题，但从政策的具体设计来看，对上海而言，效果将十分有限。流动儿童在上海的教育经费仍主要由上海政府承担。尽管上海政府尤其是各区县政府不断加大教育投资，并且已经解决了一部分流动儿童的教育经费问题。但是让上海政府尤其是各区县政府财政全部解决越来越多的流动儿童教育很难，尤其是对于流动儿童比较集聚的近郊区，更是难以承受。

① 资料来源：《国务院关于进一步完善城乡义务教育经费保障机制的通知》（国发〔2015〕67 号）。

1. 中央政府核定的生均公用经费基准定额过低，不能弥补流入地政府的财政投入

上文提及的文件规定，自 2016 年春季学期开始，各地义务教育阶段学生的生均公用经费全国统一，其中中西部地区普通小学每年每生 600 元，普通初中每年每生 800 元，东部地区两者各增加 50 元。现有公用经费补助标准高于基准定额的要确保水平不降低。这笔费用由中央和地方按比例分担，西部地区及中部地区比照实施大开发政策的县（市、区）为 8：2，中部其他地区为 6：4，东部地区为 5：5。同时取消了对城市义务教育免除学杂费和进城务工人员子女接受义务教育的中央奖补政策。

因数据无法获得，我们在这里将用嘉定和闵行区的相关数据推算 2016 年上海的流动儿童就学规模，并对“钱随人走”政策在上海的效果进行简单估计。

上海 2016 年小学在校学生为 79.87 万人，初中在校学生为 41.23 万人，假定当年在校生中流动儿童占比与 2015 年相同，且闵行和嘉定区的流动儿童占比为全市平均水平，也就是说流动儿童占小学和初中在校生的比例分别为 50.66% 和 41.36%，则 2016 年时在上海就读义务教育阶段的总人数约为 57.51 万人，其中小学阶段 40.46 万人、初中阶段 17.05 万人。2015 年时闵行区流动儿童就读公办学校的比例为 46.90%，假定初中阶段比例一样，则 2016 年时在公办学校就读的儿童约为 27 万人，其中小学 18.98 万人、初中 8.02 万人。

根据“钱随人走”的政策，即使全部按照东部地区的标准，上海一共能够获得大概 1.91 亿元的转移支付。而同年上海市区财政仅在就读小学的流动儿童的投入总额就为 43.61 亿，其中民办小学生均补贴按 6000 元计算，公办小学生均经费以全市最低的金山区生均经费 16190 元计算，如果加上初中阶段的投入，上海市区财政对流动儿童义务教育阶段的经费投入将超过 50 亿元。上海获得的转移支付占投入总额的比例还不到 5%。在这种情况下，流动儿童在上海接受义务教育的规模越大，市区财政在这项支出上的逆差就越大。可以说，中央政府的这项政策并不能调动地方政府解决流动儿童义务教育问题的积极性。

2. 流动儿童分布更加郊区化，造成上海市域范围内的资源供需失衡

郊区尤其是城乡接合部，交通便利、居住成本低，一直是上海流动人口集聚区。尤其是近几年中心城区人口调控中整治群租、拆除违章搭建、非居住用房整治等力度很大，流动人口不断向郊区挤压，分布郊区化非常明显。2015 年近郊区流动人口占全市流动人口的 55.3%，比 2012 年上升了 2 个百分点，其中浦东新区流动人口比例上升了 2.5 个百分点，而中心城区流动人口占全市流动人口的 15.7%，比 2012 年下降了 1 个百分点，其中徐汇、杨浦、黄浦流动人口比例下降尤其明显。与流动人口分布相比，流动学龄人口分布更加郊区化。2015 年近郊区、远郊区 3~5 岁、6~10 岁、11~14 岁流动学龄人口的比例都超过了流动人口的比例，而中心城区的比例低于流动人口比例；且年龄越小，学龄人口分布越倾向于郊区化，如近郊区 3~5 岁、6~10 岁、11~14 岁的比例分别为 56.2%、55.2%、54%，即依次降低，而中心城区 3~5 岁、6~10 岁、11~14 岁的比例分别为 13.2%、13.9%、15.6%，即依次上升（见表 8）。

表 8　2012 年、2015 年全市流动学龄人口与流动人口分布对比（单位：%）

区域	2012 年	2015 年	2015 年		
	全部流动人口	全部流动人口	3~5 岁	6~10 岁	11~14 岁
黄浦	2.1	1.9	1.6	1.6	2.0
徐汇	3.1	2.7	1.6	2.1	2.3
长宁	1.6	1.7	1.3	1.3	1.5
静安	0.6	0.6	0.3	0.4	0.4
普陀	3.2	3.2	3.0	2.9	3.0
闸北	1.9	2.0	2.0	2.1	2.6
虹口	1.5	1.3	1.5	1.5	1.7
杨浦	2.6	2.4	1.9	2.0	2.2
中心城区小计	16.7	15.7	13.2	13.9	15.6
浦东	23.2	25.7	24.7	25.7	25.8
闵行	12.4	11.6	12.0	12.1	10.8
宝山	8.6	8.6	9.5	9.0	9.8
嘉定	9.1	9.4	10.0	8.3	7.6

续表

区域	2012 年	2015 年	2015 年		
	全部流动人口	全部流动人口	3~5 岁	6~10 岁	11~14 岁
近郊区小计	53.3	55.3	56.2	55.2	54.0
松江	13.0	11.6	8.9	9.7	8.8
金山	2.8	3.1	4.1	3.6	4.0
青浦	6.8	5.9	8.5	8.5	8.4
奉贤	5.7	6.9	7.4	7.3	7.2
崇明	1.6	1.5	1.8	1.9	2.0
远郊区小计	30.0	29.0	30.6	30.9	30.3
合计	100.0	100.0	100.0	100.0	100.0

资料来源：上海市公安局人口办。

3. 虽然郊区生均教育经费标准较低，但学生规模也大，从而造成区县教育经费投入负担轻重有别

上海基础教育实行“两级管理，以区县为主”的管理体制，在投入上以区县为主，市级财政的调控力度有限。由于区域经济社会发展不平衡等历史和现实原因，上海各区县财政收入水平差距大，在加上义务教育学龄人口特别是流动儿童学龄人口的规模大小不一，所以各区县生均教育经费投入差距仍然很大。

表 9　2015 年上海小学、初中在校学生人均经费

区域	小学				初中			
	实际生均经费		其中生均公用经费		实际生均经费		其中生均公用经费	
	元	排序	元	排序	元	排序	元	排序
黄浦	47639.75	2	26703.27	1	55079.57	2	26961.96	1
徐汇	23241.11	8	7627.57	6	34641.36	8	11271.56	7
长宁	24046.85	7	7078.60	8	40439.16	5	12941.77	5
原静安	49874.39	1	23719.33	2	55644.6	1	23514.00	2
普陀	21686.82	9	6570.21	11	33212.1	9	12357.11	9
原闸北	27323.53	5	9926.81	4	36162.72	7	10014.40	8
虹口	24679.4	6	6731.73	9	42148.07	4	12291.87	4

续表

区域	小学				初中			
	实际生均经费		其中生均公用经费		实际生均经费		其中生均公用经费	
	元	排序	元	排序	元	排序	元	排序
杨浦	30726.08	4	12197.36	3	40299.7	6	13907.73	6
闵行	20275.5	11	4812.44	14	29781.91	10	7471.90	10
宝山	21095.1	10	7107.63	7	25792.5	12	8841.80	12
嘉定	19908.6	13	7036.28	10	27619.04	11	9176.89	11
浦东新	18240	15	5671.02	13	23822.87	15	6498.20	15
金山	16190.52	17	2866.13	17	21164.76	17	3829.55	17
松江	16543.32	16	3561.20	16	22581.56	16	3953.24	16
青浦	20388.42	12	4794.78	15	24517.76	14	5299.71	14
奉贤	19728.41	14	6000.20	12	24795.93	13	6440.79	13
崇明	36361.73	3	9827.45	5	46927.96	3	13999.81	3

资料来源：2015 年《上海区县政府依法履行教育责任执行情况的公示公报》。

如表 9 所示，2015 年上海小学最高生均教育经费投入（原静安）是最低投入（金山）的 3.1 倍，初中则为 2.6 倍，其中生均公用经费投入区县差距更大，小学最高生均公用经费（黄浦）是最低投入（金山）的倍数达到了 9.3 倍，初中则为 7 倍。

（四）符合条件的流动儿童规模缩减与民办学校生存需求之间存在冲突

自 2008 年以来，上海对农民工子弟学校进行了整顿，将符合条件的农民工子弟学校纳入全市教育管理体系，并尽可能通过资源整合和经费投入提高这些学校的办学质量。深入访谈的结果表明，流动人口家庭对于民办学校的办学质量较为认可。可以说，这些学校在解决流动儿童义务教育问题方面起到了积极作用。但这两年的人口调控使得符合条件的流动儿童规模缩减严重，已经威胁到了民办学校的生存，而这种冲突将有可能陷入一个“人口调控——入学规模减小——民办学校关闭——教育资源供给减少——人口进一步调控”的恶性循环之中。

1. 民办小学招生规模减少，在校生规模普遍减少

按照上海目前教育政策，小学阶段外来人口子女以进入公办学校为主，部分地区公办教育资源紧缺的，可统筹安排进入政府委托的以招收随迁子女为主的民办小学就读。目前普遍是镇 / 街道教委统一配额。对于符合条件的学生，一般先满足公办小学的招生，然后再配额给民办小学。在调研中发现，2013 年、2014 年、2015 年因为招收生源减少以及招生条件的限制，有些民办小学这两年一年级招收规模减小，甚至没有招收一年级，造成这些民办小学在校生规模大幅度减小，有的民办小学在校生规模减小了近一半。

表 10　嘉定区徐行民办育红小学近年来在校生人数变化

年份	人
2010	770
2011	1328
2012	1400
2013	1164
2014	954
2015	728
2016	531

资料来源：上海社会科学院 2017 年《上海中小学生基本情况》调研。

如访谈中的嘉定区徐行民办育红小学以往每年一年级招收 4~5 个班级，平均每个班级 50 人，近两年镇教委分配的名额少了，招收的班级少了，每个班的人数也减少了，很多教室都空了。2015 年镇教委仅给了一年级招收 1 个班 48 个名额；在校生由 2012 年规模最多的 1400 人减少到 2016 年的 531 人，减少了一半多（表 10）。

从 2013 年开始，宝山区、嘉定区民办小学外来人口子女在校生规模都持续减少，其中嘉定区尤其明显。宝山区民办小学外来人口子女在校生规模，2014 年比 2013 年减少了 1345 人，2015 年比 2014 年又减少了 909 人；嘉定区民办小学外来人口子女在校生规模，2014 年比 2013 年减少了 2850 人，2015 年比 2014 年又减少了 2036 人（见表 11）。

表 11　2010~2015 年宝山、嘉定两区民办小学在校生变化

年份	宝山区		嘉定区	
	民办小学（所）	在校生（人）	民办小学（所）	在校生（人）
2010	16	13804	17	15770
2011	16	13810	14	14938
2012	16	13268	14	15727
2013	15	11514	14	14017
2014	14	10169	14	11167
2015	14	9260	14	9131

资料来源：上海社会科学院 2015 年《人口调控下外来人口子女教育问题》调研。

2. 民办小学的生均补贴 3 年没有变化，难以维持正常运行

自 2008 年上海市、区两级政府把民办小学纳入民办学校管理后，不断加大生均补贴力度，由 2008 年的生均补贴 2000 元 / 年增加到 2012 年的 5000 元 / 年，大大提高了这些民办小学的办学条件和办学质量，但 2013 年、2014 年、2015 年却仍然维持在 2012 年的补贴标准，加上生源的不断减少，民办小学单靠这些补贴经费在运行上出现困难。闵行、宝山、嘉定三区的统计数据也证实了这一点（表 12）。

表 12　2010~2015 年三区民办小学生均补贴变化（单位：元 / 年）

年份	闵行区	宝山区	嘉定区
2010	—	2800	2500
2011	—	3500	4000
2012	—	5000	5700
2013	5500	5500	5700
2014	5500	5500	5700
2015	5500	5500	5700

资料来源：上海社会科学院 2015 年《人口调控下外来人口子女教育问题》调研。

3. 师资队伍不稳定且缺乏职业培训，影响教学质量

调研发现，与公办小学相比，招收外来人口子女的民办小学教师文化程度较低、专任教师有职称的比例低，且外省市教师多、年龄大的多、流动性大。造成这一问题的原因主要是民办学校教师待遇低，吸引不了好教师。

表现之一：教师工资水平低，劳动强度大。按照上海市教委规定，民办小学支付教师的工资总量不能超过政府补贴总额的 70%。民办小学生源减少了，生均经费补贴标准不变，支付教师的工资总额必将大幅度减少。调研中有一个民办小学，2015 年 9~10 月补交“五险一金”后，新招聘的教师拿到的基本工资是 896 元 / 月，再加上 1500 元 / 月绩效工资以及奖金，也不过 3000 元 / 月左右，比上海家政人员的收入还要低。民办学校为了控制成本，聘用的教师数量较少，教师的劳动强度比一些公办还大。

表现之二：教师没有正式编制，职称评定难，职业上升机会少，留不住优秀教师。这势必吸引不了也留不住优秀教师，从而阻碍学校发展，有些民办学校辛辛苦苦招聘来的老师，不到 1 年就跳槽到公办学校了。

表现之三：副课老师极为紧缺。现在上海在推行素质教育，对科技、文艺、体育、卫生等老师需求量大，但是民办学校因为待遇太低，难以招聘到副课老师。

五、研究结论及政策调整思路

正如本报告在前言中所提到，城镇化发展与教育发展两者之间并不矛盾，现有的流动儿童义务教育遇到的问题只是我们在这两者发展过程中暂时出现的问题，通过政策调整应该可以有所化解。

（一）主要研究结论

通过本研究，我们大致可以得到以下结论。

第一，上海市流动儿童义务教育政策与户籍制度改革和人口调控政策之间具有较为紧密的联系，而后者的政策走向与中央政府的发展思路保持一致。

2008~2015 年的数据变动，清晰的反映出了两者之间的关系。

第二，有子女在上海接受义务教育的流动人口家庭在上海生活的时间都比较长，无论是生活方式、就业方式和行为方式都实现了城镇化。这些家庭与家乡之间的联系基本只剩下父母亲情，对于他们以及他们的孩子，老家更多地表现为一种文化符号，这些家庭实际上已经实现了从农村到城市的“嵌入”过程。对于这些家庭的孩子而言，上海已经是故乡。这些受访家庭就是上海流动人口家庭的具象代表。

第三，受访流动儿童中的绝大部分从幼儿园开始就在上海接受教育，他们对于生活环境、学校环境并没有任何不适应，他们的学业表现、社会交往等并没有受到其户籍的影响。即使在少数转学生的身上能够看到因为迁移带来的不适表现，但在民办学校[①]中，这种问题会随着时间流逝自然解决。在这种情况下，因为升学无望或者就读困难而离开，反而会给这些孩子带来身份认同上的困惑。

第四，鉴于现代社会家庭对子女的重视程度，特大城市因人口调控而提高流动儿童接受义务教育的条件（门槛）最终可能带来两个后果，一是迫使流动人口离开上海，二是造成留守儿童规模的回升。而这两个后果可能都不是我们希望看到的。

第五，造成流动儿童义务教育问题恶化的原因可能有四个：一是城市规范管理与流动人口群体特征之间的矛盾，二是教育内容存在地区差异下的教育连贯性与中高考制度之间的矛盾，三是流动儿童公平教育需求与教育资源供给区域差异之间的矛盾，四是流动儿童规模下降造成民办学校生存危机进而引发恶性循环的矛盾。

（二）政策调整思路

通过原因分析，我们可以看到在解决这一问题上中央和地方的政策调整空间。

第一，中央政府应当建立符合实际需求的流动儿童教育经费保障机制。

---

① 从深入家庭的访谈中发现，公办学校基本上不接受“转学生”，加之老家的英语只从三年级开始，而上海从一年级就开始了，家长也担心进入公办学校更难跟上班，所以也多选择民办学校。因此，迁移带来转学生问题的解决基本上体现在民办学校中。

建立健全流动儿童教育经费保障机制，这是保障公平教育最基础的保障措施。现行的政策虽然体现了“钱随人走”的调整思路，但生均经费的标准核定脱离现实，并不能鼓励地方政府解决流动儿童义务教育问题的积极性。

要进一步推动教育公平的实现，中央政府层面应当进一步加大改革力度、增加财政投入。①目前核定的基准生均公共经费标准需进一步提高，且基准生均公共经费应全部由中央政府承担。②各地方生均公共经费的差额由中央政府、流出地政府和流入地政府共同承担，其中：差额小于或等于基准生均公共经费的，则由流出地政府全额承担；差额大于基准生均公共经费的，超出部分由中央政府和流出地政府按照 6∶4 的比例分摊。

要进一步推动教育公平的实现，作为流入地的上海市政府也需承担起相应的责任。一方面，上海市各区县继续将流动儿童教育纳入年度教育经费预算，按照定额标准，根据实际在校学生数，划拨给接受流动儿童的公办学校；另一方面，进一步加大市级政府对流动儿童教育工作的经费投入，建立专项资金，加大转移支付力度，重点补助接收流动儿童较多有相对经济困难的区县。

第二，地方政府规范城市管理的过程中应实现人性化操作。

从权利与义务对等的角度出发，上海政府有保障流动儿童教育权益的责任。上海大规模的外来从业人员已经成为上海劳动力资源的重要组成部分，他们是上海制造业、服务业、建筑业等很多行职业的主体，为上海经济社会发展作出了很大贡献，同时他们也是上海的纳税人。上海有责任、有义务解决其子女教育问题。

从公平教育的角度出发，重视保障流动儿童的教育权益问题。流动儿童也是我国的公民，也是国家未来的主人，保障他们的受教育的平等权利和机会，是促进教育公平和社会公平的重要体现。

特大城市基础设施和公共资源供给的增长速度可能会落后于人口的增长速度，由此引发“大城市病”。这是中央政府对特大城市进行严格人口控制的出发点。这并不意味着要特大城市不需要流动人口。相反，特大城市要保持一定的经济增长速度，必须拥有一支年轻有活力的劳动力队伍，而流动人口是这一队伍的重要组成部分。从这个角度来看，解决特大城市流动儿童义务教育问题就是要在两者之间找到一个平衡点。

上海规范城市管理无可厚非，这是促进城市可持续发展的重要环节，但在具体操作过程中，应当体现对外来人口的人文关怀。①要进一步完善上海的社会保障制度，允许拥有合法住所和合法就业的自雇非户籍人口参照户籍自由职业者的相关规定自行缴纳社会保险。②要进一步完善居住证管理制度，增加自雇就业人员积分的可能，例如：积分核定申请和材料递交人不一定是用人单位，降低学历在人才判定标准中权重，延长积分标准调整周期，等等。③通过加强对外来人口的技能培训，帮助他们提升积分。④各区县办理相关手续的时间节点不应早于全市规定的统一截止时间。

第三，切实落实异地中高考政策，消除地域分割对教育连贯性的负面影响。

自 2013 年以来上海虽然出台了异地中高考政策，但实际上对升学人员资格有严苛的限定。根据现有资格认定标准，仅有少数非户籍人口子女可以在上海进行中考和高考。而对于大多数外来人口家庭，其子女的异地升学无法实现。由于我国各地区之间的教育内容差别明显，教育的连贯性特征尤为突出，地域分割的升学制度对教育公平的实现具有很大的负面影响。因而，切实落实异地中高考制度就显得尤为重要。

目前，特大城市的流动儿童义务教育阶段的入学资格较以往更为严格，这也就意味着凡是能够符合特大城市义务教育阶段入学条件的流动人口家庭，都具有稳定合法的就业、稳定合法的住所，是城市常住人口的一部分。在公共服务提供以常住人口为对象的前提下，这些人口应当获得升学考试的资格和权利。特大城市应当全面放开中考和高考的限制条件，只需要把好义务教育阶段的入学资格审查关即可。

第四，进一步加大对民办小学的管理和扶持力度，逐步提高民办小学的办学质量。

未来几年，上海义务教育阶段外来了入学人数还将进一步增加，因此在未来相当长时期内，上海民办小学还有存在和发展的必要。要解决民办小学发展中的实际困难，提高教学质量，为外来人口子女提供更好的义务教育。

——逐年提高民办小学的生均补贴标准。民办小学生均经费只有公办学校的 1/4，并且连续 3 年没有增加，严重影响了民办学校的生存和发展。因此，建议逐年增加民办小学的生均经费补贴标准，逐步缩小民办小学与公办小学在生均补贴标准的巨大差距，改善民办小学的办学条件。

——委托公办小学监管民办小学。可以推广现在一些区的做法，由公办学校托管民办小学，从管理人员、教师到教学设施、教学辅导材料等方面，加强深度交流和合作，改善民办小学的办学条件，提高管理水平和办学质量。在条件成熟时，甚至可以把托管的民办小学转为公办。

——切实提高民办小学的师资水平。对于比较好的民办小学优秀教师要为他们评职称提供方便，获得一定职称的民办小学老师，可以研究是否给他们公办小学教师的编制，保障其待遇水平，从而吸引、留住优秀教师。市、区教育部门可以拨出专门的资金，对优秀民办小学教师进行奖励。

——各区教育局统一招聘一些副课教师，统一调配使用到各民办小学。对于当前民办小学副课老师紧缺的问题，建议各区教育局统一招聘一些副课老师，根据各民办小学的需要，安排到各民办学校教授有关课程，提高民办小学的学生综合素质。

杨　昕　高　慧　执笔

附件 1：随迁儿童及其家庭访谈提纲

* 重点

1. 生命地图（从观察角度）：头脑中一定要有访谈成品的视觉化图像

（1）流动时间与路线。

（2）孩子及其父母的社会人口学特征。

（3）家庭空间观察：居住面积、家居摆设、日常用品等；可以在访谈结束后合影留念——访谈员、家庭成员和家庭环境。

2. 生命故事（从访谈角度）：日常生活

（1）基于、甚至超出访谈提纲基础上的小故事，希望多举例子，生动且鲜活。

（2）一切访谈基于双方愉快和谐的气氛，可以根据访谈进展状况，调整提纲顺序。

（3）访谈时间一小时左右。

* 访谈提纲

一、流动路线

1. 您老家是哪里的？您是哪年生人啊？多大离家外出打工的啊？第一个地方去的是哪里？是哪一年呢？在那里您做的什么工作呢？之后又去了哪些地方呢？（每一段经历的时间、地点、事件）

2. 您是哪一年来的上海？为什么到上海来而不是选择其他城市呢？来上海时结婚了吗？如果结婚了是否有小孩？如果有小孩了，小孩是怎么安排的呢？来上海以后最先做什么工作呢？后来换过工作吗？如果换过，为什么换呢？如果来上海时还没有结婚生子，那什么时候结的婚？什么时候有的小孩？

3. 现在这个孩子出生在哪里？什么时候来到上海的？在来上海之前生活在

哪里？是谁在照顾 TA？如果孩子不是出生在上海，您为什么带 TA 来上海（希望多陪陪孩子？希望一家团聚？希望接受更高质量的教育？或者其他原因）？孩子是否跟你一起在其他城市居住过？如果有，居住了多长时间？

二、家庭情况

1. 父母亲现在从事什么工作？每天工作时间有多长？能否正常休假（节假日、双休日）？家庭月收入的大致水平。

2. 家里一共几个孩子？分别是男孩还是女孩？都有多大了？是否都在上海？如果没有，如何选择带哪个孩子在身边，哪个孩子留在老家？不在身边的孩子都在哪里？是谁在照顾？

3. 老家还有什么人在吗？能否谈谈老家的情况？（土地、宅基地、父母的赡养情况等）

三、教育情况

1. 这个孩子一开始上的什么学校？对孩子入学印象最深刻的事情是什么？

（1）如果是和现在一样的学校，当时有没有考虑过公办小学？为什么？最终为什么没有上公办小学？没有上的困难在哪里？（需要哪些条件？您是哪个条件不符合？为什么无法取得符合的条件？困难在哪里？）您对这件事情的看法是怎样的？如果可以提建议，您会做出怎样的建议？

（2）如果一开始上的公办学校，那么转学的原因是什么？无法在公办学校继续的困难在哪里？您有什么意见和建议吗？现在和原来的学校相比，有哪些不同的地方吗？（学费、课程安排、学校活动、和同学的关系、和老师的关系，等等）

（3）如果是从老家的学校转过来，请谈谈老家上学的情况（支出、老师的水平、学校条件、教学内容，与上海学校的差别）。为什么会选择转学到上海来呢？

（4）如果是公立学校，您是否知道必须达到怎样的条件？您是如何办理各种证件的？在办理的过程中最困难的环节是什么？如何克服的？公办学校平时会举办什么活动？孩子是否会参加？能否谈谈参加的情况？如果不参加能否谈谈不参加的理由？

2. 孩子每学期的学杂费、书费、活动费、校服费、伙食费都要多少钱？除了学校的课程，是否还让孩子读兴趣班或者补习班？如果上，花费有多少？上了多长时间了？是否让他一直上下去？孩子补习或者兴趣班支出占家庭支出的比例大概是多少？如果不上，能否谈谈不上的理由？

3. 孩子在学校的成绩如何？哪些科目成绩更好些？更喜欢哪些科目？孩子是否担任班干部或者队干部或者课代表？他 / 她是否受过奖励、表扬等？在老师眼中，他 / 她是怎样的孩子？

4. 您与老师是否沟通？多长时间沟通一次？什么情况下会与老师沟通？与老师的沟通以怎样的方式进行？最近一次与老师沟通是什么时候？沟通的问题是什么？孩子对父母与老师的沟通持怎样的态度？

5. 在教育孩子的问题上，您认为老师和家长各自的角色和作用是什么？

6. 您认为当前的学校在教学方面有什么问题吗（内容、形式、进度、作业量等）？如果有，您有什么建议？您认为当前的学校在管理方面有什么问题吗（分班、排座、干部选任、纠纷处理、批评方式等）？如果有，您有什么建议？

7. 对于孩子，您目前最担心的问题是什么？（可举例，如成绩、交往能力、自控能力、学习习惯、营养发育、人身安全、人格培养等）

8. 孩子毕业后，您是打算让他回老家还是留在上海？为什么？

9. 关于孩子以后的发展您是怎么考虑的？

四、亲子关系

1. 平时管孩子，父母亲有分工吗？如果有是怎样分工的？为什么会这样分工呢？如果没有，那么谁管的比较多呢？管的少的一方会在承担其他家庭责任方面做的更多吗？父母亲是否会在管多管少方面发生争执呢？

2. 父亲对于孩子的教育是怎么看的呢？您最常陪伴孩子做什么事情？在孩子犯错或者面临问题时，您是怎样做的呢？您觉得孩子对您的处理方式是否接受呢？

3. 母亲对于孩子的教育是怎么看的呢？您最常陪伴孩子做什么事情？在孩子犯错或者面临问题时，您是怎么做的呢？您觉得孩子对您的处理方式是否接受呢？

4. 孩子如何上学、放学？父母亲是否会每天或者时常监督、关心孩子的学习情况？对于孩子学业上遇到的问题，父母亲是否能够予以帮助？如果不能，这些问题是怎么解决的呢？

5. 孩子会主动与父母亲分享学校生活吗？他/她如果主动诉说时您会做出如何的回应？孩子会向您抱怨老师、同学吗？如果有您是如何回应？孩子对您的回应满意吗？孩子会主动向您诉说不开心的事情吗？您是如何回应的？

6. 您是否了解孩子的学习进度？您是否知道甚至认识他/她的最好朋友？您是否知道他/她最不喜欢的同学是谁？您是否知道他/她最喜欢哪位老师？您是否知道他/她最喜欢和最不喜欢的学校活动或者运动？您是否知道孩子的发育程度、身高、体重？您会主动了解孩子的心理变化吗？

7. 在家里孩子会分担家务吗？如果会，从什么时候开始？是固定的分担还是忙不过来让他/她搭把手？他/她会主动做家务吗？他/她是否会照顾家里的老人或兄弟姐妹（如果有的话）？

8. 父母亲和孩子是否发生过冲突？能否谈谈印象深刻的一次？（起因、过程、解决）您是否打过孩子？是否有您是做错的一方的情况？在这种情况下您是否会认错？

9. 父母亲是否跟孩子聊过自己在工作或生活中遇到的烦恼？是否会跟孩子讨论一些关于社会、关于生活等方面的话题？孩子对于父母亲工作和生活中遇到的烦恼会表现出关心的态度吗？他/她的反应是怎样的？

五、社会适应

1. 如果孩子不是从出生一直在上海，他/她刚来时适应上海的生活吗？如果不适应，表现在什么方面？后来，孩子是如何度过适应期的？

2. 孩子在学校的适应和融入程度：

（1）如果在公立学校，他/她班上本地和非本地的同学有多少？他/她和上海本地的同学相处的如何？他 / 她比较经常一起玩的孩子中有多少是本地的孩子有多少是非本地的孩子？他 / 她觉得与本地或者非本地的孩子的交往有什么不同吗？

（2）如果是在民办学校，他 / 她班上的同学都来自哪里？比较经常一起玩的孩子都来自哪里？

3. 孩子放学回家后都与谁一起玩？有没有和邻居成为朋友的？好朋友的家长都相互认识吗？有没有和好朋友一起结伴出游？

4. 孩子如果是从老家来的，和老家的好朋友还有联系吗？通过什么方式联系？多久联系一次？和老家的好朋友和在这里的好朋友交往时谈论的话题一样吗？

5. 孩子现在喜欢上海吗？对上海和老家的印象是怎样的？上海给孩子留下最深的印象的地方是哪里？

6. 孩子喜欢现在的学校吗？自己对未来是怎样设想的？他 / 她希望自己未来生活在哪里？未来是怎样的？

六、发展前景

1. 积分制落户制度的知晓程度？

2. 是否希望通过这个制度将户口落下来？

3. 为了落户做了哪些努力？

附件 2：学校教职工访谈提纲

对于学校教职员工的访谈可以以座谈会的形式进行，座谈对象包括：校长 / 学校管理者，教导主任，班主任，其他任课老师。访谈内容围绕学校、教师、学业等三方面展开，具体问题如下：

1. 本所学校什么时候成立的？成立过程是怎样的？请介绍一下成立时的情况。

2. 学校的主要资金来源包括哪些？资金来源的稳定性如何？

3. 学校的运营方式是怎样的？学校与所在区县教育局是怎样的关系？学校与老家教育局的关系是怎样的？

4. 学校老师的主要来源是怎样的？教师队伍的稳定性如何？教师的职称晋升如何实现？教师队伍的能力提升如何实现？

5. 现有的学额学籍管理是如何规定的？是遵从上海的规定还是遵从老家的规定？学额学籍的相关规定对于学校的招生等是否有影响？是哪些方面的影响？

6. 学校的课程设置、教学进度都参照上海公办学校吗？是否会加入一些额外的内容？学校在拓展课程、社会实践、课外活动等方面的安排是怎样的？

7. 学校自成立以来，生源主要来自哪里？生源的稳定性如何？毕业生进入上海公办初中预初继续学习的比例高吗？为什么是目前的状况？

8. 孩子们除了上课以外最关心的是什么？家长们除了学习成绩之外最关心的是什么？老师如何与家长保持联系？家长主动与老师进行交流的情况普遍吗？老师与家长交流时主要围绕哪些问题展开？有关与孩子的交流和与家长的交流，您印象最深的事情是什么？

9. 学校方面是否知道中央政府曾经发文，要求学生公共经费随学籍转移？您如何看待钱随人走这一政策？对于这一政策的实施前景您是如何看的？如果您不看好这项政策的实施，您认为最大的障碍在哪里？

10. 随着人口调控的不断深入，学校面临着哪些问题和困难？

11. 您认为随迁子女受教育过程中存在哪些问题？您认为存在这些问题的症结在哪里？如果请您建议，您认为应该从哪些方面有所改善？

12. 您认为当前特大城市人口调控政策和保障随迁子女受教育权利两者之间存在冲突吗？为什么？如果有，您觉得两者之间的冲突是否有解决的可能？如果存在，应该从哪些方面着手解决？

广州市流动儿童义务教育调查报告

本研究讨论了城镇化下流动儿童的教育问题，认为流动儿童面临着广泛的教育脱嵌问题。教育并不是一件随着儿童的迁移而自然续接的事情，而是依托在一定的社会网络与服务体系之中。城市再教育对流动儿童来说面临着学校、社区和乡村三重再地化过程，并受到作为托管方的家庭、学校和国家公共服务三重教育形塑力量的影响。在这之中，家庭起到基础作用，学校承担了社会化的任务，而国家公共服务则决定了儿童成长与城市生活的长远关系。本研究在深入阐释流动儿童教育再嵌入过程的同时，充分肯定了教育对象的主体性特征。研究认为教育、成长、规训同时具有个体化特征，儿童的能动性不仅表现在他们主动理解、遵守和评价既有教育系统的过程中，同时也表现在利用公共设施、互联网等方式建立人际网络、回应城市文化的行为中。继而本研究得出结论，城镇化下流动儿童的教育过程，既要系统性的建立好教育体系的协同运作机制，也要利用科技与市场充分调动教育对象的能动作用。

本研究[①]以广州市为背景，以进城务工人员及其子女为对象，主要考察了流动儿童在大城市接受教育过程中的适应能力、适应方式、以其环境影响。本研究以深度访谈为主，结合一定的定量调查，力图在已有的社会学相关调查的基础上，深入探讨流动儿童城市教育所面临的问题与改善的可能。与以往的研究不同，本研究把流动儿童城市教育问题放在城镇化的大背景下，寻找城市教育面临的结构困境，以及从儿童的视角切入来讨论自律性教育的形成过程。

本研究认为，流动儿童的城市教育问题，并不能简单地归结为其家庭社会资本、文化资本和经济资本的薄弱。综合而言，流动儿童受到三重嵌入过程和

① 邵思逸、其木格、王天豫、江昕园、彭涛、李霞、陈思行、井青青、苏世天参与课题调研，并整理访谈材料。

两种意识的左右。流动儿童的成长面临着三重社会嵌入过程。首先是嵌入城市教育体系——学校，其次是嵌入社会体系——社区，最后流动儿童并没有完全隔断与家乡的联系，还要面临着脱离乡村后的再嵌入过程，也即嵌入老家——乡村。在学校中受到国家主导的教育政策与教育实践的规训，孩子不仅在这里接受基础知识训练，还接受着爱国教育与经历着基础社会网络的拓展。在社区中受到国家社会治理与城市政策的限制，这也成为他们进入社会的入口与门槛。而在乡村中则受到环境的感染与经济上的压力，并可能最终迫使他们退回到乡村中。

在这过程中，流动儿童并不是以个体身份进行嵌入的，而是以核心家庭为单位进行嵌入的。因此孩子的适应过程不但受到三重嵌入地的影响，也受到核心家庭氛围的影响。家庭意识往往以父母为主，在不同种类的家庭中，可以形成不同类型的成长环境。父母往往也处于意识的摇摆中，主要表现为对传统儒士的向往、对市场中职业选择的理性以及最后对乡土道德与价值的回归。而就流动儿童的认知来看，他们并不是被动的接受者，反而是积极的适应者，虽然适应的方式因前面条件的不同而不同。整体而言，流动儿童主要以直观的感受评价他们接触的社会，这一点在以“好玩”和“好吃”来表达“认同”中可以看出。但他们也在积极的建立一种自我约束的意识与行为，包括通过网络扩大行动范围与认识范围等。他们不仅试图调和学校教育与家庭现实的差异，也试图重新定义一种“自由”的概念，即通过内化学校纪律和社会中有关法律的、市场的和城市公民的义务来形成一种稳定的行为规范。内化行为也是一种“自由”感的转换过程，流动儿童的成长最终经历了一个从“自由的动荡”到“稳定的自由”的过程，进而完成必要的社会化进程。

综上所述，对流动儿童的教育问题，国家既要从自身社会治理能力的现代化中不断提高政府的服务力度和服务水平，重点在于促进物质型的基础设施建设的过程中，更要重视服务体系的基础设施建设。应该注重社区对流动儿童家庭的社会化作用，通过社会对家庭的影响而弥补学校内流动儿童教育实践的不足。同时，教育思路也应该从被动教育向流动儿童主动教育转变，要尊重流动儿童自身的想法，鼓励他们主动学习自身所需。这既要在教学中更注重流动儿童的感受与思想，也要求我们广泛利用新媒体技术，诸如互联网教育与自媒体互动，来实现流动儿童的主动接入社会的过程。

一、广州市流动人口子女教育问题的政策回顾

（一）广州市进城务工子女教育政策的背景、推进过程和内容特色

广东省是劳动力流入的大省，据统计广东省在非户籍常住人口的规模和比重上均位居全国第一，约占全国的三分之一[①]。其中，珠三角地区成为广东省非户籍人口迁入的主要区域，广州、深圳、珠海、东莞、佛山、江门、中山等珠江三角洲经济发达地区7个市，2004~2005学年度义务教育在读的非户籍学生129万人，占全省非户籍学生总数的84.9%[②]。而广州市作为省会城市，2016年小学教育阶段在校生人数达到了937870人，为全省小学阶段吸纳育龄儿童最多的城市。相比之下，比其学校规模多48%的茂名市和多31%的揭阳市，则分别只接收了相当于广州市62%和52%的学生。广州市平均每所小学的在校生负载为997人，为全省最高。可想而知，广州市作为珠三角地区非户籍流动人口接受地的主要城市和接收义务教育阶段学龄儿童入学的主要城市，其教育资源压力可想而知。而进城务工子女教育不仅仅是城市非户籍流动人口服务的重要内容，也是全国义务教育所要求的重要任务。

广东省进城务工子女教育政策是在《中华人民共和国教育法》的指导下，根据教育部2003年下发的《关于进一步做好进城务工就业农民子女义务教育工作的意见》和国务院同年下发的《国务院关于进一步加强农村教育工作的决定》而制定的。《中华人民共和国教育法》规定："中华人民共和国公民有受教育的权利和义务。公民不分民族、种族、性别、职业、财产状况、宗教信仰等，依法享有平等的受教育机会。"《教育法》规定的公民的平等权，是一种超越城乡户籍限制的普遍权利，是国家实行九年义务教育的重要内容。不仅"各级人民政府采取各种措施保障适龄儿童、少年就学"，而且"必须把学校的基本建设纳

---

① 钟院生："广东非户籍常住人口子女义务教育问题及对策"，载于《教育发展研究》，2008年。

② 同上。

入城乡建设规划，统筹安排学校的基本建设用地及所需物资，按照国家有关规定实行优先、优惠政策。”鉴于国家城镇化进一步发展，统和城乡一体化建设、推进农村剩余劳动力转移变得尤为重要，也是实现全面建设小康社会的目标的基础。城镇化发展就是让农村劳动人口变成城镇劳动人口，人口向第二、第三产业转移。在这一过程中，劳动力流动不仅成了城镇化发展和现代化建设的重要过程，也成为新时期城市管理的难题之一。正是在这个背景下，进城务工子女教育问题具有了“以小见大”的效果。

一方面，进城务工子女教育问题是城乡劳动力流动问题的一环，是转移农村富余劳动力，推动农村劳动力向第二、第三产业转移，将人口压力转化为人力资源优势的重要途径。国务院明确表示要“加大城市对农村教育的支持和服务，促进城市和农村教育协调发展”，并要求“城市各级政府要坚持以流入地政府管理为主、以公办中小学为主，保障进城务工就业农民子女接受义务教育”。另一方面，城市作为教育资源相对集中完善的区域，应该成为国家中长期教育改革和发展的重要力量。这就要求“各地要结合本地经济社会发展规划、产业结构发展和城镇化进程，在城市（镇）总体规划中预留足够的教育科研用地，科学设置公办学校或调整公办学校布局，满足义务教育发展需求”。

2010 年，广州市下发了《关于进一步做好优秀外来工入户和农民工子女义务教育工作的意见》。《意见》以建设“首善之区”为目标，提出了“统筹规划”“突出技能”“分级管理”与“简化手续”四个指导原则，要求“各级政府要把来穗务工就业农民子女义务教育纳入经济社会发展规划，采取多种形式确保符合就学条件的来穗务工就业农民子女在广州接受义务教育”。具体要求主要有四点：

（1）“以流入地政府管理为主”的要求，把来穗务工就业农民子女义务教育工作纳入本区（县级市）教育发展的总体规划。

（2）凡在我市居住半年以上，有固定住址、固定工作和收入来源的来穗务工就业农民，可为其 6~15 周岁（义务教育阶段，下同）、有学习能力的同住子女，申请在我市接受义务教育。

（3）突出做好优秀外来工子女义务教育工作。

（4）切实保障来穗务工就业农民子女享受义务教育的权利，确保外来工子女享受与本市户籍学生同等待遇，并帮助学生尽快融入社会。

此外，《意见》还规定了具体的实施原则，经费保障分配比例，并提出加大对以接收来穗务工就业农民子女为主的民办学校的服务和管理力度。

从2010年开始，广州市各区逐步制定了符合自己区实际情况的政策办法，并先后公布（表1）。

表1　广州市各区相关的教育政策办法

年份	城区	政策办法
2011	花都区	花都区关于进一步做好外来务工人员子女义务教育工作的实施意见
2012	花都区	2012年外来务工人员子女申请在花都区入读公办学校义务教育阶段起始年级须知
2013	花都区	2013年外来务工人员子女申请在花都区入读公办学校义务教育阶段起始年级须知
2013	海珠区	海珠区来穗务工人员子女接受义务教育工作暂行办法
2013	荔湾区	荔湾区来穗务工人员随迁子女接受义务教育工作实施办法
2013	南沙区	广州市南沙区外来务工人员子女入读区属公办中小学暂行办法
2014	天河区	广州市天河区教育局2014年关于进城务工人员随迁子女入读初中学校实施细则
2014	白云区	印发广州市白云区进城务工人员随迁子女接受义务教育暂行办法的通知
2015	黄埔区	2015年广州市黄埔区来穗务工人员随迁子女接受义务教育暂行办法
2015	花都区	外来务工人员子女在花都区接受义务教育实施办法
2015	番禺区	外来务工人员子女在番禺区接受义务教育实施办法
2016	天河区	2016年广州市天河区进城务工人员随迁子女入读义务教育阶段公办学校具体条件
2016	天河区	关于暂不实施来穗人员随迁子女"积分入学"工作的公告
2016	越秀区	越秀区关于来穗人员随迁子女义务教育入学工作的实施细则（修订）
2016	越秀区	越秀区关于来穗人员随迁子女"积分入学"实施办法（试行）
2016	增城区	增城区来穗人员子女接受义务教育实施办法（试行）
2016	从化区	广州市从化区实行"积分入学"解决进城人员随迁子女义务教育的暂行办法

从各项政策的颁布时间可以看出政府对随迁子女的重视程度。2003年国务院文件指出"进城务工就业农民流入地政府（以下简称流入地政府）负责进城务工就业农民子女接受义务教育工作，以全日制公办中小学为主"，广东省进一步强调公平教育机制的建立，涉及具体的实施，广州市提出以区为主，"由各区（县级市）政府为主组织实施来穗务工就业农民子女义务教育工作"，做好外

来务工人员的评比，并优先入读。在此基础上，各区政府相继出台了实施措施，包括实施细则、具体要求等。

（二）广州市各区解决随迁子女教育问题的政策比较

各区针对随迁子女的义务教育工作相应制定了政策，并对入读公办学校进行了相应的规定，具体各区的基本要求如下（表 2）。

表 2　广州市各区针对随迁子女的义务教育工作的政策及规定

时间	地区	条　件
2010	广州市	凡在我市居住半年以上，有固定住址、固定工作和收入来源的来穗务工就业农民，可为其 6~15 周岁（义务教育阶段，下同）、有学习能力的同住子女，申请在我市接受义务教育
2010	番禺区	（一）符合广州市义务教育阶段政策性照顾借读生条件（具体条款见当年广州市中小学招生考试工作意见）、在本区居住的非本地户籍人员子女，经属地教育指导中心按规定核实申请材料并公示后，按“免试就近入学”原则安排到公办学校就读。 （二）在本区工作期间，在其工作专业领域内获得省、部级以上政府部门认可的发明创造、技术创新等专项奖励及有关荣誉称号的外来务工人员，可在获得该奖励的 5 年内，为其符合计划生育政策规定、属政策内生育的适龄子女申请入读本区义务教育阶段公办学校。 （三）因其工作成绩突出，获得广州市人民政府授予优秀称号的外来务工人员，当年可为其符合计划生育政策规定、属政策内生育的适龄子女申请入读本区义务教育阶段公办学校。 （四）因其工作成绩突出，获得经区流管办主办的番禺区“金雁之星”荣誉称号的外来务工人员，在获得该荣誉 2 年内，可为其符合计划生育政策规定、属政策内生育的适龄子女申请入读本区义务教育阶段公办学校
2013	海珠区	海珠区教育局每年于义务教育阶段招生期间向社会公布当年的《海珠区来穗务工人员子女申请积分入读义务教育阶段小学一年级或初中一年级工作方案》（以下简称《方案》），确定接收来穗务工人员子女的公办试点学校名单、学位数量、参加积分申请的条件、积分计算方法、积分排序方式等
2013	荔湾区	（一）申请人为子女申请入学的申请书。 （二）申请人及子女同户的户籍原本、复印件。 （三）申请人在试点学校对口地段连续居住满五年的证明，申请人现在试点学校对口地段的固定住址证明（提供房屋产权证或经街道出租屋管理服务中心登记备案的房屋租赁合同等），与固定住址相同的有效广东省居住证。 （四）申请人在广州登记务工就业的有效证明。 其中，就业登记证明由市、区人力资源和社会保障部门出具或部门合法的用工合同，合法经营证明由市、区工商部门出具。

续表

时间	地区	条　件
2013	荔湾区	（五）申请人符合计划生育政策规定的证明。 该证明由申请人户籍所在地乡镇计生部门出具计划生育证明，并由现居住地街道计生部门加具意见。 （六）儿童计划免疫接种证。 （七）申请人连续五年在穗缴纳社保证明。 （八）获得广州市或荔湾区政府授予优秀称号的外来工子女在我区接受义务教育按照《广州市义务教育阶段政策性照顾借读生分类一览表》人才类的“优秀外来工子女”类别处理
2013	南沙区	（一）符合广州市义务教育阶段政策性照顾借读生条件（具体要求见当年广州市中小学招生考试工作意见）。 （二）不符合广州市义务教育阶段政策性照顾借读条件但同时具备以下 4 个条件的： 1. 符合国家计划生育政策（区计生局审核） 2. 在我区连续居住满 5 年以上（区流动人口管理办公室审核） 3. 在我区连续工作满 5 年以上（区人社局审核或学校凭工商营业执照审核） 4. 在我区连续缴纳社会保险费满 5 年以上（区人社局审核）
2014	白云区	（一）符合广州市义务教育阶段政策性照顾借读生条件（具体条款见当年广州市中小学招生考试工作意见）的人员。 （二）获得广州市政府授予的“优秀外来工”称号的进城务工人员，在获得该奖励 5 年内，为其符合计划生育政策规定、属政策内生育的适龄子女申请入读居住地义务教育阶段公办学校的。 （三）获得白云区政府授予的“优秀外来工”称号的进城务工人员，在获得该奖励 5 年内，为其符合计划生育政策规定、属政策内生育的适龄子女申请入读居住地义务教育阶段公办学校的。 以上三类人员，经居住地教育指导中心按规定审核、公示合格后批准，由居住地教育指导中心按“免试就近入学”的原则统筹安排到公办学校（含公校民办的小区配套小学）就读，享受与该地段学生同等待遇。 （四）区内企业纳税大户（具体名额由区政府确定）。由区政府办公室根据分配名额确定企业名单，相关企业根据分配名额确定申请人，申请人根据居住地教育指导中心公布的办理时限，按要求提供有关证明材料，向居住地教育指导中心申请入读居住地义务教育阶段公办学校。居住地教育指导中心审核并经公示无异议后，将名单报教育局审批，由教育局按照实际居住地为依据进行统筹安排。 （五）当事人符合以下条件，可为其符合计划生育政策规定、属政策内生育的适龄子女，向居住地教育指导中心申请入读义务公办学校（含公校民办的小区配套学校）
2015	花都区	1. 房地产小区配套公办学校，相对应小区业主适龄子女。 2. 政策性照顾借读生。 （1）《广州市义务教育阶段学校招生工作指导意见》规定的政策性照顾借读生。 （2）我区政策性照顾借读生（政府重点引进和扶持的企业高级管理人员、高级技术人员等子女和高校高级管理人员、高级技术人员等子女）。 3. 不符合以上条件，但在我区居住并持有效居住证，并在居住地已办理计划生育登记、在广州地区有稳定职业、依法缴纳社会保险费的外来务工人员，可通过参加积分申请入学，为其适龄子女提出入读区内公办学校起始年级（即小学一年级、初中一年级，下同）的申请

续表

时间	地区	条　件
2015	黄埔区	符合以下条件之一，在本区工作并做出突出贡献的来穗务工人员，可享受为其适龄子女申请入读本区义务教育阶段公办学校优惠政策： （一）获得广州市见义勇为奖或平民英雄称号的来穗务工人员； （二）在本区工作期间，获得省、部级以上政府部门认可的发明创造、技术创新等专项奖励及有关荣誉称号的来穗务工人员； （三）因其工作成绩突出，获得广州市人民政府授予优秀称号的来穗务工人员。 符合参加“积分入学”的必备条件 （一）来穗务工人员及其随迁适龄子女的户籍不在广州市（含 12 区、市），适龄子女至 2015 年 8 月 31 日止，年满 6 周岁，没有入学记录，要求入读小学一年级；或当年在读小学六年级，有全国学籍系统学籍号的学生要求升读初中一年级； （二）申请入读的适龄儿童属政策内生育，符合计划生育政策； （三）申请人〔适龄儿童的父或母（法定监护人）〕必须持有效的《广东省居住证》，在黄埔区累计居住满 3 年或以上，目前仍在黄埔区居住； （四）申请人〔适龄儿童的父或母（法定监护人）〕在黄埔区或萝岗区合法就业累计满 3 年或以上，目前仍在黄埔区或萝岗区就业； （五）申请人〔适龄儿童的父或母（法定监护人）〕目前在广州市参加社保，且 2015 年 3 月 31 日前在广州市参加社保（以基本养老保险为准）累计满 3 年或以上。驻区广东省属企业（在省社保局参加养老保险）的，社保年限以广州市失业保险为准
2016	从化区	（一）符合广州市义务教育阶段政策性照顾借读生条件（具体要求见当年广州市中小学招生考试工作意见）的本区居住的非本地户籍人员子女，经教育局或属地教育指导中心按规定核实申请材料后，按“免试就近入学”原则安排到公办学校就读。 （二）符合广州市或从化区高层次人才管理办法的高层次人才子女（从化区高层次人才管理办法由区政府另行制定），由区教育局统筹安排入读本区公办学校。 （三）不符合以上两项的，可通过计算积分，为其适龄子女申请入读我区义务教育阶段公办学校或政府实行补贴的辖内民办学校起始年级
2016	天河区	1. 申请人及随迁子女户口本。 2. 连续满五年的居住证明（房产证明、房屋租赁合同及街道备案登记证明）。 3. 申请人连续满五年的广东省居住证（或有效期内的暂住证），且居住证与居住证明上的地址完全一致。 4. 申请人居住地街道出具的流动人口信息登记表。 5. 申请人连续 3 年在天河区劳动就业并在人社部门备案的聘用合同（无备案者还需提供用人单位的广州市就业登记表）；个体经营者提供工商部门注册的有效期内的营业执照。 6. 申请人连续五年在广州市依法缴纳社会保险费的证明（提供由广州市区级以上人力资源和社会保障局或社会保险基金管理中心出具的社保缴费凭证）。 7. 符合国家计划生育政策的证明（提供户籍所在地计划生育管理部门出具的计划生育服务证明（含计生证、婚育证等），并由现居住地街道计划生育管理部门加具意见和盖章）

续表

时间	地区	条　件
2016	越秀区	（一）在越秀区连续居住满五年、在越秀区依法缴纳社会保险费累计满五年并在缴、有稳定职业、符合计划生育政策的来穗务工人员随迁子女。 （二）在越秀区居住并从事越秀区消毒站、园林绿化、市政建设工作服务连续两年以上、在服务单位缴纳社保连续两年以上、符合计划生育政策的来穗务工人员随迁子女。 （三）在越秀区居住并获得广州市或越秀区政府授予优秀称号以及被广州市评为“见义勇为好市民”的来穗务工人员随迁子女
2016	增城区	（一）符合广州市义务教育阶段政策性照顾借读生条件，在本区居住的非广州市户籍人员子女，经区教育局或属地教学指导中心按规定核实申请材料后，按免试就近入学原则统筹安排到公办学校就读。 （二）符合省、市及本区高端人才管理办法的高端人才子女，由区教育局统筹安排入读本区公办学校

从各区政策的具体要求来看，入读公办学校大致分为两块：一块为政策性借读，其中包括了广州市优秀外来务工子女、引进的高端人才等。另一块则为积分部分，包括稳定的职业、住址、社保缴纳等。在大的基本点上，两方面政策在各区体现的大同小异，即对职业、居住地、社保、计划生育等要求存在一致性。在具体的年限与要求上则存在差异，政策性借读不仅考虑广州市以上的要求，各区还有自己的规定。例如，越秀区的环保工作者、番禺区“金雁之星”荣誉、从化区高层次人才等。“积分入学”则更体现了各区的差异，南沙就业五年、黄埔就业三年，社保缴纳、居住证明等都不一致。

就具体的“积分入学”政策而言，可以看出各区加分政策在共同的指导原则下，存在相对明显的差异。以居住年限为例，居住年限是所有区都有的加分项目，一般居住年限越长，分数越多。但各区对居住年限的期限时间和累进方式均不一样，如下表所示。

表 3　广州市各区加分政策

	起始年份	起始分值	累进间隔	累进分值	分值上限
越秀区	1 年	12	1 年	12	60
海珠区	3 年	1	1 年	1	15
荔湾区	—	—	—	—	—
天河区	1 年	0.6	1 月	0.6	50
白云区	2 年	20	1 年	10	40

续表

	起始年份	起始分值	累进间隔	累进分值	分值上限
黄浦区	1年	7	1年	3~15	45
花都区	1月	0.35	1月	0.35	30
番禺区	1月	0.35	1月	0.35	30
萝岗区	—	—	—	—	—
南沙区	无	1	1年	3	30
从化区	—	—	—	—	—
增城区	1年	2	1年	2	30

由此可见，各区对积分入户设立的门槛不同。海珠区的门槛较高，为3年起，且1年累进，其次是白云区；而南沙区、花都区、番禺区的门槛较低，只要居住过月或者有居住证，就可以参加积分，并且花都区和番禺区按照每月累进加分。起始居住时间的限制表现出了各区随迁子女的压力情况，门槛越高，反映了该区就学压力加大。而累进间隔反映了非户籍人口的流动情况，累进间隔越小说明流动性越大。此外，根据居住方式和居住环境的不同，加分也不同。如黄浦区规定只要持有居住证且合法（宿舍、租赁）租住，就可得基础分10分。而番禺区则对居住环境做出要求，规定租住“安全星级出租屋”的均可按规定加分。

在居住年限的基础上，各区还有社保加分和就业加分，加分方式一般和本区的居住年限加分规则相同。而对于一些附加项，每个区也各有异同，比如一般都规定有房产者会得到加分，而番禺区和花都区还规定少数民族可以加分等。

（三）广州市随迁子女教育政策的特点与问题

由于城镇化的大背景，大量外来务工人员涌入广州，随迁子女教育成为流入地政府不得不考虑的政策范畴，从各区的政策来看，不仅仅牵涉到教育部门，还有户籍、财政、计生等诸多部门。广州市的《关于进一步做好优秀外来工入户和农民工子女义务教育工作的意见》就提到，要“协同推进来穗务工就业农民子女义务教育工作”，分别规定了教育行政部门、发展改革部门、财政部门、公安机关机、人力资源和社会保障部门、构编制部门和流动人员管理工作领导小组办公室的工作范围。即使广州市政策要求“协调有关部门为携带适龄子女的来穗务工就业农民提供相关证明”，但一般所需要的证明依然“凑不齐”，证明的同时出具不仅需要经由多个部门、花费大量时间，而且对于急于入学的随迁子女，政策并不能及时照顾。

对于那些因不满足条件未能就读公办学校的，政策鼓励民办学校就读，要求“各地要把民办教育纳入教育发展总体规划，积极扶持民办学校发展”，缓解教育资源不足而带来的入学问题。但通过对民办学校学生及其家长的调查，发现存在大量自身条件并不满足公办学校的要求，只能选择门槛较低的民办学校的情况。但民办学校相应的教学设施难以与公办学校相比，家长面临着对孩子继续教育的压力问题。

此外，政策虽然努力促进流动人口的合理管理和随迁子女的教育公平，但也对流动人口划分了等级，如广州市的意见中就明确指出了“优秀外来工”的区分。即使是积分政策，如增城区也规定了按照父母文化程度高低，加分程度不等。此外，纳税能力也是重要的考核标准，有工商业执照且时间越长或纳税越高，加分越多。这种政策上对经济资本、社会资本和教育资本具有优势的群体的倾斜，使得具有较大流动性的底层劳动力被排除出了政策照顾的大门。一般来讲，能够满足各区要求的家长大多并不在乎政策的要求，即使各区的要求不一样。而在意政策要求的往往是难以就读公办学校子女的家长，他们往往因为不能符合政策条件或加分优势低而不能进入公办学校照顾的范围。

二、城镇化下的家庭与教育

据统计，2015 年我国城镇人口约有 77116 万人，占总人口的 56.1%，相比 2000 年增长了 55%，城镇化进一步加快。在农村人口转为城市人口的过程中，往往涉及了数量庞大的人口流动。2015 年离开户口居住地半年以上的人口约占总人口的 27.3%，这一数字在 10 年间增长了 2 倍多，并仍在继续增长。城镇化带来的大批的劳动力转移，是农村剩余劳动力推动我国第二、第三产业快速发展的主要动力。然而，城镇化下的人口和经济数据只是宏观层面上的数据洪流，人口的流动并不是以无差别的个体嵌入进劳动力市场中的方式进行的。毋宁说，流动的并不是劳动力，而是人本身。即使资本具有将人异化为劳动力的作用，但流动本身并不能完全脱离于人的生活。在这个意义上，城镇化促进的不仅仅是劳动力的转移，还是生活方式的流变，背后涉及的是乡土社会的结构转型、家庭结构的变迁以及城市人口的形塑。大批进城务工的劳动者不仅仅带来了乡村的空心化，而且也带来了城市景观的改变以及城市认同的发展。在讨论城镇化带来的人与社会关系的转变过程中，重要的不仅仅是发生了什么变化以及为什么发生变化，从何种视角出发讨论城镇化同样重要。

课题组选取家庭作为城镇化过程的切入点，具有多方面原因。家庭作为社会的细胞，是社会最小的组织单位。因此城镇化带来的资本与劳动力的流动，也不是简单地作用在个体身上，而是形塑着家庭的生计方式、劳动分工以及结构变化。就教育领域而言尤其明显，流动儿童的流动性并不是儿童回应城镇化的一种方式，而是作为成熟的劳动力的父母的流动带来的。因此，以家庭为切入点来考察城镇化的变迁与教育的重塑，不仅符合现实情况，而且具有较强的解释力。

整体上看，由于人口密度和用地方式等原因，城市中的家庭与乡土社会的家庭的不同之处在于，城市家庭具有更小的规模。但广泛的研究也表明，以核心家庭为主的城市家庭也不是孤立的，而是很大程度上具有混合性。“在混合家庭中的个体如妻子的母亲、丈夫的兄弟或丈夫兄弟的孩子是家户的一部分。在城市中，流动性造成这种单位，移民与其亲戚住在一处，人们送他们的孩子到城市去和亲戚同住，以此优化他们的生活。”[①] 在城市居住环境的基础上，核心家庭以不同于乡土社会中的方式进行再组织化，这一过程也被学者称为“合作性家庭单位”或者“联邦家庭”[②]。这一过程不仅仅是中国的城镇化所有，也是世界性问题。但这一问题有着中国的特殊性，相比于以“团体格局”为基础的西方社会，以“差序格局”为基础的中国乡土社会在向城市转变的过程中，常常更容易拖着“乡土的尾巴”[③]。而这种“乡土的尾巴”不仅在城镇化过程中使

---

① 周大鸣：《现代都市人类学》，中山大学出版社 1997 年版，第 108 页。

② 庄英章：《家庭与婚姻——台湾北部两个闽客村落之研究》，中国台湾“中央研究院”民族研究所，1994 年版。

③ 费孝通：《乡土中国》，上海人民出版社 2007 年版。

得劳动力流动出现了“乡村空心化的反向运动”的现象[1]，而且使得教育在发挥社会化与人才培养的作用上的方式发生了深刻变革。流动人口的儿童的教育问题既是乡土家庭离土转型中的重要问题之一，也是“传统－现代”研究范式所讨论的文化与认知的转型以及在其上批判和发展而来的主体的实践性。正如贝斯特说的那样：“城市中组织化社区的出现，是个体居民和政府实体对都市环境下社会、政治和人口特征的一个回应。”[2] 而这一过程要“考察到社会变迁过程中发生的动态的操作、重新解释和‘传统’的创造”[3]。

由此，本报告从家庭出发，通过四个方面来考察进城务工人员子女的基础教育问题。

（一）城镇化下的家庭流动与教育脱嵌

中国的城镇化开始于 20 世纪 80 年代末期，随着双轨制最初的建立以及 90 年代公粮的取消，农村劳动力最终得以脱离国家行政上的生产限制，开始有限地在城乡间流动。最早的中国城市发展路线是以费孝通为代表的“城镇化”路线，也即费孝通总结的“温州模式”“苏南模式”以及后来的“珠江模式”。费孝通强调：“现在随着经济发展的变化，我们认为农民‘乡’‘土’都可能离。前提有两个，一是农业规模经营，二是社会保险制度。”[4] 在这里，费孝通所说的“离乡离土”的状态还不是人口的自由流动，因为“城市接受一个居民，必须在城市建设上投资几万元，以满足他生活上居住、照明、地下水供应等。从实际出发，中国至少在几十年里发展大城市是此路不通的。”[5] 小城镇被认为是人口的蓄水池，是连接大城市的重要闸口。

但随着 90 年代后期中国市场经济的快速发展，小城镇不能集中资源的弊端逐渐显现，反而是费孝通早年提出的“快速模式”成了现实，也即“如果中国社会里的生产事业发达得快，乡间吸收出来的人都能找到发展才能的适当地位，

① 吴重庆：《孙村的路：后革命时代的人鬼神》，法律出版社 2014 年版。
② 西奥多 · C · 贝斯特：《邻里东京》，上海译文出版社 2008 年版，第 274 页。
③ 同上。
④ 《费孝通全集（第十三卷）：全国一盘棋——从沿海到边去的考察》，内蒙古人民出版社 2009 年版，第 50 页。
⑤ 《费孝通全集（第十二卷）：因地制宜，多种模式》，内蒙古人民出版社 2009 年版，第 231 页。

乡土社会虽则被损蚀了，但是都市却繁荣了……等都市财富积聚得无法消化时，再像 TVA 一般流回农村去。”① 这种“乡土损蚀”就成了现在劳动流动带来的广泛的社会问题。在这种损蚀下，中国传统小农社会里的家庭也发生了重要转变，从传统中国的“大小家庭”到乡镇工业化下的“家族烙印”②，再到特大城市中的“混合家庭”。

从本次调查的广州市流动家庭状况来看，家庭流动的开始往往涉及家庭内部主要劳动力的外流，进而改变原有家庭的结构。具体而言，一般为传统农村小家庭结构的断裂，父母一方或双方开始在城市市场中寻找出卖劳动力的机会。随着父母一方或双方嵌入城市劳动力市场，原有家庭开始从断裂中寻求重新组合的契机。这一过程的特点就是流动儿童的广泛出现以及流动儿童试图跟随劳动力嵌入城市生活的种种努力。

【案例 1】林 QM

林 QM，14 岁，出生在潮汕。今年九月份从老家转学到广州上学，目前七年级。她喜欢画画、听歌。林 QM 是家里最小的孩子，她还有一个哥哥和一个姐姐。三年级的时候她爸爸从老家到广州开始做档铺生意。她哥哥和姐姐也在广州工作。因此，在老家只有她和妈妈两人。一直到今年九月份林 QM 母女搬到广州之后，一家人终于在广州团聚了。寒假和暑假时她也要回老家待一段时间，开学时再回广州。

案例 1 中的林 QM 是流动儿童随家庭流动的典型代表。由此可见，城市劳动力市场对乡村劳动力的吸引，或者说城镇化带来的人口转移，并不是完全是以“自由市场”的形式展开的。资本指导下的劳动力流动是劳动力流动的一部分，而其他家庭成员流动的动力，是城市市场破坏传统农村“小家庭”的后果，是传统农村家庭结构在受到市场冲击后所采取的策略。但这种在传统家庭观念下的实践策略并不能有效适应新的环境，往往带来的是家庭结构的改变。

---

① 《费孝通全集（第五卷）：乡土重建》，内蒙古人民出版社 2009 年版，第 62 页。

② 麻国庆:《家与中国社会结构》，新华书店 1999 年版，第 167~171 页。

【案例 2】刘 ZK

刘 ZK，13 岁，七年级，出生在广东汕头，五六岁时来到广州，现在在广州读学校。他喜欢打羽毛球、跑步。ZK 是家里的哥哥，他还有一个弟弟。ZK 在老家时跟他爸妈、爷爷奶奶大伯们一大家子一起生活。现在在广州他和他的弟弟、爸妈一起生活。他妈妈在布行工作，爸爸是油漆工人。他很喜欢待在广州，因为在广州有他的好朋友。但是他也有点讨厌广州，因为广州工厂多，空气污染严重。由于 ZK 刚来广州时年纪小，所以他对老家的记忆是模糊的。他跟我讲他长大后想在广州发展。

原来刘 ZK 在老家是联合家庭，由于并没有分家，家中涉及了众多的亲属关系。而随着家庭劳动力的外流，原有的联合家庭开始解体，家庭成员开始谋求在城市的家庭重组。但这一重组过程却不是原有联合家庭的复原，而是以核心家庭为主的重建。可以看到，由于城市生活在土地资源、消费成本等方面的限制，家庭在解体和重建的过程中主要以核心家庭为主进行。这种家庭的“核心化”并不同于传统农村的“小家庭”，传统农村家庭也会由于分家而产生核心家庭，但核心家庭处于一种“分中有继也有合”[①] 的状态。但在城市中重组的核心家庭却不得不面对原有乡土联系的空间隔绝，在这之中就会产生一定的情感阵痛。

【案例 3】刘 XC

刘 XC 今年 13 岁，就读于广州市某小学校，七年级。她平时喜欢滑旱冰和看书，喜欢看小说、传记。她出生在河北衡水，在她八岁的时候跟着她爸妈来广州。她爸妈从事皮草行业，哥哥也在同一所小学读书。XC 家搬到广州前在老家有六口人，由于爷爷奶奶年事已高，行动不便，因此他们没有跟随 XC 爸妈来到广州。现在 XC 一家在广州有四口人。爸爸妈妈过着朝五晚九的生活。刚来广州时，XC 很舍不得老家的爷爷奶奶，经常哭着闹着要爷爷奶奶。XC 和她哥哥每年寒假和暑假都会回老家，爸妈只能春节的时候回去。

在案例 3 中，由于核心家庭脱离原有扩大家庭在城市重组，原有的家庭成

---

① 麻国庆:《家与中国社会结构》，新华书店 1999 年版，第 49~55 页。

员的联系被打破，“分家”不再是乡土社会继替的一个正常的过程，而是一种向城市空间流动的分离与隔阂。XC 对爷爷奶奶的思念和其父母对爷爷奶奶的探望说明了城市迁移的核心家庭所处的尴尬境地。这种情况与城市既有社区中的家庭“混合”不同，传统乡村中的家族人员和宗族组织并不能完整地重新嵌入城市空间中。以市场经济下安排的城市空间表达的并不是一种乡土社会的人际关系，而是城市中占主导的工业生产带来的劳动力关系的再生产。这种空间的生产性质①使得劳动力流动的范围和乡村社会的家族与人际关系在城市的再重组的难易程度形成了反比关系，但并非不可能。

【案例 4】陈 FY

陈 FY 出生在广西玉林，今年 15 岁，在广州读初三。她一共有四个兄弟姐妹，她是老三。姐姐原来和父母一起在广州工作，后来回玉林工作。哥哥也在广州工作。FY 的父母 1996 年就来穗工作，至今已经有 20 年。FY 学前班是在外婆家广西博白读的，然后一年级转去老家玉林读书。由于老家教学条件较差，并不教授英语，所以 FY 在广州重读了一年三年级，并在广州上学至今。FY 看上去是一个比较成熟的女孩，个子比其他年级的孩子显然要高很多，圆圆的脸蛋，很可爱。

【案例 5】项 MY

项 MY 今年 14 岁，是一个看上去性格十分内向的姑娘，说话声音很小。MY 祖籍是浙江温州，幼儿园时跟父母一起在义乌生活。上小学时父母来穗工作，从事布匹生意。从那时开始，MY 就去南京跟奶奶一起生活，并在南京读完了小学。2013 年开始来到广州读初中，并生活至今。MY 的弟弟 2007 年出生，并跟随父母来到广州，现在广州读小学四年级。MY 有一个阿姨也在广州，和 MY 的妈妈一起做生意。

案例 4 中 FY 从博白到玉林再到广州的学习经历，体现出了城市中家庭重组的灵活性。家庭成员随家庭主要劳动力的迁移并不完全取决于劳动力在城市

① Fabinyi, Evans, Foale “Social-ecological systems, social diversity, and power” ecology and society, 2014.

中的嵌入过程，即使城市中缺乏乡村社会完整的家庭或宗族关系，但家庭成员还会利用零散分布在城市中的亲属关系，实现家庭成员向城市空间转移的过程。这一过程往往具有一定的跳跃性，也就是上文中说的混合家庭的诞生。此外，案例 5 中 MY 显然也具有同样流动求学的经历，但其利用的亲属关系网具有了多样性，不仅有在南京的奶奶，还有在广州一同工作的阿姨。乡土社会的亲属关系网在城市中并没有断裂，而是吸收了城市所具有的流动性，形成了“驿站”式的家庭网络，并且为亲属关系的整体迁移提供了可能性。就如笔者曾调查过的湖南邵东人在老挝利用家族网络实现海外转移一样，劳动力在城市中的家庭重组也为更大范围的亲属联合提供了可能性。但案例 4 中 FY 的姐姐从广州到老家的工作也说明了第二代迁移仍然面临着极大的困难，包括经济资本与社会资本的利用、乡土道德的约束等。

案例 4 与案例 5 也告诉我们，在家庭重组的过程中，流动儿童的教育随着重组过程的难易程度而有所起伏。在重组过程顺利的家庭中，流动儿童经历的教育断裂就少，反之流动儿童就会经历较为频繁的教育流动。像案例 4 中 FY，由于教育环境的不同，不得不在广州上学后留级一年。在课题组的调查中，这种教育的流动与再嵌入过程，是非常普遍的。

表 4 列出了调查中一组访谈的学生来穗教育情况。可以看出，流动儿童来穗受教育的时间均不统一，有的是从小学开始就在广州接受教育，也有相当一部分直到初一才来穗接受教育。在这之中，原教育接受地的教育条件也参差不齐。

表 4　部分学生来穗受教育情况

序号	姓名	祖籍	来穗时间（年级）	目前年级
1	CK	福建泉州	一年级	初一
2	PSY	湖南邵东	二年级	初一
3	ZYY	广东普宁	从小	初一
4	LHX	湖南衡阳	四年级	初一
5	CW	广东梅州	幼儿园中班	初二
6	FGX	广东阳江	小学前	初二
7	SZY	四川成都	小学前	一年级
8	YJQ	广东潮州	初一	初一
9	LLQ	广东梅州	四年级	初一
10	LJL	广东汕头	六年级	初三
11	WZY	广西来宾	二年级	初二
12	—	四川成都	幼儿园、六年级	初二
13	WWH	广东湛江	二年级	初二
14	GZY	广东佛山	小学前	三年级
15	KJJ	广东湛江	小学前	一年级
16	LQ	广东汕头	小学前	三年级
17	LJF	广东湛江	初一	初一
18	LDY	广东湛江	小学前	三年级
19	XYD	广东兴宁	小学前	一年级

【案例 6】CDN

CDN 今年 13 岁，在广州某学校上初二。老家在成都，目前广州家里有父母、哥哥姐姐。

“我挺早就过来了，幼儿园在广州念，三年级回老家念，六年级又过来读。反反复复的，就是听父母安排，他们说在哪儿念，就去哪里吧。回去的话，我是在成都附近的农村念书。农村里面的学校管得挺严的。那里也有我的好朋友，大家玩得挺好的。离开那里，没有觉得太舍不得，我觉得还好吧，反反复复、来来回回，没什么感觉。在这边也挺习惯的，我们家里都是炒那边（老家）的菜。不过，我现在很少和以前的好朋友联系了。我觉得学校的话，还是广州好一点，感觉比较好玩点，人也多。”

以案例 6 为例，CDN 的教育地点先后经历了广州 – 成都 – 广州的变化，而在教育环境上，则经历了城市 – 农村 – 城市的变化。从 CDN 对教育变动的论述中可以看出，教育流动对他来说既无奈又平常，他不断地强调反反复复，也表示只是“听父母安排……就去哪里吧”，表现出了因教育断裂带来的对环境的不关心。教育断裂带来的除了有案例 4 中学习效果的影响，也有本案例中对人际关系的影响。教育断裂带来的是原有朋友圈的断裂，这在低年龄的流动儿童中间较为显著。流动儿童的教育再嵌入过程更多地取决于新学校提供的教学环境、课余活动以及与同学的关系。

（二）国家治理现代化中的跨界语境

面对城镇化下的家庭流动与教育脱嵌，城市管理需要对劳动力流动带来的社会问题作出新的回应。中国的城市管理的基础是户籍制度，户籍制度本身是依据地域和家庭成员关系而确立自然人本地生活的合法性的制度。原有的户籍制度在面对人口高速流动的当下显现出的弊端，早已被人所共识。从 2005 年开始，中国着手进行户籍制度改革。但户籍制度在管理家庭流动和教育资源分配上的捉襟见肘并不是户籍制度本身的问题，户籍制度只是管理手段，而不是问题的本质。正如《国务院关于进一步推进户籍制度改革的意见》所要求的那样，推动农业人口向城镇转移，要分地区制定政策，即“全面放开建制镇和小城市落户限制，有序放开中等城市落户限制，合理确定大城市落户条件，严格控制特大城市人口规模”。对于像广州这样的特大城市来说，户籍制度其实是广州市资源分配调节的一种方式。更重要的是，它也是在市场之外协调劳动力流动的一种方式。完全取消户籍制度，实际上就会导致劳动力流动完全由市场调控，这与中国的社会主义国家性质不符。应该“既使市场在资源配置中起决定性作用，又更好地发挥政府在维护社会公正、社会稳定、生态环境及国家安全等方面的作用”①。

① 郑言，李猛：“推进国家治理体系与国家治理能力现代化”，载于《吉林大学社会科学学报》2014 年 3 月。

就教育资源来说，正如前文所述，广州市的教育资源饱和度远远高于广东省其他城市，广州市的教育资源的有限总量导致教育资源分配只能在广州市内部以有限公平的方式进行。户籍制度对广州市教育资源的影响，本质上是教育资源饱和的一种制度回应。而城乡之间家庭流动带来的教育断裂问题，实际上与如何定义教育公平、如何操作教育资源的分配以及如何整合与优化教育资源的结构有密切的关系。基础教育事业与教育公平是社会主义中国的一项重要任务，而教育资源的这种整合与分配，则是政府社会管理的重要内容。解决劳动力流动带来的基础教育分配问题，也就成为国家社会治理的一项基本任务。

基于这样的政策愿景，就会看到现有政策的僵硬。课题组对广州市非户籍流动人口子女在穗受教的家庭进行了广泛走访，共有 63 位来自不同地区的流动儿童家长接受了访谈。调查显示，只有 19 户家庭子女在公办学校上学。在没有入读公办学校的学生中，有 34% 的家长表示其原因是入学手续过于复杂；50% 的家长明确表示，没有入读公办学校是因为申请时需要的手续不够齐全；39% 的人表示，他们是因为高额的费用而没有选择公办学校的；而即使是最终在公办学校上学的家庭，也表示申请时手续过于复杂，这一比例占了一半以上。仅有 3% 的人表示申请学校时没有遇到任何问题。

然而不管是《广东省流动人口服务管理条例》还是《关于做好进城务工人员随迁子女义务教育工作的意见》，均要求为流动人口提供便利，甚至是“为随迁子女入学、转学和升学提供‘一条龙’服务”。而关于收费问题，从国家到省市均三令五申“一视同仁”政策，要求“流入地政府要制订进城务工就业农民子女接受义务教育的收费标准，减免有关费用，做到收费与当地学生一视同仁。”并“对不符合当地免费入学条件的，可按地级以上市原规定的所在学校普通生标准收取书杂费，但不得收取借读费。”甚至是“争取全国农村义务教育阶段家庭经济困难学生都能享受到‘两免一补’”。

这种政策愿景和实际操作层面上的矛盾，并不仅仅是官僚阶层行政上的滞后性，而是教育资源的分布结构和分配方式滞后于对教育公平的广泛要求。在理论层面上，手续复杂和手续不齐全并不一样，但在实际层面上两者相互靠近。手续复杂本质上并不是行政上的臃肿，而是手续要求门槛的高度以及办证成本的增加。手续要求的证件多，符合条件参加广州市义务教育的流动儿童就少，教育资源的承载压力就小。那些具有稳定工作且收入较高，或者前期投入了较多的经济资本与社会资本换来了当下一定的文化资本——如高学历和高技术——的人，有更多的条件去完成手续流程，有更多的可能性符合手续流程。这种制度限制的作用是非常明显的，仅有的两户选择了没有问题的家庭，年收入大致在 10 万至 20 万之间。而即使是年收入在 30 万到 200 万的家庭，也依然表达了手续复杂（6 户）和收取较高的借读费（3 户）是他们子女就读的主要问题。

除此之外，信息流通能力也是政策需要考虑的内容。一个政策能否取得预想的效果，既取决于政策的制定，也取决于政策的执行，更取决于公众的参与性。因此各级政府在政策下达中都表示了对“宣传引导”工作的重视，不仅“学校要加强与进城务工就业农民子女学生家庭联系”，而且“地方各级政府要及时总结工作经验，改进工作方法，广泛动员全社会关心支持进城务工就业农民子女义务教育工作。”但即使如此，进城务工就业农民子女教育政策依然给广大进城务工者造成了困扰。据统计，67% 的家庭表示对政策只了解一点，而 24% 的人表示对政策完全不了解。而在信息接收渠道上，有 45% 的人表示通过亲戚朋友了解的政策，这一数字基本与从学校了解相关政策的人数持平。相比之下，只有 6 户表示他们从社区里了解到了有关信息。互联网平台也有待提高，只有 17 户表示他们会从网上得知流动儿童入学的相关信息。对进城务工就业农民子女教育政策的了解程度和了解渠道的调查可知，进城务工者仍然较多地依靠原有的乡土人际网络来运作，包括信息的共享、应对策略等。各种信息渠道不能提供对政策完整性的描述，以至于虽然多种渠道均能获得政策信息，但大多数进城务工者都处于一种“一知半解”的状态。

从广州市进城务工就业农民子女教育的政策内容、运作方式以及宣传渠道上可以看出，城市社会管理的应变能力较弱。虽然各种不同的政策改革陆续出台，但基层社会的政策实践往往与宏观政策愿景有很大距离，基层政策效果往往依靠民间社会自有的应对机制和互动策略运作，包括放弃政策申请、依靠关系缴纳赞助费、在不同城市的亲属家中流动等。

2013 年在党的十八届三中全会上，习近平总书记提出：“全面深化改革的总目标是完善和发展中国特色社会主义制度，推进国家治理体系和治理能力现代化。”其中国家治理体系就包括了政府治理、市场治理和社会治理。而国家治理能力则是“运用国家制度管理社会各方面事务的能力，包括改革发展稳定、内政外交国防、治党治国治军等各个方面。”[①]国家治理的这种全面转变，也被认为是一种“善治”的状态，其中就包括制度性、民主化、法制化、高效性和协调性[②]。在此背景下，要明白“农民工已经不同于传统的农民，这部分农民的工人化、市民化的生产生活方式使他们接受了现代工业文明和城市文明的熏陶而具有了强烈的现代意识。”[③]以应对城市劳动力流动问题来说，现代化治理被认为要“创新基本公共服务供给方式，构建多元主体协同供给机制。打破公共服务领域的政府垄断，适度引进市场化和社会化的运作方式，逐步形成政府主导，多元主体协同互动的公共服务治理格局”[④]。换句话说，就是要转变既有的社会管理方式，以一种适应“流动性”的方式来系统化现有的社会管理制度。

流动性是全球化广泛的时空压缩的结果，农民不再根据自然节气安排自己的作息时间，即使仍然从事农业活动，脱离乡土社会的代耕农也根据现代时间观念和市场的要求来协调自身生产活动[⑤]。在从时间的虚化到空间的脱嵌的过程中[⑥]，“各种人口、商品和信息的洪流搅和在一起，造成边界的重置与并存”[⑦]。正是在这种边界的“重置与并存”中，原有的社会管理所面对的社会事实变得复杂而具有互动性。“跨界本身成了一种社会事实……在这个过程中社会与文化的重重界限被流动人口的活动所打破。”[⑧]因此，国家治理现代化下的劳动力流动与教育公平问题，也应该重新放在这种“跨界”的视角下，重新讨论社会管理的制度包容性，给予社会管理以更大的协商空间、更灵活的应对方式、更宽适的操作体量以及更多元的互动参与。

---

① 习近平：“切实把思想统一到党的十八届三中全会精神上来”，新华网，2013年12月31日。

② 俞可平：“推进国家治理体系和治理能力现代化”，《前线》2014年第1期。

③ 何增科：“理解国家治理及其现代化”，载于《马克思主义与现实》2014年第1期。

④ 姜晓萍：“国家治理现代化进程中的社会治理体制创新”，载于《中国行政管理》2014年2月。

⑤ 黄志辉：《无相支配：代耕农及其底层世界》，社会科学文献出版社2013年版。

⑥ 吉登斯：《现代性的后果》，译林出版社2000年版，第15~18页。

⑦ 麻国庆：“跨界的人类学与文化田野”，载于《广西民族大学学报》2015年第4期。

⑧ 同上。

（三）“家庭－社区”的结构变革：论教育空间的生产

如果说家庭从乡村到城市的流动是宏观层面上的一种结构性表现，体现的是不同的生产方式和社会组织之间的嫁接过程。那么思考家庭如何嵌入城市社会的过程就尤为重要。家庭重新嵌入当地的过程，不仅仅是一种结构的再生产过程，也是中观层面上家户与地方社会发生互动的过程。虽然如上文所述，城市中的家庭形态有着续接过往家族形态的可能性，也会在一定程度上利用原有的亲属网络而不是城市服务体系，但作为“城市里的陌生人”，城市原有空间接纳流动人口或者说流动人口开拓城市空间的过程，就会因地域、宗族、历史遗迹、政府等因素而形成不一样的组合过程。有些在博弈中形成了自己独立的空间占有，如北京的“浙江村”；有些则为当地人所支配，如广州的凤凰村。已有学者根据不同的标准划分外来人口以家庭为单位在城市中的集聚过程，包括“基于土地利用类型的划分、基于城中村相对区位的划分、基于城中村发展阶段的划分、基于各种因素叠加效果的划分以及基于城中村社会形态的划分等”[①]。

但并不是所有的外来人口都成功地回应了城市生活，很多不同地域、不同祖宗以及不同信仰文化的群体并没有在迁入地形成空间的集聚，他们往往以有限的亲属关系零散地嵌入到城市边缘空间中。因此他们不能如“浙江村”的流动人口那样在“大院军民中间发展出一种集体团结的感觉”[②]。在对广州市流动儿童家庭的调查中，我们发现绝大多数家户都处于这样一种半离散的状态。孩子作为未正式嵌入社会关系中的群体，其流动性是依据以后的社会关系而展开的。前文所述的流动儿童的流动过程表现了一种空间的跳跃性和亲属关系的延展性，同时也证明了政府社会管理面对流动的一种失语和社会组织协助劳动力流动中的缺席。这种失语和缺席又具体表现为作为政府城市管理重要空间单位的社区的弱职能化和作为民间组织 NGO 种类上的单一化。

在课题组对流动儿童家长的调查中，有关于家长对儿童教育、成长过程认识的问题，包括子女教育过程中的重要角色和影响孩子成长的重大因素。在这两个问题的调查中可以发现在进城务工家庭中间具有的文化特征、结构形态和

---

① 仝德，冯长春：“国内外城中村研究进展及展望”，载于《人文地理》2009 年第 6 期。

② 张骊：《城市里的陌生人：中国流动人口的空间、权力与社会网络的重构》，江苏人民出版社 2014 年版。

模式分化。在调查中，有 43% 的人认为家庭在儿童教育中处于最重要的位置，30% 的人则认为孩子自己的努力才是教育中最重要的因素。这一比例在认为学校为最重要因素的人中间下降到了 25%，而仅有 2% 的人认为政府是最重要的因素。与此同时，没有任何一个人认为社区应该发挥儿童教育最重要的因素。而对于成长环境的综合考量，有 67% 的人认可了家庭因素，62% 的人认可学校因素，43% 的人认可了自我努力，而只有 19% 的人愿意把社区因素考虑进来。

表 5　流动儿童家长对儿童教育环境的认知

	家庭	43%	67%	家庭	
	自我	30%	62%	学校	
最重要的教育角色	学校	25%	43%	自我	影响成长因素
	政府	2%	19%	社区	
	社区	0%	3%	政府	

由表 5 可知，家庭因素以绝对优势成为所有流动儿童家长所重视的因素，这与进城务工人员以家庭为基本单位实现城市转移和城市嵌入的判断相吻合。但对自我、学校这两个因素的认识，则不同家庭有着不同看法。这一点在对以上两个问题的交叉分析中尤为明显。

表 6　家长认知观念的交叉分析

成长因素不包含	自己	最重要教育因素	家庭	55%
			学校	22%
			自己	25%
成长因素不包含	学校	最重要教育因素	家庭	50%
			学校	14%
			自己	41%
成长因素不包含	家庭	最重要教育因素	家庭	14%
			学校	57%
			自己	52%

续表

最重要教育因素	自己	成长因素包含	家庭	63%
			学校	74%
			自己	74%
最重要教育因素	学校	成长因素包含	家庭	44%
			学校	94%
			自己	69%
最重要教育因素	家庭	成长因素包含	家庭	85%
			学校	59%
			自己	30%

由表6可知，在对流动儿童家长具有的教育认知观念的交叉分析中，我们发现了流动儿童家庭所有的差异性。各个家庭对孩子教育的态度总结起来包含如下几点：

①父母放任不管

②学校放任不管

③孩子自己毫无自制力，则家庭承担更多责任

④父母管理下孩子较少自制力

⑤家庭管理为主，学校管理为辅

⑥学校管理严格，则家庭偏向放任不管

⑦学校管理和自律为主

⑧自律性高的孩子教育都不成问题

由以上8种特征，我们把流动儿童的教育情况总结为五种类型，分别为：

* 学校自律型

* 家长制型

* 家庭迷失型

* 学校教育滞后型

* 综合自律型

对这些类型的划分让我们面对着一个布迪厄式的问题，也即劳动力流动并不是一个单一“城－乡”结构关系的产物，也不仅仅是家庭在这个结构中的应变策略。这其中还包含着“次要特点的网络”，他们和城乡结构一起让人们

在“日常时间中真正彼此分开并重新聚集”[①]。我们应该看到一种“结构的因素网络”中因果关系的非线性，这使得流动人口中不同家庭的实践策略由“多种条件决定”[②]。这一点也在流动人口的收入差距中显现，在课题组调查的流动人口的年收入中，包含着从年收入 2 万到年收入 200 万元不等的家庭。显然，这些家庭的经济、社会与文化资本各不一样，各个家庭也受到迁出地的广泛影响。这让我们在讨论流动儿童群体时，应该就具体的社区聚落和家庭类型做出区分，而不能仅仅把流动儿童教育还原到城乡差距中去。

但尽管如此，一种整体结构的因果关系仍然存在。这一点在进城务工人员整体对家庭重视的压倒性观念中可以看出。进城务工人员对家庭的重视，在费孝通所说的“差序格局”的影响下，表现出了乡土文化对“流动”的制约。个人关系在城市中的拓展即使纳入市场的与行政的影响之下，但仍然遵循这一种由己及人的过程。从主要劳动力到核心家庭，从核心家庭再到混合的或地域性的城中村的建立。我们要明确现代教育体系在收编城市青少年和流动儿童的过程中，双方的适应性是不一样的。有些人认为流动儿童的学校适应性更差[③]，受到更多的歧视[④]。但也有一些人认为流动儿童虽然有孤独感，但是生活满意度也较高[⑤]。流动儿童的弱适应性并不一定取决于一般认为的社会关系网络或者城乡物质调节和社会支持的差异，不能把儿童的社会网络同成人的社会网络等同，因为儿童的认知能力和经验受到生活场域的极大限制。在本课题组的研究中，表现为儿童对学校适应能力普遍较好，但在评价广州的生活时，则多从“好玩”等概念入手。

【案例 7】LLY

“广州和老家，各有各的好吧。广州好玩的地方多，但是家乡绿化好、空气好。（家乡）一下雨，到处都是绿色的，好好看……其实，我还挺喜欢广州的，因为这里好漂亮。”

① 皮埃尔·布尔迪厄:《区分：判断力的社会批判》，商务印书馆 2016 年版，第 177~182 页。

② 同上。

③ 谭千保:“城市流动儿童的社会支持与学校适应的关系”，载于《中国健康心理学杂志》2010 年第 1 期。

④ 方晓义，范兴华，刘杨:“应对方式在流动儿童歧视知觉与孤独情绪关系上的调节作用”，载于《心理发展与教育》2008 年第 4 期。

⑤ 范兴华，方晓义，刘勤学，刘杨:“流动儿童、留守儿童与一般儿童社会适应比较”，载于《北京师范大学学报》2009 年第 5 期。

由案例 7 可知，这种“好玩”是儿童对城乡生活的一种感性认知。在讨论流动儿童的社会适应时，我们不仅要考虑社会关系网络的发达情况，还要考虑到社会关系网在城乡之间的结构差异。儿童在城市中的关系拓展与乡土社会家庭中的血缘关系紧密相连，孩子与孩子之间的关系网除了一般的“伙伴”关系外，往往牵扯家族间血亲与姻亲关系。孩子不仅在家庭中处于“兄弟姐妹”的直观关系中，也在村落与地域范围内遇到“伙伴”关系与亲属关系的重合，社会网络的拓展可以依据亲属关系的拓展。而在城市中，社会关系以一种“自反性”呈现在日常生活中①，学校生活中的“伙伴”关系不再受到亲属关系的影响，“伙伴”间关系的确立需要一套不同于乡土熟人社会中的交往策略，场景的频繁转换与角色的互动②需要非常实际的交际知识，这是作为未成年的孩子本来就不具备的，并且在流动儿童进入城市生活时尤为明显地表现了出来。

然而调查中也显示，在家庭所代表的乡土脉络的影响中，进城务工人员已经开始了积极的城市适应活动，表现为接受了城市的自律性要求，认可孩子在学校中受到的不那么“自由”的规训方式。这表现为自律性教育的广泛增加。也有一些家庭更多地卷入了市场行为之中，而不再强调原有家庭对学生教育的作用。诸如家庭迷失型教育与学校自律型教育所代表的，是流动儿童嵌入现代教育体系的过程的两面。在这里，教育和成长被区分了出来，或者更确切地说，习语上的“家教”和现代教学系统中学校里的“教育”被区分了出来。家庭开始更多地承担社会道德、风俗等软性教育，而学校则承担起了具有文凭保证的学历进阶之路。有关教育场域的分化带来的人的发展观念的转变将在后文做详细论述。在这里要强调的是，进城务工人员并不是一些受到乡土左右的“老古董”，而是随着城市现代化逐步转变生活感知和身份认同的人。进城务工人员作为制度上有区别的“城市人”，作为对制度上有所限制的城市社会的回应，他们试图从传统观念与乡土网络中寻找可供实践的方式。

然而“家庭－学校”这种教育上的空间划分，使得流动儿童教育的城镇化永远在城市空间与家庭流动的矛盾中进行。而学校背后所代表的是一个城市

① 乌尔里希·贝克，安东尼·吉登斯，斯科特·拉什：《自反性现代化：现代社会秩序中的政治、传统与美学》，商务印书馆 2001 年版。

② 戈夫曼：《日常生活中的自我呈现》，北京大学出版社 2008 年版。

的准入权，“家庭 - 学校”的教育划分实际上还是家庭进入城市教育空间的能力。而“进入都市的权力”至少在中国更多地表现为政府制度上的限制，以至于“任何矛盾的激化都会使责任的矛头指向政府”①。在家庭教育与城市教育之间，社区基本处在一种尴尬的位置上。这在调查所询问的关于社区生活与社区教育的问题上具有显著特点：45% 的人表示社区对子女教育完全没有帮助，仅有 10% 的人表示社区对子女教育帮助很大。而对社区，则完全是另外一回事。有 86% 的人对现在生活的社区环境表示满意或基本满意，仅有 13% 的人表示了强烈的不满，另外还有少数人表示自己并不关心社区环境。

社区生活的高满意度和社区子女教育的低满意度，表现出社区意识在进城务工人员心中处于较低水平，进城务工人员并不对社区有太多的期待。在调查中，进城务工人员对社区的要求大多集中在空泛的环境方面，如卫生、治安等。如下：

“我希望社区减少噪音，防止孩子学习受打扰。”

“对我住的小区，希望安全、环境卫生好。”

“对所在小区，我希望享受本地居民同样的待遇。”

“我更希望安全，卫生方面也有所提高。”

“社区蚊子较多，希望社区能改善这里的卫生环境。”

“希望跟户籍人口享受一样的待遇，如廉租房等。”

“希望社区多给外来工些优惠政策。”

“希望社区提供卫生、安全、文明的成长环境。”

“希望这里为外来工提供更好的服务。”

“希望改善环境，给子女更好的学习环境。”

“希望街道能把环境清理干净，多办一些为人民服务的活动。”

“我对社区没什么期望，我们外来工子弟都没有什么作用，没有积分，也不能买社保，影响子女的上学。在广州上的条件太多了，好复杂。”

从以上进城务工人员对社区的期望中可以发现，大部分对社区的要求都集中在了环境上，而这些环境往往是基础的生活保障。而对于社区的其他服务，

① 郑言，李猛：“推进国家治理体系与国家治理能力现代化”，载于《吉林大学社会科学学报》2014 年 3 月。

则往往没有太多概念。即使有，也往往把对社区的要求同对政府的要求相混淆，诸如要求社区提供廉租房、提供外来工优惠政策以及提供落户的可能。访谈中仅有少部分人对社区教育提出了具体的要求，比如来广州 12 年的李氏夫妇就表示："希望能有多一些的社工服务，能够帮助更多的小学生。" 此外也有人提出了"希望社区能提供多些体育设施，可以让小孩子有多些娱乐。"

社区在教育空间中的边缘地位，使得教育空间在家庭和城市中具有更大的动荡性。流动人口对城市社区的要求体现出了流动人口"边缘的、阈限的、不稳定的'陌生人'社会身份"[①]。而社区在教育空间中的缺席则使得教育空间具有临时性和不稳定性的特点，儿童教育并不能在政策（学校）和家庭之间找到第三点的融入平台，这也使得城乡二元关系在教育空间的断裂中被显著放大了。

（四）儒士·职人·乡民：家庭教育期望与阶层认同

"在职业技术学校暂时还难以学到实用的职业技能的情况下，读书几乎很难再说是渡桥镇的年轻学子改变命运的一个办法。"[②] 这是程村乡土社会中一位普通老师的感慨，也表达出了底层社会"读书无用论"背后的无奈与辛酸。很多研究都指出，进城务工人员的低学历阻碍了他们对教育的认识，农民工随迁子女父母普遍对孩子的教育期望值偏低[③]，公办学校的流动儿童的教育期望也普遍低于公办学校的本地儿童[④]。然而，也有一些研究指出，"家庭经济地位及家庭结构并不影响家长的教育期望"，甚至教育期望也"不受地域差异等因素的影响"[⑤]，"无论哪个职业层的父母期待孩子大学以下学历的人数都很少"[⑥]。这种教育期望上的结论偏差广泛出现在各类研究中。

在课题组对广州市流动儿童家庭教育期望的调查中，流动儿童家庭教育期望偏向于支持"教育期望普遍偏高"的结论。调查发现，95% 的人都期望自己的子女获得大学以上学历，而 46% 的人表示愿意他们的子女获得研究生学位。

① 张骊：《城市里的陌生人：中国流动人口的空间、权力与社会网络的重构》，江苏人民出版社 2014 年版，第 93 页。
② 谭同学：《双面人：转型乡村中的人生、欲望与社会心态》，社会科学文献出版社 2016 年版，第 177 页。
③ 尚利芳："农民工随迁子女低学业成绩的教育人类学研究"，首都师范大学硕士学位论文，2013 年 5 月，第 84~85 页。
④ 蔺秀云，王硕，张曼云，周冀："流动儿童学业表现的影响因素"，载于《北京师范大学学报》2009 年第 5 期。
⑤ 杨威："流动儿童家庭教育期望的影响因素探析"，载于《西北人口》2012 年第 2 期。
⑥ 杨春华："教育期望中的社会阶层差异：父母的社会地位和子女教育期望的关系"，载于《清华大学教育研究》2006 年第 4 期。

然而在深入访谈中发现，统计数据上的高期望值并不能完全得出家庭教育期望普遍偏高的假设。事实上，在何为教育期望的问题上，几乎所有的调查都没有做深入的讨论。

【案例 8】

调查员：那你回去会自己做晚饭吗？还是爸爸妈妈做，自己在旁边看什么？

小 A：就是爸爸妈妈去买菜，会事先叫我们煮饭或煮粥，这个就会，或者解冻一些食物什么的。

调查员：那平常跟爸爸妈妈的关系还好吗？

小 A：还挺好的……就是玩着玩着小朋友打架。

调查员：（笑）一般会跟爸妈讲学校里的事情吗？

小 A：嗯，会，一般就是吃饭，然后闲聊的时候会聊。

调查员：那写作业的话，一般会在家里写，还是去档铺（口）写？

小 A：一般是回家写，或者去同学家一起写，因为遇到不会的，可以同学一起交流嘛。

调查员：那一般爸爸妈妈会教你写作业吗？

小 A：一般不会，如果爸妈是老师，就会有交流，如果不是的话，就不会有交流。就是他们那个时代学习的知识和学习的过程都和我们这个时代都是不一样的。

调查员：那爸妈会带你出去玩吗？旅游什么的？

小 A：这个会。

调查员：去过哪些地方？跟爸爸妈妈一起。

小 A：南澳。（毫不思索地回答道）

调查员：是珠海那里吗？

小 A：对。

调查员：那里风景还挺美的，有很多海。喜欢海吗？

小 A：喜欢，蓝蓝的。

调查员：潮汕是不是也有很多海？

小 A：很少吧，两三处的那种。

案例 8 是课题组其中一次与小朋友的访谈对话，从中可以看出孩子与父母在生活和学习上的互动。在涉及亲子一起活动的事件上，大多是娱乐性的活动或一些生活上的协作，比如小 A 帮父母做家务或者跟父母一起游玩。流动儿童与留守儿童的不同在于他们可以更多地参与到家庭的互动上来，并得到父母双方的关爱。但在教育上面，小 A 明确表示父母并不会帮助自己写作业，甚至说出了“他们那个时代学习的知识和学习的过程都和我们这个时代都是不一样的”这种话。在此我们可以看到，流动儿童父母的成长背景和受教育程度影响了他们在子女学校教育中发挥的作用。不仅父母无法就现在学校所教授的知识做出回应，而且子女也对此有清晰的认识。

当然，有一些孩子也会跟父母表达对学校成绩的看法，也有一些父母由于某一科目比较好，会指导孩子做作业。实际上，绝大多数流动儿童的父母并不会完全地放任孩子不管，除非孩子非常自律。但他们在管与不管之间、在投入与不投入之间，处于一种表面游离的状态，这也是教育期望偏差的原因。在对父母就子女学校生活的关心程度、投入程度以及自我评价方面，这种偏差也依然存在。

表 7　父母付出情况

1	补习班情况	正在上	想过但目前没有	没想过	没必要
		25%	46%	16%	13%
2	毕业后的升学愿望	在广州	回老家	不升学出去打工	根据自己当时工作地点而定
		53%	17%	30%	0%
3	对给予学习条件的评价	不好	尚在努力	较好	其他
		8%	75%	16%	1%
4	与学校老师的联络频率	频繁	偶尔	没有联络	
		14%	75%	11%	
5	家长会的参与情况	无一缺席	偶尔缺席	没参加过	学校无家长会
		79%	16%	5%	0%

由以上结果可知，父母一方面在孩子教育上有所花费时间，另一方面有些

时间花费又仅仅停留在想象上。父母一方面对子女能够接受良好的教育、拥有高学历抱有充分的期望，另一方面又在实际操作中对这种期望持观望态度。这种知行不合一的现象正是进城务工人员对子女教育期望具有矛盾性的直观表现。

事实上，我们要分辨教育期望的这种矛盾性，就必须探讨教育期望背后表达的深层话语意义。人们在表达高教育期望时是在表达一种什么观点呢？在一位受访的清洁工家庭中，孩子的妈妈在表达对学校教育的期望时，说出了这样的话：

“对学校没有什么要求，就是我只是清洁工，有的时候在想孩子会不会被本地人看不起。我希望学校对环卫工子女不要有歧视，要公平对待孩子。”

对于从农村到城市打工的劳动者来说，公平的概念似乎与公民权利相去较远，而与“尊严”“面子”更为贴近。高学历对流动儿童的父母来说并不是什么具体的概念或者包含具体的操作，而更多的是一种象征意义，它代表了一种“社会面子”。“面子之所以重要，在于它不仅是人格价值的外在象征，而且是它的重要组成因素。”①

高学历背后所包含的“社会面子”不是一种经济关系，货币并不能单独估算学历的价值。处于市场之中的进城务工劳动者显然受到“物欲”的影响，他们在具体的关于“货币”的判断上表现出了一致性。在对进城务工人员学校满意度的调查上，大多数人倾向于对学校环境持满意态度，但费用方面是一个例外。

表 8　父母学校满意度

	非常满意	基本满意	不满意	不关心
教学环境满意度	14%	80%	6%	0%
学校设备满意度	14%	80%	6%	0%
学校费用满意度	6%	62%	32%	0%
学生待遇公平满意度	6%	59%	35%	0%

由表 8 可知，大部分家庭都表达了对学校基本满意的态度，但在有关费用

① 吴飞：《浮生取义：对华北某县自杀现象的文化解读》，中国人民大学出版社 2009 年版，第 208 页。

的一项上，不满意的比例明显增大。此外，在对于升学地点的选择上，绝大部分的家庭希望子女获得大学以上的学历，但是认为孩子升学应该根据自己工作地点来做出调整的家庭却占了 30%，另有 18% 的人选择了让子女回老家上学。从对学费满意度的回答以及对升学地点的回答来看，在涉及金钱与具体行动策略上，进城务工人员往往趋向于实际的“工具理性”，而对于“环境”“设备”以及“学历”等空泛或者没有经验的选择，则往往表现出一种高容忍度与美好的想象。换句话说，在“学历”向具体职业转化的过程中，教育期待的想象开始变得较为粗糙、不够丰满[①]，只能停留于想象的表面。

农民的这种美好的想象与传统儒家文化中的“君子之道”有关。虽然农民与传统意义上的君子相去较远，但学历所代表的“知识身份”却与儒生的士大夫精神具有象征的关联性。孔子讲的“君子不器”，成为乡土社会想象知识的一种泛泛的方式。而身处市场之中的进城务工者，并不是被货币洗劫一空的“俗人”，他们仍然留有对知识所代表的环绕于人文思想与人文精神中的一切价值活动[②]的想象。毋宁说，进城务工者或“农民工”处在一种“双面人”的状态，他们既“肯定‘俗人’正常的私欲、物欲，又适度节之以‘圣人’之‘礼’”[③]。

正是因为这种“反职业主义”[④]倾向的残留，使得进城务工者表面上拒绝接受一种“苟且就职”的观念，没有任何一个父母——即使家庭条件再差——会自信地让孩子去打工而不是继续在教育体系中前进。但同样没有一个农民不会精打细算自己的成本投入和子女将来受教后取得的资本回报。教育已经不仅仅是一种社会道德的传授，也不能以一种“文化贵族”（布尔迪厄，2015）的方式在教育场域中取得优势。对于在市场中打拼的进城务工人员，脱嵌与流动性赋予他们以不稳定的社会位置。而对于随迁子女来说，教育脱离传统“家”观念的过程是城市生活中文化资本更具有流动性的体现，符合社会分工的多种场域将教育系统内在化，尤其是以模糊的方式[⑤]进行的学历贬值。教育在此处既脱离于传统价值体系，又无法真正作为文化资本发挥作用，从而使得教育更容易

① 汤美娟：“贫困的理想：流动儿童职业期望的惯习形塑”，载于《教育学术月刊》2015 年第 7 期。
② 金耀基：《从传统到现代》，中国人民大学出版社 1999 年版，第 13 页。
③ 谭同学：《双面人：转型乡村中的人生、欲望与社会心态》，社会科学文献出版社 2016 年版，第 351~355 页。
④ 金耀基：《从传统到现代》，中国人民大学出版社 1999 年版，第 13 页。
⑤ 皮埃尔·布尔迪厄：《区分：判断力的社会批判》，商务印书馆 2016 年版，第 245~250 页。

进入到市场中去，以货币的形式重新赋予教育以现实的价值。这使得进城务工者最终以一种职业及其现实的经济活动来重新定位自己的社会身份，也在他们对子女从乡民到儒士的想象之后，最终流入到职人的货币市场中去。

三、假象的“下一代”：流动儿童的认同、感知与规训

在汗牛充栋的对农民工随迁子女或流动儿童的社会学研究中，不同的学者根据不同的设问方式、样本选择、样本容量和计算方式，研究了包括学习适应、幸福感、师生关系、教育公平、社会融入、学业成绩等众多方面。就流动儿童本身来说，“适应”一词是其核心。流动儿童的“适应”不仅是流通儿童进城后与城市社会关系互动的行动主题，也被认为是影响其主观感受和客观学习成绩的重要影响因素。然而，对“适应”这一概念的界说也存在不一样的观点。整体而言可以分为学习方法、学习动机、学习习惯、学习态度、学习资源利用和人际环境等①。然而所谓的学习方法、学习习惯和学习动机等，所指的到底是学习什么？换句话说，学校希望孩子学习什么、家长又期望孩子怎样学习以及对孩子来说在城市学习意味着什么、有怎样的感觉？在前文中，课题组通过对城乡关系中的家庭与教育问题的关注，着重讨论了社会环境及家庭环境在教育脱嵌中的位置。这里将通过展现课题组对不同流动儿童的深入访谈，讨论流动儿童本身对城乡的认同态度、对学校教育的认知方式以及被教育实践后的身体行为。流动儿童作为进城务工人员的后代，既被打上了“农民”的形象，又被认为是城市开拓者的未来可能。这一掺杂着满大人式的“假想”可能通过身体同样表达着“社会真实的塑造机制及其自身与世界关系的定位机制”②。通过流动儿童为视角的研究，可以让我们更好地发现一个处在多维焦点中的流动儿童形象，从而重新审视流动儿童群体背后的差异性以及流动儿童与城市互动中的动态结构。

---

① 胡春梅：“农民工随迁子女师生关系、学习适应与主观幸福感的关系”，辽宁师范大学硕士论文，2013年。

② 韩瑞：《假想的“满大人”：同情、现代性与中国疼痛》，江苏人民出版社2013年版，第23页。

（一）“好吃”与“好玩”：社会化初期流动儿童的多重认同

认同是一个复杂的过程。就族群来说，学者对认同的理解各有侧重，包括原生论、工具论、边界论等。族群认同涉及族群内不同的文化、制度、历史以及与不同族群的关系。而社会认同则更多的是“个体的行为模式、价值、标准、技巧、态度和动机被塑造的符合特定社会”[①]阶层和分化的过程。就流动儿童来说，教育过程本来就是儿童社会化过程中的一个重要阶段。流动儿童不仅在教育阶段需要确认自己在家庭中的位置，还要通过与同伴的接触确立自己在群体中的形象，进而对自我的社会身份形成初步的认识。具体而言，从小学开始一直到青春期，儿童不仅要在教育活动中学习初步的知识技能与社会交往技能，还要学会扮演不同的社会角色，并在与不同伙伴的接触中寻找自己的正确身份，从而形成一种相对稳定的自身形象[②]。这一过程往往要持续到青春期的结束，或者更长的时间。

以往对流动儿童的社会适应的研究，往往把流动儿童作为研究的客体讨论其社会化的整体条件，而没有把流动儿童放在一个处在社会化初期具有易变性阶段的背景上来。从本课题组对不同流动儿童的访谈上可以看出，基础教育阶段的流动儿童在认同上表现出了模糊性。流动儿童对城市的接纳或排斥并不是稳定的，对城乡生活环境的评价也不是单一的。这种行动上的动态性和价值判断上的多元化与流动儿童对生活环境认识的主观倾向有关。

【案例 9】万 X

万 X，今年 13 岁，七年级。她出生在广东惠州。她爸妈一直在外打工为生。她爸妈来广州之前在东莞做档铺的生意，后来他们搬到了广州。现在他爸爸在做快递员，她妈妈在经营档铺。由于工作繁忙，万 X 爸妈经常顾不上孩子的学习。万 X 有一个弟弟，也在同一所学校读书。万 X 来广州前在老家和她的爷爷奶奶一起生活，之后她爸妈把她接到广州送她去上学 。万 X 偶尔也会上喜剧班和舞蹈班。当问到她的兴趣爱好是什么的时候，她说她喜欢和她的好朋友

---

① 理查德·格里格，菲利普·津巴多：《心理学与生活》，人民邮电出版社2003 年版，第 306 页。

② 埃里克森：《同一性：青少年与危机》，浙江教育出版社 1998 年版。

出去玩儿。万 X 的成绩在班级不算好，尤其是数学经常跟不上。但她是个好姐姐，经常关心弟弟，也经常用自己的零花钱给她的弟弟买零食吃。

问：你一直在广州读书吗？

万：从一年级开始在广州读的。

问：那儿有你的好朋友吗？

万：以前有，现在没有了，都不怎么记得了。

问：当初来广州时有没有很舍不得？

万：有一点吧，当初比较小，所以没有太大的感觉。

问：来广州前在老家有几口人？

万：在老家有四口人。

问：你们每年都会回老家吗？

万：嗯。

问：你喜欢老家吗？

万：喜欢，老家挺好的。

问：广州和老家更喜欢哪一个？

万：我更喜欢广州，老家没有吃的。

问：你会说你老家的方言吗？

万：会说。

问：你会说粤语吗？

万：我会说粤语。

问：你喜欢一直待在广州吗？

万：这个看我爸妈了，有条件的话他们会继续让我待在广州，没有条件的话就回去了。

【案例 10】刘 CE

刘 CE 的个子较小，皮肤黝黑，扎着普通的马尾，说着一口带着潮汕口音的普通话，性格十分开朗，感觉是有什么就说什么姑娘，也很爱笑。刘 CE1 岁来穗（2004 年左右）至 2009 年，2009 年至 2011 年回老家读学前班和一年级，2011 年来穗读二年级至今。

问：那你觉得广州好还是老家好，有没有想过？

刘：各有各的好吧，毕竟老家吧，也有许多好玩的地方，广州的话就是说可以吃到家乡吃不到的东西。有一些就是说，现在上初中了，有种进入社会的（感觉）。

……

问：那平常父母会给你零花钱吗？

刘：会的，因为一般中午嘛，都是出去打吃的。

问：学校没有食堂吗？

刘：学校有食堂，但是我们都比较喜欢外面的那种东西（笑），这样可以每天吃不同的，学校的话，每天都是饭，对于我们现在这些学生，是习惯不来的。

问：那爸妈一般都会给你多少零花钱呢？一天给一次呢，还是一个月给一次呢，还是一周？

刘：一周给一次。

问：大概会给你多少钱呢？

刘：会给 100，算中午饭、早饭，然后用了一周。

……

问：你喜欢广州吗？

刘：（停顿 3 秒）在老家会觉得广州好，在广州就会觉得老家好。

问：觉得老家哪里好呢？

刘：就是在老家，会自觉地早起床，可以呼吸到新鲜空气，经常出去溜达的那种吧。

问：那在广州……

刘：在广州有种想赖床的心理。

问：为什么呢？

刘：不清楚，（笑）也许在老家出生，去老家有种熟悉感，好久没回老家，对老家的怀念吧？早起床出去看看，溜达溜达。

流动儿童的感受是直观的，而且往往直接关涉于身体。案例 9 与案例 10 都提到了“吃”，并且因为广州有更多的“吃”和更好的“吃”，所以他们会觉得广州好。“到达一个文化的核心的最好方法之一,就是通过它的肠胃。”[①] 在这里，“吃”作为一种基本的生理需求，直接引导了流动儿童认识城市的方式。事实上，“更多的好吃的”诉说的不再是进食，而是关于食物获取的方式。作为特大都市和美食之都的广州，有关食物的“消费”不仅异常丰富，而且关联着“广州人的文化行为和心态”。流动儿童在适应城市生活时，首先面对的就是大城市中的商品对人的消费模式的建构。随着小学阶段逐步培养起来的知识技能与社会技能，“儿童感到自己有能力”[②] 的过程也伴随着儿童对城市消费回应能力的增强，而这一点又直接通过饮食消费回馈到儿童的身心体验上来。案例 10 中刘 CE 由于进入初中，学校和父母都开始给他更大的活动空间，他也由于从父母那里获得“伙食费”而有了自己一定的可支配资金。他开始跟学校的其他同学一起，通过校外消费食物的形式，学习如何安排资金的使用，如何购买社会服务以及形成对消费观念的初步感知。所谓“对于我们现在这些学生”，背后并没有一个清晰的标准答案。通过访谈发现，刘 CE 是一个人际交往较好的孩子，不仅经常参加学校团委组织的活动，还热爱跳舞，尤其是喜欢街舞和鬼步舞，“潮一点”是刘 CE 对自己爱好的评价。在她把自己归类为“我们这些学生”的过程中，即表明了她对自己身为学校中某一团体的身份认知（如舞蹈团），又有她对广州流行文化的把握（潮文化）。而这种身份认识又促使她迎接一种积极的消费观念以及通过饮食消费带来了对广州认同的新的理解。

由此我们可以发现，流动儿童的身份认知与研究者一般设想的认知方式存在很大的不同。进城务工人员、政府官员以及研究者在预设流动儿童时，往往基于自身已经建立好的一整套对“农村 – 小城镇 – 大城市”的认识经验，来讨论他们的认同基础。在对“广州本地”和“外地农民工”的二元划分中，体现的是“我们”眼中的他者，或者“我们”眼中的流动儿童。深入体验流动儿童的身份认同表明，本地儿童并不一定形成了清晰的“城 – 乡”结构差异关系认识，流动儿童也不一定具有对“农村 – 小城镇 – 大城市”的结构差异所带来的诸多问题的体验与认识。在作为基础教育的儿童社会化初期，学校生活实际上

---

① 张光直:“中国文化中的饮食”，选自尤金 · 安德森《中国食物》附录，江苏人民出版社 2003 年版，第 250 页。

② 理查德 · 格里格，菲利普 · 津巴多:《心理学与生活》，人民邮电出版社 2003 年版，第 306 页。

是儿童认知经验的重要来源，有关人际交往的技巧、对友谊的理解以及进入城市市场的行为初探更多地来自于学校内部的“同学关系”。“同辈群体的交往是个体培养其所必需的交际能力和交际品质的重要方面，孩子之间的平等交流是最纯净的，也是促进城乡青少年人格健康成长的最直接方式之一。”[①] 案例 9 中的万 X 就表示：“玩得好就玩得好，如果理他是什么人的话，友谊就不稳固了。”

此外，在对有关家乡的认识中，认同的偏转往往是依据对细节的把握和对趣味的直接体验。

【案例 11】林 JM

林 JM 今年 14 岁了，目前读初二。他是一个有些腼腆的大男孩，眼睛很大，很喜欢笑，脸上的青春痘诉说着他正在长大。比较令人惊讶的是他喜欢街舞和鬼步舞，因为他看上去没有一点韩流，可能是他校服里的身躯藏着不安分的情愫。林 JM8 个月时就来到了广州，从小学到现在一直在广州念书。

问：因为你 8 个月就来广州了，所以会不会对老家很陌生？会不会每次回去，还是感觉广州好？

林：不会。

问：老家和广州在你心目中是一个什么样的位置呢？

林：在老家，比广州无聊吧，没什么地方去，不认识哪里，在老家也没有什么朋友。

问：那你为什么说还是老家好呢？

林：无聊，但是那里的东西……怎么说呢，比这里更加新奇吧。

问：广州对你来说已经不新奇了，是吗？

林：对！（笑）

问：是不是在老家待一段时间就不想回来了。

林：嗯，就是有点舍不得。

---

① 连磊：“农民工随迁子女人格成长问题及干预”，长安大学硕士学位论文，2009 年。

【案例 12】刘 HX

刘 HX 是一个 12 岁的男孩，现在读七年级，平时爱好上网、阅读。刘 HX 的老家是湖南衡阳，但他在广州出生。据他说，他之前没有一直在广州读书，三年级之前在老家读书，四年级来的广州。

“那里不怎么好，好朋友倒是有一些，但来广州也没有那么舍不得。”

来广州之后的 HX 与之前的好朋友没有了联系，他觉得现在的学校更好，主要是环境方面更好。

“之前的学校卫生很差，特别是上厕所的。”

与广州比起来，他表示更喜欢老家。

“在老家有很多亲戚一起玩。”

他不会说粤语，但会听，想学粤语。

“在学校很多说粤语的，老师上课不会说，下课会说。”

“我也喜欢广州，广州很多玩的地方，但有的地方卫生很差。不过还是想回老家，在老家比较自由，没有人管。”

案例 10 与案例 11 都说明了在广州生活一段时间的流动儿童对家乡的态度。刘 CE 觉得老家有很多“好玩”的地方，而林 JM 则明确表示广州已经不够新奇了。这一方面是因为在广州上学以后，一般回老家都是节假日，孩子处于一种“放假”的状态，另一方面也由于家乡相比广州来说，处在经验上相对空白的状态。而从案例 12 可以看出，在评价家乡和广州两个地点时，常常因为单一因素带来的强烈直观感受，从而决定了说出的答案。刘 HX 在访谈中一直强调在强调卫生的重要性，在家乡学校上厕所的糟糕体验使得卫生因素成了他好恶评判的最终要标准。从以上案例可知，家乡对流动儿童来说，有的已经接近于“异乡”的状态，有的则是某段具体经验感觉的缩影。处在社会化初期的儿童具有一定的适应与接受能力，这一点也被其他社会学研究所证明[①]。在这种成长的可塑性中，信息的接收与转换常常基于有限的从而使特定的经验记忆以及直接的身心感受，从而形成多重的认同心态。

① 王晓燕:“农民工随迁子女学校适应性的比较及相关因素分析”，载于《当代教育与文化》，2010 年第 1 期。

（二）“不在场”的朋友圈：流动儿童的居住环境、社会服务与交往方式

城市空间并不是均质的空间，城市空间或经由知识专家的设计，或被资本的运作所安排置换。空间可以“潜入各种行为之中，成为分类和理解的原则”①。空间并不是空无一物的，空间的存在、人进入空间的权力以及空间对人行为方式的作用，受到空间中既存的或被规约的社会关系的作用，这是后现代理解空间的重要出发点。就如学校作为流动儿童进入城市的重要场所一样，流动儿童进入城市空间是按照一定的国家社会化要求，遵照市场对劳动力的需求来安排的。这涉及流动儿童的家庭在城市经济体中所处的位置以及行政制度对城市空间的外在影响。然而，空间的安排又不全然是结构性的，在统合日常实践的“表征的空间”②之上，人们日常生活的能动策略和作为从“习惯和规范”的出发的对“近在咫尺的价值观念”的反抗③时时上演。这要求我们重新审视在“城市空间的进入权”④背后个体实践所生产的空间张力。进城务工人员所开拓的城市生活空间，即使在资本和行政的捆绑中也依然不是福柯所说的“圆形监狱”，被不断要求的“居住登记制度”恰恰从侧面反映出了福柯所说的“疯人船”早已开进了城市之中。

流动儿童虽然受到家庭和学校的保护与限制，但并非是空间的被动接受者，尤其是在信息时代，作为“人类的延伸”的媒介不但让流动儿童可以超越自己被限定的空间从而实现更大范围的社会联系，而且在某种程度上他们还超越了其父辈进入了城市文明的中心。接下来，我们将对流动儿童利用活动空间进行探讨，包括流动儿童居住的社区空间、利用城市社会服务的公共空间以及通过媒介与网络实现沟通的虚拟空间。

---

① 福柯：《性经验史》，上海人民出版社 2005 年版，第 29 页。

② Lefebvre, Henri, “The production of space”, Blackwell Publishing 1991.

③ 斯科特：《弱者的武器》，译林出版社 2007 年版，第 424 页。原文为“反抗者所护卫的价值观念不但近在咫尺而且熟悉常见。他们的出发点是一些习惯和规范……”

④ 列斐伏尔：《空间与政治》，上海人民出版社 2015 年版。

【案例 13】刘 LQ

刘 LQ，今年虚岁 14 岁，平时比较活泼好动。

“我现在刚上初一，在轻纺城的春晖学校念。我的老家在梅州，家里有父母、两个妹妹、一个弟弟，我是最大的那个。爸爸在深圳，我和妈妈、妹妹弟弟在广州。一开始我不在广州念书，四年级才来的……这个学校的同学大多都是外地来这里的，很少本地人。家附近的话，也不太认识，不清楚他们是不是广州本地人，反正我的朋友里没有。”

【案例 14】陈 AQ

问：有和你一起同行的小伙伴吗？

陈：有的，有时候我去她家等她，晚上就一起回来。

问：她是你最好的朋友吗？

陈：对的，就是她（谢雨欣），我们俩家就隔着一条公路，就走过去就好了。上初一的时候就认识了。

问：放下学都是你俩一起吗？

陈：嗯，放学的话，就四个人一起。先送一个到路口，然后再送我到我家楼下，另外两个小伙伴再自己回去。

调查中，流动儿童的居住地点离学校都比较近，如前文提到的，这与父母在选择学校是更看重距离有关。一些学生如案例 14 会因利用距离上的便利，通过上下学而加深伙伴关系。但由于各家庭在来穗打工时大多并没有强大的血缘网络或地缘网络可以在形成较为稳定的居住空间，无法像“浙江村”那样形成统一的居住格局。虽然大都离学校不远，但分布零散，同学关系并不能在同一小区内延展，如案例 13 一样。但这并不意味着伙伴关系仅仅在学校中维系，流动儿童会利用周末时间、平时休息时，通过线上线下维系伙伴关系。

【案例 15】江 JX

江 JX，出生在广东汕尾，七年级。他是家里最大的孩子，他还有两个妹妹、一个弟弟。他们全家六口人，现在都住在广州。江 JX 在老家时，他跟爸妈、爷爷奶奶和大伯们一起生活。江 JX 一年级的时候跟着爸妈来到广州读书。由于江 JX 刚来广州时年纪比较小，所以他现在对老家的好朋友没有印象了。江 JX 人缘好，在广州也交到了很多好朋友。

江 JX 表示，在家附近就有许多小朋友，他们经常一起玩。

“有七八个好朋友，我们经常一起玩儿。他们有些的老家也是我们那儿的。有些是其他学校的学生，我们爸妈工作的地方一样，所以就认识了。”

平时写完作业后，江 JX 的娱乐方式更多的是“玩儿手机、打游戏、看电视”，但这并不会影响他与朋友们的联络，因为“大家都玩手机嘛”。在游戏中也会与不认识的人互动。平时到了周末，江 JX 会和小朋友们一起玩。但对于周边的环境，江 JX 表示，“都是老地方，没有好玩儿的。在那儿待了四年了，每条街都很熟悉了”，“就走来走去的，也没有什么好玩儿的。”除了经常出入附近的公园外，他还去过广州的烈士陵园，并表示如果有机会愿意去其他的博物馆看看。

即使学校的伙伴关系不能顺利在社区空间中延展，但流动儿童依托他们家长作为劳动力在城市生产活动中所处的位置与社会关系，可以让伙伴关系在校外以不同的关系展开。也正是在这个基础上，流动儿童的社会关系才真正超出学校的范围，以城市的生产活动为背景展开最初的社会交往。在此，以职业为依托的家庭联合也开始试图寻找一种新的“团体格局”，从而有望通过家庭让“农民工问题返回到生产的中心性”①。然而这仍然是农民工的社会问题，作为随迁子女来说，“生产的中心性”还距离较远。更多的情况是，流动儿童并非依靠物理空间进入到城市社会互动中，而是通过虚拟空间进入到城市生活中去的。这不仅使得同校的伙伴之间具有更大的互动空间，也使得跨校的互动成为可能。

【案例 16】李 JY

李 JY 今年 13 岁，是一个开朗、相对健谈的姑娘。她出生在广州，祖籍在广东湛江。从学前班开始她就在广州念书，现在读初二。家里一共有四个兄弟姐妹，她是老三。她的哥哥姐姐都在湛江读高中，她和弟弟两个人在广州读书。

① 沈原：《市场、阶级与社会：转型社会学的关键议题》，社会科学文献出版社 2007 年版，第 178~191 页。

问：那你们现在住在哪里？

李：现在住在海珠区，那个瑞宝。

问：瑞宝？是在轻纺城那一块吗？

李：大概吧，我不知道，我不清楚。(笑)

问：离这里远吗？

李：我家离学校应该要走十五分钟的路程。

问：那平常都是走路上学咯。

李：嗯。

……

问：那你现在在这边有很多好朋友吗？

李：我有一个好朋友在蓝天初中，然后其余的朋友好像都在这边。

问：这个蓝天中学的朋友以前跟你是同学吗？

李：是的，他就是从小学毕业的时候就转去那里。他报名，那个蓝天就录取他了。

问：只要报名就会录取吗？

李：他还要考试，不过我好像听说，只要是广东省户籍的话就不用考试，直接录取，只要看你以前的成绩什么就好。

问：那他现在在那里还好吗？你们会相互比较吗？

李：会，当然他的成绩比我高。

李 JY 表示，自己平时也比较喜欢玩手机，跟朋友联系一般也是通过手机。由案例 16 可知，流动儿童并没有因为物理空间上的间隔而中断联系，而是通过手机、电脑等实现在虚拟空间的在场。这种虚拟空间的利用不仅仅在流动儿童中间，而是作为城市生活的一部分。由于城市基础设施较好，有网络覆盖的地方实现了一种扁平化的联络，这与现实生活中的结构隔离形成显著的分别。扁平化联络使得个体可以超越具体空间的限制，更有利于形成一种超越学校的城市伙伴认同。在案例 13 中，刘 LQ 就表达了这种明确的伙伴身份认同，这种伙伴认同往往以年龄为依据。

“周末妈妈有一天休息，可能会带我出去玩。她一般带我们出去的话，就去海珠儿童公园或者海珠湖，因为我有个妹妹比较小。但我不喜欢去，感觉好幼稚，但是她老是拉着我去，说闷在家里有什么好的，去走一走比较好。每次说去海珠儿童公园，我就会比较尴尬，那些都是小孩子，我已经这么高了。”

依托这种伙伴关系，流动儿童可以在一定程度上实现从家庭空间向都市空间的互动拓展。这种互动也因为上文中的网络的使用而有了更自由灵活的形式。但在网络中，不仅流动儿童与学校的伙伴间实现了互动，学校也会利用网络来促进教育空间的延伸，这一点在案例 4 中明显地表现了出来。陈 FY 对广州的积极评价中重要的一点，就是广州手机和网络比较方便。

问：那像你有手机吗？

陈：有。

问：学校里可以用手机吗？

陈：不可以，不可以带。

问：那手机是什么时候用呢？

陈：手机的话一般是晚上回家的时候用。

问：晚上回家还要联系什么呢？

陈：晚上回家的话，我们上了初三，一般会在班群上发作业。

问：微信群？

陈：嗯。

问：那老师都是用微信通知大家？那没有手机的，岂不是连作业也收不到了？

陈：不会，因为我们班几乎每个人都有手机，或者电脑，电脑都可以。

手机和电脑的广泛使用，使得城市空间发生了巨大的变化。场景的转换不再必须依靠人的流动，人们可以通过网络来实现一种“在场可得性”[①]。学校通过使用“微信”使得教育空间由学校扩展至了零散的流动儿童家中。流动儿童通过使用网络，增强了他们的社会行动能力，使得原本限制在家长权威与社会权威中的个体可以脱离生活的等级化，实现一定意义上的自由空间的创造。这种自由空间和生活空间一起，构成了流动儿童日常生活的多维面向，也是他们进行自我身份界定，学会在生活中实现角色的转换的重要过程。案例 13 中，刘

① 吉登斯：《社会的结构》，生活 · 读书 · 新知三联书店 1998 年版，第 203~206 页。

LQ 的家庭对她管理比较严格，“我妈要求每天六点之前一定要回家，不然就不给我进门”。由于附近没有同龄的朋友，她也不能跟朋友去较远的地方，但是她会使用手机与朋友联络。手机的运用使在家庭生活中的刘 LQ 得以实现自身身份更多元的转换：

“妈妈比较严厉，如果看我回来就开始写作业的话，她就会说我们现在很享福，什么事情都不用做，只用写作业。她会说她小时候就帮家里做很多事情了。然后我就知道她的意思了，就先帮她洗菜做饭，再写作业。在家里，碰到不会做的作业时，会问爸爸。有时候爸爸不在家，手机不是有作业帮吗，我就上去搜索，然后自己理解就好了。”

写作业的刘 LQ 是在以学生的身份完成自己的义务，而“知道她的意思”则是明白自己作为女儿时应该具备的家庭义务。而当父亲不在，自己并不能作为女儿获得家长在教育上的指导时，手机软件通过网络让她实现了自我学习。此时的刘 LQ 是作为独立的人应用一种“技术”来解决学生身份遇到的麻烦，而这种“技术”作为网络软件，也以一种“服务”的方式让她不知不觉地直接身处于市场之中。

从学校空间到家庭空间、从生产领域到虚拟网络，可以看到流动儿童的社会互动过程并不是被动的，也具有积极的主动性。但整体而言，可供流动儿童实现社会互动的空间较为有限，这主要是因为作为城市社会服务之一的公共空间建设相对落后。在访谈中，学生要不就是表示周围缺少公园，要不就是对周围环境的单一表示厌烦。城市公共空间建设既包括空间的物质设施，也包括公共服务和公众活动。就如博物馆、科技馆等公众教育空间一样，虽然一些流动儿童表示去过，但由于父母的时间和他们行动能力的范围有限，使得这些教育空间并没有能很好地向流动儿童真正开放。公共服务和公众活动并不是城市公共空间的辅助，而是和城市公共空间同样重要的内容。公共服务和公众活动开展得好，可以有效地利用现有公共空间，而利用得不好，则会浪费新建的公共空间。

（三）目标断裂与行为统一：操作主义下的“成绩观”

以流动儿童为出发点，我们不仅要讨论流动儿童的认知方式和实践策略，还要考虑流动儿童的认识对象以及对象的认识活动对流动儿童的影响。事实上，在传统以调查问卷为主的社会学研究中，流动儿童心理状态的客观性是被组织出来的。换句话说，流动儿童实际的心理状态是经由多重客观化所表现出来的。问卷的问题以书面的形式和有限的回答对人的内心活动进行了第一重的客观化，社会学家根据回答的问题设想调查者回答问题时的这种心理状态是其第二重客观化，众多的调查者的心理状态形成了某一类人的集体心理特征是其第三重客观化，而这种心理特征作为结论被引用到其他时空的群体研究中是其第四重客观化。每一重客观化就像一层面纱一样，经由这四重客观化，虽然可以实现大范围研究的可能，但却给归因造成了一定的诱骗性。这也是为什么众多有关农民工随迁子女的社会学研究往往结论各异但归因相似的原因。虽然定性研究给数据的归因带来了一种补充，事实上现在的社会学研究也倾向于这么做，但还不够具体。就心理状态而言，一种研究的科学活动的假设应该从日常时间的话语分析而来，这也是叙事研究对社会结构理论能够有效补充的原因所在。因此，本课题也试图以话语分析的方式实现“增生原则”[①]所倡导的理论思索。

流动儿童的心理认知并不是一个单向的过程，他们的社会化过程也是家庭中的父母社会化的过程，因为“社会化是一辈子的过程”，“父母改变儿童多少，儿童就改变父母多少”[②]。同样，学校也不是固定不变的，尤其是学校中的教师一职。教师本身也面临着生命的成长和职业的成长。于是围绕着孩子的成长，流动儿童的认识成为一种“连续不断的构建活动，源自主体与客体之间的交互作用”[③]。这种老师、家长和孩子的交互过程集中体现在了有关孩子的教学上，或者更确切地说，集中在了有关“成绩”的认识上。我们也将从流动儿童的话语中，认识有关“成绩”的交互过程。

首先，教育公平是一个敏感的话题，他不仅是一种道德要求，也是一种政

---

① 黄光国：《社会科学的理路》，中国人民大学出版社 2006 年版。

② 理查德·格里格，菲利普·津巴多：《心理学与生活》，人民邮电出版社 2003 年版，第 306~307 页。

③ 黄光国：《社会科学的理路》，中国人民大学出版社 2006 年版。

治正确。进而所有的政府文件中都三令五申“公平”的重要性。如国务院对农村教育的要求就明确说:“发展农村教育,使广大农民群众及其子女享有接受良好教育的机会,是实现教育公平和体现社会公正的一个重要方面,是社会主义教育的本质要求。”对于进城务工的流动儿童父母来说,公平不见得是学费与赞助费的问题,而是一种尊重的问题。就像前文作为清洁工的母亲希望学校不要瞧不起“清洁工的孩子”一样。而对老师来说,公平既是教师职业道德的一部分,同时也是具体实践上的行动准则。如访谈中李 Q 就表示:“我觉得我们的老师没有很明显的偏心的情况。班主任经常自己也强调,她不会偏向谁。”于是教育公平对老师来说,不仅是行为要求,还是一种正规的需要不断被强调的教育表述。这种教育表述在话语重复的作用下会被学生所接受。然而在国家、父母和老师都认可教育公平的情况下,在孩子的认知中依然会有一种“老师的偏向”。这种“老师的偏向”往往不会被表述为歧视或者偏心[1],而是一种“喜欢”。

【案例 17】刘 JF

“如果从自己的角度上来看,会觉得老师有偏袒的情况,但从别人的角度来看就没有。”

“我觉得老师更喜欢成绩好、乖巧、听话懂事的那种学生。”

案例 17 中对“偏袒”个人体验的补充说明,不太像是一种刻意追求中庸和免责的交际技巧,因为访谈是单独进行的且访谈者年仅初一。进而从中可以看出,“偏袒”的定义不但发生了偏转,形成了两种叙述主体,而且叙述者认可了两种视角的正当性。刘 JF 所要说明的是,陈述“老师的偏向”并不是一种道德上或政治上的审判,而仅仅是个人的主观的情感判断。流动儿童的这种判断是广泛存在的,并且以相似的表述呈现。

【案例 18】刘 LQ、LDW、韦 ZY、龙 DY、幸 YD

刘 LQ:“我觉得老师多少有一点偏心吧,偏心学习成绩好一点的。”

① 很多孩子在采用偏心一词时或者听到被问到这个词时,都采取一种捉摸不定的态度。他们不知道这个词的意思应该被理解为歧视,还是作为一种个人的情感偏向。

LDW："老师就是喜欢那种成绩好的（学生）吧，要不就是乖。"

韦 ZY："老师平时都喜欢听话的，自觉能力很好的，平时的话成绩还可以的学生吧。"

龙 DY："我觉得老师有一点偏心吧，感觉所有的老师都会。"

幸 YD："我觉得老师肯定会偏向一些乖巧、成绩好的同学。"

案例 18 收集了五位学生对老师偏袒问题的明确表述，其中都强调了"成绩"作为偏袒的评判标准。在此可以看到，"老师的偏向"与"成绩"之间，具有某种话语关联。这种关联不是统计学意义上的，而是叙事类型上的。"成绩"与"老师的偏向"的表述构成某种母体，成为一种潜在的叙事方式。这种方式可能是以肯定表述出现的，也可能是与其他条件相关联的。

【案例 19】XC

XC："当然是对学习好的学生了，不过老师也很关心学习不好的学生，有时反而忽略那些学习好的学生。"

【案例 20】谌 ZY

谌 ZY："我觉得大部分的老师都不会偏心，可能有一些老师确实会。他们会更喜欢成绩好的学生。"

案例 19 中 XC 用"当然"引出了这种叙事，但随后又以"成绩"来强调了一种相反情况的存在。而案例 20 中，ZY 以部分肯定的方式强调了这种"老师的偏向"。作为母体的"老师偏向成绩"本身并不涉及价值判断，它与公平的判断被细致地区分了出来。

【案例 21】孔 JJ

孔 JJ："我觉得老师不算偏心吧，会更喜欢一些成绩好的学生，但是成绩好的同学犯错了也要受到惩罚。"

案例 21 就是这种区分的典型情景。老师会惩罚触犯了学校规则的任何一个学生，这是制度所要求的正义，教师对制度正义的遵守会被认为是不偏心的公正。但"会更喜欢一些成绩好的学生"则被表述为对提问者的核心回复。

仔细地讨论“歧视”与“公平”背后的含义是理解流动儿童与教师互动的切入口。这里强调“老师偏向成绩”的母体，并不是为了说明教师的潜意识对行为的影响，因为大家都明白“成绩”的重要性。“老师偏向成绩”的母体的真正意义在于，理解话语意义是怎样生成的。“成绩”作为一种客观对象，并不是教师行为的意义或学生表达行为的目的，而是一种意义产生的方式。在对“成绩”的把握中，涉及了师生的一系列行为以及这些行为带来的一系列结果。而价值判断并不是“成绩”带来的，而是位于行为链中不同的人在不同的时期得到的反馈。以案例 10 为例，刘 CE 在对老师行为的认知中，有过如下表述：

问:“那老师一般会不会偏心？偏爱那些成绩比较好的同学？”

刘:“应该会吧，因为那些成绩坏的同学吧，一般就是说比较调皮、很贪玩的那种。成绩好的同学就是说下课有认真学，不会说调皮啊、很捣乱的那种。”

问:“那老师会比较喜欢广州的同学吗？因为老师是广州人嘛。”

刘:“那就不会，老师的观点就是学好他教的东西，这个就是重点了。就是说可以把他教的课学好、考试考好就好了。因为我们考得好，他也很自豪的，毕竟我们是他的学生。”

在这里我们可以清晰地看到，“成绩”背后是教师和学生的一系列行为。老师上课教学，同学在课堂下听课，学校组织对有关教学内容的考试，学生参与到为考试而进行的一系列准备、实施和后续回馈活动中。在这一系列活动的每一个阶段，都可以产生不同的价值判断，如刘 CE 说的“把他教的课学好”“考试考好”“他也很自豪”（课教得好）以及未被提及的上文中出现过的“把‘错误’总结好”等。在这里，“成绩”是一个操作主义的认知方式，即“集中于操作活动本身与概念的联系，集中于概念的产生、形成和变化，集中于过程”①。操作主义下的“成绩”实际上表达了教师与学生在学校众多行为的意义范围，学校中的众多的教学行为只有围绕着“成绩”这个概念才能够理解、执行和评价。所以对于儿童来说，“成绩”的偏心并不是老师的不好，而是学校里的实践行为和自己在这种实践中所处的位置之间的紧张关系。学生和老师都明白他们行为的意义，但学生仍然会在不同时期处在行动的不同评价之中。比如从听课、

① 杜云波:“操作主义的产生极其影响”，载于《自然辩证法通讯》，1983 年第 4 期。

平时作业到考试都“不好”，或者听课认真但考试不好。以“成绩”为概念的学校实践活动所产生的评价是多点的，进而也可能是多元的。如案例 17 中的刘 JF：

“成绩是会拿给爸爸妈妈看的，但是他们就不会说‘你为什么考得这么差’这种话。因为他们认为成绩是次要的，只要学多一点知识就可以了。爸爸妈妈有打过自己，一般是因为自己做错事情不承认，但不会因为成绩而打骂我。”

刘 JF 的父母并不会因为成绩的高低而责备或者打骂孩子，而是教导孩子“成绩是次要的”。这里的“成绩”仅仅指的是分数的高低，而肯定了学习的过程。但这种操作主义式的“成绩”并不稳定，实际上同操作主义一样容易滑向一种实用主义，进入到一种简单的法伊尔阿本德式的“怎么都行”[①]。但当“成绩”变为“成绩高就行”时，原有的实践过程就被简化了，成为一种权力的简单运作。这一点在另一些家长对孩子“成绩”的反馈中凸显了出来。案例 13 中刘 LQ 会因为成绩经常跟父母互动：

“如果考试考得不好，我会比较担心，不太敢拿试卷给妈妈看，怕她大发雷霆。第一次小学升初中的时候，发下试卷，我心想，回家肯定死定了。但是，平时成绩还是会跟妈妈说，妈妈会比较生气、会骂我。每次考不好，我就可以想到她的台词。她会说以前没托管的时候，成绩还好一些，现在越来越差，还不如不读了，让你打工算了。我跟她解释，她会越来越生气，因为她做事比较认真，性子比较急。”

对于刘 LQ 来说，父母的情绪并不会因为学习过程而变化，而是因为成绩的高低而变化。甚至成绩低直接会导致“让你打工算了”。在这里，成绩被当作分数并对评价做出直接的因果判断。学校的成绩不仅成了父母心情的晴雨表，并且这种从成绩得来的父母评价处于一种不能解释的权威性之中。权威性的直接后果就是把“工作”表述为一种命令（让）。当然，并不是所有的父母在这种对成绩的简单使用中都如此的“性子急”，他们会以不同的方式来表达对作为结果的成绩的认识。如案例 10 中，刘 CE 在被问到父母关不关心他的成绩时就表示：“小学的时候比较关心，上了初中后，他们知道我比较自觉，就把心思全部

① 【美】法伊尔阿本德（Paul Feyerabend）:《自由社会中的科学》，上海译文出版社 1990 年版，第 35 页。

放在我弟身上了。”这种心思的转移，简单地对其学习行为做出了依据成绩（分数）的评价。

调查中发现，相比于学校的教师来说，父母更容易滑向一种简单的实用主义“成绩观”，这不仅仅是流动儿童的父母普遍处于低学历的原因，他们并不是不能发现孩子平时的学习过程或者无法对平时的学习过程做出评价，而是从学校拿回来的成绩对流动儿童父母来说并不能直接产生异议，因为学校空间中依据“成绩”产生的行动并不能作用在流动儿童父母身上。换句话说，他们与“孩子－老师”的共同行动之间没有产生同质性的互动。学校与父母的联系，除了家长会及有限的家访之外，更多的是围绕着考试单展开的。“老师会发通信给他们，告诉他们试卷发下来了，然后我们就要把试卷给他们看，然后签名。”在流动儿童父母工作普遍较忙的情况下，平日作业也不一定在父母的监督之下。这使得父母对他们孩子成绩的理解关乎的是另一套行为，即自身所处的生产活动的行为。在案例 5 中项 MY 就表示：“他们（父母）就跟我讲一些道理什么的：‘成绩要是好的话，以后出来的话有更好的生活’”。

【案例 22】林 BE

问：你的成绩怎么样？你对你的成绩满意吗？

林：第 30 名左右吧，不满意。

问：你考得不好的话会难过吗？会告诉你爸妈吗？你爸妈说你吗？

林：会难过的，但是爸妈已经放弃我的成绩了，从五年级就放弃了。

林 BE 表示，虽然爸爸会偏向自己一点，但是妈妈更喜欢弟弟，因为弟弟成绩好。之所以说“五年级就放弃了”，是因为林 BE 觉得父母并没有打算支持她继续读书，而更可能的是尽快去工作。她明白读书多了才可能“有更好的生活”，进而对自己的未来表示“没有想过，成绩不好，所以不太敢想。”

当学校中的教师以一种学校教育实践为内容的“成绩观”来与流动儿童互动时，流动儿童的父母又以一种以生产活动行为为主的“成绩观”来与孩子互动。于是在这两种互动过程中，学习行为对于孩子来说呈现出一种价值断裂的状态。他们知道成绩在不同的时候会引发不同人不同的态度，但不知道学习本身稳定的价值内涵。进而他们对学习行为呈现出一种“蒙太奇”[①]式的理解。

【案例 23】LDL

“我的成绩一般吧，不好不差那种。因为我是英语带读，就是领读的，平时英语成绩也会比较好一点。如果考差了，感觉好像没什么面子，不好意思。平时成绩很少跟父母提，他们问的话就说，不问的话就很少提。他们也不会说什么，考得太差的话，就会鼓励你咯，叫你下次加把劲。六年级的时候我有上过补习班，但是没补多久，就不上了，我爸妈说没必要了。如果以后还有补习班，我还是愿意去上的，学起来也有新的朋友。但是上到初一的时候，我成绩基本都下降了，小学的时候还挺好的。大概是因为数学物理会拖后腿吧。现在比较担心，化学还没学，应该下下学期，初三才学。老师总是说物理很简单很简单，比地理还简单，我觉得难死了。我希望及格就好了。”

以 LDL 的成绩，恐怕很难留在广州，这在他父母对孩子将来升学是选择了随工作稳定就可以看出来。父母放弃给孩子补习，可以看作前文父母对孩子成绩的一种实用性回应。但对 LDL 来说，成绩既是学校安排的教学活动，包括“很难很难”的物理以及将要学习的化学，也是一种伙伴之间的面子。既是因为成绩差被父母放弃的学习班活动，也是因为可以提高成绩时的一种认识“新的碰朋友的”的方式。对于流动儿童来说，“成绩”是一种不可被规约的多种行为和不同的评价。

正是在以“成绩”为中心的互动中，学校的教育实践系统和流动儿童家庭的生产实践系统既分离又重合。流动儿童在这种分裂中积累着对于学习行为的经验片段，进而导致流动儿童对学习本身呈现出不一样的成长感受。

（四）“这边不自由”：城市学校教育的轴心范式与自我规训

教育对流动儿童来说意味着什么？这个问题经由前文的分析已经可以看出答案的复杂性。流动儿童的教育问题不仅仅是知识授予的问题，还是教育空间

① “蒙太奇”（Montage）是音译的外来语，原为建筑学术语，意为构成、装配。经常用于三种艺术领域，可解释为一种片段式的、跳跃式的意义理解过程。

转换确立的过程。教师从私塾转至学校的过程，同时也是国家权力进入传统家庭的过程。正如前文在对流动儿童多重认同的分析那样，在这一过程中，流动儿童的社会认同经由学校空间内的经验积累而具有超越地域性的认识。事实上，学校教育不可能允许地域歧视，这从所有的因为地域而来的教育公平问题都被转化为一种“城－乡”叙事模式中就可以看出来。把流动儿童区分为广州与外地，进而讨论广州认同是没有意义的。在国家体制内部，学校本质上对地域歧视的拒绝是以爱国主义教育为依托的，民族国家中国家身份与地域身份的统一使得学校本质上是“国家的学校”，或者至少不会是某一家族或地域共同体的学校。在这个意义上我们才能理解流动儿童向中心城市聚集并进入学校体制之内的基本意义，并只有以此为基础我们才能够理解流动儿童学校教育的另一个层面，即社会区隔的层面。

城市学校作为跨地域共同体，通过“整齐划一的教学方式及统一的知识和语言”[①]，使得不同地域的，尤其是拥有一定乡土性和不同族群文化的流动儿童形成统一的生活习惯和认知习惯。在这当中，学科划分与基础教学自然是非常重要的一块，但却也是一种相对“高级”的方式。流动儿童更多的不是通过获取知识来获得社会化的，而是通过福柯意义上所说的身体的规训来达到的[②]。

在访谈中，所有流动儿童都表达了一种极强制度性的学校纪律对他们的约束，如案例 3 中刘 XC 对学校生活有这样的描述：“我一般是六点半起来，然后走路来学校。一般 5 分钟就到了。学校七点四十开始早读，八点半开始上课，但老师一般要求我们 7 点 35 前到班上做好。……会的，当然会罚啦，会罚站，但这个学期我没有迟到过。下午的话以前是三点四十就放学了，现在要 4 点钟，如果托管的话五点四十放学。”

刘 XC 对自己的学校生活有着清晰的认识，这表现在她对学校时间规定有着深刻的记忆。每一个时间点都代表了不同的行动，而且不同的人还会对时间做出更细致的要求，而不遵守时间则有明确的惩罚活动。事实上，每一个学生都对这种钟点式的“自然时间”有着深刻的理解，即使是觉得物理“很难很难”

① 乌尔里希·贝克，伊丽莎白·贝克－格恩斯海姆：《个体化》，北京大学出版社 2011 年版，第 37 页。

② 福柯：《规训与惩罚（修订译本）》，生活·读书·新知三联书店 2012 年版。

的 LDL。对时间的准确把握基本上是每一个流动儿童进入城市后学习的第一件事，这意味着学生们在学习牛顿定律之前，就已经通过理解“时钟加以组织的时间规律性”来认识“现代机器文明”了[①]。

这种理解过程伴随着的是对原有“社会时间”的身体习惯的挣扎，他们通常以“赖床”的形式表现。如案例 18 中的韦 ZY 表示：“冬天会赖床，但是都起得来，闹钟多设几个就行了”。龙 DY 则说“要挣扎半个小时”。幸 YD 也说：“早晨一般六点半起床，会出现赖床的情况，但是都能起得来”。“赖床”的背后是城市学校制度对流动儿童身体训练的一部分，也是工业化的城市生活对劳动力训练的一部分，这一点虽然流动儿童没有清晰的认识，但可以发现钟点时间所蕴含的与传统社会的差异。这种认识在案例 10 中非常明显。在刘 CE 表示上了初中“有种进入社会的（感觉）”之后，她马上说出了在家乡生活与现在这种“进入社会的感觉”的差异：

“在老家会觉得广州好，在广州就会觉得老家好。就是在老家，会自觉地早起床，可以呼吸到新鲜空气，经常出去溜达的那种吧。在广州有种想赖床的心理。”

老家的自觉起床和学校生活时的“赖床”成为刘 CE 对两地生活差异最直观的感受。有的时候，这种直观感受以一种“自由”的论调被表述出来。以案例 3 为例：

“我对老家挺熟悉的，每年都会回去。感觉两边都还可以吧，上学的时候喜欢广州，放假时候喜欢老家。因为爸妈在这边啊，我喜欢跟他们待在一起。但有时候也不喜欢，这边不自由，到处是车。”

案例 4 中也有同样的情况：

“因为，现在我觉得，虽然说这里比较好，而且有……就拿手机和网络这方面来说，比较好，但是还是家乡比较自由什么的，这里有种不大自由的感觉。”

此外，“不自由”也是一种压力。

① 布赖恩·特纳：《Blackwell 社会理论指南》，上海人民出版社 2003 年版，第 506~507 页。

【案例 23】蔡 CX

我叫蔡 CX，今年 14 岁，老家在广东潮州，我是在老家上的幼儿园，然后到了上小学的时候，我爸妈就接我和我弟过来广州这边了。来到广州之后，我感觉和老家相比，这里更加丰富多彩了一些，不过要是问我更喜欢哪里，我还真的说不上来，不知道。因为虽然见到的东西更多了，但是也会觉得压力更大了，可能是学校压力会更加大了吧，好多作业要写。

但这种“不自由”感整体上仍然是模糊的，而且是变化的。随着时间的推进，这种“社会时间”的残留逐步退却，工业社会下的“钟点时间”开始逐步内化为流动儿童的时间观念。这种内化过程并不是强迫性的，而是在积极的评价中进行的。如案例 20 谌 ZY 就说自己“早晨六点五十起床，不会起不来”。以及李 JL：“现在每天早上六点四十起床，七点出门。每天都自己能起来，设个闹钟就行。”其中，案例 2 刘 ZK 在被问到起床的问题时，非常肯定和光荣地说自己“能起得来，不困的”，表示自己已经能做到自律了。这种过程是潜移默化的，并表现在学校生活的方方面面。这种对生活的安排，“不是在对其他人的奴役中，而是在自我肯定中被建立起来的。”①

这种身体的时间观不仅统一了流动儿童的行动方式，也促进了他们的集体观念。流动儿童从四面八方进入城市，又从社区进入学校，并依照学校的时间安排而进行着不断的往返运动，这种移动的力度甚至比作为“模式化旅行”的朝圣②更具有共同体想象的可能性。因此学校成为流动儿童体验共同体凝聚的重要场所，也因此是国家共同体建构的重要场所。但学校的矛盾在于无法很好地处理上文中所述的教育脱嵌的过程，因为严格意义上来说，学校组织不是一种稳定的社会法团，流动儿童随时可能面临因升学而带来的与这一共同体的脱离。尽管如此，学校的制度规训，包括“成绩观”下的一系列操作主义的行为制度安排，使得“即使通过教育达到向上流动只是一种幻觉，这种预期仍是可选择的预期”③，因此“读书应该还是后代过上好生活的主要出路”④。但这种预期

① 福柯：《性经验史》，上海世纪出版社 2005 年版，第 80 页。
② 本尼迪克特·安德森：《想象的共同体》，新华书店 2003 年版，第 63 页。
③ 乌尔里希·贝克，伊丽莎白·贝克 - 格恩斯海姆：《个体化》，北京大学出版社 2011 年版，第 37~38 页。
④ 谭同学：《双面人：转型乡村中的人生、欲望与社会心态》，社会科学文献出版社 2016 年版，第 174 页。

实现概率中所体现的矛盾，使得进城务工者可能以一种拒绝承认自己更可能失败的心态趋向一种“低抱负”的价值观①。这也可以表现为学生父母对孩子“成绩观”上的实用主义倾向。

但即使如此，一种市场式的有关知识的交换的价值观被确定了下来，并与传统的价值观相结合。知识作为稀缺商品和儒家典范，在传统的伦理价值与市场中的经济价值的结合中，重新定位了教育值得尊重的地位，并因此“知识获得尊敬，用指导换取控制”②。随着教育系统内时间的拉长，国家教育体系与学校教育范式一起开始影响市场的纯粹“自由”的特性，并成为“市场嵌入社会”的当代表达。在这一点上，这也是教育作为一种场域可能存在的原因之一。

由此，流动儿童的学校教育就不仅仅是个人发展或国家战略，同时也是社会内部重新分化的可能方式。流动儿童作为进城务工者未来社会继替的对象，不仅可能会通过继承父辈的经济地位或生产方式而确立自己的社会身份，还可能在工人群体内部、在同一经济地位群体内部形成更多样化的身份。进而我们面对的不一定是流动儿童教育改革带来的城乡统一，反而有可能是更多元的身份表征与身份认同方式。

四、相关政策建议

农村进城务工人员一般以个人或夫妻二人先到城市打工，后叫子女前往就读，流动儿童多以核心家庭的形式在城市中生活。在教育中，进城务工不久的家庭流动儿童的择校往往以就近入学为主，学校质量与迁出地教学进度上存在差距。流动儿童城市生活的朋友圈受到城市公共服务不健全的限制和父母工作时间的限制，朋友圈较小且活动范围有限。但流动儿童的网络利用率较高，且有强烈的意愿接触主流文化以及其他城市亚文化。社区在解决流动人口及其子女问题上处于被动状态，往往以“管理”和“调查”为主，服务为次。流动儿童的学习欲望较强，但学习效果容易受到众多的外在影响，包括父母对其变化

① Cook, T.D Churck,M.B Ajanaku S. Shadish,W.R., Jr., Kim, J.R., &Cohen, R.(1996). The development of occupational aspirations and expectations among inner-city boys. Child Development, 67, 3368-3385.

② 保罗·威利斯：《学做工：工人阶级子弟为何继承父业》，译林出版社2013年版。

的期望、父母工作的强度、学校的教学质量以及朋友互助的可能性。流动儿童在学习过程中会主动利用网络技术解决问题，并具有一定优势。在学校教育过程中，流动儿童对学校的认同度较高，融入学校生活的欲望较强。流动儿童并没有形成较为清晰的地域认同，却有一定的以学校为中心的城市认同。影响认同的原因除了环境卫生、污染之外，与学校生活有密切联系。学校教育对流动儿童的集体意识有较强的影响，有利于培养学生的国家意识与公民责任意识，且对教师的感情投入比较敏感。但教学活动及其与家长的联系偏向于学业成绩，学校教育并不能与农村进城务工人员的发展需求较好地结合。城市教育体系较为单一，并不能满足城市不同层次的人的发展需求。

据此，课题组提出以下政策建议：

一是，改善民间非政府组织（NGO）的生存环境，鼓励发展服务于农民工及其子女的民间组织，或以购买服务的形式鼓励社会机构开展多元的社会服务及社会活动。

二是，改善基础设施和公共娱乐设施的生态体系，改变对基础设施重物质投入、轻服务管理的思路，使城市基础设施和公共娱乐设施建设与城市公共服务和公众活动结合推进。

三是，鼓励社区服务与跨社区的社会民间组织相结合，尝试社区教育与学校教育相结合的方法，包括各公办学校、民办学校和职业学校走进社区，根据社区内人员的组成开展不同侧重的社会教育活动，如短期技能培训、托管服务、辅导活动等。可以尝试政府参与的半商业化运作模式。

四是，把推进流动儿童教育与政府“互联网 +”战略结合，鼓励流动儿童通过网络解决学习问题，通过网络加强师生间、同学间、亲子间的沟通。建设基础教育网络课堂，鼓励学生通过网络解决自身在不同课程和课程中的不同问题上的学习困难。基础教育网络课堂可以与现有的商业教育网络如百度作业等结合，鼓励互联网企业服务和开拓基础教育市场。

五是，在政府投入有限的情况下，尝试部分公办学校引入社会资本，做大、做精、做强；同时释放政府对公办学校的扶持，将政府的投入转移、平摊到各民办学校中。通过政府扶持，发展民办学校，以此也既可以加强民办学校对本地学源的吸引能力，尽可能平衡本地学生与外地学生的就学差异，又可以大范围地促进底层教育事业的整体发展，放低城市流动儿童的基础教育门坎；另一方面又可以推动部分公办学校与职业学校的深入合作，培养专门的技术人才，促进教育系统的多层次发展。

总之，流动儿童的教育问题首先是城乡流动的社会问题，进而是城镇化中的城乡关系问题和乡村家庭结构变迁的问题。这是本研究的出发点。城镇化带来的劳动力流动推动着以核心家庭为主要形式的家庭再嵌入过程，同时也带来了教育的空间的脱嵌与再生产过程。这一过程不仅仅是学校、家庭之间的互动过程，同样也是城市社区、国家学校和社会家庭三者之间的互动过程。因此，流动儿童的社会身份的建立受到了多种期望的共同作用。这在家庭层面上表现为儒士、乡民和职人的身份矛盾，在流动儿童本身的层面上意味着认同的多样化与新媒介带来的身份的个体化。而在国家层面上，流动儿童既是劳动力储备的国家战略，也是国家认同与社会阶层重新组合的潜在可能性。因此，流动儿童的教育问题不仅仅是教育学内部的事，更是一个广泛的社会问题。不是城乡结构差异的事，而是社会主义市场经济下阶层重新分配的潜在可能。以本研究为依托，未来流动儿童的教育研究应当以更宏大的视野和更广泛的学科合作为前提，这样才能更好地理解流动儿童教育在社会主义建设中的位置。

张　龙　苏世天　邵思逸　执笔

参考文献：

[1] 周大鸣 . 现代都市人类学 . 广州：中山大学出版社，1997
[2] 庄英章 . 家庭与婚姻——台湾北部两个闽客村落之研究 . 中国台湾“中央研究院”民族研究所，1994
[3] 吴重庆 . 孙村的路：后革命时代的人鬼神 . 北京：法律出版社，2014
[4] 西奥多 · C · 贝斯特 . 邻里东京 . 上海：上海译文出版社，2008
[5] 麻国庆 . 家与中国社会结构 . 北京：新华书店，1999
[6] 黄志辉 . 无相支配：代耕农及其底层世界 . 北京：社会科学文献出版社，2013
[7] 吉登斯 . 现代性的后果 . 南京：译林出版社，2000

[8] 张骊 . 城市里的陌生人：中国流动人口的空间、权力与社会网络的重构 . 南京：江苏人民出版社，2014

[9] 皮埃尔・布尔迪厄 . 区分：判断力的社会批判 . 北京：商务印书馆，2016

[10] 乌尔里希・贝克，安东尼・吉登斯，斯科特・拉什 . 自反性现代化：现代社会只需中的政治、传统与美学 . 北京：商务印书馆，2001

[11] 戈夫曼 . 日常生活中的自我呈现 . 北京：北京大学出版社，2008

[12] 谭同学 . 双面人：转型乡村中的人生、欲望与社会心态 . 北京：社会科学文献出版社，2016

[13] 金耀基 . 从传统到现代 . 北京：中国人民大学出版社，1999

[14] 韩瑞 . 假想的"满大人"：同情、现代性与中国疼痛 . 南京：江苏人民出版社，2013

[15] 理查德・格里格，菲利普・津巴多 . 心理学与生活 . 北京：人民邮电出版社，2003

[16] 埃里克森 . 同一性：青少年与危机 . 杭州：浙江教育出版社，1998

[17] 连磊 . 农民工随迁子女人格成长问题及干预 . 长安大学硕士学位论文，2009

[18] 斯科特 . 弱者的武器 . 南京：译林出版社，2007

[19] 列斐伏尔 . 空间与政治 . 上海：上海人民出版社，2015

[20] 沈原 . 市场、阶级与社会：转型社会学的关键议题 . 北京：社会科学文献出版社，2007

[21] 吉登斯 . 社会的结构 . 北京：生活・读书・新知三联书店，1998

[22] 黄光国 . 社会科学的理路 . 北京：中国人民大学出版社，2006

[23] 乌尔里希・贝克，伊丽莎白・贝克－格恩斯海姆 . 个体化 . 北京：北京大学出版社，2011

[24] 布赖恩・特纳 .Blackwell 社会理论指南 . 上海：上海人民出版社，2003

[25] 本尼迪克特・安德森 . 想象的共同体 . 北京：新华书店，2003

[26] 保罗・威利斯 . 学做工：工人阶级子弟为何继承父业 . 南京：译林出版社，2013

[27] Cook，T.D Churck，M.B Ajanaku S. Shadish，W.R.，Jr.，Kim，J.R.，&Cohen，R.（1996）. The development of occupational aspirations and expectations among inner-city boys. Child Development，67

[28] Lefebvre，Henri，"The production of space"，Blackwell Publishing 1991

[29] Fabinyi，Evans，Foale "Social-ecological systems，social diversity，and power" ecology and society，2014

重庆市流动儿童义务教育调查报告

重庆市作为国家统筹城乡改革试验区，高度重视流动儿童入学问题。虽然重庆市各区规定了一些流动儿童的入学限制条件，但是这些条件在实践中得到了弱化和变通，以便于最大限度让更多流动儿童入学。然而，越过入学资质这一“有形门槛”之后，流动儿童却在其他各方面遭遇了“无形藩篱”。在“入学难”问题得到有效解决的情况下，重庆市流动儿童在义务教育阶段所面临的主要问题是社会融入和学业成绩提升问题。调查发现，在班级群体交往中流动儿童与户籍儿童尚存在一定的隔阂，很大一部分流动儿童对现居地没有形成认同，在学业成绩上流动儿童与户籍儿童相比也存在一定的差距。“入学难”问题解决后的“上好学”问题值得相关部门加以重视。

改革开放后特别是90年代以来，随着大规模农村人口进城务工经商，流动儿童的教育问题日益引起社会关注。《2015年全国教育事业发展统计公报》显示2015年全国义务教育阶段在校生中有流动儿童1367.10万人，在小学就读1013.56万人，在初中就读353.54万人。流动儿童的主体是进城务工人员随迁子女，他们从农村跟随父母进入城市，在社会适应和融入等方面面临着一些问题。同时，由于流动人口在收入水平和社会地位方面往往处于社会中下层，对子女的教育投入往往不足，观念方面有所落后，对流动儿童的成长形成了一定的影响。本研究[①]选取重庆市的流动儿童群体作为研究对象，对相关问题展开了调查。

① 刘晨旭、伍燕、周昌华、邓礼仪、包思扬、陈雪、刘坤、秦媛和周晓钧参与调研及访谈。

一、导论

（一）研究背景

对于重庆流动人口的概况在 2012 年《重庆市人民政府关于深入推进义务教育均衡发展促进教育公平的意见》（渝府发〔2012〕42 号）中提到，重庆市进城务工人员随迁子女的数量为 30 万。段成荣等（段成荣、吕利丹、王宗萍、郭静，2013：48）通过 2010 年“六普”数据计算出了各省 0~17 岁流动儿童的数目，其中重庆市的流动儿童数目为 57 万。需要注意的是，“六普”数据对流动人口的界定是常住地在户籍登记地所在乡镇、街道之外的人口，而按照重庆市教育部门的统计，流动儿童是户籍登记地不在本县、区的儿童。重庆市义务教育阶段招生是按照区县进行统筹，故而仅将户籍不在本区县内的儿童算作非户籍儿童，县区内部在乡镇或街道之间进行迁移的人口就不计入统计。

在处理流动儿童入学问题上，重庆市作为特大城市，有着不同于北京、上海、广州等城市独有的特色。随着流动人口数量的快速增长，流动儿童入学问题一度成为各大城市的热点问题，在大量流动儿童囿于身份和各项规定的限制难以进入公办学校就读的情况下，众多由私人办学、无合法手续、条件简陋、招收流动人口子女的“打工子弟学校”应运而生，据统计，2016 年北京市有 112 所打工子弟小学，在校人数超过 65000 人，广州则情况更甚，仅在 2011 年就有约 300 所打工子弟学校。打工子弟学校的存在无疑是北京、广州等地严格把控流动儿童入学资质的侧面反映。在北京，按照北京市教委的相关规定，流动儿童就读公办学校，必须满足学籍制度和五证要求（五证：在京务工就业证、在京实际住所居住证明、全家户口本、在京暂住证、户籍所在地街道办事处或乡镇人民政府出具的当地没有监护条件的证明等相关材料），然而在实际申请公办学校就读过程中，所需证件远远要比北京市教委公布的多，甚至出现对外来务工人员连续社保要求。这种违反教育法的规定，直接导致了广大外来务工者子女没有办法进入到公办学校，只能就近选择教学环境和教学质量更差的打工子弟学校，导致流动儿童的教育问题突出。

与之相比，重庆则很好地解决了流动儿童的入学问题，至今未出现打工子弟学校，大量流动儿童能够就读于公立小学，与户籍儿童接受同等教育。能取得如此成绩，一方面与重庆在城乡统筹的大背景下，重庆市能够接纳大量的流动儿童，各公办学校有足够多的学位供流动儿童就读；另一方面，重庆市灵活弹性的流动儿童入学政策降低了流动儿童就读公办学校的门槛。根据重庆市教委的相关政策，重庆市各区（包括渝中区、江北区、南岸区、九龙坡区、沙坪坝区、大渡口区、北碚区、渝北区、巴南区九个区）有指定接纳作为非户籍常住人口子女就读的中小学。以渝中区为例，该区按照相对就近的原则，综合考虑办学条件等多种因素，指定了包括人民路小学、临江路小学、杏林中学等 19 所中小学作为接受流动儿童入学就读学校，并且在办学经费、师资配置、设施设备等方面给予必要保障。在具体的招生政策上，重庆市各区也制定了相关政策，如九龙坡区按照《重庆市九龙坡区 2016 年义务教育阶段学校招生方案》进行招生，此方案规定首先满足户籍学生的入学，在做好户籍地学生招生报名工作基础上，结合学校实际剩余学位情况，按“购房优先，积分排序”的原则安排流动人口随迁子女入学。即流动儿童的入学渠道有两种，其一，购房入学，流动人口随迁子女父（母）在九龙坡区购房（所占房屋产权的比例超过 51%）且连续居住满 1 年，提供监护人户口簿、身份证、房产证、居住证、入学儿童户口簿、免疫接种卡等各项证件，即可入学；其二，积分入学，流动人口随迁子女父（母）在九龙坡区经商或务工且连续居住满 1 年，提供监护人户口簿、身份证、居住证、在九龙坡区缴纳社保证明（或纳税证明）、入学儿童户口簿、免疫接种卡即可入学。比之北京市的种种烦琐的入学关卡，重庆市的要求可谓简单容易的多，且在访谈过程中，我们了解到，各校在实际的招生当中，对于无法满足上述要求的流动儿童，各校仍采取宽松政策，使之能够进入到公办学校就读。

正是在这种情况下，重庆市解决了流动儿童入学难的问题，大量流动儿童能够与户籍儿童享受同等的教育水平和优质的教育环境。但宏观政策上的支持与门槛的降低，并不意味着不存在流动儿童问题。因重庆市的流动儿童多来自周边区县、乡村，生活环境的巨大变化使之在适应城市生活上存在问题，且其家庭背景、经济状况、教育状况、自身素养与能力等众多因素，亦成为阻碍流动儿童的社会适应与融合的“无形藩篱”。

（二）调查地点概况

本研究共选取重庆市的三所学校作为调查地点。分别是渝中区人民路小学、九龙坡区九龙小学以及两江新区天宫殿学校。三所学校的基本情况如下：

人民路小学始建于 1943 年，因 2004 年重庆市制定“重教综合改革”相关政策，人民路小学成为第一批免费接收教育农民工子弟的定点学校，并一直持续至今。现有学籍学生共 576 人，据该校统计，其流动人口的比例占了 91%，是重庆市流动儿童占比最高的特色学校。

九龙坡区九龙小学以“两校三教”为特色，即两个校区，“小教、幼教、特教”三种教学形式。其流动儿童占比在 2014 年约为 53%，比本地生略多。近两年因该区流动儿童入学选点增多，虽该区流动儿童数量持续上升，但该校流动儿童比例呈下降趋势，但是在校流动儿童的数量仍然可观。

重庆两江新区天宫殿学校始建于 2007 年 9 月，是一所新建的九年一贯制公办学校，其生源规模从最初的 700 多个学生，发展到现今有 2500 多个学生，流动儿童占比呈逐年上升趋势，由最初约占比 32%，到去年流动儿童比例已超过 50%。

三所学校均为流动儿童占有相当比例的公立小学，其中人民路小学的学生以流动儿童为主体，另外两所学校的流动儿童比例均超过了 50%，为本研究提供了合适的研究对象。

（三）研究方法

本研究主要采用文献法、访谈法、问卷法来搜集资料。

首先，本研究对重庆市主城区各区的义务教育阶段流动儿童的入学政策进行了全面的梳理，分析了流动儿童在入学问题上的资质条件。

其次，本研究在人民路小学、九龙小学和天宫殿学校进行了实地调查，共计对 167 名（其中人民路小学 96 个、天宫殿学校 47 个、九龙小学 24 个）学生进行了结构式访谈，同时与三所学校的负责人举行了座谈会，了解学校在接收流动儿童方面的问题。在三所学校的访谈和座谈会共计获得文字资料 48 万字左右，为撰写研究报告积累了丰富的定性资料。

最后，本研究在三所学校进行了问卷调查，共计发放问卷 1543 份，对研究三所学校流动儿童的社会融合状况和教育状况积累了丰富的数据资料。

二、流动儿童的入学条件

本部分将通过对重庆市流动儿童入学政策的梳理，来分析重庆市在解决流动儿童“入学难”问题上所进行的努力以及目前存在的问题。

（一）限制条件

重庆市区分为渝中区、江北区、南岸区、九龙坡区、沙坪坝区、大渡口区、北碚区、渝北区、巴南区九个区。各区的教委分别制定对本区非户籍流动儿童的接收政策，因此是否跨区流动成为区教委政策中区分流动儿童和户籍儿童的标准。各区在接收户籍人口和流动人口政策上采取了一系列的标准来决定接收的顺序，下面就以我们调查的学校所在的渝中区、九龙坡区和两江新区为例来进行说明。

1. 渝中区

渝中区 2013 年制定的《渝中区义务教育招生工作实施方案（试行）》中规定，当区内登记人数超过学校招生计划时，按下列先后顺序录取：①适龄儿童、少年与父母或者其他法定监护人户口、房屋居住证明、实际居住地一致的；②适龄儿童、少年因父母无自购房，自出生之日起一直挂靠在祖父母（外祖父母）并在招生学区常住的；③适龄儿童、少年户籍在招生学区，但不属于上述两类的；④实际长期居住（租住）在我区，父母至少一方或者法定监护人与我区用人单位签订有劳动用工合同且缴纳社会保险以及父母至少一方或法定监护人投资经营且依法纳税的非户籍常住人口子女；⑤实际长期居住（租住）在我区，父母至少一方或者法定监护人在我区从事家政服务、自谋职业等未列入社会保险范围的非户籍常住人口子女。

2. 九龙坡区

《重庆市九龙坡区 2016 年义务教育阶段学校招生方案》对 2016 年九龙坡区招生政策进行了说明。此方案规定首先满足户籍学生的入学，在做好户籍地学生招生报名工作基础上，结合学校实际剩余学位情况，按“购房优先，积分排序”的原则安排流动人口随迁子女入学。剩余学位安排满额后，九龙坡区不再安排流动人口随迁子女入学。户籍地学生坚持“三对口”的原则，即学龄儿童与父亲或母亲的户口在一起、户口本的地址和父母的房屋产权证或购房正式合同一致、户口本的地址和实际居住地一致，这是最“纯正”的重庆人。户籍学生中除了“三对口”之外，还有“参照‘三对口’的户籍学生”以及“不符合‘三对口’的户籍学生”，两者均排在“三对口”学生之后。在非户籍学生中，优先招收的是已经在九龙坡区购买了住房的家庭的子女，其余学生则按照通过居住时间和缴纳社保计算的积分高低依次入学，直到名额用完为止。

3. 两江新区

《重庆两江新区 2016 年义务教育阶段招生工作方案》指出，两江新区在入学上也是首先保证“三对口”的户籍学生入学，在保证户籍学生入学之后，流动人口随迁子女入学须向定点接收学校申请就学需提供以下材料复印件，并交验原件：①父母或监护人的从业证明材料。与辖区用工企业签订的用工合同；辖区工商部门签发的个体经营户的营业执照；其他从业证明材料。②辖区内居住的证明材料。公安部门出具的居住证明，以及在辖区内购置的房产证明或在辖区内承租的住房租赁合同或务工单位出具的在职工宿舍居住的证明。③适龄儿童少年与法定监护人的户口簿或其他证明监护关系的材料。④户籍所在地乡镇（街道）政府（办事处）或区县教育行政部门出具的同意其异地就读的证明材料。⑤小学新生需提供预防接种证明，初中新生需提供小学的毕业证明。

（二）制度与实践的差异

虽然各个区教委都规定了相应的入学限制条件，但事实上这些限制条件执行的并不严格。重庆自从成为国家统筹城乡改革试验区以来，对农民工子女的入学问题高度重视，为流动儿童准备了充足的入学名额，因此就能够保证绝大多数流动儿童的正常入学。而对于部分证件不够齐全的流动儿童父母，他们入学的方式主要有两种，一种到区教委“闹”来取得免去烦琐的证明，让教委“开个单”就可以入学，另外一种方式则是通过伪造证件来获得入学资格。下面是我们对天宫殿学校相关负责人的一段访谈：

问：流动儿童在你们这里入学有什么条件吗？

答：三对口，一个是户口在我们辖区内；二是，户口本上监护人的名字和房产证上要一致；还有买了房子要在这儿居住，才属于我们的招生范围。但是现在我们两江新区很人性化，家长，如果说他有很多的农民工进城打工或者是进城经商，那种农民子女，他手续在我们这儿不符合，（我们也让他们入学了）重庆市教委不是出了几个手续嘛。

问：五证是吧？

答：对，就是把证拿来，才能在我们这儿读书嘛。但我们两江新区不一样，有的家长情况特别困难的，然后跑到教委去，吼一下就可以开个单，我们就接纳了。

在天宫殿学校，对于不符合政策的家长，他们只要到教委去“闹”就可以获得入学名额。可见，虽然在政策上有明文的门槛条件，但是这种制度上的文本并不会得到严格执行。

九龙小学的相关负责人则给我们回顾了九龙坡区接收流动儿童政策上的变化。他提到在重庆在十三四年前取消了流动儿童的入学门槛，流动儿童不再交择校费。九龙坡区，在重庆政府政策前提下，开始招收流动人口的随迁子女。当时招收流动儿童并没有什么限制条件，对于社保积分、暂住证都没有要求。据他所说，一个擦皮鞋的也可以让自己的子女入学，他可以自己找一个单位去打证明，也可以到社区开个证明。后来由于政策过于宽松，导致接纳能力不够，于是就开始出台一些限制条件，才有了对购房和积分的筛选条件。尽管政策有所收紧，但是流动儿童到九龙坡区读书的，基本上还是有求必应，即使本学校安排不下，那么可能安排到稍微远一点的学校。为了最大可能地接收流动儿童，我们访谈的九龙小学将每个班的人数扩大来到了教委规定的 45 人以上，而这也得到了政府的默许。

渝中区与九龙坡区一样也经历了一个先松后紧的过程。人民路小学的负责人告诉我们，最初渝中区的招生政策对于农民工子女的政策是“你是农民工子女，你只要来学校报名，就可以入学”。所以人民路小学大量招收学生，这导致学校有很大压力。学校教室很小，因为政策的放开，学校是最大限度地招生，导致每个教室都十分拥挤，因此后来渝中区才出台了一些限定条件。到现在，只要在渝中区务工有暂住证的且年限在半年以上，就可以办理入学。虽然在排序上具有劳动合同和社保缴纳农民工子女在入学上要排在前面，但是由于名额充足，自谋职业者的子女只要有半年以上的居住证明也可以入学。在访谈中我们了解到，人民路小学甚至会出现名额没有招满的情况：

问：那如果这些孩子没有“五证”或者“五证”不全的话怎么办？

答：还是要看情况的。比方说孩子年龄不够，那肯定是不行的；其他的都可以稍微放松一下的，相同情况下优先收取。

问：也就是说，这种政策的执行，比较柔性的处理基本上都能解决，至少说在渝中区流动儿童孩子的教育问题。

答：其实在我们学校大溪沟这一片区流动儿童是最多的，而周围有很多所学校都会招收他们，所以其实这些家长的选择性是很多的，而渝中区户籍的孩子只能是定点读书。所以区教委规定了只能网上报名，一旦录入，就不能再去其他学校报名。

问：所以这种情况已经解决了吗？

答：并没有，因为他来报名的时候，我们不可能马上给他录入进去。这一期我们已经报名了 100 多人了，我们已经满额了，然而我们在录入进去的时候才发现这个孩子已经被另外的学校收了，这一下子就有 20 几个孩子不来我们学校读了，原来预设的三个班，现在只有两个班。这其实会涉及校长与校长间的约定。

由于流动儿童没有固定的入学学校，他们可以报名不同的学校，所以他们比户籍儿童有着更大的选择性。由于有的儿童同时报名不同的学校，导致了人民路小学有时候招不满学生。这种制度的设计导致了名额的浪费，但是从侧面可以反映出留给流动儿童的名额是富余的。在访谈中我们了解到，人民路小学在招生过程中还碰到各种伪造证件的情况，学校负责人告诉我们，“你要求什么证件，家长就能给你提供什么证件”，各种证件不乏伪造和不规范的情况，但是学校方对此也是“睁一只眼，闭一只眼”，并不严格地追究。

可以看出，文本上规定的入学限制条件在实际上并不能得到严格的执行。这与重庆市政府解决流动儿童入学的意愿和能力紧密相关。对流动儿童的完全无条件接受会导致管理上的无序和混乱，会鼓励更多的留守儿童成为流动儿童进入城市入学，因此设定一定的门槛是有必要的，但是由于重庆市相对较高的接纳能力，因此这些限制条件在具体执行过程中就得以弱化。对于北京等流动人口数量巨大而教育资源又有限的城市来说，入学条件的限制必然会得到十分严格的执行，这与重庆市是一种相反的状况。也就是说，资源的紧张使得文本制度得到更为严格的执行，将尽可能多的流动儿童排除在校门之外，而资源的宽松则使得文本制度的执行出现弱化和变通，让尽可能多的流动儿童进入校园学习。

三、流动儿童在班级群体的社会融入

在绝大多数流动儿童均能在公办学校入学的条件下，流动儿童的成长面临的主要问题是与社会融入问题以及学业表现问题。通过调查，我们发现在这两个方面重庆市的流动儿童仍然存在一定的问题。

我们将流动儿童的社会融合情况区分为社会交往和身份认同两个方面。由于流动儿童的社会交往主要限于学校之中，因此在社会交往方面，我们着重考察流动儿童在班级初级群体中的交往情况。

（一）班级初级群体中的交往

初级群体（primary groups）概念是由美国社会学家库利（Charles Horton

Cooley）提出，是指那些以密切的面对面联系与合作为特点的群体。典型的初级群体如家庭、儿童的伙伴群体和大人的邻里或社区群体等。初级群体中人们之间相互联系的结果是，个体在心理上融入了一个共同的整体（库利，2013：18–19）。对于学龄儿童来说，两个主要的初级群体是家庭和伙伴群体。伙伴群体的形成又受到了学校班级重要影响，往往处于同一个班级的儿童更容易形成一个伙伴群体。

在访谈过程中我们存在着这样一个预设，即流动儿童跟城市本地儿童虽然在同样的学校上学，但是由于他们的移民身份，会与城市儿童在交往上存在隔阂，我们于是就这一问题对流动儿童进行访谈，然而接受访谈的流动儿童他们都认为在交往中没有对流动儿童和户籍儿童加以区分。

小罗是一名五年级的男生，父亲是出租车司机，母亲在火锅店打工。他在幼儿园的时候才来到重庆市内上学，在被问及他与城市儿童的交往情况时，他这样说道：

问：你们班上还有没有本地人？

答：有。

问：你跟他们玩吗。

答：跟班上每一个同学都在玩。

问：那他们从小就在这里上幼儿园小学的，你觉得和他们有差别吗？

答：我们玩的时候没在意这些。

（访谈编号：jl–tq–01）

小吴给出了同样的回答：

问：那你现在有没有因为自己是从外地来的孩子而和本地的孩子玩不到一起这种感觉？

答：没有。

问：那会不会因为你家庭的原因其他同学不想和你玩呢？

答：平常都是下课一起玩的，没有这些感觉。

（访谈编号：tgd–cx–08）

除了以上两位儿童，接受访谈的其他流动儿童也都给出了否定的回答，六年级生小谭在回答本地学生与外地学生是否有区别时说道："没有（区别）呀，有些外地来的成绩也是很好的。”（访谈编号：jl-dly-02）六年级女生小汪的回答则是“没区别啊，大家学习都一样啊，外地的话就是距离比较远吧。”（访谈编号：jl-dly-01）五年级女生小金的回答是“没有，差不多。”（访谈编号：jl-dly-04）七年级男生小帅的回答是“没有”（访谈编号：tgd-bsy-02）。只有一名初中二年级的男生小谭给出了“这边的同学比较开朗。一下课的时候就来找你出去玩”的回答（访谈编号：tgd-lk-05）。

这种理论预设与被访谈对象的观点之间的差异引起了我们进一步探讨的兴趣，我们又在问卷调查中设计了相关问题来考察流动儿童与户籍儿童之间的交往情况。在问卷中，我们让被调查者填写自己班上的三位好朋友，在后期处理中我们标注了每位好朋友的户籍情况，生成了 friend1、friend2、friend3 三个变量。图 1 展示了变量“是否是流动儿童”（move）与这三个变量之间的比例关系。

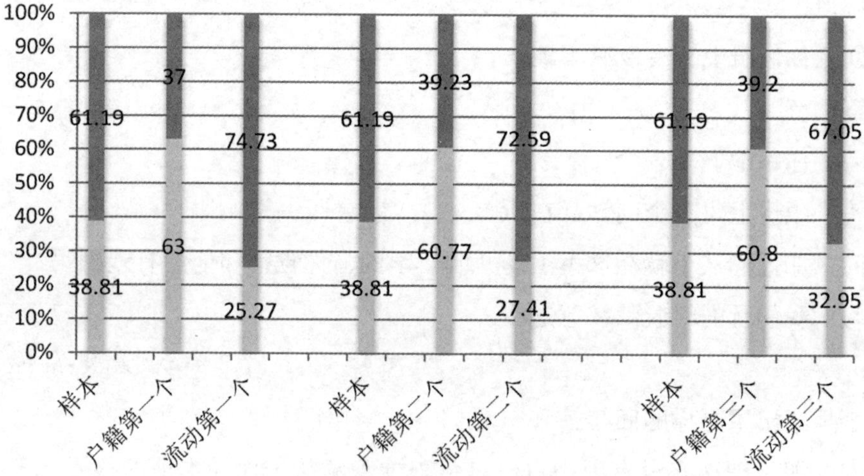

图 1　流动儿童与户籍儿童三个好朋友中流动儿童与户籍儿童的所占比例

可以看出，样本中户籍儿童占 38.81%，流动儿童占 61.19%。户籍儿童三位好朋友中，户籍儿童的比例分别是 63%、60.77%、60.8%，远高于样本中户籍儿童所占的比例，相应地三位好朋友中流动儿童的比例也远低于样本中流动儿童的比例。可见，户籍儿童更倾向于将户籍儿童看作自己的好朋友。流动儿童的三位好朋友中流动儿童的比例分别是74.73%、72.59、67.05%，要略高于样本中流动儿童的比例，这说明流动儿童中更倾向于将流动儿童看作好朋友，但是比户籍儿童倾向于将户籍儿童看作好朋友的程度要弱一些。

为了对流动儿童与户籍儿童的交往情况进行进一步的考察，我们还在问卷中设置了这样一个问题，即“班里要准备一个舞台剧，但是有三个恶霸的角色没人报名，你觉得谁适合去演这个角色呢？如果让你推荐，你会推荐谁去呢？”同样地，我们根据每个被调查者罗列出的三个“恶霸”是流动儿童还是户籍儿童生成了bad1、bad2、bad3三个变量。图2展示了“是否是流动儿童”（move）与这三个变量之间的比例关系。

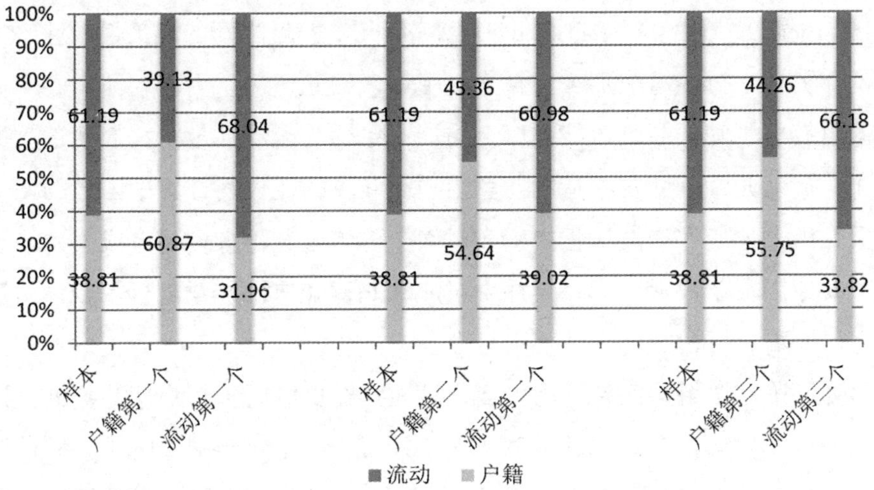

图2 流动儿童与户籍儿童推荐的三个“恶霸”中流动儿童与户籍儿童所占比例

可以看出，户籍儿童所推荐的三个“恶霸”中户籍儿童的比例分别是60.87%、54.64%、55.75%，要远高于样本中户籍儿童所占的比例（38.81%），说明户籍儿童更倾向于推荐户籍儿童区当恶霸。流动儿童所推荐的三个“恶霸”中流动儿童所占的比例分别是68.04%、60.98%、66.18%，比较接近样本中流动儿童所占的比例，可见流动儿童在推荐“恶霸”的时候没有对流动儿童和户籍儿童进行相对明显的区分。

表 1 move 变量与 friend1、friend2、friend3、bad1、bad2、bad3 相关性的卡方检验

因变量	Pearson chi2（1）	Pr
Friend1	195.1412	0
Friend2	148.5575	0
Friend3	98.6889	0
Bad1	113.8041	0
Bad2	30.5373	0
Bad3	58.7068	0

通过以上分析可以直观地看出，流动儿童与户籍儿童与他们选择的朋友和“恶霸”是流动儿童还是户籍儿童有一定的联系。表 1 呈现了变量 move 与 friend1、friend2、friend3、bad1、bad2、bad3 几个变量之间的相关性检验，它们之间的相关性十分显著。那么为什么接受访谈的儿童都认为流动儿童和户籍儿童之间没有区别呢？原因可能是以上访谈对象均为流动儿童。我们通过数据可以看出，流动儿童好朋友中流动儿童与户籍儿童的比例与样本中两者的比例差距不大，因此他们在交友过程中确实对两个群体区分不大，而造成两者显著相关的主要原因在于户籍儿童在交往中对流动儿童和户籍儿童进行了较为明显的区分①。

另外一个需要解释的是：为什么户籍儿童在更倾向于将户籍儿童列为好朋友的同时，也更倾向于将户籍儿童列为“恶霸”？在问卷调查中，我们被调查的学生之所以将某个同学当作“恶霸”，往往是因为这个同学比较好玩或者比较调皮等原因，而不是因为他们在交往上比较疏远。一些在班级群体中比较活跃的同学往往被很多人当作“恶霸”，这反而说明了流动儿童在班级群体中往往是比较低调，很少引起别人注意。可见，无论是从好朋友还是从“恶霸”来说，流动儿童作为一个群体都不如户籍儿童更有“存在感”。

除了对每个被调查者好朋友和推荐的“恶霸”中流动儿童和户籍儿童的比例进行了统计，我们还统计了每个儿童被其他人列为好朋友的次数（变量

① 访谈中的对象都是流动儿童，而问卷中流动儿童在交往上对两个群体区分并不大，所以两者并不冲突。遗憾的是访谈中没有询问户籍儿童的看法。

friend）以及被列为“恶霸”的次数（变量 bad）。我们发现，每个流动儿童被列为好朋友的平均次数是 2.48，每个户籍儿童被列为好朋友的平均次数是 2.84，户籍儿童比流动儿童多 0.36 次；每个流动儿童被列为“恶霸”的次数是 2.31，每个户籍儿童被列为“恶霸”的次数是 2.86，户籍儿童比流动儿童多 0.55 次。这从另外一个层面印证了流动儿童相比户籍儿童在班级中所受到的关注度要低。

（二）身份认同

除了群体交往，衡量社会融合另外一个指标即为身份认同。为了考察流动儿童的身份认同情况，我们在问卷中设计了“你觉得哪个地方是你真正的家？”这个问题，设置了“现在住的家”和“老家”两个选项。经过编码统计，得到了变量 home（0= 认同老家，1= 认同现在住的家）。根据前期的访谈，我们假设家庭收入的高低（变量 income）、是否在现居地出生（变量 born）、住房的情况（house）、老家是否是重庆市内（hometown）、老家是城市还是农村（city）等因素会影响儿童的认同情况。即家庭收入更高、在现居地出生、自有住房、老家是重庆市内、老家是城市的儿童更倾向于将现居住地看作自己真正的家。自变量和因变量的基本情况如表 2 所示。

表 2　相关变量统计描述

变量	样本量	平均值	标准差	最大值	最小值
因变量					
home（1= 认同现在的家）	921	0.49	0.5	1	0
自变量					
income（1=5000 元及以上）	1039	0.4	0.49	1	0
born（1= 在这里出生）	925	0.20	0.40	1	0
house（1= 自有住房）	1532	0.62	0.48	1	0
hometown（1= 重庆市内）	938	0.52	0.5	1	0
city（1= 老家是城市）	940	0.13	0.33	1	0

通过上图可以看出，有 49% 的流动儿童将现在的家看作真正的家（均值为

0.49）。以 home 为因变量，以 income、born、hometown、house、city 作为自变量进行 logistic 回归分析，分析结果如表 3 所示。可以看出，收入水平（p=0）、是否在现居地出生（p=0.025）、是否自由住房（p=0.015）对因变量的影响显著，而老家是城市还是农村（p=0.98），老家是否是重庆市市内（p=0.65），对因变量的影响则不显著。也即，在现居地出生、自有住房、家庭收入水平更高的流动儿童更倾向于将现居地当作自己真正的家。

表 3　对 home 的 logistic 分析输出结果

home	系数	Z 值	P>z
born	1.094734	4.75	0
income	0.3964132	2.23	0.025
house	0.4212265	2.44	0.015
city	–0.006654	–0.03	0.98
hometown	–0.0779036	–0.45	0.65
_cons	–0.5482812	–3.5	0

四、流动儿童的学业表现

同样在公办学校就读，那么流动儿童跟户籍儿童之间在学习和成长上是否存在差距呢？本部分将对比分析流动儿童和户籍儿童在学习和综合素养方面差异以及造成这些差异的原因。

在调查中我们分别将学生填写自己的语文、数学和英语所处的水平（1= 上游、2= 中上游、3= 中游、4= 中下游、5= 下游），形成了语文、数学、英语三个定序变量。之后我们分别统计了流动儿童与户籍儿童每门课程在不同成绩水平的上的比例，并计算了两者之差，结果如表 4 所示。

表 4　不同学科流动儿童与户籍儿童的成绩水平分布及差值

		上游	中上游	中游	中下游	下游
语文	户籍	14.04	31.13	33.33	15.06	6.43
	流动	13.95	29.82	33.87	16.4	5.96
	流动减户籍	–0.09	–1.31	0.54	1.34	–0.47
数学	户籍	17.32	29.2	27.33	14.6	11.54
	流动	17.25	26.62	27.9	17.78	10.44
	流动减户籍	–0.07	–2.58	0.57	3.18	–1.1
英语	户籍	19.02	23.37	23.19	17.21	17.21
	流动	16.61	19.74	24.6	20.28	18.77
	流动减户籍	–2.41	–3.63	1.41	3.07	1.56

将表中的差值做成直方图（图 3），可以明显地看出流动儿童和户籍儿童在成绩上的差距。在上游和中上游区间，流动儿童所占比例均比户籍儿童低，二者之差为负值，而在中游、中下游和下游中，二者之差则多为正值（数学和语文的下游区间例外）。通过下图可以直观地看出，流动儿童在学业成绩上与户籍儿童有一定差距。

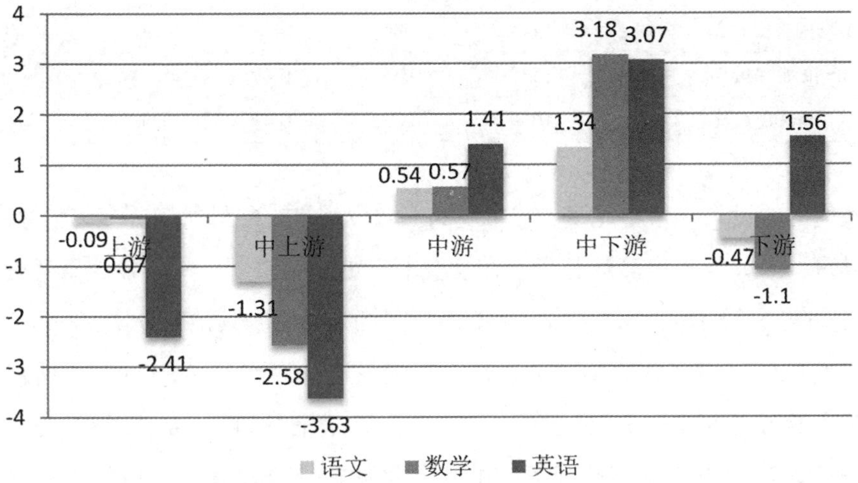

图 3　不同成绩水平上流动儿童与户籍儿童所占比例的之差（%）

学业水平跟多种因素有关，除了跟是否是流动儿童之外，还跟学校教育质量、父母教育水平、父母的辅导、是否进行课外辅导班的学习、家庭收入水平等因素相关。我们在问卷中均对这些因素进行了调查。表5展示了通过问卷得到的学习成绩及其影响因素的相关变量的描述统计。

表5　学习成绩及其相关因素的描述统计

变量	样本量	平均值	标准差	最小值	最大值
因变量					
english（1= 上游，5= 下游）	1479			1	5
math（1= 上游，5= 下游）	1528			1	5
chinese（1= 上游，5= 下游）	1530			1	5
自变量					
move（1= 流动儿童）	1541	0.61	0.49	0	1
school（0= 人民路）					
2（1= 九龙）	912	0.47	0.50	0	1
3（1= 天宫殿）	1115	0.56	0.50	0	1
faedu（1= 大专及以上）	1248	0.19	0.39	0	1
maedu（1= 大专及以上）	1257	0.15	0.36	0	1
fatuit（每周辅导次数，对数）	1450	2.94	22.05	0	800
matuit（每周辅导次数，对数）	1419	3.86	14.96	0	300
cram（1= 报辅导班）	1535	0.43	0.49	0	1
income（1=5000 元及以上）	1039	0.40	0.49	0	1

我们的假设是，户籍儿童、父母更高的教育水平、父母每周更多的辅导次数、报辅导班、家庭收入更高的儿童会在学业上有更好的表现。将学校因素考虑进去是作为控制变量，防止不同学校之间教育质量的差异影响其他变量作用的显现。

我们分别以语文、数学、英语作为因变量进行序次 logistic 回归，所得三个模型的分析结果如表6所示。可以看出，是否报辅导班（cram）与家庭收入水平对三门课程的成绩均存在显著影响。父母的辅导仅仅在英语成绩上有显著影响。母亲的教育水平对三门成绩均有显著影响，父亲的教育水平仅仅对英语的水平有显著的影响。在学校方面，天宫殿学校与人民路小学在三门学科上均存在显著差异，九龙小学与人民路小学仅仅在英语上存在显著差异。出乎意料的是，是否是流动儿童对三门学科成绩的影响均不显著。

考虑到是否是流动儿童跟父母的教育水平和家庭收入水平密切相关，而流动儿童之所以在成绩表现上不如户籍儿童，正是因为他们父母的教育水平与收入水平的差异。因此，在考虑教育水平与收入水平之时，是否是流动儿童这一变量本身的影响就可能转移到了教育水平和收入水平两个变量上。

表 6　成绩的影响因素分析

	英语		数学		语文	
	Coef.	P>z	Coef.	P>z	Coef.	P>z
move	0.2453	0.0850	0.2000	0.1610	0.0159	0.9120
school						
2	0.4955	0.0040	0.2213	0.1950	0.2637	0.1330
3	1.1819	0.0000	1.4149	0.0000	0.9021	0.0000
faedu	–0.4564	0.0230	–0.3112	0.1190	–0.1491	0.4570
maedu	–0.6612	0.0020	–0.6381	0.0020	–1.0502	0.0000
fatuit	0.0017	0.4530	–0.0022	0.3520	–0.0049	0.0450
matuit	–0.0023	0.6300	–0.0006	0.9010	0.0103	0.0490
cram	–0.4893	0.0000	–0.5349	0.0000	–0.4605	0.0010
income	–0.3094	0.0210	–0.4995	0.0000	–0.4048	0.0020

表 7　成绩的影响因素分析（不考虑父母的教育水平）

	英语		数学		语文	
	Coef.	P>z	Coef.	P>z	Coef.	P>z
move	0.3788	0.0040	0.3206	0.0140	0.1713	0.1850
school						
2	0.2842	0.0690	0.1392	0.3690	0.1396	0.3760
3	1.1842	0.0000	1.5245	0.0000	1.0111	0.0000
fatuit	0.0028	0.2110	–0.0011	0.6180	–0.0033	0.1660
matuit	–0.0060	0.2090	–0.0038	0.4210	0.0048	0.3460
cram	–0.5694	0.0000	–0.6069	0.0000	–0.4956	0.0000
income	–0.4238	0.0010	–0.5567	0.0000	–0.4498	0.0000

表 8　成绩的影响因素分析（不考虑家庭收入水平）

	英语		数学		语文	
	Coef.	P>z	Coef.	P>z	Coef.	P>z
move	0.4111	0.0010	0.3392	0.0050	0.1012	0.4050
school						
2	0.3934	0.0120	0.1549	0.3190	0.0980	0.5370
3	0.9895	0.0000	1.2095	0.0000	0.7324	0.0000
faedu	–0.5146	0.0030	–0.3957	0.0230	–0.2859	0.1010
maedu	–0.6712	0.0000	–0.7189	0.0000	–0.9488	0.0000
fatuit	0.0005	0.8040	–0.0030	0.1840	–0.0052	0.0290
matuit	–0.0007	0.8880	0.0007	0.8770	0.0090	0.0670

为此，我们又分别在不考虑父母教育水平和家庭收入的情况下，对成绩的影响因素进行分析，分析结果如表 7 和表 8 所示。结果发现，在不考虑父母教育水平和家庭收入的情况下，在英语和数学两门成绩上，是否是流动儿童对学习成绩的影响变得显著起来；在语文成绩上，是否是流动儿童的影响仍然不显著，这可能是因为语文成绩的提升相对困难，较少受到外在因素影响导致的。

通过以上分析可以看出，流动儿童与户籍儿童之间的在学业成绩上的差异主要是由父母教育水平和家庭收入水平导致的。在中国的户籍政策下，是否接受过高等教育是能够获得城市户籍重要条件。流动人口大多是没有接受过高等教育的“蓝领”工作者，而本地儿童的父母中接受过高等教育的“白领”工作者要占有更高的比例。“白领”工作者比“蓝领”工作者无论在“经济资本”还是“文化资本”上都要占有一定的优势。父母“文化资本”和“经济资本”上的优势，都会在子女接受教育过程中转化为他们的“文化资本”的优势，进而在子女工作过程中“文化资本”的优势又可以转化为“经济资本”的优势，阶层的代际传递得以完成。

父母教育水平的高低最直接的影响就是他们能不能成为一名合格的“家教”。初中三年级的小曹在谈到自己的作业辅导时说道：

问：你要是做作业不会做的话，你问爸爸还是问妈妈呀？

答：不会做的时候就空着，反正老师要讲的嘛，老师讲的时候就认真听。

问：不会问爸爸妈妈？

答：不会，他们……

问：他们也不会？

答：嗯。

问：小学的时候还是问他们吧，小学六年级他们应该会吧？

答：嗯。

（访谈编号：tgd–fly–06）

另外一名初中三年级的小张提到了同样的问题：

问：你要是作业不会做的话会问爸爸妈妈吗？他们会给你讲清楚吗？

答：这些他们不会。

问：那小学的时候他们可以给你讲清楚吗？

答：小学可以。

问：上了初中了，他们也不懂了？

答：嗯。

（访谈编号：tgd–fly–07）

随着孩子年级的增长，家长对孩子的辅导开始力不从心。小曹的家长在她六年级的时候还能够辅导她，但是在她初中三年级的时候已经没有辅导她的能力了。同样，小张的父母在小学时候能够对他进行辅导，而等他上了初中就无法进行辅导了。在这种情况下，他们的解决方式往往是问同学，或者第二天问老师，或者是问自己的接受过高等教育的其他亲属（姐姐、小姨、哥哥、舅舅等）。一位自己的父母读过高中的小刘则表示父母在给自己辅导作业方面没有障碍（访谈编号：tgd–fly–04）。可见父母教育水平可以通过给孩子以辅导这种方式对儿童的学业成绩产生影响。

五、结论

重庆市解决了流动儿童“上学难”的问题，绝大部分流动儿童均能在公办学校入学。可以说，在城乡统筹的大政策下，重庆市的流动儿童已经得以在城市中获得一张书桌。然而越过入学资质这一“有形门槛”之后，流动儿童却在其他各方面遭遇了“无形藩篱”。

从社会融合方面来讲，在班级初级群体中，流动儿童和户籍儿童在交往上存在着一定的隔阂，户籍儿童自觉或不自觉地在一定程度上将流动儿童排斥在自己的交往范围之外。对超过一半的流动儿童来说，他们并不认同他们现在所生活学习的地方，他们真正的家是自己的“老家”。

从综合素质方面来讲，流动儿童和户籍儿童虽然同样在公办学校中读书，但是他们的学习成绩存在着一定差距。这种差距产生的主要原因在于家庭资源禀赋的差异。家庭的收入、父母的教育水平等因素在儿童成长中发挥着重要影响。不同社会群体之间资源掌握多少的差异在他们的下一代中得到延续。

重庆市有关部门应该对流动儿童和户籍儿童之间这种隔阂和差异引起重视，积极通过相关政策使流动儿童更好地融入城市生活，在更高的层次上缩小与户籍儿童之间的差距。

付来友　田　阡　执笔

参考文献：

[1] 班建武，佘海婴．教育政策执行难的利益分析——以北京市流动儿童义务教育政策实施为例．教育科学，2006（3）

[2] 白文飞，徐玲．流动儿童社会融合的身份认同问题研究——以北京市为例．中国社会科学院研究生院学报，2009（2）

[3]（美）查尔斯·霍顿·库利．社会组织（英文版）．北京：中国传媒大学出版社，2013

[4] 段成荣，梁宏．关于流动儿童义务教育问题的调查研究．人口与经济，2005（1）

[5] 段成荣，吕利丹，王宗萍，郭静．我国流动儿童生存和发展：问题与对策——基于 2010 年第六次全国人口普查数据的分析．南方人口，2013（4）

[6] 段成荣，杨舸．我国流动儿童最新状况——基于 2005 年全国 1% 人口抽样调查数据的分析．人口学刊，2008（6）

[7] 范元伟．流动儿童与本地学生相互融合研究．当代青年研究，2008

[8] 冯帮. 流动儿童教育公平问题：基于社会排斥的分析视角. 农村教育，2007（9）
[9] 冯帅章，陈媛媛. 学校类型与流动儿童的教育——来自上海的经验证据. 经济学（季刊），2012（4）
[10] 高政. 社会排斥理论视角下流动儿童教育问题研究. 教育探索，2011（12）
[11] 郭正林，周大鸣. 外来务工与农民现代性的获得. 中山大学学报（社会科学版），1996（5）
[12] 韩嘉玲. 北京市流动儿童义务教育状况调查报告. 青年研究，2001（8）
[13] 韩嘉玲. 北京市流动儿童义务教育状况调查报告（续）. 青年研究，2001（9）
[14] 何玲，李兵. 中国流动儿童政策分析. 人口研究，2007（2）
[15] 胡韬. 流动少年儿童社会适应的发展特点及影响因素研究. 西南大学硕士学位论文，2007
[16] 雷万鹏. 从多元需求看流动儿童教育政策选择. 华中师范大学学报（人文社会科学版），2007（1）
[17] 雷万鹏，杨帆. 流动儿童教育面临结构转型——武汉市流动儿童家长调查. 教育与经济，2007（1）
[18] 田丰. 中国农民工社会融入的代际比较. 社会，2012（5）
[19] 李炜. 近年来农民工的经济状况和社会态度. 中国社会科学，2010（1）
[20] 刘鸿渊. 多元利益格局下的城市流动儿童教育问题研究. 社会科学研究，2007
[21] 吕绍青，张守礼. 城乡差别下的流动儿童教育——关于北京打工子弟学校的调查. 战略与管理，2001
[22] 项继权. 农民工子女教育：政策选择与制度保障——关于农民工子女教育问题的调查分析及政策建议. 华中师范大学学报（人文社会科学版），2005（3）
[23] 史晓浩，王毅杰. 流动儿童城市社会交往的逻辑—指向一种质量互释的混合研究. 南方人口，2010（2）
[24] 王春光. 流动中的社会网络：温州人在巴黎和北京的行动方式. 社会学研究，2000（3）
[25] 王春光. 新生代农村流动人口的社会认同与城乡融合的关系. 社会学研究，2001（3）
[26] 王毅杰，梁子浪. 试析流动儿童与城市社会的融合困境. 市场与人口分析，2007（6）
[27] 王毅杰，史晓浩. 流动儿童与城市社会融合：理论与现实. 南京农业大学学报（社会科学版），2010（2）
[28] 吴权. 中国农村剩余劳动力转移的双向作用与分类管理. 江苏经济探讨，1996（8）
[29] 曾守锤. 流动儿童的社会适应：教育安置方式的比较及其政策含义. 基础教育改革，2008（7）
[30] 张翼，周小刚. 农民工社会保障和就业培训状况调查研究. 调研世界，2013（2）
[31] 中央教育科学研究所教育发展研究部课题组. 进城务工就业农民子女接受义务教育的政

策措施研究 . 教育研究，2007（4）

[32] 周大鸣 . 农民工的职业分化与子女教育——以湖南攸县为例 . 华南师范大学学报（社会科学版），2009（6）

[33] 周大鸣 . 制度性歧视与社会公正——以厦门农民工为例 . 西南民族大学学报（人文社科版），2006（11）

[34] 周皓 . 流动儿童的心理状况与发展——基于“流动儿童发展状况跟踪调查”的数据分析 . 人口研究，2010（2）

[35] 周皓 . 流动儿童社会融合的代际传承 . 中国人口科学，2012（1）

[36] Yuanyuan Chen.Shuaizhang Feng，2013，“Access to public schools and the education of migrant children in China”，China Economic Review

[37] Yuanyuan Chen.Shuaizhang Feng，2017，“Quality of migrant schools in China：evidence from a longitudinal study in Shanghai”，J Popul Econ

附件：学生问卷（流动儿童版）[①]

亲爱的同学你好，我们正在进行的是一项关于流动儿童教育问题和社会融合问题的问卷调查。请你仔细阅读每一条目，根据自己的实际情况填写或选择相应答案，答案无对错之分，调查结果不会对你们的学习或生活有任何影响，同时我们会对你的回答严格保密。非常感谢你的参与与合作！

1. 姓名：______

2. 性别：(　) ① 男　②女

3. 年龄：______ 岁

4. 班级：_____ 年级 _____ 班

5. 你的老家在哪里：(　) ①重庆市内　②重庆市外

6. 你的老家是农村还是城市：(　) ①城市　②农村

7. 你是否为独生子女：(　) ① 是　② 否

8. 家庭收入：(　) 元 / 月

① 1000 元以下　② 1000~3000 元　③ 3000~5000 元　④ 5000~10000 元　⑤ 10000 元以上　⑥不知道

9. 你什么时候来这里的？（　）

①在这里出生　②小的时候，记不清了　③ ___ 岁来的（填来这里的年龄）

10. 平时是谁照顾自己：(　)(多选)

①爸爸　②妈妈　③爷爷奶奶　④外公外婆　⑤其他

11. 爸爸受教育程度：(　)

①小学及以下　②初中　③高中　④专科　⑤本科及以上　⑥不知道

12. 妈妈受教育程度：(　)

①小学及以下　②初中　③高中　④专科　⑤本科及以上　⑥不知道

---

① 说明：问卷分为流动儿童和户籍儿童两版，其中户籍儿童版比流动儿童版少了 5、6、9、27、37 五道题，其他题目设置两版相同，在此仅呈现流动儿童版。

13. 爸爸妈妈每天几点下班？ 爸爸：______ 妈妈：______（根据实际情况还可填写“不上班”和“时间不固定”）

14. 爸爸妈妈周末是否经常加班？

爸爸（　）①是　②否　　妈妈（　）①是　②否

15. 你们家的住房来源：（　）　①买房　②租房　③借住

16. 你是否在班里担任班干部：（　）　①是　②否

17. 你的语文成绩在班上处于哪个阶段：（　）

①上游　②中等偏上　③中等　④中等偏下　⑤下游

18. 你的数学成绩在班上处于哪个阶段：（　）

①上游　②中等偏上　③中等　④中等偏下　⑤下游

19. 你的英语成绩在班上处于哪个阶段：（　）

①上游　②中等偏上　③中等　④中等偏下　⑤下游

20. 你的父母会经常关心你的作业完成情况或者考试成绩吗？（　）

①非常关心　②关心　③一般　④不太关心　⑤完全不关心

21. 爸爸妈妈每周给你辅导功课的次数：爸爸：____ 次 妈妈：_____ 次

22. 你有没有报辅导班？（　）①有　②没有

23. 你有没有报兴趣班？（　）①有　②没有

24. 父母陪你出去玩的次数多吗？（　）

①非常多　②比较多　③一般　④比较少　⑤几乎没有

25. 如果成绩考得很好，你父母会怎么奖励你？（　）（多选）

①金钱奖励　②买礼物　③出去玩　④口头表扬　⑤其他

26. 如果成绩考得不好，会有什么惩罚措施？（　）（多选）

①被骂或挨打　②扣零花钱　③不准出去玩　④加大题量　⑤鼓励　⑥其他

27. 你喜欢老家还是这里：（　）

①更喜欢老家　②更喜欢这里　③都喜欢　④都不喜欢

28. 你是否担心有人看不起你？（　）

①完全不担心　②有点担心　③比较担心　④非常担心

29. 你是否觉得有人看不起你？（　）① 是　② 否

30. 最近一年你有没有出去旅游过？（　）①有　②没有

31. 上学期和本学期你一共读了多少本课外书？______本。

32. 下列选项中，你去过的地方有哪些？（ ）(多选)

①重庆自然博物馆　②三峡博物馆　③科技馆　④解放碑　⑤磁器口

⑥洋人街　⑦洪崖洞　⑧渣滓洞　⑨大足石刻　⑩仙女山？北京？上海？广州？台湾？香港？澳门？国外

33. 写出你在班上最好的三个朋友：______ ______ ______

34. 班里要准备一个舞台剧，但是有三个恶霸的角色没有人报名，你觉得谁适合去演这个角色呢？如果让你推荐，你会推荐谁去呢？

______ ______ ______

35. 课下你会经常向老师请教问题吗？（　）

①经常会　②有时候会　③一般不会　④不会　⑤从来不问老师

36. 你经常参加社区组织的活动吗？（　）

①会经常参加　②感兴趣的活动就参加　③一般不参加　④从来不参加

37. 你觉得哪个地方是你真正的家？（　）①现在住的家　②老家

38. 请根据实际情况在下表中进行选择，并在相应位置打"√"。

	非常符合	符合	一般	不太符合	不符合
1. 你很喜欢向别人介绍自己吗					
2. 你会主动找同学们一起聊天吗					
3. 你每天都对学校生活充满期待吗					
4. 你很喜欢同学们关注你吗					
5. 同学的行为很容易让你感到不舒服					
6. 你会主动参与大家的游戏或别的活动					
7. 在很多人面前发言时你会感到紧张，难以放松					

背景报告

特大城市流动人口子女教育情况调查问卷分析报告

广州、深圳、北京和上海的问卷调查发现，流动人口家庭与本地家庭相比，在很多方面具有相似性，他们之间的差异可能比公众一般的认知和媒体宣传的要小；流动人口子女大部分出生于原户籍地，80%在小学一年级时就已经随其父母迁居城市并在特大城市的小学读书，转学率仍远远高于本地孩子；流动人口家庭亲子不同城的比例逐年降低；虽然中央和各大城市地方政府多年来为教育公平做出了不懈的努力，仍有超过一半的受访者称他们感受到了外地户籍子女和本地孩子之间的待遇差异。对此，本报告建议加强特大城市的教育供给，规划建设与学龄儿童数量相适应的学位；平衡各中小学教学质量，对于民办学校，也要保障其教学质量，要遵循基本的教学规律和标准，不能因为民办学校而忽略对其监督和管理；加强对外来人口的宣传和辅导，要提高宣传和辅导的有效性、精准性，提高本地人口和外地人口对相关教育政策的认知和理解，减少以讹传讹。

为了解我国特大城市流动人口子女的受教育情况，以作为未来公共政策的基础依据，本研究组织了面向特大城市流动人口家庭的子女教育情况问卷调查。下面是对这项调查所得数据完成的统计分析报告。

一、研究背景

党的十八大报告提出要努力办好人民满意的教育，深化教育领域综合改革，大力促进教育公平，合理配置教育资源，重点向农村、边远、贫困、民族地区倾斜，支持特殊教育，积极推动农民工子女平等接受教育，让每个孩子都能成为有用之才。教育公平是社会公平的重要基础，只有大力促进教育公平，让每个孩子都能成为有用之才，才能使教育真正达到让人民满意的程度。城市，尤其是特大城市流动人口子女无法享受和本地子女同等的受教育权，一直是教育公平中被关注最为广泛的话题之一。

本调查报告的任务是通过定量研究的设计，对在特大城市生活工作的流动人口子女的受教育情况进行清晰的了解，了解他们的生活学习现状和对教育公平的感受，同时为另外几份通过深入的个案研究所进行的定性研究报告在研究的广度和研究结论的延伸性上做出必要的补充。

二、概念界定

（一）特大城市

2014 年 11 月，国务院印发《关于调整城市规模划分标准的通知》，对原有城市规模划分标准进行了调整，明确了新的城市规模划分标准。《通知》指出，改革开放以来，伴随着工业化进程加速，我国城镇化取得了巨大成就，城市数量和规模都有了明显增长，原有的城市规模划分标准已难以适应城镇化发展等新形势要求。当前，我国城镇化正处于深入发展的关键时期，调整城市规模划分标准，有利于更好地实施人口和城市分类管理，满足经济社会发展需要。

在 2014 年以前的统计中，城区人口超过 100 万的城市被划分为特大城市，50 万 ~100 万的为大城市。调整后新的城市规模划分标准以城区常住人口为统计口径，城区常住人口 100 万以上 500 万以下的城市为大城市，其中 300 万以上 500 万以下的城市为 Ⅰ 型大城市，100 万以上 300 万以下的城市为 Ⅱ 型大城市；城区常住人口 500 万以上 1000 万以下的城市为特大城市；城区常住人口 1000 万以上的城市为超大城市。

本研究选取的问卷发放城市为广州市、深圳市、北京市和上海市，都属于特大城市或超大城市。而且，这几个城市都有大量的流动人口，尤其是深圳市的人口户籍结构目前仍存在严重的倒挂现象。深圳市 2015 年全国 1% 人口抽样调查时，推算该市常住总人口为 1137.89 万人，现居住地与户口登记地所在的县（市、区）不一致且离开户口登记地半年以上的人口为 887.87 万人，占 78.03%，这个比例可能居全国特大城市之首。

（二）流动人口、非本地户籍人口、常住人口

人口流动和变迁是社会学的重要研究对象之一，但是对“流动人口”的定义却难以有统一的规定。统计上将持非本地户籍，但在当地连续居住满 6 个月的家庭算入当地的常住人口，不满 6 个月的则统计为暂住人口。

为研究的方便，本报告所指的流动人口指的是问卷调查时居住在调查地，但户籍关系不在所调查的市的公民。为比较方便，本报告也使用“本地户籍人口”和“非本地户籍人口”两个概念。本报告所说的流动人口，一般情况下即指非本地户籍人口，两者之间可以相互替换。

公民的户籍关系可以转换，一些流动人口子女可能在当地入学期间实现了落户，从而由“非本地户籍人口”转变为“本地户籍人口”。对这种情况本报告不做明确的甄别，如果受访者认可其家庭的孩子存在跨县市就学的行为，则该份问卷视为有效问卷。

本次研究的受访对象，均为调查地的非本地户籍人口，也即都是流动人口。不过他们都有子女在当地入学，在统计上均属于当地的常住人口。

从现状来看，流动人口主要是从农村向城市流动，由中小城镇向大型城市、大都会地区流动。从户籍属性上来说，流动人口并不一定都是农业户口，也有不少持的是非农业户口。

（三）流动人口子女、随迁子女、留守儿童

理论上，随迁子女和留守儿童是对流动人口的子女相对比较准确的描述。父母到其他城市工作，子女跟随父母迁居的为随迁子女，仍居住在原户籍地的则为留守儿童。

本报告所关注的区域在特大城市，所以研究对象主要是随迁子女。但基于

两个方面的原因，本报告仍使用“流动人口子女”这个概念，而不使用随迁子女和留守儿童。第一是因为长期的使用习惯，便于理解。第二是因为随迁子女和留守儿童两个概念会相互转换，现在特大城市的随迁子女有一部分并非出生就成为随迁子女，而是有一段时间是留守儿童，一段时间是随迁子女。这种转换甚至有多次。为避免在问卷调查中给受访者增加理解和解释的困难，所以本研究不特别强调是随迁子女还是留守儿童，但从结果上来看，重点是在随迁子女。

三、研究设计

本研究采用问卷调查的方式进行。

（一）问卷的发放和回收

问卷发放地点主要在广州市、深圳市、北京市和上海市。参与问卷发放的访问员共 23 人，均来自当地的社会工作机构。因此，受访对象为各社会工作机构所服务的社区内居住的非本地户籍居民。

问卷由访问员现场发放和解释，受访者自己填写（无理解能力者由访问员协助填写），当面回收。最后回收有效问卷 607 份。

（二）问卷的内容

问卷包括受访者一般信息、受访者家庭孩子异地读书情况以及受访者是否存在基于户籍的入学烦恼三部分。

（1）一般信息。此部分包括询问受访者的性别、出生年份、受教育水平、婚姻状况、家庭收入和住房等信息。

（2）受访者家庭孩子异地读书情况。此部分询问孩子在入学时是否存在异地就读、是否存在频繁转学、是否存在与父母别居等情况。

（3）受访者对子女异地就读情况的态度。此部分询问孩子是否曾因为外地户籍问题，而无法和本地孩子享受同等待遇，受访者是否因为没有享受同等待遇而感到烦恼，主观上认为当父母在外地工作上班时，子女读中小学的最理想状态。

四、数据分析结果

（一）受访者个人一般信息

607 份有效问卷的受访者的一般信息统计整理如下，包括受访者的家庭身份、性别、年龄和受教育水平。

1. 受访者以孩子的母亲为主

依据家庭内部身份划分，受访者为学龄孩子的母亲的比例最高，共计 387 人（占 63.8%），父亲接受访问的为 130 人（占 21.4%），孩子本人接受访问的为 82 人（占 13.5%），其他家庭成员的为 8 人（占 1.3%）。

按性别分类，受访者中女性为 444 人（占 73.1%），包括 50 位女孩本人，男性为 163 人（占 26.9%），包括 32 位男孩本人。

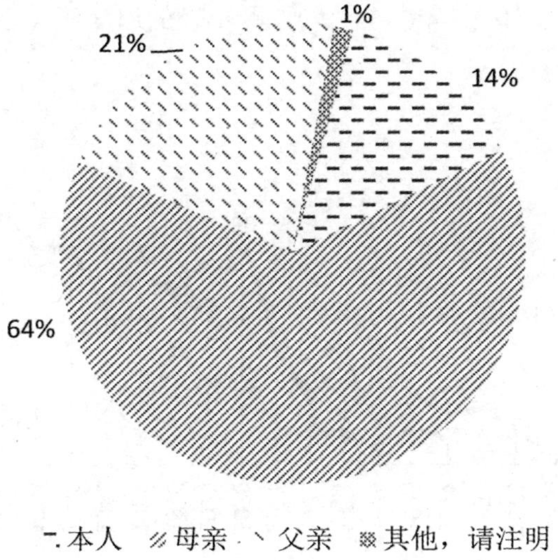

图 1　受访者家庭内部身份分布

基于本次访问的性质，身份为父母亲的受访者的绝大部分都是“结婚且在婚”状态，共 499 人，占 515 位父母亲身份的受访者的 96.9%，剩下 16 户为单亲家庭（包括 10 户父亲单身，6 户母亲单身，12 户为曾经结婚现在单身，4 户为从未结婚）。

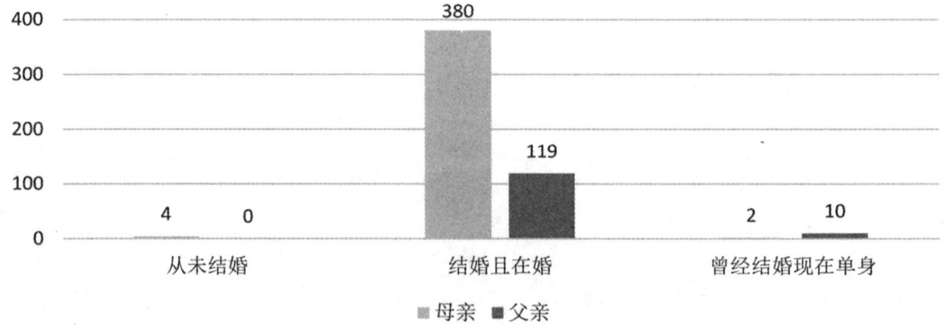

图 2　父母亲身份的受访者婚姻情况分布

2. 受访流动人口的平均初育年龄低于本地户籍人口

按年龄划分，387 位母亲受访者中最年长的出生于 1959 年（58 岁），最年轻的出生于 1993 年（24 岁），中位数为 1981 年（36 岁）。129 位父亲受访者中，最年长的出生于 1965 年（52 岁），最年轻的出生于 1990 年（27 岁），中位数为 1980 年（37 岁）。

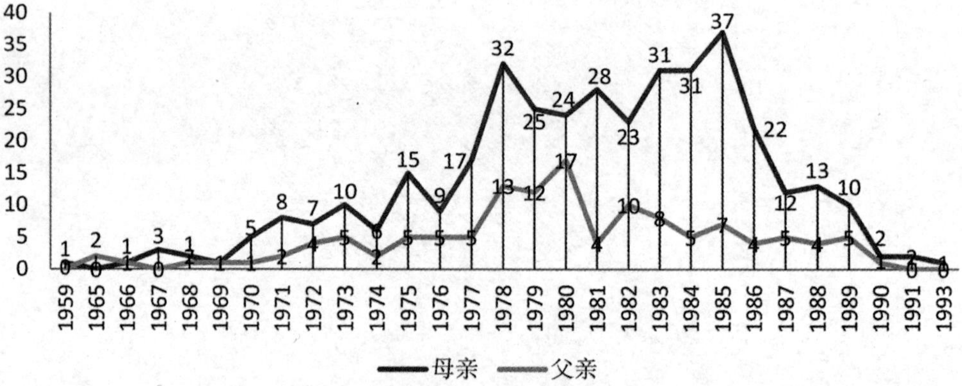

图 3　父母亲身份的受访者年龄分布

生育年龄方面，对比孩子的出生年份，可知受访非户籍人口中的母亲的平均生育年龄为25.4岁[①]，众数为24岁，中位数25岁，最高生育年龄为38岁。受访母亲中20岁或以下生育的有31人，其中20人（占31人的64.5%）在原户籍所在地生育。父亲身份受访者的平均生育年龄为26.6岁，中位数26岁，众数为24岁和29岁，最高生育年龄为43岁，20岁或以下生育的为4人（占3%）。

流动人口的平均生育年龄明显比本地户籍人口要低。相关统计显示，上海市2015年常住人口（含本地户籍常住人口和外来常住人口）平均初育年龄为29.01岁，中心城区8个区为29.58岁至30.26岁不等。广州市和深圳市的平均初育年龄要比上海市、北京市低，但仍高于流动人口的平均初育年龄。

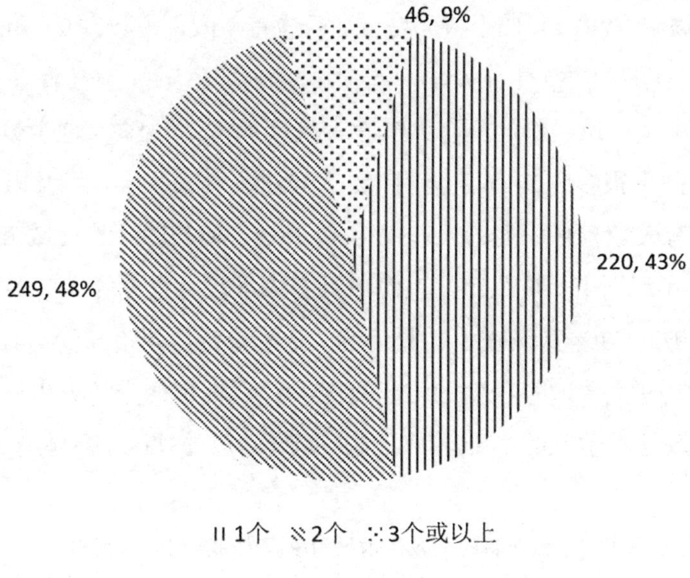

图4　父母身份受访者生育子女数分布

在生育子女数量方面，387位受访母亲中，只生育了一个孩子的受访母亲有161人，生育了两个的为191人，生育了3个或更多的有35人。128位受访父亲中，只生育了一个孩子的受访父亲为59人，生育了2个的有58人，有11

① 请注意这个数字不是平均初育年龄。因为本次问卷调查中，如果受访者家庭有多个孩子的，允许受访者选择任何一个孩子来完成问卷填写，这样做的受访者约占样本总量的1/4。估计受访母亲的初育年龄可能会比25.4岁低0.5~1岁，即母亲身份的受访者平均初育年龄可能在25.0岁或略低。

人生育了 3 个或更多的孩子。两者合计，则父母亲身份的受访者中，共 220 户家庭只生育了 1 个孩子，249 户家庭生育有 2 个孩子，还有 46 户生育了 3 个或更多孩子。

3. 受访流动人口的教育程度略高于平均水平

按受教育水平来看，受访者与四个特大城市总体水平契合度较高，显示受访对象具有一定的代表性。

首先，从受教育年限中位数来看，受访者中父母亲身份的受教育水平均为高中，受教育年限中位数为 10.3 年。这个数值明显比 2015 年全国 1% 人口抽样调查时的全国受教育年限中位数 7.6 年高，也比抽样调查时四个特大城市的受教育年限中位数略高，2015 年四个特大城市的受教育年限中位数在 9.1~10.1 之间。

其次，从受访者中具有大学（指大专及以上，下同）教育程度的比例来看，受访者中父母亲身份的具有大学教育程度的占 27.71%。这个数值也比全国平均水平要高出很多，2015 年全国 1% 人口抽样调查时，6 岁及以上常住人口中，全国具有大学教育程度的人口仅为 14.18%。但与四个特大城市的总体水平接近，2015 年深圳市、广州市、上海市具有大学教育程度的人口多在 1/4 左右，北京市超过 1/3。在本次调查中，北京市、上海市、广州市的受访者中身份为父亲或母亲的具有大学教育程度的均超过 35%，深圳市的受访者中这个比例只有约 20%。出现这种情况的主要原因可能跟问卷发放的社区小环境有关。

表 1　受访者的受教育水平和家庭内部身份交叉列表

		家庭内部身份		合计
		母亲	父亲	
受访者受教育水平	小学及以下	14	3	17
	初中	118	36	154
	高中	152	49	201
	大专	82	28	110
	本科	19	12	31
	硕士及以上	1	1	2
合计		387	129	516

分性别来看，男性受访者的受教育年限比女性受访者略高。其中，母亲身份受访者和父亲身份受访者的具体受教育年限中位数分别为10.2年和10.5年。母亲身份受访者中具有大学教育程度的占26.36%，父亲身份受访者中具有大学教育程度的占31.78%，合并统计后为27.71%。

（二）受访者家庭情况

1. 受访家庭的人均居住面积低于平均水平

89.8%的受访者回答了他们的孩子在异地就学期间居住的房屋的住宅面积情况，数据显示受访的非本地户籍家庭的住房面积中位数为60平方米，第一四分位数为45平方米，第三四分位数为80平方米，即半数受访家庭的住宅面积在45~80平方米，城市间差异不明显。

以家庭而论，受访的非本地户籍家庭的户均住房面积大体接近全市平均水平。不过考虑到受访家庭的户均人口数要高于3.5人，所以按人均计算，受访的非本地户籍家庭的人均住宅面积可能不足17平方米，比官方公布的四市中数值最低的上海市平均水平还要低。

表2　受访非本地户籍家庭住房面积对照表

受访者所在城市	受访家庭住房面积中位数（平方米）	受访家庭住房面积平均数（平方米）	全市人均住宅面积（平方米）	全市户均人口（人）	全市户均住宅面积（4*5）
广州市	60.4	60.9	22.73	2.75	62.5
深圳市	61.8	66.6	27.58	2.49	68.6
上海市	—	—	17.5	—	—
北京市	—	—	31.31	—	—

注：各市的全市人均住宅面积为2013年的数据，其中北京市为城镇人口数据。户均人口为2015年1%人口抽样调查数据，由于北京市、上海市的数据不详，本表仅比较深圳市和广州市。

2. 流动人口家庭平均收入相当于全市平均水平

家庭收入方面，589 份（97%）问卷填报了 2016 年的家庭年收入。其中，中位数约 11.2 万（为分组数据的统计计算）。

作为对比，官方统计部门的数据显示，2016 年，深圳、上海、北京、广州的劳动力人均收入分别为 142382 元、108920 元、106751 元、102377 元。又根据各地人力资源和社会保障部门公布的数据，2015 年深圳、上海、北京、广州的全市职工平均工资分别为 81034 元、71268 元、85038 元、81168 万。由于不确定家庭户均劳动力数量，4 市的家庭年均收入不详。

一般认为非本地户籍人口总体上收入水平低于本地户籍人口，不过由于各种统计数据存在口径差异，具体情况不明。本地户籍人口中通常有 1%–1.5% 的人口为低保家庭，但另一方面，非本地户籍人口中的中高收入群体更容易加入当地户籍。总体上估计受访家庭的年收入水平接近统计上的全市常住人口家庭的平均水平。

也就是说，流动人口虽然更加容易成为城市的弱势群体，但其原因主要不是因为经济上的贫困。

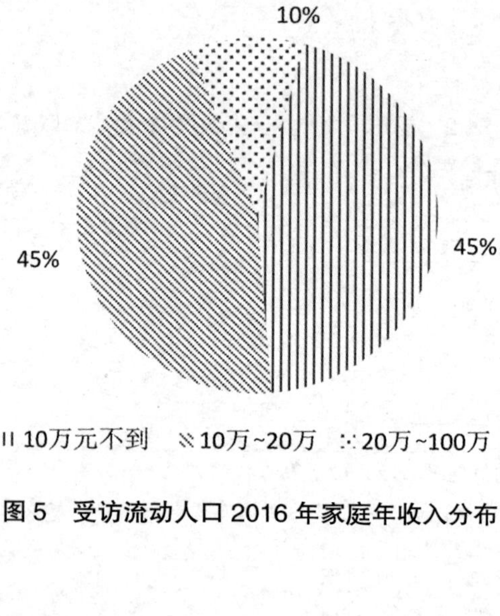

图 5　受访流动人口 2016 年家庭年收入分布

（三）受访流动人口家庭子女一般入学情况

1. 半数以上流动人口家庭子女出生于原户籍地。

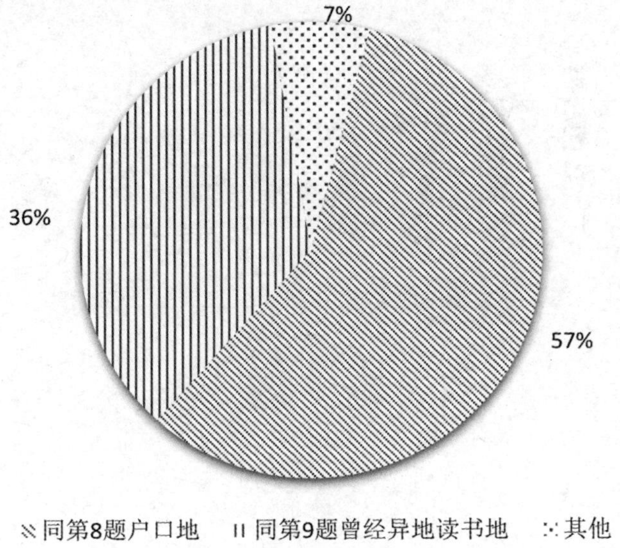

图 6　受访流动人口家庭子女出生地分布

605 位受访者填写了异地就读子女的出生地。其中在原户口所在地出生的为 348 人（占 57.5%），在日后的异地读书地出生的为 215 人（占 35.5%），还有 42 人填写的是“其他”（占 6.9%）。未回答此问题的（缺失值）2 人。

受访流动人口的来源地与 2010 年第六次全国人口普查时的人口跨省流动情况大体一致。北京市流动人口的来源地以北方各省为主，上海市流动人口的来源地以华东和长江流域各省为主，广东省的外来人口以西南各省为主。下图显示的是“六普”时北京市、上海市、广东省流动人口的主要来源地及流动人口数，以资参考。

由于北京市和上海市为直辖市，所以流动人口都来自其他省份。而广州市、深圳市的流动人口来源地很大一部分是来自广东省内其他地级市。在本次调查中，统计显示，户籍在广东省内其他地市的流动人口占广州市、深圳市两市受访对象的 51.3%，其中广州市占 50.2%，深圳市占 52.0%，广东省外的第一大来源省则为湖南省，与人口普查时全国大数据分析趋势一致。

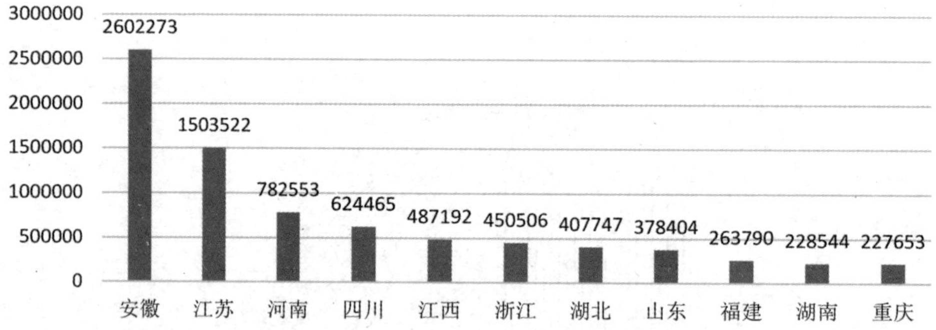

图 7 “六普”时上海市流动人口主要来源地分布

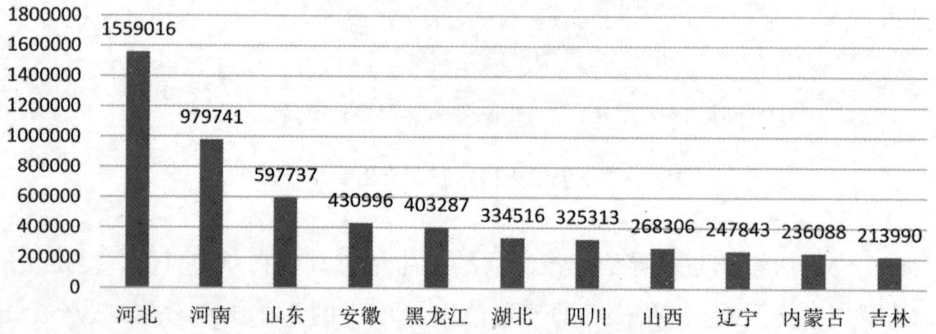

图 8 “六普”时北京市流动人口主要来源地分布

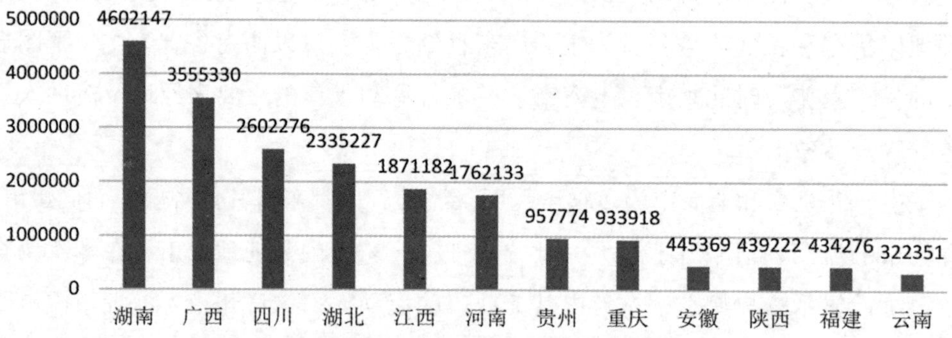

图 9 “六普”时广东省流动人口主要来源地分布

2. 特大城市流动人口子女几无辍学

受访对象填写的子女的男女性别比为 121：100，这个性别比例明显高于 105~106 的正常值。出生年龄从 1988 年至 2011 年不等，其中中位数为 2007 年（10 岁）。

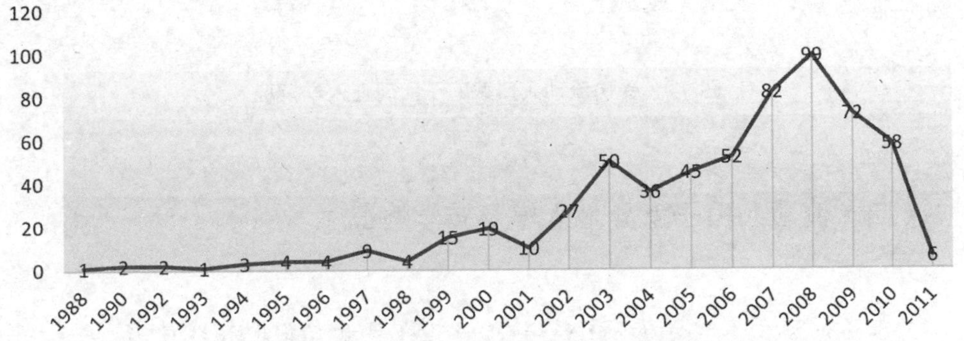

图 10　受访流动人口家庭子女年龄分布

70% 的受访者填写的子女现在读小学，有 2 位受访者填写了孩子辍学，占所有回答者的 0.3%。不过经查这两位回答者目前都已经年满 18 岁，都在原户籍地出生，并在出生地就读小学一年级，但都没有读过高中的记录，疑似是初中毕业后没有考上高中，但是回答者认为其他 4 个选项都不适合而选择了“辍学”。

也就是说，特大城市在义务教育阶段已经基本实现了“普九”，包括流动人口在内。同时，高中阶段教育的普及程度也相当高，受访流动人口中高中阶段升学率为 97%，这个数据包括普通高中、中专和职业高中，大体与所在城市的总体水平相当。然而必须要承认的是，高中阶段教育受户籍限制影响较大，很多流动人口子女是在这个阶段转学到户籍所在地。

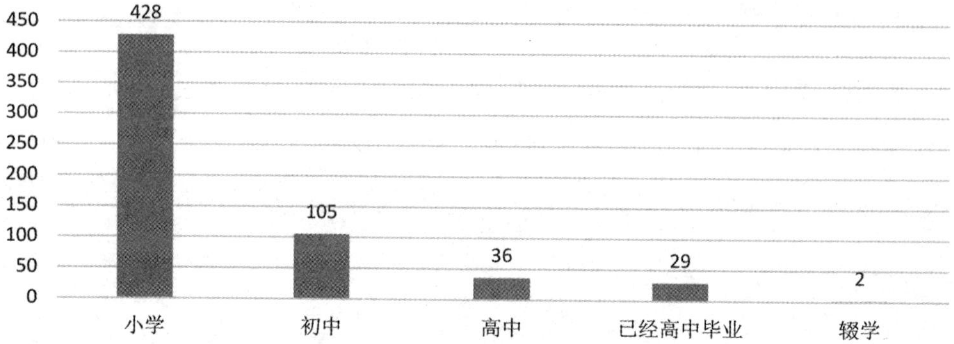

图 11　受访流动人口家庭子女现在入学情况

（四）流动人口子女异地入学及转学情况

1. 80% 的流动人口子女从小学一年级起即离开户籍地异地读书

607 位受访者都填写了异地读书的孩子小学一年级开学时所在的城市。尽管特大城市（指北上广深等）57.5% 的流动人口家庭的子女都出生在原户口所在地，但当他们成长到义务教育适学年龄时，其中的大部分都已经跟随父母搬迁到了更大的城市中。仍留在原户口所在地就读小学的只有 124 位，仅占受访者的 20.4%。

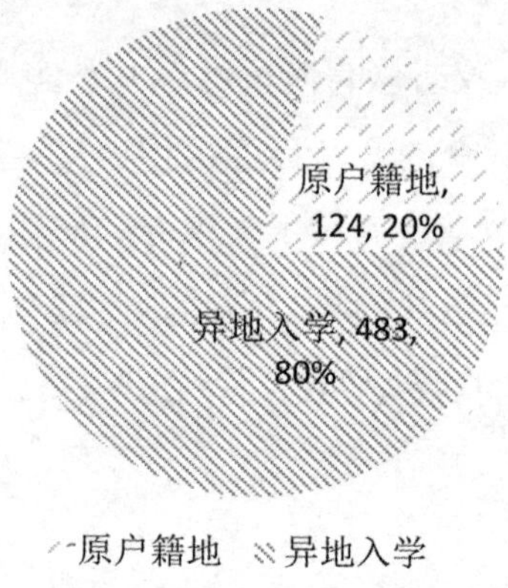

图 12　流动人口子女小学一年级入学地分布

在子女学习期间是否转过城市上，600 位受访者回答了该问题，9 位未回答。已回答的问卷中 187 位表示转过城市，占有效回答的 31.17%，413 位表示从未转过城市。

表 3　受访家庭子女学习期间转城市情况分布表

项目		数值	比例
有效值	小学转过	149	24.83%
	初三和小学六年级不在一个城市	31	5.17%
	高三和初三不在一个城市	7	1.17%
	从未转过	413	68.83%
缺失值		9	
合计		609	

由此可见，在流动人口子女成长过程中，转学现象在不断地发生，考虑到受访者家庭子女多数为小学生，他们在小升初或者初中升高中过程中或许还会有一部分会因为种种原因转学或转城市。

2. 75% 的流动人口家庭子女在高中毕业前会有至少一次转学记录

问卷调查显示，受访对象中有约 1/3 的流动人口子女曾经转学。这里所指的转学，是指适龄儿童在小学、初中或高中就读期间同一个学历层次曾先后在 2 所或以上学校就学。

其中，小学阶段发生转学情况最高，共有 151 名受访对象子女，占 25%。初中阶段转学的受访对象子女有 29 人，高中阶段转学的 7 人，在多个学龄阶段发生转学的 12 人（包括在 2 个阶段发生转学的 10 人，在三个阶段都发生转学的 2 人）。至受访时从未转学的 406 人，未填写的 2 人。

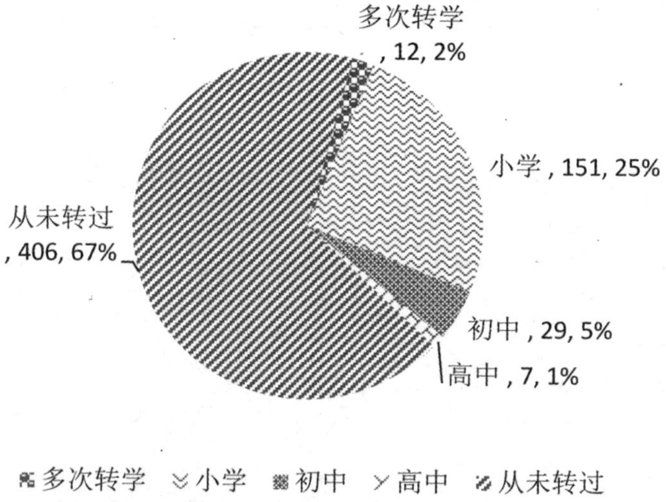

图 13　至受访时流动人口子女转学情况分布

需要特别提醒的是，上图约 2/3 的学生没有转学经历，指的是到受访时的情况，没有包括今后至高中毕业期间可能发生的转学率。本研究把后者暂称为中小学最终转学率，这个数值估计在 75%（即 3/4）左右，结果非常令人担忧。具体计算方式如下（表 4）。

在控制当前入学情况这个变量的前提下，在当前就读小学的受访对象子女中，已经有 23% 的学生发生了转学。初中学生中有 43.8% 曾发生转学，其中 11.4% 为初中阶段新增的转学学生率。高中和高中后阶段共有 74.6% 的受访对象子女曾经有过转学史，其中高中阶段新增的转学率为 8.5%。

所以，从未转过学的 67% 的记录只是一个假象，只不过是因为受访的流动人口子女大部分年龄还小，还在读小学，等到他们高中毕业后的最终转学率将有可能达到 75% 左右。

表 4　分学龄阶段受访学生转学情况表

孩子是否转过学校	现读小学		现读初中		现读高中		小计
	人数	比例	初中	比例	高中和高中后	比例	
多个阶段转过学	不适用	不适用	1	1.0%	11	15.5%	12
小学阶段转过学	97	22.8%	33	31.4%	20	28.2%	150

续表

孩子是否转过学校	现读小学		现读初中		现读高中		小计
	人数	比例	初中	比例	高中和高中后	比例	
初中阶段转过学	不适用	不适用	12	11.4%	16	22.5%	28
高中阶段转过学	不适用	不适用	不适用	不适用	6	8.5%	6
从未转过学	328	77.2%	59	56.2%	18	25.4%	405
合计	425	100.0%	105	100.0%	71	100.0%	601

不同的初入学地（即小学一年级的入学地），转学率具有显著的差异。那些小学一年级在原户籍地读的受访子女，转学率高达约 90%。请注意这其中剩余的 10%，是因为部分受访者有多个子女，其中有一部分子女一直在原户籍地生活、入学，并没有跟随父母亲搬迁到特大城市。

跟随父母亲居住在特大城市的儿童，在整个中小学阶段发生转学的概率也比本地户籍人口的子女要高很多。调查中仍在读小学的学生中已经有 13.2% 的学生发生了转学现象，现在读初中的孩子的转学率已经提高到了 19.4%。那些现在读高中或高中后的孩子的转学率更是已经提高到了 61.1%。后者很大的原因是来自“异地高考”，高考分省出卷迫使相当一部分流动人口子女在高中以前回到原户籍地。

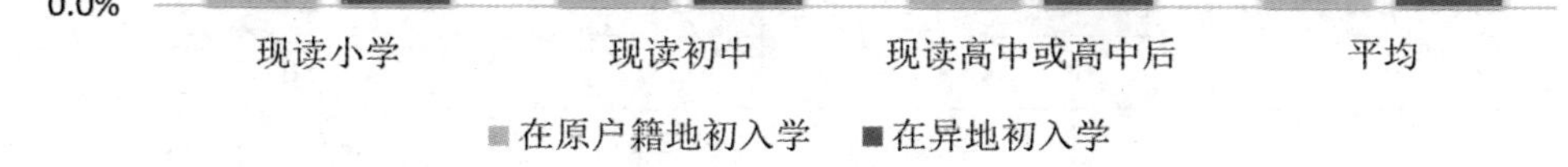

图 14　不同初入学地的转学率分布

3. 流动人口家庭亲子不同城的比例逐年降低

如前所述，一部分在原户籍地出生的流动人口子女，会在到达入学年龄时迁移到父母所在的大城市入学，这一点显然提高了子女与父母的共同生活的机会。而且通过比较流动人口子女的学龄阶段和年龄，我们发现这种趋势可能更加令人欣慰。

调查显示，无论何种类型的受访者都倾向认同当父母在外地工作上班时的理想状态是子女“随父母到哪就到哪读书”，也就是青少年学习阶段的亲子联结获得了普遍的认可。具体而言，有 87.7% 的受访者赞同当父母在外地工作上班时的理想状态是子女“随父母到哪就到哪读书”，只有 1.7% 的受访者赞同“在户籍地读书”，另外的 10.6% 的受访者则认为“在哪都可以接受”。

数据显示，总体上受访家庭子女高中时与父母“不同城”比例最高，达到 26.4%，初中阶段为 13.3%，小学阶段最低只有 5.8%。显然，随着年龄的增长，“一直不同城”有可能转化为“前面说的两边都有（即一段时间和父母同城生活，一段时间不同城生活）”。也就是说，后两个比例有可能还会下降。

表 5　受访流动人口家庭亲子同城情况表

选项		小学阶段		初中阶段		高中阶段	
		频率	有效百分比	频率	有效百分比	频率	有效百分比
有效	一直在同一个城市	459	75.9	149	82.3	50	69.4
	一直不同城	35	5.8	24	13.3	19	26.4
	前面说的两边都有	111	18.3	8	4.4	3	4.2
	合计	605	100.0	181	100.0	72	100.0
缺失值（含不适用）		2		426		535	
合计		607		607		607	

以所有孩子都经历过的小学阶段来看，不同年龄的受访家庭子女在小学阶段的亲子同城情况如下表所示。从中可以发现，孩子现在读书阶段，与小学阶段是否亲子同城具有明显的差异。现在读小学的受访流动人口家庭的子女，有 82.4% 都与父母同城居住。现在的初中生在此前的小学阶段有 64.4% 的人与其

父母一直同城居住，相反一直不同城的则有 13.5%。现在的高中生在小学阶段时只有 52.8% 的人与其父母一直同城，一直不同城的则为 16.7%。至于现在已经高中毕业的和辍学生，因为受访人数分别只有 29 人和 2 人，均低于大样本量的最低要求 30 人，所以该组数据仅供参考，不进行比较分析。

表 6　分现在就读学校别小学阶段亲子同城情况表

		孩子现在读（　）				
		小学	初中	高中	已经高中毕业	辍学
您家孩子读小学时是否和父母在同一个城市	一直在同一个城市	82.4%	64.4%	52.8%	62.1%	50%
	一直不同城	2.3%	13.5%	16.7%	13.8%	0%
	前面说的两边都有	15.2%	22.1%	30.6%	24.1%	50%
合计		100.0%	100.0%	100.0%	100.0%	100%

为了互证，我们将现在读书阶段和子女的年龄这两个同质的变量同时与小学阶段亲子同城情况这个变量进行相关性检验。双侧相关性检验显示，他们之间存在显著相关。因此，我们认为这充分证明现在的流动人口已经越来越重视亲子联结的重要性，即使亲子不同城的现象仍普遍存在，但从总体趋势上看是在改善。

另一方面，我们的分析也发现，子女的性别与亲子同城相关性不显著。

表 7　相关性分析表

		孩子现在读	小学时同城	孩子的性别	孩子出生年
孩子现在读	Pearson 相关性	1	.157**	.031	–.798**
	显著性（双侧）		.000	.445	.000
	N	604	602	603	601
小学时同城	Pearson 相关性	.157**	1	–.052	–.118**
	显著性（双侧）	.000		.204	.004
	N	602	605	604	602

续表

		孩子现在读	小学时同城	孩子的性别	孩子出生年
孩子的性别	Pearson 相关性	.031	–.052	1	–.064
	显著性（双侧）	.445	.204		.117
	N	603	604	606	603
孩子出生年	Pearson 相关性	–.798**	–.118**	–.064	1
	显著性（双侧）	.000	.004	.117	
	N	601	602	603	604

**. 在 .01 水平（双侧）上显著相关。

4. 流动人口子女成为随迁子女的原因

人口流动的原因来自流出地的“推力”和流入地的“拉力”。相比流动人口本身，其随迁子女是一种被动的迁移。父母将孩子带到工作地（随迁子女），而不是放在户籍地读书（留守子女）的原因被提到比较多的有是否存在其他照顾者、亲子联结的认知、学校教育和社会环境等几个方面。调查中我们将这 4 个变量操作化为老家没人带（照顾者）、觉得子女和父母在一起比较好（亲子联结的主观认知）、学校教育环境比户籍地老家好（学校教育）和大城市可以开阔孩子视野（社会环境）等四个问题。

调查显示，“觉得子女和父母在一起比较好（亲子联结）”被选择的概率最高，接近 2/3。其次为学校教育环境比户籍地老家好（学校教育），为 43.0%。最为实际的选项“老家没人带”（老家无照顾者）也有约 1/4 的受访者选择。而最宏观化的选项“大城市可以开阔孩子视野”（社会环境）则只有 11.9% 的受访者选择，这一点比我们最初的设想要低很多。

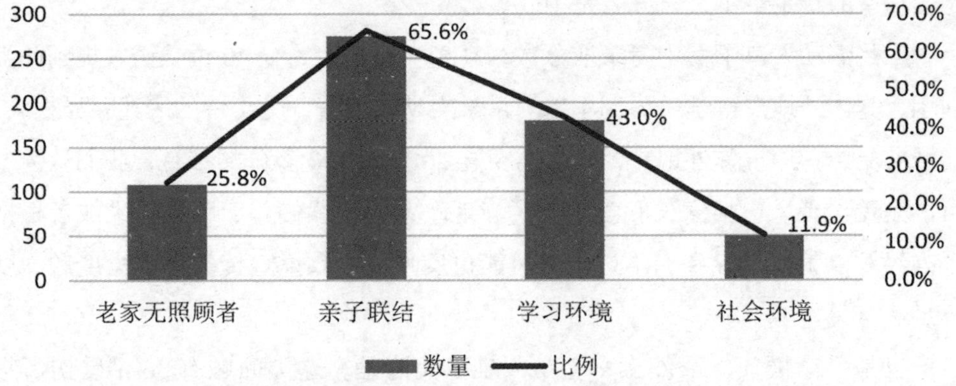

图 15　流动人口子女随迁大城市的原因分布

（五）流动人口子女和本地孩子的待遇差异及带来的情绪困惑

访谈中，有 334 位受访者声称他们家庭中有孩子曾因为外地户籍问题，而无法和本地孩子享受同等待遇，占有效问卷的 55.7%。其中有 288 位受访者报告称他们曾经因此而感到烦恼，占 86.2%。36 位报告并不曾因此烦恼，占 10.8%。另有 10 位对此无感，占 3.0%。

1. 受访者感到的待遇差异的主要表现

在进一步用开放式题目请受访者举例说明流动人口子女无法和本地孩子享受同等待遇的问题时，有 260 人回答该问题，其中 232 人所表达的含义都是“上学难”。除了笼统说外地户口上学难外，被提到比较多的具体表现涉及以下几点。

一是流动人口子女就学需要支付高于本地学生的费用。有 90 位受访者提到此类问题，所写的用词包括“学费”“学杂费”“赞助费”和“借读费”等。我们认为家长们可能并没有完全分清这些费用的不同。结合受访者所回答的其他信息来看，可能可以分为两种。一是因为外地户籍学生入读本地公立中小学较为困难，所以只好入读私立（即民办）学校，从而支付更多的费用。二是读同一所公立或私立学校，外地户籍学生也比本地户籍学生缴纳额外的费用。不过从受访者所填的回答来看，我们不能判断这些资金的流向到底是所读学校，还是学校中的特定经手人，或者是中间掮客。

二是流动人口子女中考录取分数线高于本地学生。有 40 位受访者提到此类问题，具体外地户籍学生要比本地户籍学生高多少分，受访者的表述差异很大。同城的受访者，声称外地户籍学生需要高 20 分到 100 多分的都有。我们认为这可能是受访者（包括家长和学生）对当地政策的解读偏差、以讹传讹或者根据个人经验以偏概全导致，不过同时可能也反映地方政策宣传教育的力度和深度不足。

三是手续烦琐，证件太多，个人难以搞清楚。这类问题有 36 个受访者提到。各个特大城市对外地户籍学生入学都有一些限制性规定，其中常见的有家长的社保缴纳年限证明、居住证（原暂住证）、计划生育证等。事实上，像居住证这样的其实是合理的，因为教育行政部门了解市民的居住分布情况后才能对中小学学区进行合理划分。

四是学生情绪和社会适应方面的问题。比较庆幸的是，在 600 多位受访者中，只有 6 位提到了该类问题，接近 1%。其中有 3 位描述了存在文化差异，主要是语言和方言差异，其中 1 位受访者形容其孩子因此而“交不到朋友”。另有 3 位提到“担心”同学关系不善或被区别对待，但所用表达方式是属于态度的“担心”，并没有使用表示状态的描述性语言。

2. 统计上与流动人口产生待遇差异的感觉相关的变量

Pearson 相关性分析显示，受访者性别、孩子转学经历、小学时与父母同住情况、就读学校的性质、孩子数量和家庭年收入 6 个变量在双侧检验下呈现显著性相关。其中小学时与父母同住情况在置信度 95% 下显著性相关，其他 5 个变量在置信度 99% 下显著性相关。

性别方面，女性受访者比男性受访者更倾向选择“家庭中有孩子曾因为外地户籍问题，而无法和本地孩子享受同等待遇”。

转学经历方面，孩子有转学经历的受访者，比没有转学经历的受访者更倾向于选择“家庭中有孩子曾因为外地户籍问题，而无法和本地孩子享受同等待遇”。但是，是否转过城市对是否感到待遇差异并没有呈现显著相关关系。

是否与父母同住情况方面，孩子读小学时和父母在不在同一个城市的，比在同一个城市的更倾向于选择“家庭中有孩子曾因为外地户籍问题，而无法和本地孩子享受同等待遇”。但是，孩子读初中或高中时是否与父母同城居住，对受访者是否选择“家庭中有孩子曾因为外地户籍问题，而无法和本地孩子享受同等待遇”没有呈现显著相关关系。

就读的学校方面，孩子异地就读的小学和初中的性质，与“家庭中有孩子曾因为外地户籍问题，而无法和本地孩子享受同等待遇”呈显著性相关，但是所读高中的性质不呈显著性相关。分析显示，家庭中有孩子异地就读期间一直在公立的小学、初中学习的受访者，较一直在私立的小学、初中学习的受访者，更倾向于认为本外地户籍待遇相同。

表 8　孩子异地就读的小学性质与本外地户籍孩子待遇差异相关性分析表

		孩子异地就读的小学的性质	孩子异地就读的初中的性质	孩子异地就读的高中的性质
孩子是否曾因为外地户籍问题，而无法和本地孩子享受同等待遇。	Pearson 相关性	-.263**	-.255**	-.127
	显著性（双侧）	.000	.001	.342
	N	524	160	58

**. 在 .01 水平（双侧）上显著相关。

*. 在 0.05 水平（双侧）上显著相关。

家庭孩子数量方面，孩子越少越倾向认为不存在本外地户籍不同而产生的待遇差异。孩子越多越倾向认为存在待遇差异。但是婚姻状况与是否认为存在待遇差异并没有呈现显著性相关。

家庭年收入方面，收入越多的越倾向认为不存在本外地户籍不同而产生的待遇差异。家庭收入越少的越倾向认为存在待遇差异。但是住房面积与是否认为存在待遇差异并没有呈现显著性相关。

此外，如受访者是否学生本人、受访者的年龄、受访者所生育子女年龄、受访者家庭子女年龄、子女性别、子女现在就读情况等因素，均与受访者是否认为存在因本外地户籍不同而存在待遇差异没有呈现显著性相关关系。

五、小结和建议

总之，我们发现流动人口家庭与本地家庭相比，在很多方面具有相似性，他们之间的差异可能比公众一般的认知和媒体宣传的要小。特别是，受访流动人口的受教育程度甚至要比几大城市 2015 年 1% 人口抽样调查中的全市总体受教育水平略高。

研究也发现，流动人口子女大部分仍出生于原户籍地，但 80% 在小学一年级时就已经随其父母迁居城市并在特大城市的小学读书。但即便如此，他们的转学率仍远远高于本地孩子，预估 75% 的流动人口家庭子女在高中毕业前会有至少一次转学记录，其中因高考而回原户籍地就读高中是一个重要原因。不过研究结论显示，可喜的是，流动人口家庭亲子不同城的比例逐年降低。

我们也看到，虽然中央和各特大城市地方政府多年来为教育公平做出了不懈的努力，但本调查中仍有超过一半的受访者称他们感受到了外地户籍子女和本地孩子之间的待遇差异。根据调查显示，受访者性别、孩子转学经历、小学时与父母同住情况、就读学校的性质、孩子数量和家庭年收入这 6 个变量与这个感受之间存在显著性相关。

为此，我们提出以下几个方面的建议。

首先，加强特大城市的教育供给，规划建设与学龄儿童数量相适应的学位。主要是有些城市义务教育阶段学位的提供不足，比如说深圳市 2017 年公办小学一年级学位缺口 4.63 万个，有些人口密集地段，不但公办学校学位紧张，连民办学位也紧张。深圳市十年来新生婴儿数量和学位需求翻番，但是学校规划和建设步伐却跟不上。由于没有“老家”这条后路可以退的本地户籍学生要首先保障，学位供给的不足直接扩大了本外地户籍学生在待遇不同上的感受。所以必须加大教育用地投入和学校的规划建设。

其次，平衡各中小学教学质量。对于民办学校，也要保障其教学质量，要遵循基本的教学规律和标准，不能因为民办学校而忽略对其监督和管理。特别是对于那些比较简陋的民办学校，在硬件设施一时难以改善的情况下，要将其师资建设和提高工作纳入教育规划。

最后，加强对外来人口的宣传和辅导。要提高宣传和辅导的有效性、精准性，提高本地人口和外地人口对相关教育政策的认知和理解，减少以讹传讹。几个特大城市都是我国社会工作较为发达的地区，也是我国拥有社会工作机构最多的地区。建议充分依靠依托各地街道办事处和居民委员会的社区服务中心、社区社工站以及其他专业社会工作机构的社会工作者，加强对本辖区内的外地人口的教育政策宣传。使用宣传单、微信公众号等传统和现代相结合的宣传教育方式，对流动人口进行精准化的宣传服务，并经常性地了解他们的需要，辅导他们的生活困扰，降低他们的情绪压力。发挥好地方政府和流动人口之间的桥梁作用，以面对面的服务缓解当代社会物对物（手机对手机）交流方式下冷冰冰的人际关系。

曹启挺　佘　宇　执笔

附件：关于在大城市中小学异地就读情况的调查问卷

您好，感谢您填写此问卷，本问卷是国务院发展研究中心社会发展研究部2016~2017年关于异地就读子女教育研究的一部分。国务院发展研究中心是直属国务院的政策研究和咨询机构。主要职责是研究国民经济、社会发展的全局性、综合性、战略性、长期性、前瞻性以及热点、难点问题，为党中央、国务院提供政策建议和咨询意见。您的回答将有可能成为未来国家教育相关政策的重要依据，请您务必真实填写。本问卷是匿名问卷，我们对您所填信息严格保密。

国务院发展研究中心社会发展研究部

流动人口子女教育情况研究课题组

0. 请问，在2005年以后，您家是否有孩子在跨县市读中学或小学。（　）

1）是的，2005年以后有。继续回答

2）没有，停止回答。问卷无效，请访问员更换对象

1. 您是孩子的（　）

1）孩子本人　2）母亲　3）父亲　4）其他，请注明

2. 您的性别。（　）1）男　2）女

3. 您出生于（　）年。

4. 您的受教育水平为（　）。

1）小学及以下　2）初中　3）高中　4）大专　5）本科　6）硕士及以上

5. 您家孩子的情况为（　）。

1）只有1个孩子，异地读中小学。请直接跳答第6题。

2）有2个或2个以上的孩子，都异地读中小学。请继续答5–1题

3）有2个或2个以上的孩子，部分在户籍地老家读，部分在异地读。请继续答5–1题

如果您家有多个孩子，以下所说的“孩子”，如果没有特别说明，均指那个“跨县市”异地读中小学的孩子。如果有多个异地读书的孩子，请选择其中一个，并填写5–1。

5–1. 您下面接下来说的那位异地读中小学的孩子，是（　　）。

1）老大　2）最小的　3）排行中间的某一位

6. 孩子的性别是（　　）　1）男　2）女

7. 孩子出生于（　　）年。

8. 孩子的户口所在地为（省区市），（县、市或区）。

9. 孩子曾经异地读书的城市为（　　）注：可多选

1）北京市　2）上海市　3）广州市　4）深圳市

5）广东省（请注明）市　6）浙江省（请注明）市

7）江苏省（请注明）市　8）其他城市（请注明）市

10. 孩子的出生地为（　　）

1）同第8题户口地　2）同第9题曾经异地读书地　　9）其他

11. 异地读书的孩子小学一年级开学在哪个城市读的。（　　）注：可多选

1）同第8题户口地　2）同第10题出生地　　9）其他，市

12. 孩子现在读（　　）。

1）小学　2）初中　3）高中　8）已经高中毕业　9）辍学

13. 孩子是否转过学校（　　）　注：可多选

1）小学　2）初中　3）高中　9）从未转过

14. 孩子读书期间是否转过城市。（　　）注：可多选

1）小学转过　2）初三和小学六年级不在一个城市

3）从未转过　4）高三和初三不在一个城市

15–17. 您家孩子读中小学时是否和父母在同一个城市，请在对应的表格打√。

	1）一直同一个城市	2）一直不同城	3）前面说的两边都有
15. 小学			
16. 初中			
17. 高中			

18–20. 孩子异地就读的学校的性质，请在符合的地方打 “√”

	1 一直在公立小学	2 一直在私立或民办小学	3 先在公立后转私立	4 先在私立后转公立
18. 小学				
19. 初中				
20. 高中				

21. 孩子是否曾因为外地户籍问题，而无法和本地孩子享受同等待遇。（ ）

1）是的，继续答 21–1　2）没有，跳答 22 题

21–1. 您是否因为没有享受同等待遇而感到烦恼。（ ）

1）是的，曾经烦恼　2）不，并不烦恼

21–2. 您所说的无法和本地孩子享受同等待遇请举例说明

____

22. 您现在认为当父母在外地工作上班时，子女读中小学理想的是（ ）

1）随父母到哪就到哪读书　2）在户籍地读书　3）在哪都可以接受

23. 您把孩子带到工作地，不放在户籍地读书的原因有（ ）。注：可多选

1）老家没人带　2）学校教育环境比户籍地老家好

3）觉得子女和父母在一起比较好　4）大城市可以开阔孩子视野

24. 您有几个孩子（ ）

1）1 个　2）2 个　3）3 个或 3 个以上　4）没有

25. 您在孩子异地就学地居住的房屋是（ ）

1）自己拥有的房子　2）单位的　3）租私人的

26. 刚才 25 题所说的房子有（ ）平方米。

27.2016 年，您家的家庭年收入为（ ）。包括同吃同住的家庭所有成员的工资奖金、股票或投资收益等在内的全部。

1）10 万元不到　2）10 万 ~20 万　3）20 万 ~100 万　4）超过 100 万

28. 您本人的婚姻状况为（ ）

1）从未结婚　2）结婚且在婚　3）曾经结婚现在单身

感谢占用您这么久时间，我们再次保证会对您的回答严格保密。

城镇化进程中的教育权利问题

国民受教育水平的迅速提高，为我国工业化、城镇化的顺利推进奠定了重要的人力资源基础，对促进经济增长发挥了重要作用。但是，改革开放以后，特别是20世纪90年代以来，随着大规模农村人口进入城市务工经商，在我国以地方政府作为教育筹资和服务提供主体的制度安排下，流动人口随迁子女的教育权利问题日益成为一个突出的问题。针对进城务工人员随迁子女义务教育问题，中央及地方都出台了相关政策，但在政策执行过程中仍面临一系列问题。从未来政策取向来看，建议落实地方“两为主”责任，降低入学条件；鼓励地方以自身财力为主，提高所有人群接受普通高中教育的机会；提高中央和省级政府在教育支出中的分担比例，特别是义务教育支出分担比例。针对进城务工人员随迁子女“后义务教育阶段”教育问题，特别是异地高考问题，从长远看，建议突破现有高考制度框架，探索与高考改革相结合的思路。

虽然我国的国家教育投入即使在发展中国家中都不算高——直至2012年才有望达到GDP的4%——但是新中国成立以来的基础教育成就却是相当出色的。除了民间具有重视教育的悠久传统外，国家层面促进教育的策略至关重要。新中国成立初期，毛泽东等领导人充分动员正规教育之外的资源和手段开展扫除文盲运动。1982年，15~19岁年龄组的识字率男性已高达96%，女性85%；而30年前与我国差距并不大的印度，其1982年的相应数据则为66%和43%[①]。

改革开放以后，我国逐步实施九年制义务教育，确立了“基本普及九年义务教育，基本扫除青壮年文盲”的目标并最终实现。20世纪80年代，中国15

① 参见阿玛蒂亚·森（Amartya Sen）和让·德雷兹（Jean Dreze）:《印度：经济发展与社会机会》，社会科学文献出版社2006版，第80页。

岁以上人口受教育年限就超越了世界平均水平。2010 年，受教育年限接近 9.1 年，高出世界平均水平 1.33 年，高出发展中国家平均水平 2 年（参见表 1）。

表 1　中国及世界 15 岁以上人口受教育年限情况 ①（单位：年）

年份	中国	世界（146）	发达国家（24）	发展中国家（122）
1950	—	3.17	6.22	2.05
1960	3.42*	3.65	6.81	2.55
1970	—	4.45	7.74	3.39
1980	5.33**	5.29	8.82	4.28
1990	6.40	6.09	9.56	5.22
2000	7.79	6.98	10.65	6.15
2010	9.09	7.76	11.03	7.09

注：* 采用的是 1964 年数据；** 采用的是 1982 年数据。

数据来源：Robert J. Barro，Jong–Wha Lee. A NEW DATA SET OF EDUCATIONAL ATTAINMENT IN THE WORLD，1950–2010. Http：//ideas.repec.org/p/nbr/nberwo/15902.html。

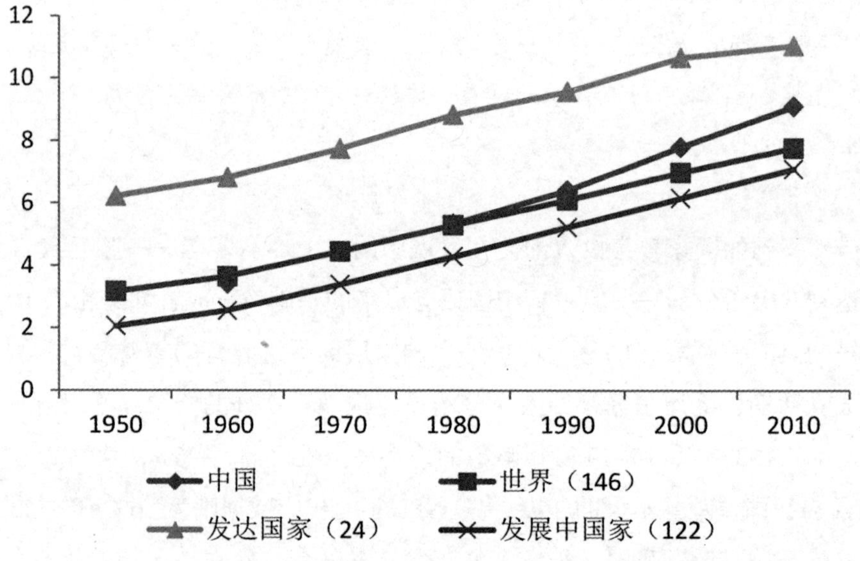

图 1　中国及世界 15 岁以上人口受教育年限情况（单位：年）

① 资料来源：高书国主编的《中国人口文化素质——从战略追赶到局部跨越》（内部文稿，2012 年 10 月）。

国民受教育水平的迅速提高，为我国工业化、城镇化的顺利推进奠定了重要的人力资源基础，对促进经济增长发挥了重要作用。但是，改革开放以后特别是20世纪90年代以来，随着大规模农村人口进入城市务工经商[①]，在我国以地方政府作为教育筹资和服务提供主体的制度安排下，流动人口随迁子女的教育权利问题日益成为一个突出的问题。

一、进城务工人员随迁子女义务教育问题

（一）基本现状

《2011年全国教育事业发展统计公报》显示，2011年全国义务教育阶段在校生[②]中，共有进城务工人员随迁子女1260.97万人，在小学就读932.74万人，在初中就读328.23万人。从数量上来看，这一数字有增长的趋势；从流向上来看，也较为集中——东部地区是进城务工人员最多的地区，因而其进城务工人员随迁子女占全国的比重最高。进城务工人员随迁子女的流动，可分为跨省流动和省内流动（含县市域范围）两种类型。据研究，目前跨省流动的进城务工人员随迁子女占38.09%，省内流动的占61.91%。其中，北京、上海、天津等大都市跨省流动的进城务工人员比例比较大；而省内流动的随迁子女比例较高的地区，主要集中在湖南、安徽、河南等一些人口流出大省，这些省省内流动的随迁子女都占到当地随迁子女的90%以上[③]。

① 《2011年我国农民工调查监测报告》显示，2011年全国农民工总量达到25278万人，比2010年增加1055万人；其中，外出农民工15863万人，增加528万人。

② 根据《2011年全国教育事业发展统计公报》，全国小学在校生9926.37万人，初中在校生5066.80万人。

③ 吴霓："进城务工人员随迁子女在流入地参加中高考的问题"，载于《求是》，2012年第4期。

表 2　义务教育阶段在校生中进城务工人员随迁子女数量[①]

	2007	2008	2009	2010	2011
在小学就读（万人）	—	—	750.77	864.3	932.74
在初中就读（万人）	—	—	246.33	302.87	328.23
合计（万人）	765	884.6	997.1	1167.17	1260.97

根据 2009 年的统计，当年的 997.1 万义务教育阶段进城务工人员随迁子女中，在公办学校就读的比例约为五分之四，但仍有一部分在各类民办学校学习，有的学校没有办学资质，有的学校条件差、质量低，还有相当数量的农民工子女在义务教育阶段的后期（尤其是初二）因为多种原因[②]而辍学。

表 3　2011 年部分城市流动人口随迁子女在义务教育阶段公办学校就读情况

城市	义务教育阶段随迁子女总数（万人）	公办学校		民办学校	
		人数（万人）	比例（%）	人数（万人）	比例（%）
北京[③]	47.8[④]	33.9	70	—	—
上海[⑤]	50.17	36.89	73.53	13.28[⑥]	26.47
广东[⑦]	269.2	136	50.52[⑧]	—	—

① 根据历年全国教育事业发展统计公报整理。

② 主要包括以下三方面：一是，农村学校的教学质量相对较差，这使得农民工子女无法顺利考入高中；二是，上高中对于农民工子女而言，需要增加很多负担（如住宿费、伙食费等），基于成本收益考虑，他们往往放弃继续升学；三是，现有的中职教育出路不好，不仅解决不了就业，而且也不能保证好的就业，对农民工子女也缺乏足够的吸引力。

③ "'异地高考'有准入条件，北京方案正在研究"，http://learning.sohu.com/20120907/n352553178.shtml。

④ 截至 2011 年秋季开学，北京市义务教育阶段随迁子女比 2010 年同期增长了 4.4 万人，比 2000 年同期增长了 39.3 万人。

⑤ 上海市教委："完善进城务工人员随迁子女义务教育工作情况"，http://www.shanghai.gov.cn/shanghai/node2314/node28898/node28924/node28925/u8ai28563.html。

⑥ 2011 年，上海市的进城务工人员随迁子女中，约有 13.28 多万人被安排在 158 所政府购买服务的以招收随迁子女为主民办小学免费就读。

⑦ 2011 年，深圳市义务教育 73% 的学位、53% 的公办学位提供给了非深户籍学生，其中在公办学校就读的学生享受免费义务教育；2004-2011 年，在珠海市公办学校就读的流动人口子女人数年均增长率超过 10%。

⑧ 这一比例较 2010 年提高 0.22 个百分点。

（二）中央及地方层面的相关政策进展

1. 中央层面

从20世纪90年代中期开始，农村大量富余劳动力急速涌入经济较发达地带，大量处于义务教育阶段的适龄儿童、少年也随之进城。此时，中央政府已明确意识到1986年确立的适龄儿童和少年在户籍所在地“就近入学”原则的局限性[①]。针对进城务工人员随迁子女的教育问题，中央在随后的一些重要文件中都做出了战略性的定位和规划（如表4所示），其中最为重要的就是“两为主”政策。

表4 中央有关进城务工人员随迁子女教育问题的重要论述

年份	文件	要点
1986年	《中华人民共和国义务教育法》	地方各级人民政府应当合理设置小学、初级中等学校，使儿童、少年就近入学
1992年	《〈中华人民共和国义务教育法〉实施细则》	适龄儿童、少年到非户籍所在地接受义务教育的，经户籍所在地的县级教育主管部门或者乡级人民政府批准，可以按照居住地人民政府的有关规定申请借读。借读的适龄儿童、少年接受义务教育的年限，以其户籍所在地规定为准
1998年	《流动儿童少年就学暂行办法》	流入地人民政府应为流动儿童少年创造条件，提供接受义务教育的机会。流入地教育行政部门应具体承担流动儿童少年义务教育的职责……流动儿童少年就学，以在流入地全日制公办中小学借读为主
2001年	《关于基础教育改革与发展的决定》	要重视解决流动人口子女接受义务教育问题，以流入地区政府管理为主，以全日制公办中小学为主，采取多种形式，依法保障流动人口子女接受义务教育的权利
2003年	《国务院关于进一步加强农村教育工作的决定》	城市各级政府要坚持以流入地政府管理为主、以公办中小学为主，保障进城务工就业农民子女接受义务教育
2003年	《关于进一步做好进城务工就业农民子女义务教育工作的意见》	进城务工就业农民流入地政府（以下简称流入地政府）负责进城务工就业农民子女接受义务教育工作，以全日制公办中小学为主

① 需要指出的是，在当时非户籍人口数量相对较少的背景下，1986年颁布的《中华人民共和国义务教育法》及1992年制定的《〈中华人民共和国义务教育法〉实施细则》中的有关规定无疑有其针对性和合理性。

续表

年份	文件	要点
2006 年	《中华人民共和国义务教育法》	父母或者其他法定监护人在非户籍所在地工作或者居住的适龄儿童、少年，在其父母或者其他法定监护人工作或者居住地接受义务教育的，当地人民政府应当为其提供平等接受义务教育的条件
2006 年	《国务院关于解决农民工问题的若干意见》①	保障农民工子女平等接受义务教育。输入地政府要承担起农民工同住子女义务教育的责任，将农民工子女义务教育纳入当地教育发展规划，列入教育经费预算，以全日制公办中小学为主接收农民工子女入学，并按照实际在校人数拨付学校公用经费。城市公办学校对农民工子女接受义务教育要与当地学生在收费、管理等方面同等对待，不得违反国家规定向农民工子女加收借读费及其他任何费用。输入地政府对委托承担农民工子女义务教育的民办学校，要在办学经费、师资培训等方面给予支持和指导，提高办学质量
2010 年	《国家中长期教育改革和发展规划纲要》	坚持以输入地政府管理为主、以全日制公办中小学为主，确保进城务工人员随迁子女平等接受义务教育，研究制定进城务工人员随迁子女接受义务教育后在当地参加升学考试的办法
2012 年	《国家教育事业发展第十二个五年规划》	保障进城务工人员随迁子女享受基本公共教育服务权利。健全输入地政府负责的进城务工人员随迁子女义务教育公共财政保障机制，将进城务工人员随迁子女教育需求纳入各地教育发展规划。加快建立覆盖本地进城务工人员随迁子女的义务教育信息服务与监管网络。鼓励各地采取发放培训券等灵活多样的形式，使新生代农民工都能在当地免费接受基本的职业教育与培训。推动各地制定非户籍常住人口在流入地接受高中阶段教育、省内流动人口就地参加高考升学以及省外常住非户籍人口在居住地参加高考升学的办法

通过上述梳理不难发现：中央出台“两为主”政策后，“以流入地政府管理为主，以全日制公办学校为主”方式解决相关问题的基本方针可谓“岿然不动”；而中央对流入地政府在教育投入与管理上的责任则规定得越来越明确和细致。与此同时，中央对这一问题的关注焦点，也从最初对“流动人口子女”的强调转向对“农民工子女”的高度重视；对相关人群的受教育年限，也由“完成其常住户籍所在地人民政府规定的义务教育年限”，转至“确保农民工子女义务教育的普及程度达到当地水平”；对相关人群的收费政策，更由当初

① 国务院研究室负责人在《国务院关于解决农民工问题的若干意见》的答记者问上解释，对输入地政府提出这样的要求，主要基于三点考虑：一是解决农民工同住子女的义务教育问题，并不会引发农民盲目将子女送进城市享受义务教育的状况。二是农民工与当地户籍职工一样，为输入地发展创造了财富，提供了税收，贡献了力量，当地政府应当承担起农民工同住子女义务教育的责任。三是义务教育属于政府应该提供的最基本的公共服务，直接关系国民素质，各地应从全局和长远认识解决农民工子女义务教育问题的重要性。

"可依国家有关规定收取借读费"转向"不得加收借读费及其他任何费用"。正是在上述"变"与"不变"之间，中央逐渐把流入地政府的责任细化和固定下来。

2. *地方层面*

各地政府也出台了各种有关进城务工人员随迁子女教育的政策，例如：

（1）北京。公办学校准入条件方面，需要提供北京暂住证、在北京实际居住证明、务工证明、户籍所在乡镇政府出具的当地没有监护条件的证明、全家户口簿。对打工子弟学校的支持方面，全市对打工子弟学校①的财政投入主要包括：2007 年对批准的 63 所学校每校提供 20 万元的改善办学条件经费；2008 年对上述学校中持有相关证明材料的学生提供免学杂费补助；部分区县尝试委托农民工子女学校实施义务教育的财政投入。

（2）上海。2008 年确定了"三年行动计划"，规定"到 2010 年农民工子女小学阶段 70% 纳入公办学校就读、初中阶段 100% 纳入公办学校就读，剩余农民工子女全部纳入政府出资改造和提供办学成本补偿的合格民办学校就读。"公办学校准入条件方面，全市 2008~2010 年共投入资金 103.79 亿元，建设中小学和幼儿园 363 所，其中义务教育学校 144 所，提供约 15 万个义务教育学位，扩大了公办学校的接纳能力；增加公办学校接纳能力方面，凡能提供父母的农民身份证明、在沪居住证明或就业证明的农民工子女，均可申请在公办学校就读并免费接受义务教育；对农民工子女学校的支持方面，全市投入巨资改造了打工子弟学校②并将其纳入民办教育管理，政府出资委托其招收农民工子女。

（3）厦门。从 2011 年秋季开始实行所有符合条件的进城务工人员随迁子女免费接受义务教育的政策，并定下目标：2012 年全市统一义务教育阶段生均公用经费定额标准，2012 年底前在全省率先实现区域义务教育基本均衡发展，2015 年底前在全国率先实现市域内较高水平的义务教育均衡发展。政策中，享受免费义务教育的不仅包括在公办中小学就读的进城务工人员随迁子女，还包

① 北京市 2011 年关停了 24 所不合要求的打工子弟学校，2012 年又有 24 所打工子弟学校被关停。

② 上海市共审批设立了 162 所这样的小学，由政府向其购买约 12 万个免费义务教育学位。对新审批的以招收农民工子女为主的民办小学，市财政还给予每所学校 50 万元办学设施改造经费，"不足部分由区县予以补足"。

括在统筹的民办学校就读的且符合相关条件的进城务工人员随迁子女，政府将对相关民办学校给予一定补助。

（4）武汉。积极“向农民工子女敞开校门”，提出要让农民工子女“进得来、留得住、学得好”。2007 年 9 月，汉阳区在世界银行 – 教育部“中国农民工子女义务教育促进研究”试点项目中，围绕“改善入学、加强融合、教学促进”等三方面，从政策措施、学校管理、教师、家长四个层面探索促进农民工子女义务教育的新举措。

此外，安徽、陕西、四川等省份的诸多城市也积极响应“两为主”政策，努力为农民工子女提供机会，吸纳其到就近的公立学校就读。

（三）政策执行过程中的主要问题

1.“两为主”政策执行过程中的财政困局

当前，“两为主”政策在执行中遇到的经费问题主要包括：公共教育经费投资力度不够、政府投资主体重心过低，投资责任含糊①；各级、各类政府经费分担责任不明确，区县级财政压力大、公共财政覆盖面小，农民工子女学校缺乏经费保障、经费督导保障政策缺失，进城务工农民子女义务教育经费难落实②；流入地城市的区级政府教育财政负担加大、流入地城市的区级政府难以配置教育资源、农民工子女的直接教育成本高于城市学生③；农民工子女在流入地公办学校就读比例、不高农民工子女学校的办学水平低、公办学校向农民工子女收取高额的借读费、赞助费④；经费投入主体不明、地方财政压力巨大、公办学校得不到应有支持⑤等。表面上，进城务工人员随迁子女义务教育存在的诸多经费问题主要体现在经费资源不足；但实际上，这一问题的根本原因并不主要在于资源不足，而是更多源自体制问题，即主要是义务教育财政体制问题⑥。

① 田恬，向婷：“我国不同层级政府间分担农民工子女义务教育经费体制的构建”，载于《知识经济》，2011 年第 1 期。

② 赵格红，王红：“进城务工农民子女义务教育经费分担政策分析”，载于《新东方》，2012 年第 1 期。

③ 范先佐，彭湃：“农民工子女义务教育经费保障机制构想”，载于《中国教育学刊》，2009 年第 3 期。

④ 李文彬：“农民工子女义务教育政策执行阻滞研究综述”，载于《西北农林科技大学学报（社会科学版）》，2010 年第 1 期。

⑤ 黄育，姜鹏：“‘两为主’政策执行：困境与超越”，载于《现代教育科学》，2010 年第 4 期。

⑥ 王金秀，方海波：“解决农民工子女义务教育问题的财政激励机制”，载于《华中师范大学学报（人文社会科学版）》，2008 年 7 月。

“两为主”政策在执行过程中，义务教育财政体制实际上要处理中央政府与地方政府、城市务工人员流入地政府与流出地政府两组博弈关系。前一组博弈关系具体表现为三个方面：首先，就现有中国财政分权和地方政府考核体系看，地方政府不存在提供义务教育，尤其是流动人口未成年人义务教育的激励①；其次，“两为主”政策要求流入地政府负责，财政部门要安排必要的保障经费，但并未说明由哪一级财政来保障经费②；最后，教育经费投入没有形成稳定的保障机制，使得流入地地方财政压力加大③。

而后一组博弈关系则表现在：“两为主”政策强调流入地政府有不可推卸的责任，而流入地多数为经济发达地区，无法得到县（市、区）级以上财政支持，更别说向上级财政争取经费投入了；流出地多是经济欠发达地区，不仅可以得到中央政府的经济补偿，而且还豁免了对流出儿童的义务教育责任。各级地方政府负责本地区户籍适龄人口的就学费用，导致流入地政府和流出地政府由于经济利益而产生互相推诿。虽然流入地政府在外来务工子女教育的投入和管理上责任重大，但为了维护自身的利益，其对随迁子女教育问题只是处于一种被动的、消极的处理状态；而流出地政府应该负哪些具体责任，中央没有明确规定。流出地政府责任不明，是“两为主”政策的一个盲点，其中有关经费投入分担机制的问题是其核心，也就是流出地政府有无向流入地政府提供义务教育

① 自1994年实行分税制财政体制改革以来，我国基本上形成了“财政联邦主义”的政府间财政分权体制架构，对调动地方政府发展经济的积极性和增加国家财政收入发挥了较好的积极作用。但同时中国各级政府间出现财权上移而事权下移的状况，地方政府财力紧张。与此同时，在有限的财力支持下地方政府还面临着发展地方经济建设的重任，对于地方政府而言，将有限的财政收入侧重投入于经济建设，尤其是短时期内能够迅速提高地方经济发展水平、迅速带来收回成本带来收益的投资项目成为各地方政府的必然选择。因此，相较之下作为基础人力资本投资的义务教育由于其投资时间长，无法迅速带来收益，短期内无法拉动经济增长等原因，并不为各地方政府所重视，义务教育投入的增加只能凭借中央政府行政命令强制推行。

② 地方政府财政至少可有省、市、县三个级别。由于我国特有的政治体制和行政管理模式，上一级政府可以凭借政治权力将事权强加给下一级政府，同时又可以不下划相应的财权，这样极易导致支出责任的层层下划，将公共政策的成本强加给最底层政府。目前，区、县级政府担负着主要的教育财政投入责任，实施“两为主”政策后，实际上也成为区域内农民工子女义务教育的主要财政供给者。但是，同一城市内区一级政府的财政实力并不均衡。

③ 尽管中央政府在“两为主”政策在执行过程中也会辅以转移支付为地方政府提供一定经费支持，但由于过于强调“以流入地、以公办中小学为主”却没有明确为如何对“为主”提供融资制度上的保障，因此“以流入地、以公办中小学为主”的政策必然会为流入地地方财政带来额外负担，造成地方财政紧张必定会带来公办教育资源的短缺，加之我国的城市教育缺乏前瞻性的规划和布局不够合理等问题，公办教育资源短缺的问题就显得尤为严重，带来的直接后果就是“以中小学为主”的政策在执行过程中得不到充分落实，公办中小学在接收进城农民工子女问题上不堪重负、积极性不高，大量的进城农民工子女不能享有城市优质教育，被迫在教育条件相对低下的民办打工子弟学校就读。

阶段经费的责任[①]。

2. 以升学率为标准的教育评价制度影响了城市学校对随迁子女的接纳

随迁子女由于频繁的流动性，以及自身学习条件和家庭教育环境的劣势，使得他们大多数在学习成绩与综合素养上比不上城市的孩子，相对而言，他们的升学率也就较低。当前，很多地方政府部门，乃至教育部门仍以升学率作为衡量教育质量高低的最主要指标，这就使得城市学校为了追求更高的升学率而限制随迁子女进入，甚至干脆直接拒绝接纳随迁子女入学。这样的评价机制严重影响了城市教育对随迁子女的接纳，不利于教育公平的实现。

3. 随迁子女的教育问题成为地方政府倒逼进城务工人员回乡的工具

在一些特大型城市，由于担心人口膨胀，地方政府有意通过维持从紧的随迁子女教育政策倒逼这些进城务工人员返乡或到其他城市中去，这就与随迁子女的教育公平形成了政策目标上的冲突。另外，由于进城务工人员的数量受到经济形势等多种因素影响，流入地政府部门往往难于预测随迁子女的数量，因此教育规划趋于保守，客观上影响了落实情况。

（四）未来政策取向及若干建议

1. 落实地方“两为主”责任，降低入学条件

一方面，需要通过增加公办学校供给、简化公办学校准入条件、规范公办学校的管理和收费来完善以公办学校为主的政策，扩大公办学校接纳农民工子女的数量，增加农民工子女平等接受义务教育的机会。当然，学位数量既包括公办学校，也应包括质量、安全等达到相关标准的民办学校（其中很重要的一环就是真正实现义务教育资源的均等化）。流动人口规模较大的地区，有些正处于产业结构调整升级时期，流动人口的规模可能会发生大的变化。除了公办学校接纳外，通过政府购买学位的方式，对这些符合条件、吸纳进城务工人员随

① 刘洁：“‘两为主’政策执行中的政府责任”，载于《重庆科技学院学报（社会科学版）》，2011 年第 11 期。

迁子女的民办学校予以补贴及相关政策优惠。这样既有利于防止公办学校扩张可能带来的资源浪费，也有利于规范民办学校以实现其在政府部门监管下的健康发展。

2. 鼓励地方以自身财力为主[①]，提高所有人群接受普通高中教育的机会

作为人口流入地的发达地区中心城市，主要通过城市本级财政扶持的方式，降低普通高中的入学门槛，扩大办学规模，使流动人口属地化教育能按群众意愿延伸到普通高中教育。考虑到进城务工人员随迁子女的流动类型[②]以及政策执行的难易程度，近期不妨先解决省内流动（含县市域范围）的这一群体在流入地同等享受普通高中教育（以及参加高考）[③]，同时，在个别城市试点解决跨省流动的随迁子女同等享受普通高中教育的问题。

3. 提高中央和省级政府在教育支出中的分担比例，特别是义务教育支出分担比例

短期内破解“两为主”政策执行过程中的财政困局，尤其是在不改变这一政策的前提下解决进城务工人员随迁子女义务教育经费不足、资源配置不合理问题，最关键的还是在于理顺中央与地方、地方政府之间财政分权关系，建立合理有效的分配机制并使其制度化。其中，应该区分跨省和省内流动的农民工子女，建立相应的各级政府共同分担、以省市政府为主的农民工子女义务教育

① 根据《教育部、国家统计局、财政部关于2010年全国教育经费执行情况统计公告》，2010年全国普通小学生均公共财政预算教育事业费支出为4012.51元，其中生均公共财政预算公用经费支出929.89元；全国普通初中生均公共财政预算教育事业费支出为5213.91元，其中生均公共财政预算公用经费支出1414.33元。根据“六普”数据，如以6~12岁为小学适龄儿童计算，全国流动人口随迁子女小学适龄儿童数为13235307人；以13~15岁初中适龄儿童计算，全国流动人口随迁子女初中适龄儿童数为7104498人。按照上述全国平均的标准，再结合全国流动人口随迁子女义务教育适龄儿童数量，可以估算出公共财政预算教育事业费支出总量约为901.5亿元，即4012.51×13235307+5213.91×7104498（如以7~12岁为小学适龄儿童计算，则为11226837人，同理可估算出公共财政预算教育事业费支出总量为820.9亿元）。这还不包括流入地政府为了容纳更多的学生而新建学校投入的建设费。

② 我国进城务工人员随迁子女的流动，可分为跨省流动和省内流动（含县市域范围）两种类型。据研究，目前跨省流动的进城务工人员随迁子女占38.09%，省内流动的占61.91%。其中，北京、上海、天津等大都市跨省流动的进城务工人员比例比较大；而省内流动的随迁子女比例较高的地区，主要集中在湖南、安徽、河南等一些人口流出大省，这些省省内流动的随迁子女都占到当地随迁子女的90%以上。

③ 为处理好保障受教育权利和人口合理有序流动之间的关系，可考虑不以户籍为依据，而是以更为合理的在当地学籍年限、监护人参加社保的年限为管理手段，允许达到一定年限者在当地上高中和参加高考。同时，加快建立全国联网的中小学学籍管理信息网络，为实现进城务工人员随迁子女在务工地参加中考和高考创造条件。

经费的负担体制。具体来看[①]：

跨省流动到非直辖市的农民工子女的义务教育经费，由中央、省、市和区县四级政府分担。具体分担模式可以由各级政府协商确定，但以省级政府为主。跨省流动到直辖市的农民工子女的义务教育经费，由中央、直辖市和区县三级政府分担，以直辖市政府为主。在省内跨市和区县流动的农民工子女的义务教育经费，由省、市和区县三级政府负担，以省级政府为主。在直辖市内跨区县流动的农民工子女的义务教育经费，由市和区县政府共同分担，以市级政府为主。之所以直辖市政府承担主要经费责任，既是农民工子女义务教育跨区域准公共产品的属性使然，也是义务教育法提出义务教育经费省级统筹的要求。

二、进城务工人员随迁子女“后义务教育阶段”[②]教育权利问题

进城务工人员随迁子女“后义务教育阶段”教育问题中，讨论较多的就是异地中考[③]和异地高考。相较而言，异地高考问题更为突出、各方更为关注；而且，异地高考问题解决了，异地中考问题也就能够迎刃而解了。因此，本文重点讨论一下异地高考问题。

（一）现有政策

1. *中央层面*

《国家教育事业发展第十二个五年规划》中明确提出：“切实保障进城务工人员子女就学”，明确提出将“推动各地制定非户籍常住人口在流入地接受高中

① 袁连生：“农民工子女义务教育经费负担政策的理论、实践与改革”，载于《教育与经济》，2010年第1期。

② 后义务教育阶段主要是指高中阶段教育，其承载主体包括普通高中、成人高中和中等职业学校三类，严格说来，还包括初中后五年制高等职业教育的前三年阶段。（详见佘宇、苏杨：“解决关键问题，加快推进教育事业改革和发展”，载于《民生为本：中国基本公共服务改善路径》，中国发展出版社2012年版）

③ 据统计，截至2010年12月，允许进城务工人员随迁子女在流入地参加中考的有津沪皖闽琼鲁6个省市，明确作出规定的有19个地级市（分布于冀黑吉辽等14个省）以及4个区县（分布于皖鲁鄂3省），共涉及20个省市区。各地在流入地参加中考的政策对进城务工人员随迁子女大都设有一定的报考条件，如暂住证、原籍户口、流入地初中学籍证明和父母务工证明等。

阶段教育，省内流动人口就地参加高考升学以及省外常住非户籍人口在居住地参加高考升学的办法”。

2012年8月30日，教育部联合国家发改委、公安部、人力资源和社会保障部共同出台了《关于做好进城务工人员随迁子女接受义务教育后在当地参加升学考试工作的意见》，要求：“各省、自治区、直辖市人民政府要根据城市功能定位、产业结构布局和城市资源承载能力，根据进城务工人员在当地的合法稳定职业、合法稳定住所（含租赁）和按照国家规定参加社会保险年限以及随迁子女在当地连续就学年限等情况，确定随迁子女在当地参加升学考试的具体条件，因地制宜制定随迁子女升学考试具体政策，并在2012年底前出台；教育部、发展改革委适当增加随迁子女净流入数量较大省份的高校招生计划；流出地和流入地要积极配合解决不符合在流入地参加升学考试条件的随迁子女高考问题。”

据原教育部部长袁贵仁介绍，这份文件的精神有三点：一是要积极解决，文件规定各地在年底前要出台解决办法；二是要有条件准入，包括家长的条件和学生的条件；三是要因地制宜，各地根据人口流动的具体状况，制定具体的办法，提出具体的条件。

2. *地方层面*

部分省份已经有了相关规定。例如：广东在《深入推进基本公共服务均等化综合改革工作方案（2012—2014年）》中提出：“试行异地务工人员子女在输入地就读学校参加中考、高考；探索省内高职高专院校接受外省户籍考生的入学申请”。

山东省在《普通高校考试招生制度改革实施意见》中规定：“从2014年起，凡在山东省高中段有完整学习经历的非户籍考生均可在山东省就地（所就学的高中段学校所在地）报名参加高考，并与山东省考生享受同等的录取政策。”

湖南省教育厅厅长、省委教育工委书记王柯敏表示：“在高考制度改革方面，国家将重点研究出台进城务工人员随迁子女接受义务教育后在当地升学政策，我们要结合湖南实际出台相应的实施办法。”

表 5　异地高考放开时间一览表[①]

省区市	方案进度	实施时间	条件
北京	已公布过渡方案，正式方案将争取在 2013 年出台	2013 年（过渡方案）	符合条件的外地户籍学生 2013 年开始可以参加中职考试录取，2014 年开始可以参加高职考试录取。大学本科部分的录取则尚未公布放开的时间表
天津	未公布		将抓紧完善与 2013 年中考中招办法相衔接的普通高校面向随迁子女的招生考试政策
河北	已公布	2013 年	要求考生在流入地具有两年高中学籍，家长也不需要提供社保证明。按河北省教育厅、省发改委等部门制定的方案，随迁子女在河北省参加中考，享受与当地常住户籍人口子女同等待遇
山西	已公布	2014 年	进城务工人员随迁子女在山西省境内父母经常居住地连续 3 年接受高中教育并有正式学籍，提供家长合法稳定职业、合法稳定住所（含租赁）和高中段学籍证明
内蒙古	已公布	2014 年	符合以下 2 个条件，可在流入地参加 2014 年高考，仅限报考高职高专院校（专业）：本人具有内蒙古高中阶段学校（含中等职业学校）学籍且连续就读满 2 年；家长在内蒙古拥有合法稳定住所、合法职业且纳税（或按国家规定参加社会保险）均满 2 年。同时符合以下三个条件，可在户籍所在地参加 2014 年普通高考，并可参与本专科院校录取：本人具有内蒙古高中阶段学校（含中等职业学校）学籍且连续就读满 2 年；本人取得内蒙古户籍满 2 年。家长在内蒙古拥有合法稳定住所、合法职业且纳税（或按国家规定参加社会保险）均满 2 年
辽宁	已公布	2013 年	在辽宁省高中阶段有三年学籍，并有完整学习经历。父母在辽宁具有合法稳定职业和合法稳定住所（含租赁）
吉林	已公布	2013 年	考生在吉林省普通高中阶段有完整学习经历；其父母在该省有合法职业、合法稳定住所（含租赁）并参加社会保险 3 年以上
黑龙江	已公布	2013 年	满足本省学籍、高中连读三年、有稳定住所三个条件的考生可就近报考
上海	已公布	2014 年	持有上海居住证 A 证的来沪外来务工人员子女在上海参加高中阶段学校招生考试并完成高中阶段完整学习经历，可在当地报考

① 原文引自“9 省区市异地高考方案出炉，多地承诺年内公布细则”，载中国经济新闻网，2012 年 12 月 27 日；后根据各地政策进展略有更新。

续表

省区市	方案进度	实施时间	条件
江苏	已公布	2013 年	凡在江苏省取得普通高中学籍并有完整普通高中学习经历，其监护人在本省有合法稳定职业，合法稳定住所（含租赁）的随迁子女均可参加高考
浙江	已公布	2013 年	考生取得在该省完整的高中阶段连续学习经历和学籍，符合该省高考报名的其他条件
安徽	已公布	2013 年	中考高统筹，唯一要求“高中阶段完整学籍”
福建	已公布	2014 年	有三年完整学习经历的非户籍考生
江西	已公布	2014 年	在江西高中阶段具有一年以上学习经历并取得学籍，系已知条件门槛最低方案
山东	已公布	2014 年	凡在山东省高中段有完整学习经历的非户籍考生均可在山东就地（所就学的高中段学校所在地）报名参加高考，并与山东省考生享受同等的录取政策
河南	已公布	2013 年	凡在河南省就业的非就业地户籍人员子女，父母一方有合法职业和稳定住所（含租赁）并符合以下条件的，可在学籍所在地参加升学考试，并与当地户籍考生享受同等待遇：初中应届毕业生参加中考，须具有流入地正式学籍；普通高中和中职学校（含普通中专、职业中专、职业高中、成人中专、技工学校）应届毕业生参加高考，须具有当地学校正式学籍
湖北	已公布	2013 年	具有湖北省高中阶段教育的学籍，并在湖北省完成 3 年的高中阶段教育学习；随迁子女考生的父（母）或法定监护人有合法稳定职业、在现居住地有合法稳定住所（含租赁）。符合条件的外省籍随迁子女在 2013 年 2 月 26 日至 3 月 1 日予以补报
湖南	已公布	2013 年	外省籍随迁子女接受义务教育后，可通过中考录取到流入地普通高中学习，或凭初中毕业证书通过注册入学进入流入地中等职业学校学习；自高中一年级起（含高一的第二学期）在流入地普通高中学校就读，取得就读学校学籍，并参加了湖南普通高中学业水平考试的应、往届毕业生，可凭学籍证明和其父母居住证在湖南报名参加普通高等学校招生考试；在湖南连续就读两年以上（含两年）的中等职业学校应、往届毕业生，可参加湖南省普通高等学校对口招生考试

续表

省区市	方案进度	实施时间	条件
广东	已公布	2013 年	2013 年起，通过积分入户广东的异地务工人员、高技能人才，其随迁子女可在广东报名参加高考。其他符合条件的随迁子女从 2014 年开始可以报考高等职业学院，2016 年可以报名参加高考。而广东和上海的另一项政策，都是针对积分入户或者取得工作居住证的外来人员的子女
广西	已公布	2013 年 10 月 1 日	在广西初中学校就读三年，取得广西初中毕业证书，具有广西高中阶段完整的学籍，在广西高中学校实际就读，参加广西高中学业水平考试截止年度高考报名前开考的全部科目考试，其父母其中一方（或法定监护人）在广西流入地具有合法稳定职业、合法稳定住所（含租赁）3 年以上，可不受户籍限制。没有在广西接受完整的初中阶段义务教育，申请在广西参加普通高考的外来人员，要求其必须同时满足学籍、户籍及法定监护人等三方面条件
海南	未公布		异地高考方案的研制、论证工作已基本完成，将于近日正式通过并向社会公布
重庆	已公布	2013 年	具备在重庆高中阶段三年连续完整的学籍并就读；普通高中学生家长（父亲或母亲）还应在重庆有合法稳定职业、合法稳定住所（含租赁），中职学生家长不作条件限制；符合重庆市普通高考其他报名条件
四川	已公布	2014 年	在四川就读的初中、高中毕业学生均可在当地报考在该省招生的中等职业学校。凡父母在四川有合法稳定职业和住所（含租赁），在父母就业和居住地具有高中阶段学籍和 3 年完整学习经历且符合普通高考其他报名条件的学生可在就读地报名参加普通高考
贵州	暂行规定出台	2014 年	取得贵州省初中毕业证书，高中阶段在贵州省连续就读三年，有贵州省高中阶段三年完整学籍，考生高考报名前，其父亲（或母亲）在贵州省居住，有合法稳定住所、合法稳定职业，持有贵州省居住证（或暂住证）和在贵州省连续缴纳社会保险三年以上（含三年）
云南	已公布	2013 年	考生本人户籍转入云南满三年，在云南高中连续就学时间满三年，具有相应学籍，其父（母）亲在云南具有三年合法稳定职业、合法稳定住所（含租赁）和社保缴费记录的情况，就可报考云南省属院校。而无云南户籍的考生仅可在该省报考三本、专科和高职院校
西藏	未公布		

续表

省区市	方案进度	实施时间	条件
陕西	已公布	2014 年（渐进推行）	完整学籍、父母社保缴纳证明及居住证均成为“硬指标”。符合条件的随迁子女 2014 年起可在陕西参加中考，根据考试成绩，考生可选择升入普通高中、高职 5 年制大专、中专或职业高中；2016 年开始，符合条件的外地户籍考生可在陕西参加高考
甘肃	已公布	2013 年（渐进推行）	在进城务工人员具有合法稳定职业、合法稳定住所（含租赁）并按照国家规定参加社会保险等前提下，2013 年和 2014 年在甘肃参加高考的考生仍需具有该省的户籍。2015 年起，进城务工人员随迁子女具有甘肃省连续高中三年学籍的，可在该省报名参加普通高考
青海	政策被误读，并未放开异地高考		考生及家长在高考报名前已在青落户且学籍在高考报名前已转入青海，并且其原籍省（区、市）高考科目与青海高考科目一致（不一致则由省招办按照青海省高考分值进行折算），就可以在青海参加高考
宁夏	已公布	2014 年	考生本人须在宁夏初中和高中学校连续就读满 6 年（截止日期按考生参加普通高考当年 8 月 31 日前推计算），具有宁夏高中阶段学籍和宁夏普通高中学业水平考试成绩；考生父或母（其他法定监护人）在宁夏具有连续 6 年以上（含 6 年）合法稳定职业、合法稳定住所，并在宁夏累计缴纳 3 年以上社会保险参保费
新疆	将适时出台随迁子女在本地参加升学考试的具体办法		随迁子女就地高考要有条件准入，包括家长、学生和所在城市三方面需要符合基本条件

（二）主要问题

1. 异地高考门槛如何设定

异地高考政策背后的实质性问题是教育公平问题，而要实现相对平等的群体对待，首先就是合理设定异地高考的门槛。

一方面，如果地方政府设置的门槛过高，要求进城务工人员必须出具当地房产证（并具体到多少面积），对社保年限、连续就学年限提出极高的要求，那么能享受到异地高考政策的进城务工人员子女将会很少，真正需要从这一政策中受益的群体就无法享受应有权益。

另一方面，如果门槛设置过低则会造成更多问题（例如，高考“移民”、对流入地本地考生的不公平等），所以这一标准显得十分重要。据教育部最新文件的规定，设定这一标准的权力在省一级地方政府手中，因此，这一问题的解决又与地方政府在高考中的利益纠葛联系在了一起。

2. 地方政府在异地高考政策中的利益纠葛

正如教育部相关负责人所言，异地高考的最大困难在于“既想要解决随迁子女的考试问题，又不能影响北京、上海当地考生的权益”，而地方政府作为主要的政策制定者必将权衡随迁子女和本地考生的利益。

一方面，地方政府要保障本地考生的需求，不能因为随迁子女的到来而使本地考生接受高等教育的机会过分减小。对这一问题，教育部的解决方案是由教育部协调招生计划，将招生计划向进城务工人员子女聚集的地方倾斜，即“对符合在当地参加升学考试条件的随迁子女净流入数量较大的省份，教育部、发展改革委采取适当增加高校招生计划等措施，保障当地高考录取比例不因符合条件的随迁子女参加当地高考而受到影响。”

但另一方面，地方政府也是部属院校的支持者之一，部属院校在资金、学校发展等方面都有求于地方政府，需要得到其支持。对本地生源的招生数量，则是校方制约或者示好地方政府的砝码。通常的情况是，部属高校以提高当地录取比例的方式，对地方政府的付出给予回报。如果高校在流入地的招生计划投放增多，势必要求地方政府对其支持力度也要加大。因此，这一政策将面临教育部出政策、地方政府埋单的利益纠葛。

现行的政策是，异地高考的增招计划由教育部与国家发改委负责，地方政府负责具体实施，但没有明确提及教育融资的责任问题。考虑到我国高等教育早已推行多渠道筹资政策，地方高校几乎由地方全额融资，仅有的百多家中央直属高校也一直要求地方提供配套资金。在这一格局下，只能假设地方政府继续是这些新增学额的融资主角。我国行政体制改革一直要求事权与财权对等，为何赋予地方政府如此大自由裁量权，也就不难理解。但是，要想落实好异地高考，真正为进城务工人员随迁子女带来切实福利，上述公平问题以及地方埋单问题，需要深入思考与做好统筹。

3. 异地高考政策可能带来随迁子女和留守儿童之间的不公平

除了随迁子女之外，进城务工人员的子女还有很大一部分仍留守在家乡[①]，他们的高考问题和教育问题也需要关注。教育部表示要适度增加流入地的招生计划名额，那么这些“适当增加”的计划分流自何处？如果招生名额不变，是否要通过削减其他低录取率省份的学额来满足京、沪等大城市的需要？对于全国考生来说，这无疑显失公平。其次，站在非户籍考生流出地的一些考生的角度看，仅仅是因为自己选择做了“留守儿童”而不是“随迁儿童”，就无法享受京、沪等大城市的高录取率，这似乎也并不公平。

（三）改革思考

目前国务院的意见，还是在现有高考制度框架下寻求异地高考解决方案。但是，从长远看，在异地高考矛盾突出的地区，解决异地高考必须突破现有高考制度框架，探索与高考改革相结合的思路。毋容置疑的现实是，即便中央出面协调各地的招生录取指标，地方政府还是会根据本地的社会、经济、教育发展情况设置异地高考的条件。如此一来，异地高考问题也就无法得到根本解决。

要根本解决异地高考问题，就需要尽快推进高考制度改革，打破现行的高考分省按计划集中录取制度——正是由于这一制度的存在，才把高考录取指标变为各地的“蛋糕”，也才有高考按户籍报名的规定。如果我国实行基于统一测试的高校完全自主招生[②]，高考报名户籍限制也就失去存在的土壤，异地高考也就完全实现。

作为资源争夺的焦点，高校应当从不平衡的地域经济发展环境和失衡的资源分配中独立出来，实现真正意义上的“国立”，而不是“省立”“市立”。让教育资源重新回归到统筹配置的统一轨道上来，高考才能成为全民福利和平等机

---

① 《2011 年全国教育事业发展统计公报》显示，2011 年全国义务教育阶段在校生中农村留守儿童共 2200.32 万人。其中，在小学就读 1436.81 万人，在初中就读 763.51 万人。

② 当然，高校自主招生只是改革方向，从近期来看不可能成为主流，按省分配名额可能会维持较长时期。名额如何分配、央属高校如何改革等，都是下一步亟须解决的问题。

会，才不至于成为被地域垄断的资源、成为某些地方民众的“福利后花园”。

至于高职教育方面，如果实行“注册入学，申请入学”，就可以取消报考高职、高专的户籍限制。换言之，进城务工人员随迁子女只要有高中毕业学历，都可自由申请入学，从而也就解决了占高等院校招生规模约一半左右的异地高考问题。

（原文最初载于《完善城镇化进程中的社会政策》，中国发展出版社 2013 年版）

佘　宇　执笔

参考文献：

[1] 阿玛蒂亚·森，让·德雷兹（Amartya Sen & Jean Dreze）. 印度：经济发展与社会机会. 北京：社会科学文献出版社，2006

[2] 周佳. 教育政策执行研究——以进城就业农民工子女义务教育政策执行为例. 北京：教育科学出版社，2007

[3] 吴霓，朱富言. 农民工子女异地中考政策研究. 北京：教育科学出版社，2011

[4] 中国进城务工农民子女教育研究及数据库建设课题组. 中国进城务工农民随迁子女教育研究. 北京：教育科学出版社，2010

[5] 高书国主编. 中国人口文化素质——从战略追赶到局部跨越. 内部文稿，2012.10

[6] 佘宇，苏杨. 解决关键问题，加快推进教育事业改革和发展. 民生为本：中国基本公共服务改善路径. 北京：中国发展出版社，2012

[7] 吴霓. 进城务工人员随迁子女在流入地参加中高考的问题. 求是，2012（4）

[8] 田恬，向婷. 我国不同层级政府间分担农民工子女义务教育经费体制的构建. 知识经济，2011（1）

[9] 赵格红，王红. 进城务工农民子女义务教育经费分担政策分析. 新东方，2012（1）

[10] 范先佐，彭湃. 农民工子女义务教育经费保障机制构想. 中国教育学刊，2009（3）

[11] 李文彬. 农民工子女义务教育政策执行阻滞研究综述. 西北农林科技大学学报（社会科学版），2010（1）

[12] 黄育，姜鹏. “两为主”政策执行：困境与超越. 现代教育科学，2010（4）

[13] 王金秀，方海波 . 解决农民工子女义务教育问题的财政激励机制 . 华中师范大学学报（人文社会科学版），2008（7）

[14] 刘洁 ."两为主" 政策执行中的政府责任 . 重庆科技学院学报（社会科学版），2011（11）

[15] 袁连生 . 农民工子女义务教育经费负担政策的理论、实践与改革 . 教育与经济，2010（1）

流动儿童教育的国际经验述评

公平与优质的教育议题已经成为世界各国政府的工作重心。随着全球经济一体化的进程，流动人口及其子女的教育问题不断凸显，成为政府实现教育目标的重点关注对象。本文通过文献分析、政策研究，梳理欧美主要的国家对于本国流动儿童教育的相关法律、法规及有效的措施，重点介绍美国、英国、丹麦、瑞典、爱尔兰、芬兰的经验，通过综合分析、对比与借鉴国际经验，立足我国国情，探讨并提出适合我国的解决流动儿童教育问题的建议：一是把握好教育入口、过程、结果三方面公平的政策指导，通过多部门分工与合作制定政策，监控过程，发挥其技术性，同时也通过社会包容的文化性层面共同宏观指引；二是构建支持性社区服务体系，通过有效提高学校领导教师跨文化能力教学，并打造队伍结构多元化，为流动人口及子女创造良好的生活、学习环境；三是重视家庭亲子关系，通过流动人口及其子女和睦的家庭氛围，积极心态，积累社会资本，从而为流动儿童的健康可持续发展提供有利条件。

一、背景及概念界定

（一）国际背景

为了寻求更好的生存条件、自然资源等多种因素，人口的流动、居住地的变迁在历史的长河中从未间断过。在全球化与国际化的背景下，国家间的人口流动和国内的人口流动在过去的四五十年间尤为突显。全球化的发展让更多的人口从乡村流向城市，从贫困地区、贫穷国家流向经济发达的地区或者国家。同时由于科技的发展日新月异，流动人口也能有条件得以继续保持与自己原有的家庭、亲属、社区等保持联系。

根据联合国和世界经合组织在2013年共同发布的数据显示，全球大约3亿流动人口，虽然看似流动人口数据庞大，但实际上大约不到3%的全球人口跨越国界流动，其余绝大多数人员并没有。人类学家将原因归为两个维度：推力（pushes）和拉力（pulls）的共同作用；桥梁（bridges）与障碍（barriers）并存（Guest，2014：492）。由于贫困、饥饿、自然灾害、种族屠杀、疾病或者政治宗教，甚至因为地区的建设发展需要等种种原因，人们被迫离开他们的家园；同时随着经济的全球化，地区发展不均衡的情况下，当一些地区或者国家拥有更多的教育、投资或者工作机会与资源的时候，人们被吸引到这样的地区，从而以期能更好地实现个人梦想与目标。

在这种"推力"与"拉力"的交织中，目标地所能提供的"桥梁"与"障碍"也影响他们该如何决定何去何从。Guest（2014）将其看作一种链式迁移（chain migration），由于朋友或者家人在某地已经建立一定的社交网络，另外诸如同乡会的支持也会在一定程度上帮助人口流入该地区或者国家。同时，由于边境管理或者流入地的严格政策控制也会造成一定的流动障碍。

最新数据显示，全球约有2.44亿国际移民[①]，7.4亿国内移民[②]，三分之二的国际移民在欧洲（7600万）和亚洲（7500万），第三大集中的是在北美洲（5400万），67%的国际移民居住在全球20个国家中，位列第一的是美国[③]。2014年，全球超过54%的人口居住在城市。目前城市人口为39亿，这一数量在未来几十年会持续增长，到2050年预计将达到约64亿。据统计，全球每周约有三百万人口移居到城市。如今，人口1千万以上的超大城市的数量已从

① United Nations, Department of Economic and Social Affairs, Population Division (2016). International Migration Report 2015: Highlights (ST/ESA/SER.A/375), http://www.un.org/en/development/desa/population/migration/publications/migrationreport/docs/MigrationReport2015_Highlights.pdf.

② United Nations Development Programme (UNDP), (2009), Human Development Report 2009, Overcoming barriers: Human mobility and development. United Nations, New York, http://hdr.undp.org/en/content/human-development-report-2009.

③ United Nations, Department of Economic and Social Affairs, Population Division (2016). International Migration Report 2015: Highlights (ST/ESA/SER.A/375), http://www.un.org/en/development/desa/population/migration/publications/migrationreport/docs/MigrationReport2015_Highlights.pdf.

1990 年的 10 个增长到了 28 个，人口规模为 4.53 亿，占世界城市人口总数的 12%[①]。

新形式的移民、人口流动、网络和社交媒体的出现，给城市的人口结构和交往模式带来巨大的改变。流动人口的不断增加，从 2000 年的 1.73 亿到 2010 年的 2.22 亿，再到如今的 2.44 亿，城市一方面在经历着流动人口带来的多元化，同时也面临复杂的挑战。

（二）分类与概念界定

在国际上，对于流动人口的表述，在文献及政策文件中分别可以有这样几种：migrant、immigrant、mobile people、emigrant[②]，不同的术语在表达中的内涵与外延不完全相同。migrant 和 mobile people 的含义更为广泛，通常包括在国内和国际流动的人口，而 immigrant 和 emigrant 通常指跨越国界的国际“流入”或者“流出”的定居人口，一般译为移民。在国际组织的文献中，通常较多地运用 migrant 用于泛指，如果缩小界定的范围，会使用 immigrant 来分析全球的移民问题。

根据不同的目的和需求，不同的机构、组织、学者将流动人口进行不同的界定和划分。例如，联合国移民权利公约规定[③]，流动劳工（Migrant worker）定义为非定居国国籍但在该国工作并收取报酬的人群。根据该广义的内容可以看出，该分类不含难民、流离失所者以及被迫离开家园的人群。不难看出，该定义隐含该类流动人口通常指那些能自我决定何时迁离、移居何处的人，尽管有时候这样的选择会受外部条件的限制或者影响。社会学、人类学学者（如 Schultz and Lavanda，2009；Guest，2014）认为，流动可以分为自愿迁移和被动迁移。比如一些难民的流动既不面临自由流动的外部障碍，也不受迫在眉睫的需求所致以及缺乏在目前居住国满足这些障碍的替代手段，而其他难民流动可能进行极端迁移，完全不受迁移中人们的影响。有时候他们的选择可能是因为

① United Nations Department of Economic and Social Affairs (UN DESA) (2014). World Urbanization Prospects, The 2014 Revision: Highlights. United Nations., New York. http://esa.un.org/unpd/wup/Highlights/WUP2014-Highlights.pdf.

② http://files.eric.ed.gov/fulltext/ED421313.pdf.

③ United Nations Convention on Migrants' Rights. http://unesdoc.unesco.org/images/0014/001435/143557e.pdf.

同在一起迁移的其他人员的影响。联合国人权委员会特别报告员指出，流动人口（migrant）指：①作为一国公民居住在另一国家领土，不受迁出国法律保护；②不享有迁入国给予难民，自然人或类似地位所固有的一般法律上承认权利的人；③根据外交协议，签证或其他协定不享有对其基本权利的一般法律保护的人[①]。

因此，该定义在英文文献中具有复杂性，且根据不同的划分，流动人口的类别也不尽相同，范畴各有侧重，归纳如表 1 所示：

表 1　流动人口的划分、类别及主要范畴

划分	类别	主要范畴
按照流动区域	国内移民	在一个国家内部，跨城市，跨地区、乡镇之间的流动人口
	国际移民	跨国家边境的，并在入境国居住一段时间，一般指 6 个月及以上，因此该类别不包含跨境短期的旅游者，商务游客或者宗教朝圣者
按照流动时长	短期移民	主要指在入境国居住时间在半年以上十二个月以下者
	长期移民	在入境国居住时间在十二个月及以上的流动人员
按照出生情况	一代移民	本人及其父母均未在居住国出生
	二代移民	本人出生在目前居住国，但其父母一方在非居住国出生
按照流动原因	工作	海外合同工跨国跨境公司的流动雇员、高级技能人员或者专业人士跨境工作等从业人员
	家庭	由于家庭中已有成员移居到某国或某地，家属随后迁入团聚
按照流动法律	非法移民	未获得入境国许可或者未满足入境国边境管理相关规定而入境人员，如偷渡、人口贩卖交易等
	合法移民	根据入境国相关规定符合边境管理要求，或者获得许可签证的人员
按照流动性质	自愿移民	主动为寻求并获取更好的生活、就业条件等进行的流动
	被迫移民	如因政治、社会、自然环境的大灾难、大变化情况下不得不进行的迁移，如难民、寻求庇护者、流离失所人员等

由此可见，对于流动人口没有统一的标准、定义和划分。但是，绝大多数国外文献中提到的不同移民类别以及多数政策中通常所指的目标群体均为国际

① UNESCO, (2016), Migrant/Migration. http://www.unesco.org/new/en/social-and-human-sciences/themes/international-migration/glossary/migrant/;

Gabriela Rodríguez Pizarro, Special Rapporteur of the Commission on Human rights in A/57/292, Human rights of migrants, Note by the Secretary-General. 9August 2002.

移民，该类移民通常可以概括为如下几类[①]：

①劳工移民：或者也被称为外来工人，海外合同工。该类人群为了就业、工作，在一定时间范围内移居他国，并将收入提供给家人。

②高技能和商业移民：该类人群通常为经理、总经理、专业人士、技工等，他们通过跨国公司或者国际组织转移到国际劳动力市场，这类移民很受欢迎，一些国家采取特殊的技术与商业移民计划项目来吸引该类人员。

③非法移民：该类移民由于没有入境国所需的材料和许可，通常为了寻求生存、就业而进入一个国家，如人口贩卖交易、偷渡等。

④被迫移民：从广义上来说，该类人群包括难民、寻求庇护者、由于环境灾难等外部因素引起的移民，它与强制迁移有共同之处。

⑤家属移民：该类人群为在共享家庭关系的人们加入已经按上述类别之一进入移民国的人。许多国家原则上承认合法移民的家庭团聚权，但是一些国家，特别是用合同劳动体制的国家，剥夺了家庭团聚的权利。

⑥归国迁移：指在移居另一个国家后回到原来国籍所在的国家。

人口流动已经突破原有的文化、语言、种族、民族、国家的界限，变得越来越重要，即使那些没有迁移的人们已经受到该地区其他人口的流动的影响。因此，本文在综合国际学术研究文献、国际组织文件和报告、欧美国家政策等文本的基础上，将“migrant”统称为“流动人口”进行表述，包括国际移民和国内移民，并在本文中的内涵与外延可与“移民”互为替换。

同样，在国外文献中对于流动儿童的界定，由于侧重点的不同，制定政策的过程中有指 16 岁以下移民儿童，有将年龄界限化在 17 岁的，也有的采用到 18 岁的划分法。本文探讨的流动儿童将统一为文献和各国政策文件中提到的 18 岁以下的移民儿童。

综上，本文将英文文献提到的 migrant、immigrant、emigrant、mobile people 作为整体分析，涉及国际和 / 或者国内迁移的人口统称为移民或者流动人口，以此来分析英文文献中相关的流动人口子女的教育问题。另外，同样采用广义的流动儿童的概念，将文献中涉及的 18 岁以下的流动人口子女作为本文的探讨范围。

---

① http://www.unesco.org/new/en/social-and-human-sciences/themes/international-migration/glossary/migrant/.

二、各国政策与措施

在欧洲，无论是欧盟国家间的人口流动，还是来自第三个国家的移民现象，在过去的几十年里变得越来越明显。大约有十分之一的欧盟人口居住地与自己出生国不同，这其中 5% 是 15 岁以下的移民儿童。第二次世界大战后，英国、德国、法国移民人口一直高增长，相对而言，西班牙、瑞典和爱尔兰的移民现象在近几年呈上升趋势，美国的移民人数居世界首位。本部分根据英文文献、国家官方网站、国际组织官网等文本资料分析各国政府对日益凸显的流动儿童教育的相关政策和具体解决措施，综合梳理欧美主要国家的移民儿童教育政策的变迁。

（一）美国

被称为“大熔炉”的美国是一个典型的移民国家。根据美国国土安全部[①]的数据显示，在 2015 年有一百多万移民人口成为美国合法公民。移民成为美国发展的重要组成部分，同时移民子女的教育问题也经历了不同的变迁和发展。从 20 世纪 50 年代起，美国政府开始出台一系列新的教育政策，旨在帮助少数族裔及移民学生在融入美国“主流”文化的同时，保留自己的民族自我认知，促进美国多元化发展。1954 年，在历史性的法案《布朗诉托皮卡教育局案》（Brown v. Board of Education Topeka）中，美国最高法院废除了美国公立教育系统中的种族隔离，称此政策有悖于美国《宪法》中同等保护的条款。在此后的 20 年里，废除种族隔离的进程虽然遭到了保守派白人的反对，但是美国最高法院的强硬态度和明确的法律（如 Green v. County School Board of New Kent County、Va（1968）及 Keyes v. Denver（1974）等法案）加快了美国废除校园种族隔离的进度[②]（Patterson，2001）。到了 20 世纪六七十年代，美国的移民学生及少数族裔学生大多与白人学生享受同等的公立教育机会。在 1954 年以前种族隔离盛

① https://www.dhs.gov/immigration-statistics/yearbook/2015/table1.

② Patterson, J. T. (2001). Brown v. Board of Education: A Civil Rights Milestone and its Troubled Legacy. New York: Oxford University Press.

行的美国南部，部分公立学校渐渐实现了种族平衡，即学校的种族分布体现社区内居民的种族分布，为少数族裔学生提供了更多与白人学生及教师接触的机会以及更为优质的教育资源。

1965 年，美国总统约翰逊签署了新的移民法案（The 1965 Immigration Act），废除按国家分配移民定额的法律[①]（Patterson，2001），这在美国移民政策史上是一个里程碑式的法律。在此的几十年里，美国迎来了一次移民大潮。和 19 世纪的工薪阶层移民不同，由于新的移民法案给予家庭重聚和人才移民优先权，新一代的美国移民从种族和社会阶层上呈现更为多元化的趋势。该法律虽然废除了以国家为由分配移民名额的做法，但是实际上也保留了配额的原则，以半球和国家的形式分别设定 17 万和 2 万的上限，并设定东半球七类优先的原则[②]。

然而，自 20 世纪 90 年代起，非法移民大量涌入美国的情况使得美国的移民版图更加复杂。非法移民主要由墨西哥和中美洲国家流入美国境内[③]（Drachman，2006）。据美国智库 Pew Research Center 的统计，在 2014 年，美国境内大约有 1100 万非法移民，占美国人口的 3.5%。这其中，来自墨西哥的非法移民超过了总人数的一半，达到 52%[④]（Krogstad et al.，2016）。非法移民的子女（非美国本土出生、由非法移民带入美国境内的儿童）由于没有美国国籍，与没有城市户口的中国流动人口子女的处境有很多相似之处。在美国，非美国国籍或持有永驻权的学生不享有许多联邦政府拨款的福利。然而，1982 年美国最高法院对于 Plyler v. Doe 案件的判决规定，凡是在美国境内居住的学龄儿童，不论其国籍，都可以免费接受从学前到高中阶段的公立教育（K–12）[⑤]（Gonzales，2015）。许多新移民学生在公立学校里学会了英语及美国文化，使他们可以很好地融入美国社会。在非法移民学生成年以前，他们与美国本土学生享有平等的教育机会。很多非法移民学生可以流利地使用英语，在生活习惯、

---

① Patterson, J. T. (2001). Brown v. Board of Education: A Civil Rights Milestone and its Troubled Legacy. New York: Oxford University Press.

② http://www.fairus.org/facts/us_laws.

③ Drachman, Edward. (2006). Access to Higher Education for Undocumented Students. Pace Review, http://dx.doi.org/10.1080/10402650500511667 .

④ Krogstad, Jens Manuel, Passel, Jeffery S and Cohn, D'Vera. 5 Facts about Illegal Immigration in the US. Pew Research Center, http://www.pewresearch.org/fact-tank/2016/09/20/5-facts-about-illegal-immigration-in-the-u-s/.

⑤ Gonzales, Roberto, G. (2015). Lives In Limbo. Oakland, California: University of California Press.

穿着等方面也迅速吸收着美国的文化[①]（Gonzales，2015）。

多种族裔、文化背景、社会经济背景的学生流入美国的教育系统使得美国公立学校的学生组成发生了很大的变化。和20世纪白人占大多数的情况不同，自2014年起，少数族裔学生已正式成为美国公立学校学生的主流，他们中的很大一部分来自移民家庭。有学者估计，到2050年，三分之一的17岁以下的美国学生将来自于移民家庭[②]（Tamer，2014）。美国公立学校学生的日益多元化为美国公立教育提出了新的挑战。如何将不同背景的学生有机地融合到美国教育系统当中，为他们提供公平的教育机会和高质量的教育已成为美国教育政策制定者的新课题。

在文化融入方面，美国教育系统也开始将少数族裔学生的文化和历史融入课本当中。美国加利福尼亚州是美国移民最多、文化最为多元的地区之一。在今年，加利福尼亚州政府正式将民族研究（Ethnic Studies）列为公立学校学生的必修课。民族研究课程旨在更多地将不同少数族裔学生的文化教授给所有学生。据学者研究，民族研究课程可以使少数族裔学生更了解自己民族的历史和文化，从而增强自信心和对于自我价值的认识[③]（Velderman，2014）。接受民族研究课程后，少数族裔学生的成绩通常有所进步。虽然加利福尼亚州是目前美国唯一一个将民族研究课程列为必修课的州，随着美国移民学生，特别是拉丁裔非法移民学生数量的继续增多，学者认为许多州政府将会借鉴加利福尼亚州开设民族研究课程的经验[④]（Velderman，2014）。

在高等教育方面，非法移民学生由于不持有美国国籍或永驻权，在申请政府助学金方面与本土学生相比受到更多的限制。然而，在入学门槛方面，与中国高考政策不同，美国的非法移民学生和本土学生被用同样的标准衡量。此外，一些州政府已开始向非法学生提供州立大学的助学金，帮助低收入的学生完

① Ibid.

② Tamer, Mary. (2014). The Education of Immigrant Children. Harvard Graduate School of Education. https://www.gse.harvard.edu/news/uk/14/12/education-immigrant-children.

③ Velderman, Ben. (2014). California school district to make ‘ethnic studies’ a graduation requirement.,http://eagnews.org/california-school-district-to-make-ethnic-studies-a-graduation-requirement/.

④ Ibid.

成学业[①]（Gonzales，2015）。在非法移民学生高中或大学毕业之后，DACA 项目（Deferred Action For Childhood Arrival）帮助非法移民学生合法留在美国以及合法被雇主聘用。符合条件（如在 14 岁以前来到美国、没有犯罪记录等）的非法移民学生可以向美国政府申请获得 DACA 的资格，从而在美国合法工作和生活[②]（Drachman，2006）。

除此之外，在布什总统任期开始实行的《不让一个孩子掉队法案》（No Child Left Behind Act（NCLB））法案中特别为移民家庭提供支持。移民教育项目（The Migrant Education Program）旨在帮助移民家庭的儿童（至少一位父母或监护人为在过去三年迁移过的移民，并工作在农业、奶业、伐木业或捕鱼业）减少过多搬家带来的教育质量的降低，解决他们在课程衔接中遇到的困难。根据美国加利福尼亚州教育局官方网站（CDE-California Department of Education）显示，虽然移民教育项目并没有给予移民家庭资金上的支持，移民教育项目在社区设置的办公室被用于帮助移民家庭的学生解决实质性的问题。但是，研究报告[③]也指出，美国移民教育过程中仍然存在的一些问题，比如，由于信息的不完整，移民家长及儿童对于美国教育体制的了解甚少；家长对于家校沟通的渠道信息缺失等情况都影响学生的在校生活和学业成绩；同时家庭的贫困因素、语言因素、性别原因等各方面的情况仍是移民儿童教育过程中的挑战。同时 Strum 和 Biette[④] 还指出，当对 NCLB 政策进行评估时应该看到：对于新移民儿童希望在一两年内奇迹般地能和本土学生一样取得优异的考试成绩是很不现实的，他们需要付出更多的时间和精力先过语言关。另外，由该法案导致学校一味追求分数和统计数据中的良好学生成绩记录，“被撵出去”的现象让移民儿童被迫以种种理由离开学校。在纽约市，毕业前有大约 50%~60% 的学生被迫“离校”，这在很大程度上显示了该法案在执行的过程中并没有真正实现不让任何一个孩子掉队的初衷，反而加大了这种差距。

---

① Gonzales, Roberto, G. (2015). Lives In Limbo. Oakland, California: University of California Press.

② Drachman, Edward. (2006). Access to Higher Education for Undocumented Students. Pace Review, http://dx.doi.org/10.1080/10402650500511667.

③ Strum, P., & Biette, D. (2005). Education and immigrant integration in the United States and Canada.

④ Ibid.

（二）英国

根据英国国家统计局（ONS）、内政部（the Home Office）和就业与退休保障部（the Department for Work and Pensions（DWP））共同于2016年12月发布的流动人口统计数据季报显示，从2015年6月起截止到2016年6月（包括英国公投后的一周）一年时间内，英国拥有长期国际移民净数量为33.5万，其中迁入英国的人口数量为65万，移出英国的人口总数为31.5万[①]，绝大多数来自欧盟国家。按照该规模的增长，英国移民观察机构预测，如果按照目前的移民控制政策，将很快达到每年50万的增长速度，相当于一个利物浦城市的人口总量；并且四分之一的在英格兰和威尔士出生的儿童母亲是外国籍，这给英国的医疗和学校带来极大的问题。预计在2018年，60%的地方政府会面临小学学位短缺的问题[②]。在《世界移民报告2015》中的数据显示，在伦敦居住的外国出生的移民人口数量在2011年接近300万，占伦敦人口总数的37%，其中印度人占26.2万。

英国国家统计局数据显示，2014年7月到2015年7月间，在英国境内英格兰和威尔士之间流动的国内移民数量大约在285万，大约有5.32万人口从英格兰和威尔士移居到苏格兰和北爱尔兰，反之移居到英格兰和威尔士大约有4.56万。该数据只包括在英国境内不同地区间或者不同地方政府管辖范围间的流动[③]。

英国根据联合国1989年关于儿童权利公约规定，尊重每一个儿童受教育的权利，并发挥他们的最大潜能[④]，也就是说，任何儿童不因家庭、能力、种族等各种原因剥夺受教育的权利。随着第二次世界大战的结束，50年代开始至今，

---

① Statistical bulletin: Migration Statistics Quarterly Report: Dec 2016 https://www.ons.gov.uk/peoplepopulationandcommunity/populationandmigration/internationalmigration/bulletins/migrationstatisticsquarterlyreport/dec2016.

② 10 Key Points on Mass immigration and Population Growth, June, 2016 https://www.migrationwatchuk.org/briefing-paper/377.

③ Statistical bulletin: Internal migration, England and Wales: Year Ending June 2015, https://www.ons.gov.uk/peoplepopulationandcommunity/populationandmigration/migrationwithintheuk/bulletins/internalmigrationbylocalauthoritiesinenglandandwales/yearendingjune2015.

④ UNCRC, United Nations Convention on the Rights of the Child, http://webarchive.nationalarchives.gov.uk/20130401151715/http://www.education.gov.uk/publications/eOrderingDownload/01099-2009BKT-EN.pdf.

英国移民持续增加，对此英国在不同时期出台了一系列的相关教育政策，旨在解决移民问题以及其带来的流动儿童的教育问题。本部分通过三个阶段、三个不断拓展的主题来分析英国政府对于流动儿童的教育政策的演变与发展。

1. 20 世纪 60 年代至 80 年代：同化与融合

英国政府最早涉及移民教育问题的正式文件可以追溯到 20 世纪 60 年代初。早在 1962 年《英联邦移民法案》(Commonwealth Immigrants Act) 的颁布旨在开始限制移民数量，尤其是黑人移民。在 1965 年，当时的英国教育科学部 (DES) 公布的《移民教育》(The Education of Immigrants) 政策明确开始关注移民及其子女的教育问题，并以同化和融合为核心主题。之后在 1971 年，该政策以手册的形式再次出版，以更好地集中探讨如何将移民儿童与现有教育系统的融合。

由于当时的后殖民特定历史时期，时任英国内政大臣的詹金斯 (Roy Jenkins) 提出“融合论”的观点，并指出“融合”不是简单的扁平的“同化”过程，而是平等的机会，在互相包容中的多元文化中，主张通过少数族裔移民对本民族的文化、历史、语言等的分享，将其与英国主流文化融合。然而，实际上当时社会融合派的人士主张有原则地对待融合，对移民儿童在校提供最小化的和有条件的文化多元。这在当时引起了广泛的争论。“融合”的主题也带来了一些系列的问题，政策并没有解决，如：政府如何并能在多大程度上帮助移民儿童及家庭融入本国？有些什么样的措施帮助其融入？少数民族文化能多大程度上融入主流文化，并同时保留其少数文化的特征？移民政策实施的效果如何测量？等等。

另外，两份研究报告对当时移民儿童的教育提出了指导意见。一份由当时的国家中央教育咨议委员会 (CACE：the Central Advisory Council for Education) 在 1967 年公布的《普劳顿报告》(The Plowden Report)，其正式名称为《儿童与他们的小学》(Children and Their Primary Schools)[①]，由普劳顿女士 (Bridget Plowden) 带领调研团队历时三年多对英格兰当时的小学教育调查后提交的评

① The Plowden Report (1967), Children and their Primary Schools, http://www.educationengland.org.uk/documents/plowden/plowden1967-1.html#06.

估报告 。另一份是在同年出版的由时任威尔士中央咨议委员会主席吉廷斯教授（Charles Gittins）对威尔士地区的小学教育的评估，题目为《威尔士初等教育》（Primary Education in Wales），以《吉廷斯报告》（The Gittins Report）称之。

《普劳顿报告》用第六章整章的篇幅介绍了当时移民儿童的教育现状以及对于之后政策的建议。由于移民儿童集中在25个自治区，其中包括内伦敦市中区，这导致有的学校移民儿童人数达到在校生人数一半以上。该报告指出流动儿童及其家庭的原因，同时学校教师、课程等在移民儿童其出国的地理、历史、文化等内容的缺失或者不匹配导致融入的困难。因此该报告建议大学及地方政府应该为教师提供更多在职培训，让教师学习如何教授母语为非英语的移民学生，同时学校要加大对语言需要帮助的移民儿童的补习课程的开设。

《吉廷斯报告》提出“双语教育”（Bilingualism），将威尔士语和英语作为小学授课语言，并强调社会及情感的环境对儿童的影响从18个月已经开始，因此早期的保育对于儿童后期发展非常重要[①]。这一阶段的移民儿童教育关注主要在国内移民，大部分为来自英格兰的流动儿童。因此在一定程度上主张将威尔士语作为第一或者第二教学语言能帮助流动儿童更好地适应融合。

这两份研究报告根据当时流动儿童面临的实际问题提出的教师培训和语言教学的建议在当时得到了一定的支持。但是由于这一时期的移民政策本身将教育问题的症结归因于移民儿童及其家庭，而不在于英国的教育制度本身，并认为移民儿童的家庭应该为学生在校学业表现不佳负责。由于对西印度群岛人和亚裔人的刻板印象，时任政府认为该类移民儿童及其父母是导致教育问题的“罪魁祸首”，因此当时的政策并未能找到有效可行的解决策略，而是在一定程度上“浓墨重彩”了少数族裔移民本身的问题[②]（Race，2015）。

同时，社会的广泛讨论教育体制该如何为流动儿童负责，并促进少数族裔流动儿童的权利和义务引起了白人家庭对这种关注的担忧，本土家庭认为学校教育应该为英国人、白人主流群体服务，而对于少数族裔的移民儿童虽然他们面临诸多的困境，如不熟悉英国的生活方式、语言、家庭经济贫困等，他们只

---

① Silver, H., & Silver, P. (2006). An educational war on poverty: American and British policy-making 1960-1980. Cambridge University Press.

② Race, R. (2015). Multiculturalism and education. Bloomsbury Publishing.

能通过现有教育体制自己不断“被同化”和“被融合”到国家和社会生活中。

由此可见，英国该时期移民儿童的教育政策的出发点是通过同化与融合来尽可能地使流动儿童融入英国主流教育，但是由于当时教育体制、政策本身并不是为少数的移民儿童服务或者解决实际融入过程中的困难和问题，而是为了限制移民人口，尤其是黑人少数族裔的流入而实施的政策，因此并没有从根本上解决移民儿童的教育问题，相反，加大了移民儿童及家庭本身的责任，忽视从本质上探讨如何解决移民儿童的教育问题。

2. 20 世纪 80 年代至 90 年代：多元化

上一阶段的同化与融合是以实用主义思想哲学的英国政府为了维护自身权利、维持社会稳定的一种方式，此阶段看到移民与本土国民之间的共性，但并没有更多地注重差异性，同时如何融入的问题并没有得到指导和解决，因此，从 20 世纪 80 年代开始了以“多元化”为核心的移民教育改革。

1981 年公布的《兰普顿报告》(The Rampton Report) 题为“West Indian Children in Our Schools”，对当时在英国学校的早期西印度群岛移民的后裔儿童学业进行了中期评估，指出影响该群体学生学业不良的十大因素，其中包括：种族主义、学前教育状况、阅读与语言水平、课程、教材、考试、学校人文关怀服务、学校与社区关系、特殊教育、职业规划及成年生活准备。

随之，1985 年《斯旺报告》(The Swann Report) 以“全民教育”(Education for All)[①] 为题发布，少数族裔儿童教育现状引起更多利益相关者的关注。该报告指出：英国是一个多种族和多元文化的社会，因此教育也要遵循“和而不同”(diversity with unity) 的原则。较之前一时期的教育政策，该报告将教育体制作为影响流动儿童学业不良的因素考虑在内，指出学校教师质量、课程设置都将影响少数族裔学生的学业成绩。同时，在教育中从侧重学校学习转向关注“实际生活体验式”学习。

1988 年的《教育改革法案》与前一阶段的政策有所不同，开始将改革转向教育体制本身，通过创新国家课程，建立三门核心课程和七门基础课程的方式

① The Swann Report (1985): Education for All. http://www.educationengland.org.uk/documents/swann/swann1985.html#01.

来争取更好的成绩，而不是简单地通过提高教育标准。该国家课程旨在提高学生的身心健康，培养学生良好的道德和精神观，然而，从政策文字本身可以看到，这些价值观仍然是以英国本土白人身份为标准，而非将少数族裔价值观考虑进改革的课程之中。

当时的国家教育委员会（NCE：the National Commission on Education）开始重视有效学校如何在薄弱地区取得成功的，并指出：1988 年的《教育改革法案》给予学校更大的自主权；并根据学校招生数量提供财政支持；同时家长作为消费者权益增加[①]（NCE, 1996：6）。“多元化”不应只是一个概念或者观点，而应该是一种持续的行动力[②]（Race，2015）。虽然这一时期，英国政府通过改革学校课程、加强学校管理、提高教师质量等一系列教育改革措施来尽力实现“多元化”的目标，但是在实际的调查中，政策实施的效果并不理想，原有的一些旧的观念和问题仍然存在（Race, 2005）[③]。Barber（1996）[④] 对伦敦内城区的调查研究发现，在 Hackey 区的土耳其少数族裔学校在督查后被迫关掉，学生分散安排到该区其他学校，调研学校的少数族裔学生除了面临艰难的家庭环境，如父母吸毒或者贩卖毒品，同时在学校也因教学质量低下、教师对学生没有期望值、冷漠、吸毒盛行、管理不力等原因的多重不利影响下，给学生的成长造成严重后果。因此，流动儿童问题的复杂性及经济、政治、社会的变化并没有在这一主题政策下得到良好的解决。

3. 21 世纪初至今：全纳教育

随着国际社会及组织对弱势群体的关注，联合国人权高级专员办事处于 1990 年发布，并在 2003 年开始生效的《保护所有流动劳工及家属权利国际公约》开始将“全纳”（Inclusion）的理念用于流动人口子女的教育中，其中第 30 条明确指出：“任何一名流动工人的每一名子女应当享有与目的国公民同等待遇

---

① National Commission of Education (NCE) (1996) Success Against the Odds: effective schools in disadvantaged areas, Routledge, London.

② Race, R. (2015). Multiculturalism and education. Bloomsbury Publishing.

③ Race, R. (2005). Analysing the historical evolution of ethnic education policy-making in England, 1965-2005. Historical Social Research/Historische Sozialforschung, 176-190.

④ Barber, M. (1996) The Learning Game: Arguments for an Education Revolution, London, Gollancz.

的基础上享受教育的基本权利。不得以父母在就业国停留或者就业方面不正常情况为由，或者因子女本人在就业国停留属于不正常情况而拒绝或者限制流动人口子女进入公立学前教育机构或者中小学”①。

“全纳”最初的提出源自底层残疾人为了反对歧视和社会排斥展开的运动。在1994年联合国教科文组织在西班牙萨拉曼卡召开的“世界特殊教育大会”中提出“全纳教育”的理念，并在2000年的达喀尔世界教育论坛上再一次重申其重要性。21世纪以来，在遵守联合国发表的一系列的关于儿童权利的国际规定原则下，随着政治、社会的不断变化，英国政府开始强调“优质教育”和“机会平等”，教育被认为是减少社会排斥的最佳途径，“全纳”成为除了对有特殊需要的残障儿童的教育议题外弱势学生群体（disadvantaged pupils），如少数族裔儿童、来自低收入家庭学生②、申请免费校园午餐和教育津贴的学生等的教育主题。同时，“全纳”区别于之前两个阶段的主要之处在于关注流动儿童这一弱势群体的入口公平，并将此提前到婴幼儿早期教育，在学校学习体验过程中的公平，通过提高学校质量来更好地为学生的就业和未来生活做准备，旨在实现社会包容和社会公正、公平。

在2003年由英国教育和技能部公开讨论的文件《目标高远：提高少数族裔学生的学业》（Aiming High：Raising Achievement of Ethnic Minority Pupils）中指出：教育改革旨在让每一所学校的每一位儿童和青年受益。虽然前期在提高学校标准的改革中可以看到少数族裔儿童获益，但是该学生群体，尤其是黑人和巴基斯坦流动儿童，还与本地的多数民族白人群体差距很大，这就有可能导致他们辍学，从而使他们无法进入大学学习或就业，这将增加社会差距。

根据2001年英国人口普查显示，八分之一的学生来自少数族裔家庭。2007年的英国内政部数据显示，在英国有3525名17岁以下的未有监护人陪同的移民儿童，其中11%在14岁以下、24%在14~15岁之间、51%在16~17岁。虽

① International Convention on the Protection of the Rights of All Migrant Workers and Members of Their Families, Online: http://www.ohchr.org/EN/ProfessionalInterest/Pages/CMW.aspx.

② 英国就业和退休保障部2016年6月最新发布的低收入临界值：无子女家庭相对低收入（扣除住房成本前）为284英镑/周，无子女家庭相对低收入（扣除住房成本后）为242英镑/周。资料来源：DWP. Households Below Average Income: An Analysis of the Income Distribution: https://www.gov.uk/government/uploads/system/uploads/attachment_data/file/532416/households-below-average-income-1994-1995-2014-2015.pdf。

然英国流动儿童的数量并没有准确的数字，但是这一数字的不断增长已经引起政策制定者和学校领导们的高度重视。

2001 年 2 月，英国政府颁布绿皮书《学校：以成功为基础》(School : Building On Success）提出未来教育的发展目标和方向。该文件指出未来的教育应该是为学生提供个性化服务，针对不同的学生群体，如特殊教育、少数族裔、贫困学生、英语为第二语言的学生等，采用不同的适合的教学方法以及相适应的政策方案。同年 8 月，威尔士地区出台了奠基性的文件，名为《学习型国家》，构建 2010 年教育目标，提出达到全面教育和终身学习的计划方案，其中在第四章学习和机会均等中明确指出：为接收来自东欧的难民和庇护者儿童的地方政府提供额外的财政支持；为少数族裔学生制定高标准的学习目标，同时从教育支持与培训项目专款（GEST）中为学校领导、教师提供支持，尤其是母语既不是英语也非威尔士语的学生提供额外的帮助；为来自黑人及其他少数族裔家庭的儿童提供帮助，寻找学业不良的因素，从而有针对性地进行所需资源的配置。

2007 年由儿童、学校与家庭保障部发布的《儿童计划：创造更美好未来》为政府制定未来有关学校、学生和家庭的政策提出宏大的设想，在该文件的第二章关注儿童安全与健康中指出居住在贫困地区的儿童、托管儿童、移民儿童、无家长监护的寻求庇护的儿童比其他的儿童更容易受到伤害。为此，该文件提出了相应的行动计划：增强风险意识和管理，减少因媒体和商业社会造成的风险，减少学校与家庭路途中的意外事件以及在弱势家庭中的风险，解决校园欺凌，与地方儿童保障部门合作，禁止学生与不当人员接触。同年，绿皮书《更高期望：16 岁之后的教育与培训》认为学生，包括流动儿童，应该继续接受相关教育和培训到 18 岁。2016 年 3 月教育部发表的白皮书《随处可见的卓越教育》提出了未来五年的教育规划，并指出校长、教师受太多官僚限制而无法放手做正确的教学与领导，太多学校表现欠佳，特别是在贫困社区的学校。

21 世纪以来，英国政府的“全纳教育”作为政府关注质量、追求卓越和教育公平的指导方针，将教育体制内部管理与社会大环境、政府与社会力量机构、校长、教师和各利益相关者共同合作，齐心协力关注每一位儿童的成功。然而，

“全纳”并没有严谨的定义[①]（Reynolds，2008），它是一个“美好”且“理想”的目标，Reynolds（2008）[②]通过研究英国两所不同学校学生对于“全纳”的经历和体验，分析三方面的微观全纳观念：同伴关系、教师与移民儿童关系以及移民儿童的身份认同显示在学校中，学生对于“全纳”的体验并不理想。对于移民学生这一复杂群体，有可能有的面临贫困家庭，有的可能是少数族裔，有的可能还是残障特需，有的可能只是语言障碍，甚至有的集几种可能于一身，每一个移民儿童的情况都会有自身的特点。这一时期的“全纳”政策得到了政府财政的支持，但是在实施的过程中，进入到学校环境中，并没有完全实现不同种族、不同国籍间学生的良好的同伴关系[③]（Reynolds，2008）。同时，由于“全纳”可能带来特殊群体或少数族裔的学生在学业上的表现欠佳，影响学校的整体成绩和声誉而让有的学校可能拒绝更加“全纳”，同时讨论也集中在全纳和质量两者是否能同时兼得[④]（Florian et al.，2017）。因此，虽然“全纳”政策作为当今社会的一个教育主题，对流动儿童这一弱势群体在平等地接受教育的入学门槛上有一定的积极作用，但由于政府对于质量的要求给学校带来的压力和“约定俗成”的观念，使其相关政策在实施的过程中受到一定限制。

（三）丹麦

丹麦是典型的北欧福利国家，经济高度发达，贫富差距较小。从20世纪50年代开始，它的移民主要来自日耳曼民族和欧洲其他国家。随着经济社会的发展和六七十年代劳工移民的引进以及移民家庭的团聚，来自土耳其、巴基斯坦和苏联的移民进入丹麦，一直到80年代中期，移民现象也不明显，移民人数占人口比例不到3%[⑤]。进入90年代，移民数量不断增加，在过去的20年间，因为家庭团聚的原因和人道主义援助的移民人口，如难民和寻求庇护者的人数

① Reynolds, G. (2008). The impacts and experiences of migrant children in UK secondary schools. Sussex Centre for Migration Research Working Paper No, 47.

② Ibid.

③ Ibid.

④ Florian, L., Black-Hawkins, K., & Rouse, M. (2017). Achievement and inclusion in schools. Routledge.

⑤ Liebig, T. (2007), “The Labour Market Integration of Immigrants in Denmark”, OECD Social, Employment and Migration Working Papers No. 50, DELSA/ELSA/WD/SEM(2007)5, OECD, Paris.

增多，根据 2008 年丹麦国家统计局的数据显示[①]，移民人口只占丹麦总人口的 9.1%，其中一代和二代移民分别占 6.9% 和 2.2%。它的移民人口总数与欧洲其他国家相比也算比较少，但却有来自近 200 个不同的国家，从而构成了最多元的移民群体。

根据世界经合组织在 2010 年对丹麦流动儿童教育的报告[②]数据显示：母语非丹麦语的移民儿童占学生总人数的 10%，他们大部分来自土耳其、中东、伊朗、巴基斯坦和苏联。丹麦的移民儿童分布非常不平均，大约四分之一的在校移民儿童在四个丹麦城市，因此这些城市的学校面临很大的教育压力。

在学业成绩上，移民儿童与本土丹麦儿童相比也并不理想，在完成小学初中义务教育之后，那些来自贫困家庭或者母语非丹麦语的移民儿童很难在之后的学业上取得良好成绩。他们更倾向于进入职业教育与培训领域，同时能顺利完成学业的学生只占不到 40%，相比而言，本土丹麦学生的毕业率在 50% 以上。他们一般处于社会经济低层，且与本土丹麦学生相比，更有可能面临就业的困难。

由于丹麦国家高度分权，对于与移民儿童教育直接密切关联的学校的作用和影响就尤为凸显。学校校长和教职员工对于移民儿童在校体验和成长至关重要。国家一直致力于全纳教育和以学生为中心的教育理念，因此在宏观政策的指导下，各级市政府和学校根据地区特点制定相应的实施策略，主要内容归纳如下。

1. 配额制引导均匀分布

根据丹麦政府官方 2016 年公布的信息[③]，丹麦总居住人口 560 万，其中首都哥本哈根常住人口约为 125 万，其中 15.5% 的全国移民人口居住在哥本哈根。移民在丹麦分布极不均衡，相对集中在除哥本哈根外的两大城市：奥尔胡斯（13.4%）和欧登塞（12.7%），同时，在大哥本哈根地区的四个区域集中了更

① Statistics Denmark (2008), Statistical Yearbook 2008, 112th Edition, Copenhagen. http://www.dst.dk/Site/Dst/Udgivelser/GetPubFile.aspx?id=18506&sid=entire.

② http://www.oecd-ilibrary.org/education/oecd-reviews-of-migrant-education-denmark-2010_9789264086197-en.

③ http://denmark.dk/en/quick-facts.

多的移民数量，达到 20% 的人口比例。移民进入丹麦边境之后，容易因为个人人际关系网络而集中生活在某些街区[①]。为了改变这一现象，丹麦政府通过进行配额制，尤其是针对同意接受的难民，将其按照不同的数额分配到不同的城市、地区。这些难民移民需要在指定的城市居住至少三年，并给予一定的配套过渡和适应的方案，帮助更好地融入当地社会中。由于移民人口总体来自社会经济水平较低的国家或者地区，2007 年的数据显示，60% 的非西方国家移民人口居住在社会救助房中，相比较而言，来自西方国家[②]的移民中只有 14% 的需要政府提供住房帮助。该举措的实施有利于进行城市间的均衡，同时也有利于缓解因移民问题而带来的教育挑战和机会不均等问题。

2. 完善的语言支持计划是基础

对于母语为非丹麦语的移民儿童来说，入境后面临的第一个障碍便是语言，由于不会丹麦语，在一定程度上让该群体与本土同伴之间的交流受限，同时也会让学生失去信心，从而引起一些心理疾病。同时大量的国际研究表明，在校学习期间，对于教学语言掌握的熟练程度直接影响学生的学业成绩，而移民儿童因对于入境国本土语言的能力有限，这使他们常常处在不利的学习环境中。丹麦政府主要在三个方面促进和保障语言的支持计划。

①首先是移民儿童早期干预。丹麦有完善的早期语言评估和支持体系。从 1999 年开始，政府就开始为三岁的移民儿童提供语言筛查，同时规定即使该儿童没有入托，如果筛查结果表明需要进行语言刺激，该儿童必须完成相应的语言培训课程，对其进行干预。该项语言支持项目到 2007 年才开始为有需要的本土儿童提供。

②其次是将丹麦语作为外语课程进入义务教育和职业教育。1995 年，丹麦教育部将丹麦语作为一门外语课程正式列入义务教育，并与其他所有课程一样，

① Danish Ministry of Education (2008a), "Country Background Report for Denmark", prepared for the Thematic Review on Migrant Education, The Danish Ministry of Education, Denmark, www.oecd.org/dataoecd/8/24/42485270.pdf.

② 丹麦政府将如下国家列为西方国家：欧盟国家，爱尔兰，挪威，安道尔，列支敦士登，摩洛哥，圣马力诺，瑞士，梵蒂冈，加拿大，美国，澳大利亚和新西兰。其余的国家为非西方国家。

Danish Ministry of Refugee, Immigration and Integration Affairs. (2007). Statistical overview-Population Statistics on Foreigners 2007, Copenhagen.

列出课程介绍、教学大纲，旨在给所有希望通过语言能力的提升来达到与本土学生同样的学业水平的所有移民学生。同时指出，该课程应该将语言与学科知识相结合，比如与数学、历史和音乐等。在职业教育与培训阶段，“职业丹麦语”的课程作为选修课给有需要的移民学生一个机会，让他们能更好地完成职业教育的学习。

3. 促进教师队伍能力建设

随着移民儿童的增加，学生的多元化给学校的管理和教师的课堂教学带来了挑战。丹麦教育部采取一系列的措施帮助学校更好地为移民儿童服务，其中主要从两个方面发力。

①加强教师在职培训，提高跨文化教学法。将丹麦语作为一门外语课程进入课表后，相应的任课教师的培训也开始实施。在 2006 年新教师改革方案中，丹麦教育部强调新聘任的教师需要掌握一定的跨文化教学法和二语习得的知识。跨文化教育成为多门学科教师岗前培训的必修内容，同时师范生也可以选择“丹麦语为外语”为主修课程。此外，在职培训中也不断重视跨文化教育和丹麦语为外语的内容。丹麦的不同学校和城市对于教师的专业发展培训措施各有不同。各类不同的资源中心为教师的在职培训提供了大量的支持。其中有包括 36~240 个小时不等的短、长期课程，适合不同需求的教师，如针对科任教师提供实用工具帮助学生在学科学习中提高语言能力。长期课程可以获得学位或者资格认证，侧重跨文化教学法，形成性评价和二语习得等。哥本哈根市政府率先进行这一尝试，大约有一半的教师接受了这样的培训。另外在职业教育阶段，教师培训内容也涵盖文化多样性的模块，在一项“我们需要每一个年轻人”的改革活动中，各类在职培训课程为职业教育实习顾问，职教任课教师提供更多的机会了解学生不同的社会及文化背景，从而有效地提高学生的语言能力。

②保持教师队伍的多元化。丹麦教育部一直致力于将教师队伍的结构更好地与学生构成相匹配。学校重视有移民经历的教师，尤其是了解移民儿童语言和文化的人员。教育部建议各市在移民比较集中的学校多聘用双语教师。在哥本哈根和其他几个城市，熟悉移民儿童文化背景和语言的教师给予更高的薪资。2007 年，丹麦教育部联手社会融合部开展了一项吸引有移民背景的学生到教师

队伍的活动，通过各类广告、网站宣传、会议、大型榜样活动等介绍优秀的移民教师事迹，从而吸引更多的移民学生走进教育行业。

1999 年教育部成立下属丹麦评价学院，评估教学质量，评价教育过程并提出建议，同时加强地方政府与教育机构之间就共同提高教育质量的合作[①]。

4. 加大投资，提高家长参与力度

在丹麦，学生每天只上半天课，其余的时间都需要家长引导学习或者完成家庭作业，因此，家庭背景对于学生的学业成就在丹麦就比其他国家更加凸显[②]（Roseveare & Jorgensen，2004）。在丹麦的移民父母群体也很多元，有的可能不会丹麦语，有的可能对丹麦的教育体制并不熟悉，有的失业或者有的来自社会经济贫困地区等。因此，丹麦政府为了让移民儿童能够得到好的学校教育的同时，也增加对家庭和社区的投入，扩大校园以外的空间以更利于移民儿童的成长发展，主要措施如下[③]。

①立法，用制度保障家长参与。在丹麦，一系列相关的法律都强调家长在学生学习与幸福成长过程中的重要性。如 1989 年的《丹麦义务教育法案》中强调将更多的权力交给有家长代表的学校董事会，同时该法案也给家长在地方社区择校的自由[④]。因此，在移民儿童集中的学校也会有移民家长参与到学校董事会管理过程中。

②通过各级各类活动、项目、倡议来共同加大家长与学校的参与力度。如社会融合部对教师进行家庭亲子关系的培训，以帮助教师成为"家长指导师"；宣传有效的移民家长的参与与贡献。"联谊家庭"项目让更多移民家长走进当地家庭，更好地了解当地社会及风土人情。"我们学校是这样做的"项目宣传优秀的移民教育做法和策略，让家长、老师和校长增强尊重移民原生文化的意识，并积极尝试有力措施。在哥本哈根一学校的"晨间咖啡"时光，让家长能有机会近距离了解学校，与老师见面，增进彼此的理解与尊重。有的学校专设家长

① http://www.ibe.unesco.org/sites/default/files/Denmark.pdf.

② Roseveare, D., & Jorgensen, M. (2004). Migration and integration of immigrants in Denmark.

③ OECD Thematic Review on Migrant Education: Country Background Report for Denmark, http://www.oecd.org/education/innovation-education/42485270.pdf.

④ https://www.oecd.org/edu/ceri/34260321.pdf.

热线，有的学校开设“父 / 母 – 子女俱乐部”，有的提供亲子课堂为父母和学生提供学习方法与技能、行为规范等各方面的指导。另外，也在个别学校开始尝试全天计划，为父母无法帮助孩子辅导功课的移民家庭提供不同程度的帮助。

丹麦的这一系列政策对于本国的移民儿童的教育起到了积极促进的作用。同时在 OECD 对丹麦的移民教育进行调研和评估的报告中[①]指出：丹麦仍需要进一步为中小学教师和职业学校的教师、校长提供高水平的培训；不断加强在各类学校和各省中提供主流语言课程的支持；加大与移民儿童家长的沟通和联系；要进一步加强对各类体系的评估和监管，以确保移民教育政策能够有效地实施；需要构建积极的支持体系，将移民人口视为丹麦发展的财富。

（四）瑞典

瑞典与丹麦同属高福利国家，移民现象及其构成与变迁都有一些相似之处。Crul[②]（2014）的一项对欧盟九个国家的二代移民儿童的研究表明，在瑞典的流动儿童在完成中等学业后进入高等院校学习的可能性是在德国或者奥地利的同类群体的六倍。这可以看出，流动儿童在瑞典的教育卓有成效。

在 20 世纪 70 年代以前，瑞典的移民主要是因为经济原因，且他们的文化和民族背景与当地人相似。后来逐渐由于人道主义的原因及其他社会经济原因，瑞典的流动人口不断多样化，现在流动儿童人口占学生总人口的 20%，且全国有 100 多种语言[③]。因此，流动儿童的教育问题也给瑞典政府带来了挑战。

瑞典一直作为“教育公平”和“人人平等”的典范被视为各国认可。全纳和民主的教育体制也让流动儿童获益，其中比较典型的一些举措如下。

①所有移民学生享受免费的优质的学前及早期教育，并在早期教育课程中重视语言刺激，关注语言的交际功能而非结果导向，尊重移民儿童母语及文化。

② 2008 年起国家部级机构重组与合作共同解决移民问题，从最初由于单纯

① Roseveare, D., & Jorgensen, M. (2004). Migration and integration of immigrants in Denmark.

② Crul, M.,(2016). Early education is key to helping migrant children thrive.
https://www.theguardian.com/commentisfree/2016/sep/18/early-education-key-migrant-children-thrive-integration.

③ Swedish Ministry of Education and Science (2004). OECD Review of Equity: Country Analytical Report for Sweden, www.oecd.org/dataoecd/30/22/38697408.pdf.

的瑞典劳动力市场部负责劳工移民问题到逐渐地多部门合作，如与社会融合与性别平等部、住房与就业部、教育部等共同解决移民问题[①]。

③为流动人口及子女提供所需的外语语言辅导与帮助。

④在高中阶段为流动学生提供个性化辅导，甚至教师可以为学生通过母语交流提供额外支持；法律保障流动儿童流出国原生文化与语言。1979 年瑞典通过的修正案鼓励流动人口保留并不断发展他们的民族身份、语言和宗教。流动儿童从学前教育开始就有资格享受母语的支持，在义务教育和高中阶段有一个独设课程叫“母语专授”，在师资满足的情况下，给 5 个及以上的流动儿童提供该母语的单独学习，其中包括他们的原生文学、历史、文化等内容，并且该课程与其他课程同等计分[②]。

在 OECD 对瑞典移民教育的调研和评估中[③]提出了几个方面的完善措施。一是为所有教师，不只是语言教师，还有所有学科任课教师提供培训，以便能更好地适应学生的语言和文化的多元；二是为学校校长进行培训，以便能更好地实施“完整校园”的理念；三是做好新生入学教育，尤其是高年级学生的适应工作；四是构建省市级领导力，以能更好地在当地实现移民教育的自治与创新。

（五）爱尔兰

与上述国家的流动儿童学业成绩略显不同的爱尔兰共和国的一些举措也值得借鉴。由于经济的影响，在 20 世纪 80 年代末，爱尔兰人为了工作就业，流出的人口为主，后逐渐以英国和英语国家流动人口为主。到 21 世纪初，随着经济的飞速发展，流入人口不断增多。根据爱尔兰国家数据中心的调查显示[④]，2002 年，国内非爱尔兰籍流动人口约 224261 人，到 2006 年增长到 419733，增

① Taguma, M., Kim, M., Brink, S., and Teltemann, J.,(2010), OECD Reviews of Migrant Education: Sweden, http://www.oecd-ilibrary.org/education/oecd-reviews-of-migrant-education-sweden-2010_9789264086234-en.

② Swedish Ministry of Education and Research, (2009), OECD Review of Migrant Education – Country Background Report for Sweden, www.oecd.org/dataoecd/8/42/42485410.pdf.

③ Ibid.

④ Central Statistics Office, (2012), Census 2011 Profile 6 Migration and Diversity: A profile of diversity in Ireland, http://www.cso.ie/en/media/csoie/census/documents/census2011profile6/Profile_6_Migration_and_Diversity_entire_doc.pdf.

长了 87%，之后增长相对缓慢，截止到 2011 年该类人口数量增加到 544357 人，其中波兰移民占流动人口的比例最大。根据 OECD 的报告显示 ①，流动小学生占在校生人数的 10%，中学生占总学生数的 8%。与欧洲其他国家不同，爱尔兰的流动儿童的学业成绩总体上与本土学生相当，可能原因是他们来自经济状况较好的家庭，有的甚至还超过本土学生家境。

但是，语言的障碍仍然是流动儿童学业成绩的一个“坎儿”。流动儿童在家对英语的使用程度关系到学生的成绩和能力发展。因此政府高度重视，积极回应并采取相应的措施 ②，其中主要如下。

①为 0~6 岁的儿童早期教育提供政策支持，尤其是将 4~6 岁的儿童早教纳入小学教育中。从 1999 年颁布的《儿童早期教育白皮书》开始关注服务质量，随后 2002 年儿童早期教育与发展中心成立，旨在确保早期教育服务质量，及时干预特殊需求的弱势儿童。2006 年由该中心出版了《儿童早期教育国家质量框架》（“S í olta” –The National Quality Framework for Early Childhood Education），2009 年由国家课程与评估委员会（the National Council for Curriculum and Assessment（NCCA）发布了《早期学习纲要》（“Aistear” –The Framework for Early Learning）。这些文件的确立有力地保障了儿童早期教育的开展，同时也看到爱尔兰政府在教育质量的追求上从“源头”开始，这也为流动儿童的早期发展以及语言能力的开发提供了有利的条件。

②吸引更多毕业生进入教师队伍，并注重跨文化教育。由于流动儿童的多元化，国家课程与评估委员会（NCCA）制定了中小学跨文化教育指导大纲，通过灵活的课程设置，让母语为非英语的流动学生能有机会在高中入学前有一年的过渡期，帮助他们提高语言和适应性，为之后的学业打下良好的基础。

③培养专业提供语言支持的教师。对于母语非英语的流动儿童而言，他们面临更大的挑战，因为不仅要将英语作为日常社交语言，更要作为“学术”语言在整个教育过程中。爱尔兰流动人口中大约有 200 种不同的语言，这无疑也给提供语言帮助带来一定的困难。专业的教师能更好地掌握英语作为第二语言

① Taguma, M., Kim, M., Wurzburg, G., & Kelly, F., (2010), OECD Reviews of Migrant Education: Ireland, http://www.oecd-ilibrary.org/education/oecd-reviews-of-migrant-education-ireland-2010_9789264086203-en.

② Ibid.

（EAL）的有效教学方式，从而为学生提供更有效的辅导。

OECD 在 2010 年的报告中①对爱尔兰现有的移民教育指出：政府需要进一步提高移民儿童早期教育的质量，加强语言教师入职前和入职后的培训；要完善语言与跨文化课程与常规课程、教师教研相结合；确保与移民儿童家庭、社区的联系与服务，避免因语言和文化障碍带来的交流不畅引起的问题；创建完整的班级、学校反馈体系，并将其落实到学校评估的相应政策中。

（六）芬兰

芬兰教育以公平著称，一直在世界领先，学生在国际学生评估项目（PISA）中从 2000 年以来表现出色，名列前茅。由于芬兰的社会民族比较单一，官方语言为芬兰语（94%）和瑞典语（6%）②。其余的少数族裔人数较少，主要来自俄罗斯。在芬兰，家庭社会经济背景与学生的学业成绩相关性小③，且城市与乡村地区差异也不大。由于学校的质量与学生生源分布都很均衡，因此家长没有择校的矛盾。

与其他欧洲国家相比，芬兰的移民潮出现得较晚，从 20 世纪 80 年代开始移民者数量才出现迅速增长，多数是在欧盟国家间的流动。截止到 2015 年的统计数据表明，芬兰的净国际流动人口约为 12441 人，其中流入人口为 28746 人，流出芬兰 16305 人，国际移民中爱沙尼亚人最多④。

芬兰于 1998 年颁布的《基础教育法案》（the Basic Education Act）奠定了每一个学生享有平等的教育权利⑤，2004 年通过《平等法案》（Equality Act）禁止针对年龄、族裔、国籍、语言、宗教、性取向等多方面的歧视，该法案同样适

---

① http://www.oecd.org/edu/school/45053530.pdf.

② Europeans and languages. (2005). http://ec.europa.eu/public_opinion/archives/ebs/ebs_237.en.pdf.

③ OECD, (2009), Thematic Review on Migrant Education International Questionnaire: Migrant Education Policies in Response to Longstanding Diversity: Finland, https://www.oecd.org/edu/innovation-education/43901738.pdf.

Marks, G. N., Cresswell, J., & Ainley, J. (2006). Explaining socioeconomic inequalities in student achievement: The role of home and school factors. Educational research and Evaluation, 12(02), 105-128.

④ Official Statistics of Finland (OSF): Migration [e-publication].ISSN=1797-6782. 2015, Appendix figure 1.?Migration between Finland and non-EU countries in 1993–2015. Helsinki: Statistics Finland, http://www.stat.fi/til/muutl/2015/muutl_2015_2016-05-17_kuv_001_en.html.

⑤ http://www.finlex.fi/en/laki/kaannokset/1998/en19980628.pdf.

用于一切公共和私营部门，包括教育领域[①]。教育政策强调对每一个学生提供平等的教育机会，并根据移民儿童提供有个性化的适合的外语预备课程、母语课程，帮助他们更好地与本土学生一样接受优质教育。

芬兰行之有效的入学举措被称之为“邻居学校”[②]，也就是说，学生在所居住的地方就近入学，同时学校负责无条件地接收住在本区的每一个学生。Kilpi-Jakonen[③] 的研究表明，总体来说流动儿童在芬兰公平的教育体制下受益。但是，语言仍然是流动儿童面临的最大困难，其中一方面原因是芬兰语与世界上很多其他的语言不在同一体系，差别较大，难以掌握。因此，从 2007 年开始，中小学校可以用流动儿童的母语为所需要的群体授课，同时可以向地方政府提出专项资金，用于满足每个授课小组每周 2.5 个课时所需。此外，流动儿童还可以获得一些母语的个性化支持和辅导。

此外，另一有效的创新为“JOPO”项目，意为“灵活基础教育”，是一项由教育部 2006 年开始推行的辍学干预措施，旨在为学生在完成 7~16 岁基础教育学业后能再参加继续教育或者培训。该项目的所有活动与基础教育的目标和内容一致，但是通过灵活的方式，并根据学生的需求个性化完成，是一种进入公司或者实际场所完成的体验式学习。该项目激发了学生的学习兴趣，大大减少了学生的缺勤，保证学生顺利完成学业。

芬兰根据流动儿童入境年龄，按照他们的个人需求，为 6 岁的学生提供学前语言预备课程，帮助他们能在一年后顺利地进入小学教育阶段。该方案由中央统一拨款，芬兰国家教育董事会（The Finnish National Board of Education）负责预备课程大纲，具体执行由地方政府安排，有的根据需要可以为流动儿童提供 2~3 年类似的课程服务。

在课程设置上，芬兰为流动儿童提供母语语言与文学和芬兰语 / 瑞典语为外语的课程，帮助学生提高母语的语言能力，同时也不断加强外语的学习。这

① http://yhdenvertaisuus-fibin.directo.fi/@Bin/53207a11114366a3e88a12b1adde443d/1482619314/application/pdf/114837/yvlakiesite_en.pdf.

② https://ec.europa.eu/migrant-integration/librarydoc/oecd-thematic-review-on-migrant-education---international-questionnaire-migrant-education-policies-in-response-to-longstanding-diversity-finland.

③ Kilpi-Jakonen, E. (2012). Does Finnish educational equality extend to children of immigrants?, Nordic Journal of Migration Research, 2(2), 167-181.

些课程与其他学科课程的标准和要求一致，“双语”和“多元”是芬兰学校课程的特色。目前最多的母语课程是俄语、索马里语和阿尔巴尼亚语。另外，为了更好地培养学生的跨文化素养，2007 年由教育部和国家教育董事会创设了一个跨文化素养（Multicultural skills）开发项目，由市政府拨款进行两年的行动计划，从最初的 28 个城市，之后又增加了 14 个，通过每天在校常规活动中渗透跨文化核心素养，从而增进流动儿童及本地学生的包容和理解①。

三、启示与思考

随着全球化的社会发展，人口的流动已成为一个不可阻挡的趋势。无论是由于什么原因的流动，都将会带来文化、社会、经济等相应的变化。从国际上看，主要是国际流动的移民，在国内，主要以跨省市的流动，这两种主要的流动特征都直接或间接地带来社会结构的变化。根据中国流动人口 2016 年的报告显示②，截止到 2015 年，我国流动人口规模达 2.47 亿人，占总人口的 18%，相当于每六个人中有一个是流动人口。未来一二十年里，随着国家城镇化进程的加快，我国人口流动的趋势会更大。根据国家卫生计生委发布的报告，预计未来人口的流动仍然会向沿江、沿海和沿主要的交通地区集中，同时，超大城市和特大城市的人口也会不断增长，中部和西部地区省内人口流动的比重也将明显增加。因此面对如此庞大的流动人口数量，随之而来的流动儿童的教育问题也势必愈加紧迫。教育一直作为世界各国政府实现公平和社会和谐发展的重要手段，在不同时期提出不同的教育主题。基于上述国际相关的举措，结合我国流动人口和儿童的实际情况及发展趋势，可以从以下三个方面思考有效的解决方案。

① https://ec.europa.eu/migrant-integration/librarydoc/oecd-thematic-review-on-migrant-education---international-questionnaire-migrant-education-policies-in-response-to-longstanding-diversity-finland.

② 国家卫生计生委：《中国流动人口发展报告 2016》。

（一）完善制度，促进部门合作与社会包容

无论是在上述国家实践中，还是在学术研究[①]中都表明，明智的国家政策对于移民儿童的教育都会起到举足轻重的作用，一项政策、制度应该是起一种方向引领的作用，而不是通过政策制度分离部分群体，从而带来更大的社会排斥。移民儿童的教育不仅仅只是教育部门的任务，同时更是社会各部门共同的任务，因此应该由各部门明确的分工与合作，加强问责制。同时，不断提高在政策、制度等法律法规制定前的深入调研工作，遵循以事实为基础的，更贴近民生的政策依据；在兼顾原有教育政策普适性的基础上，制定符合流动儿童教育特定需求的政策是基础，有了制度的保障才能在实施过程中有章可循，但是前提是要保证政策的科学性和可操作性，这其中可以从三个维度考虑。

1. 保障入口公平的配套政策是基石

纵观英国的教育政策，在不同的历史时期，随着社会、政治的发展变化，采用相应的政策核心指导改革，但是同时也配套相应的针对流动儿童群体的细则，以便能提供个性化服务。国家的政策制定依据本国国情，同时也离不开国际大环境的影响。随着国际组织，如联合国教科文组织、联合国儿基会、世界银行、世界经合组织等对儿童的基本权利的维护，教育权利作为一项每一个儿童的基本权利。“全纳”的理念以及“全民教育”的理念让全球更加关注每一个儿童，在上述国家政策中都明确提出这一点。每一个儿童不因为种族、肤色、性别、语言、宗教、社会出生等原因而有区别。

其中，“全纳”首先体现在保证入口的公平，每一个流动儿童都能享受教育这项公共服务，进入学校学习。目前在我国“两为主”的政策下，有的流动儿童仍然不可能享受平等地与本地儿童一样的受教育的权利和机会。

虽然《中华人民共和国义务教育法》颁布从 1986 年就开始，国务院于 2001 年 5 月颁布《关于基础教育改革与发展的决定》中的第 12 条规定“要重

---

① Crul, M., (2016) Early education is key to helping migrant children thrive, https://www.theguardian.com/commentisfree/2016/sep/18/early-education-key-migrant-children-thrive-integrationOECD, (2006), education systems leave many immigrant children floundering, http://www.oecd.org/general/oecdeducationsystemsleavemanyimmigrantchildrenflounderingreportshows.htm.

视解决流动人口子女接受义务教育问题，以流入地区政府管理为主，以全日制公办中小学为主”。2003 年 9 月国务院六部委联合发文，再次强调“两为主”方案解决这一问题，明确了流入地政府在解决流动儿童入学问题上的管理责任，再到 2012 年《国家教育事业发展第十二个五年规划》“保障进城务工人员随迁子女享受基本公共教育服务权利”，到最新的 2016 年的《中华人民共和国国民经济和社会发展第十三个五年规划纲要》“推进有能力在城镇稳定就业和生活的农业转移人口举家进城落户，并与城镇居民享有同等权利和义务。优先解决农村学生升学和参军进入城镇的人口、在城镇就业居住 5 年以上、举家迁徙的农业转移人口、新生代农民工落户问题”等。这些政策，尤其是《义务教育法》和“两为主”的方案在一定程度和历史时期起到了法律的约束力和指导作用，但是就“免费”和“户口所在地就近入学”的义务教育来说，流动儿童由于没有流入地的户口，从而无法像本地户籍儿童一样完全正常接受义务教育的权利;若进入公立校，需要交纳一定的“赞助费”“借读费”[①]，或者提交如北京市提出的完备的“五证”材料。各种学杂费对于流动家庭来说增加了经济负担，或者因经济和住所等其他原因，他们也根本无法办齐所要求的证明材料，如 Goodburn[②]（2009）在北京调查的三十二名流动儿童家长中，无一人能办齐所需材料，并表示“城里的学费太贵了”。因此，这些政策并未能从根本上保障每一位流动儿童无条件地“免费”接受义务教育。

因此，中国长期以来的户籍制度和城乡二元的政策，使国内流动人口，尤其从农村流入城市的群体受到城市排斥或者遭遇各种壁垒，从而严重阻碍了儿童接受义务教育的权利，有失教育的公平原则。现阶段我国面临急剧的社会转型，原有的一些政策已经不能解决现有的流动儿童的教育问题，对于入口公平的考虑才是真正意义上的儿童权利和社会公正的体现。在上述国家中，每一位居住在本国的适龄儿童，包括流动儿童，都无条件享有受教育的权利和机会，例如，芬兰学校为学龄儿童及学前儿童提供多种服务与入学准备；又如，丹麦

① 刘珍珍:“流动人口子女教育问题研究”，载于《当代教育论坛》，2007 年;邵书龙:“社会分层与农民工子女教育:‘两为主’政策博弈的教育社会学分析”，载于《教育发展研究》，2010 年第 11 期。

② Goodburn, C. (2009). Learning from migrant education: A case study of the schooling of rural migrant children in Beijing. International Journal of Educational Development, 29(5), 495-504.

和瑞典从早期教育干预，注重起点公平。根据2016年中国流动人口报告[①]显示，流动人口在流入地生育的比例快速提高，这意味着“二代移民”的数量也将不断加大。因此，在儿童早期教育和发展方面，我国将面临更大的挑战，更需要配套相应的政策措施，保障“新生”移民能从一出生就享受到与居住地儿童同样的健康、医疗、教育等服务。

此外，我国是一个多民族国家，因此在流动儿童中对少数民族流动儿童的教育过程也需要关注与重视。全国政协民族和宗教委员会主任朱维群[②]（2016）表示：据有关部门估算，目前全国少数民族流动人口约2000多万，约占少数民族总人口的五分之一，占全国流动人口的十分之一。由此可见，在流动儿童的教育问题中，从国家到地方、从政策制定到实施都需要全面考虑少数民族特有的文化与现状。这可以通过完善流动人口详细的数据库建设实现，从而更有针对性地提出相应的措施并有效地帮助不同文化、民族的流动儿童更好更快地融合，让他们充当本民族的“文化使者”，增进各民族团结，让更多的市民对国家各地区、各民族文化有更深入、广泛的了解。

2. 考虑过程公平的政策至关重要

教育入学的起点公平只是第一步，在解决流动儿童有机会进入到流入地公立学校接受教育之后，相对应的资源配置的问题上也同样需要重视。如果没有相应的配套措施，可能也会形成“形同虚设”“好心办坏事”的情形。现在“两为主”政策实施效果并不理想，究其原因：一方面因资源配置不到位导致流入地政府和学校产生压力，另一方面是对流动儿童有失偏颇的认知。

在上述国家中，芬兰在采取任何一项新的改革和创新项目时都会配以相应的财政拨款或者申请经费支持等措施，这在很大程度上激励政策实施者的实践与尝试，解决他们的后顾之忧，从而保障措施的顺利有效实施。我国的《义务教育法》规定：实施义务教育所需的事业费和基本建设投资，由国务院和地方各级政府负责筹措。近二十年来，各地流动人口的剧增使学校学额超编，教育投入的增长跟不上其所需的支出及其变化的速度，因此给流入地的地方部门带

---

① http://www.nhfpc.gov.cn/xcs/s3574/201610/58881fa502e5481082eb9b34331e3eb2.shtml.

② http://guoqing.china.com.cn/2016-12/01/content_39829515.htm.

来解决流动儿童教育问题的压力，同时也会挫伤学校解决这一问题的积极性。“两为主”政策的不断强化在一定程度上隐性地卸掉了流出地政府对于流动儿童教育的责任[①]，同时有未能给流入地政府足够的经费保障。因此，在我国现有的短期内没法解决户籍制度的情况下，国家需制定相关的教育经费投入的法律法规，明确规范中央政府、流入地省政府和地方基层政府以及流出地政府在流动儿童教育中的财政责任，设定各自的经费比例等，将经费和资源配置制度化、法制化，从而保障学校为流动儿童实施教育教学的质量和物质资源能力。

在考虑过程公平的政策还应该包括对打工子弟校的管理和评价问题。打工子弟学校是由于在 20 世纪 90 年代初期开始，流动人口大量涌入城市，流动家庭无法缴纳高额的入学赞助费而应运而生的“自救”方式。它的存在在我国社会的转型时期对于一定程度上至少保证流动儿童有学上起到了一定的作用，这其中还存在很多的问题，如资质、校舍条件、校长教师质量等，因此，当一定时期内公立学校还不能完全解决流动儿童的上学问题的时候，打工子弟学校的存在就还将存在一段时间。因此，“一概取缔”或者“任其发展”的措施都是不可取的，需要考虑如何使“在校”的流动儿童享受公平的教育，通过政策规定引导打工子弟校朝着更有利于“在校”流动儿童的学习方向发展，同时也要加大力量发挥公办校在义务教育办学上的优势和帮扶作用，通过公立校教师流动到有需要的打工子弟学校进行教学，或者帮助打工子弟校教师发展，这些过程中的公平都需要在政策中得以体现，从而进一步指导学校领导和教师的工作。

3. 结果公平不容忽视

在上述欧美国家中，政策的一个显著特点是都考虑到流动儿童在本国义务教育阶段以后的个人成长和发展。美国的 DACA 项目让流动儿童在高等教育阶段同样获益，芬兰的职业培训项目让流动儿童能够更好地适应后义务教育阶段的学习和生活。因此，教育公平不是简单地让学生“有学上”就可以，这只是一个教育的“基石”，是最基本的第一步。因此对于政策的制定应该考虑到整个教育系统，因为流动儿童的成长不仅包括 0~18 岁，应该从更长远的“人的发

---

① 葛新斌：“‘两为主’政策中的政府投入责任探析”，载于《教育发展研究》，2009 年第 2 期。

展”来系统地制定教育各个阶段有关为流动儿童提供保障的政策，这其中就包括中高考制度改革中应该对流动儿童群体有所倾斜的政策，对于不能或者不愿意进入高中或者大学的流动儿童，在职业教育和继续教育的方面都应该让流动儿童有同样的机会进入培训和学习。

如上述分析到的长期的僵硬的户籍政策阻碍了流动儿童进入学校，同样，这也将成为他们在流入地学业完成之后的就业的另一个“坎儿”。因此，对于就业、社会保障等制度的进一步完善也需要考虑到流动儿童这一群体在流入地“定居”后的一系列问题。

因此，我国各部门在制定流动儿童的相关政策的同时需要加强合作，流动儿童的教育问题不仅在教育部门，不仅考虑如何“钱随人走”，更要考虑如何支持接收流动儿童的公立学校在师资配备及编制上予以达到教育教学的标准和要求；要考虑入口的公平，同时也要兼顾过程与结果的公平；不仅要考虑技术功能层面的政策如何实施，同时更需要积极倡导文化引领层面，提高社会包容（social inclusion），全社会共同关注和关心流动儿童，转变观念，消除歧视，创设公正、平等的社会氛围。政府应发挥舆论导向，对流动儿童中成绩优异、自强自立等的典型事例以及流动人口在为城市的建设和发展过程中所做的积极贡献等优秀实例要有计划系统地通过电视、广播、网络等大众传媒加以宣传，这不仅有利于提高社会整体对于流动人口及其子女的认识，使人们共同关心流动群体；而且也有利于提高流动人口自身的认识，使其重视子女的教育，从家庭的角度更好地为儿童的成长和发展共同努力。因此政策的制定和完善是一个系统工程，需要中央政府在协调多部门共同分工与合作的情况下进行，综合考虑流动儿童教育的入口、结果和出口的全过程，将流动儿童的教育看作作为个体的“人的教育与成长”的过程，才能领航教育实现真正意义上的“全民”“全面”“均衡”，同时也为社会创设一种融洽的氛围，提高国家的综合软实力，实现人力资源强国的目标。

（二）构建支持性社区服务体系与校园环境

社区和学校作为国家政策与流动儿童个体之间的纽带，同时也是城市的细胞，直接关系到流动儿童在流入地的教育体验和成长。Reynolds[①]（2008）对英国两所中学后对比研究发现，流动儿童多的学校比之前少的情况下学校在全纳与包容方面做得更好。由 Dillon[②]（2013）教授与苏格兰格拉斯哥市政厅外语服务处合作对格拉斯哥的母语非英语的移民儿童的一项研究表明，移民学生给学校教育带来了多方面的积极地影响，其中包括教学、学业成就、多元性和行为表现，同时也发现他们是在校生中相对本土白人更易受伤害的群体。由于该类移民儿童来自不同的文化背景，在课堂教学中，他们看问题的独特视角给本土学生及教师增加了国际视野，还被认为更具有抗逆力（more resilient）。Campano 和 Ghiso[③]（2011）认为他们更应该看作“国际化人士”。

上述欧美国家经验显示，良好的社区氛围有助于流动儿童的融合，同时更有利于形成社区间的良性循环；同时，在社区内的学校环境更不容忽视，它每天都在影响着流动儿童的身心发展。因此，通过构建支持性的社区服务体系和校园环境能给流动儿童带来真正意义上的“实惠”。

1. 支持性社区服务体系

由于我国流动人口的劳动与就业的转移带来社会资本的减少和缺失，他们一般是在流出地“不安于现状”，对流入地“憧憬与期待”，因此不乏具有吃苦和上进的精神品质。在流入地承受着“被排斥”“最底层”的种种压力，为该地、该城市的发展发挥着自己的能力。在《世界移民报告 2015》中将移民看作城市建设和可持续发展的关键角色，他们为流入城市和家乡的经济、社会与文化发展都做出了不可或缺的重要贡献。因此，流动人口在流入地所居住的社区应该是“最近距离”与流入地文化连接的接口。对于流动儿童来说更是除了学校之外的另一个“天地”，可以接触流入地的同伴。社区的人文和硬件环境直接影响流动人口及其子女在“他乡”的生活体验和成长发展。Harrison[④]（1988）研

① Reynolds, G. (2008). The impacts and experiences of migrant children in UK secondary schools. Sussex Centre for Migration Research Working Paper No, 47.

② http://www.gla.ac.uk/media/media_294630_en.pdf.

③ Campano, G. and Ghiso, M. P. (2011) Immigrant Students as Cosmopolitan Intellectuals. In: Wolf, S. A. et al. (eds) Handbook of Research on Children's and Young Adult Literature. Oxon: Routledge.

④ Harrison, P. (1988) Inside the Inner City: life under the cutting edge, London, Penguin Books.

究表明，社区环境以及社区人员的素质同样会对学生产生重要的影响。Harrison 的研究将学生的教育与所生活的环境相关联，改善流动儿童生活环境和居住社区的条件会对其教育起到相关的积极作用。

在上述国家的举措中，社区时刻扮演着流动人口及子女与城市之间的“纽带”作用，让他们能更好地与本土、本地文化融合，而不是简单地“融入”，更不是“同化”。英国从 20 世纪 60 年代由 Jenkins 开始就提出“融合”的概念来解决移民问题，从此政治家和学术研究者们不断探讨如何才能做到并做好“融合”。Spencer（2011）[①] 指出，融合是一个共同作用的过程，包括移民和流入地当地居民和政府的关系以及相应的社会经济、文化对移民的有利条件，同时还有移民本身的身份认同感和归属感。因此，这是一个多层面、多视阈的概念，它涵盖的内容复杂，如流入地的移民规模、当地人的态度、地区政策和邻里社区人际关系等。各国社区在帮助流动儿童更好地了解、学习当地语言与文化的同时，尊重和鼓励他们保持并分享自己的原生文化，从而形成“多元化”社会。因此，在我国的社区管理中，构建以“儿童为中心”的支持性融合服务体系，对于流动儿童的教育也是一个不可或缺的方面。

“以儿童为中心”是以流动儿童及其家庭的原生文化和视角出发，针对他们的需求有针对性地提供帮助与服务。从物质的设施、设备到文化的包容，同时，也可以和社区内的学校合作，共同为有需要的流动儿童提供单独的语言辅导和支持，共同组织社区居民、教师、流动家长及儿童参与的文化联欢，增进相互间的了解，创设和睦的邻里和社区氛围。

2. 加强校长领导力与教师跨文化能力建设

Crul（2016）在英国卫报发表他的研究结果的时候强调：学校对于流动儿童非常重要，尤其是早期教育，如瑞典。在上述欧美国家中，无一例外的都在采取一定的措施提升学校管理和教师的能力。国际大量的实证和理论研究表明（如 Leithwood et al.，2008；Day et al.，2016），教师是在学校环境中对学生成绩和综合发展产生直接影响最大的人，校长通过对学校的有效领导和管理对学生

① Spencer, S. (2011) The Migration Debate, Bristol: Policy Press.

产生间接最大影响力[①]。例如，通过校长领导力与自主权创设适合本校移民学生的课程体系，威尔士、丹麦、爱尔兰都将本国语作为一门外语课程进行学科建设，瑞典和芬兰将流动儿童母语作为一门课程为有需要的儿童讲授。然而，这些措施的有效实现都需要培训和提高教师的教学能力及跨文化教育能力。因此，对于我国的流动儿童的现状，无论对公立学校的校长和教师，还是对打工子弟学校的管理者和教师，都应该提高其领导力和综合素质，作为教育政策的实践者应努力创建适合流动儿童的校园环境与健康氛围。

在深化课程改革的过程中，国家鼓励开发多元课程，推动学校的内涵发展，同时也提倡将民族文化进入课堂教学，但是这多指我国的少数民族文化，几乎很少关注汉文化在各省市、地区、乡镇等的不同表现形式。正如 Malinowski[②]（1960：36）对于文化的广义阐释："文化是一个集合系统，涵盖一切的工具、商品、法规、思想、信念、风俗习惯等。"不同的文化功能形成不一样的布局，文化一方面决定人的价值观念，同时也构成人的行为准则。因此，在不同的地域，有各自的地域文化，原生文化在很大程度上也会影响流动儿童的行为表现。在学校管理的过程中，校长可以通过本校流动儿童情况的数据，将流动儿童流出地的原生文化与课程建设相结合，构建适合本校发展的特色课程。

例如，为了有利于流动儿童与本地学生融合的校园文化，可以通过开设"联谊"或者"学生俱乐部"的形式，增进流动儿童与本地学生的友谊。如果该校有少数民族的流动儿童，可以开展少数民族节活动，介绍民族文化，增进跨民族理解。此外，加强教师培训，提升教师对于流动儿童教育的关注度，减少偏见必不可少。在 Goodburn[③]（2009）对北京的公立校教师的访谈中显示，有教师表示流动儿童"很难教"，并认为"原因是他们的父母素质低"。由于流动儿童在人际交往能力、对新环境的适应能力、个人智育方面的能力等相对薄弱，

---

① Leithwood, K., Harris, A., & Hopkins, D. (2008). Seven strong claims about successful school leadership. School leadership and management, 28(1), 27-42.

Day, C., Gu, Q., & Sammons, P. (2016). The impact of leadership on student outcomes: How successful school leaders use transformational and instructional strategies to make a difference. Educational Administration Quarterly, 52(2), 221-258.

② Malinowski, B. K., & Cairns, H. (1960). A Scientific Theory of Culture and Other Essays: With a Preface by Huntington Cairns. Oxford University Press.

③ Goodburn, C. (2009). Learning from migrant education: A case study of the schooling of rural migrant children in Beijing. International Journal of Educational Development, 29(5), 495-504.

招收大批流动儿童势必对教育质量产生影响。类似的认知无疑让教师在对流动儿童教育的过程中无法做到真正的关心和爱护，更谈不上提供心理、情感的支持。

流动儿童因为家庭的流动性，即便进入，面对不同的教学环境、教材、课程进度和教学方法，难免造成心理的不适应；与此同时，与本地儿童缺乏交流，得不到老师的重视，更加重自身的自卑感和对立情绪。虽然在我国，语言不是作为流动儿童进行沟通的障碍，但是来自不同省市、地区的流动儿童会受到原生文化的影响，并可能会对流入地文化的了解不够，从而造成一定的文化冲突或者恐惧，因此教师应该首先转变观念，正确认知"流动儿童"这一群体和人口流动这一现象，主动了解流动儿童的原生文化，对流动儿童应该给予更多的关心，在教学过程中防止偏见，应该对本土学生和流动儿童"一视同仁"，平等相待，消除他们原有的自卑感和恐惧心理，帮助流动儿童更快更好地适应新的学校文化，与当地文化融合；其次，学校要对教师进行相关的培训和指导，可以借鉴丹麦、瑞典、爱尔兰在这方面学校对于教师培训的举措，同时也可以结合英国早在20世纪六七十年代的《普劳顿报告》和《吉廷斯报告》中所提到的大学应该提供类似的培训课程。因此，对教师进行国内不同习俗、风土人情等区域文化的培训对于帮助流动儿童的融合也至关重要。除了培训之外，还可以借鉴丹麦的经验，让教师队伍多元化，根据本校的流动儿童的流出地分布情况，侧重招聘一些来自他省市的教师，有助于为流动儿童提供"家乡话"的交流，从而减少流动儿童在过渡期的恐慌、自卑等心理。

另外，对于薄弱学校的管理，尤其是条件艰苦、设施简陋的打工子弟学校，不能"一刀切"，完全取缔或者"不闻不问"，可以借鉴英国的经验，学校与学校之间进行合作，提高区域内学校资源的整合；同时也可以更进一步深化目前的联盟办学、委托管理、集团化办学等多种办学体制，从而让优质资源能让更多的流动学生获益，一定程度上可以缓解学校因为师资力量不能满足现有学生数量增加的现状，实现资源的区域内调整和再分配。

（三）创设良好亲子关系，重视家庭和谐，积累社会资本

作为“细胞核”的每一个流动儿童家庭，尤其父母，在流动儿童的教育过程中起到最为关键的作用。俗话说父母是人生的第一导师。学者 Harrison（1988）在 20 世纪 80 年代通过对伦敦中心城 Hackey 区的两所移民儿童比例较高的学校进行研究，结果显示，移民学生的学业成绩与学生所居住的环境及当地的经济相关，不管学校如何努力，学生在进入学校学习之前，在家所经历的营养不良、缺乏学习动力、情感缺失等情况都会影响学生的在校表现。他明确表示，家庭比学校对学生的影响更大。Crul（2016）指出，在对学业优秀的流动儿童的访谈中，绝大多数明确表示，他们受益于良好的亲子关系、和睦的家庭氛围。由于他们是每天同时至少经历两种不同文化——与父母在一起生活的原生文化及与学校师生的本土文化，因此家长的关注、支持和情感的倾注就显得更加重要。

流动儿童在各国也被认为是“边缘化”的一类群体，因此在进入流入地时会比较敏感，同时也会自尊心很强，再加上语言障碍和歧视，其身心发展容易受到伤害。因此，作为家庭导师的父母，首先需要有属于自己的身份认同，才能在家庭树立榜样作用，克服自卑或者不自信的心理；其次，家庭可以主动积极地寻求社区与学校的支持与帮助，积累社会资本，为子女的成长创造条件；第三，及时了解和关注儿童在校的表现，关心子女的心理健康，主动与教师沟通和联系。在丹麦，国家鼓励流动儿童家长参与学校管理的过程，能增强家长及儿童的身份认同，避免形成“边缘人”的心态。

四、结束语

流动儿童教育问题的解决并非一朝一夕之功，同时也非一部门所能实现。随着经济和社会发展的国际化、全球化的趋势，人口的流动会愈发的频繁，因此带来的社会问题也会更加复杂。从欧美发达国家的发展经验可以看到，结合我国的现状，一个适合流动儿童成长发展的教育机制需要通过多部门的合作与分工，建立一个与之相适应的配套制度作为基础，通过“全纳”与“社会包

容”，让流动儿童与其他儿童一样享有接受优质教育的权利；其次，通过构建支持性的社区服务体系和高水平的学校领导与教师队伍建设来为流通儿童的教育体验提供服务；通过对流动人口及其子女的人文关怀，提高家庭亲子关系，逐渐在“异国他乡”找到身份认同，不断进行社会资本的积累，从“小家”到“大家”形成良好和谐的氛围，共同为流动儿童的身心全面发展做出努力。

谢　萍　佘　宇　季早樱　执笔

参考文献：

[1] 国务院教育督导委员办公室 .2015 年全国义务教育均衡发展督导评估工作报告 .http：//www.moe.edu.cn/jyb_xwfb/xw_fbh/moe_2069/xwfbh_2016n/xwfb_160223/160223_sfcl/201602/t20160223_230102.html

[2] 刘玉兰，彭华民 . 跨文化社会工作视角下的流动儿童服务模式重构 . 学术论坛，2014（4）. http：//theory.swchina.org/research/2015/0319/21089.shtml

[3] Bălţătescu, S.（2007）. Central and eastern Europeans migrants' subjective quality of life：A comparative study. Journal of Identity and Migration Studies, 1, 67 - 81

[4] Bradshaw, J., & BENNET, F.（2007）. Tackling Child Poverty and promotin the social inclusion for children.. A Study of National Policies

[5] Burgess, S., & Briggs, A.（2010）. School assignment, school choice and social mobility. Economics of Education Review, 29（4）, 639–649

[6] California Department of Education. “Overview of Migrant Education in California.” http：//www.cde.ca.gov/sp/me/mt/overview.asp

[7] Christensen, G. and P. Stanat（2007）, Language Policies and Practices for Helping Immigrants and Second–Generation Students Succeed, The Transatlantic Taskforce on Immigration and Integration, Migration Policy Institute（MPI）and Bertelsmann Stiftung

[8] De Haas, H.（2010）. Migration and development：a theoretical perspective1. International migration review, 44（1）, 227–264

[9] de Vroome, T., & Hooghe, M.（2014）. Life satisfaction among ethnic minorities in the Netherlands：Immigration experience or adverse living conditions?. Journal of Happiness

Studies, 15 (6), 1389–1406

[10] DfE, the UK, (2015), Ethnic minorities and attainment : the effects of poverty, https : //www.gov.uk/government/uploads/system/uploads/attachment_data/file/439861/RR439A–Ethnic_minorities_and_attainment_the_effects_of_poverty.pdf

[11] Frazer, H., & Devlin, M. (2011) . An assessment of Ireland's approach to combating poverty and social exclusion among children from European and local perspectives. http : //hdl.handle.net/10147/197189

[12] Harttgen, K., & Klasen, S., (2008), Well - being of Migrant Children and Migrant Youth in Europe, http : //globalnetwork.princeton.edu/bellagio/Harttgen%20Klasen%20Final.pdf

[13] Lavenda, R. H., & Schultz, E. A. (2010) . Core concepts in cultural anthropology. McGraw–Hill

[14] Locke, D. C., & Bailey, D. F. (2013) . Increasing multicultural understanding. Sage Publications.

[15] Machin, S., McNally, S., & Meghir, C. (2010) . Resources and standards in urban schools. Journal of human capital, 4 (4), 365–393

[16] Nusche, D., Wurzburg, G., & Naughton, B., (2010), OECD Reviews of Migrant Education : Denmark, http : //www.oecd–ilibrary.org/education/oecd–reviews–of–migrant–education–denmark–2010_9789264086197–en

[17] OECD, (2006), education systems leave many immigrant children floundering, http : //www.oecd.org/general/oecdeducationsystemsleavemanyimmigrantchildrenflounderingreportshows.htm

[18] Safi, M. (2010) . Immigrants' Life Satisfaction in Europe : Between Assimilation and Discrimination. European Sociological Review, 26, 159 - 176

[19] Schnepf, S.V. (2004), "How Different Are Immigrants? A Cross–Country and Cross–Survey Analysis of Educational Achievement", IZA Discussion Paper No. 1398, IZA, Bonn

[20] Threadgold, T. R., Clifford, S., Arwo, A., Powell, V., Harb, Z., Jiang, X., & Jewell, J. (2008) . Immigration and inclusion in South Wales. Online : https : //orca.cf.ac.uk/18365/1/2290–wales–migration–cohesion.pdf

[21] UNCRC, United Nations Convention on the Rights of the Child, http : //webarchive.nationalarchives.gov.uk/20130401151715/http : //www.education.gov.uk/publications/eOrderingDownload/01099–2009BKT–EN.pdf

[22] United Nations Department of Economic and Social Affairs (UN DESA) 2012 World Urbanization Prospects : 2011 Revision. United Nations, New York, www.un.org/en/development/desa/population/publications/pdf/urbanization/WUP2011_Report.pdf

[23] United Nations Department of Economic and Social Affairs (UN DESA), (2014), World Urbanization Prospects, The 2014 Revision : Highlights. United Nations, New York. http : //

esa.un.org/unpd/wup/Highlights/WUP2014–Highlights.pdf

[24] United Nations, 2013 International Migration 2013 Wallchart. New York, www.un.org/en/development/desa/population/migration/publications/wallchart/docs/wallchart2013.pdf

[25] United Nations, 2014 World Urbanization Prospects, The 2014 Revision : Highlights., New York, http : //esa.un.org/unpd/wup/Highlights/WUP2014–Highlights.pdf

[26] United Nations Development Programme (UNDP) 2009 Human Development Report 2009 – Overcoming barriers : Human mobility and development. United Nations, New York. http : //hdr.undp.org/en/content/human–development–report–2009

[27] United Nations Economic and Social Commission for Asia and the Pacific (UNESCAP), 2014 Statistical Yearbook for Asia and the Pacific 2014. United Nations. www.unescap.org/sites/default/files/ESCAP–SYB2014_0.pdf

[28] United Nations Educational, Scientific and Cultural Organization (UNESCO) and United Nations Human Settlements Programme (UN–Habitat) 2010 How to Enhance Inclusiveness for International Migrants in our Cities : Various Stakeholders' Views, UNESCO Mexico, 2010. http : //unesdoc.unesco.org/ images/0019/001905/190592m.pdf

[29] United Nations Human Settlements Programme (UN–Habitat), 2007 State of the World' s Cities Report 2006/7 – Millennium Development Goals and Urban Stability. UN–Habitat, page iv, http : //mirror.unhabitat.org/pmss/listItemDetails.aspx?publicationID=2101

[30] UN–Habitat, 2013 State of the World' s Cities 2012/2013 – Prosperity of Cities. Routledge, New York, http : //unhabitat.org/books/prosperity–ofcities–state–of–the–worlds–cities–20122013/

[31] United Cities and Local Governments (UCLG), 2013 For a World of Inclusive Cities. Committee on Social Inclusion, Participatory Democracy and Human Rights of the UCLG, Barcelona, www.uclgcisdp.org/en/observatory/reports/worldinclusive–Cities

[32] United Nations Human Settlements Programme (UN–Habitat), 2007 International Guidelines on Decentralization and Strengthening of Local Authorities. United Nations, Nairobi. www.citieslocalgovernments.org/committees/dal/Upload/news/ladsguidelines.pdf

[33] Verkuyten, M. (2008) . Life satisfaction among ethnic minorities : The role of discrimination and group identification. Social Indicators Research, 89, 391–404

流动儿童教育问题文献综述

社会学视角对流动儿童的研究涉及从个体社会化的角度探讨其成长过程，及可能面临的困境；探究社会支持与社会资本；分析社会适应、社会融入、身份认同的问题、特点和机制。教育学视角的研究大致包括着眼于宏观层面，描述与分析流动儿童接受教育的现状，探讨其教育机会与教育公平问题；以及关注其在学校接受教育过程中的学校适应、学业表现等问题。户籍政策带来了我国特有的流动儿童教育公平问题，与此类似，移民儿童的教育公平问题也备受外国研究者的关注，为保证移民儿童获得同等的教育权利与教育机会，不同国家实施了各种促进教育公平的政策实践。此外，从理论背景来看，了解流动儿童教育获得的社会影响因素，并将“校内过程”机制前移至“求学过程”的经验性解释机制，需要纳入组织社会学的视角，讨论政策（及其制定者）与政策受体之间的动态关系，进而从教育社会学和组织社会学的交叉视角讨论特大城市流动儿童的教育获得机制。

20 世纪 90 年代初，研究者开始关注流动儿童这个群体，对群体现状进行初步调查，并探讨与他们相关的教育等问题的成因；进入 21 世纪之后，随着国务院颁布关于农民工子女教育的相关政策文件，流动儿童得到更多的关注，相关研究进入了发展和繁荣阶段，成为学界热点，研究角度更为多样，研究内容也更加深入（周皓、荣珊，2011）。

一、社会学视角

从社会学视角对城市中的流动儿童的研究主要有以下几个主题，从个体社会化的角度探讨流动儿童的成长过程，及其可能面临的困境；探究流动儿童的社会支持与社会资本；分析流动儿童社会适应、社会融入、身份认同的问题、特点和机制。

（一）流动儿童的社会化与成长

个体的社会化是一个内化社会价值标准、学习角色技能、适应社会生活的过程，家庭、学校、同辈群体和大众媒介是主要的社会化主体（郑杭生，2009）。一些学者从社会化的角度出发，探讨流动儿童群体在成长中面临的问题。许多学者从家庭、学校、社区、同辈群体等方面分析指出流动儿童社会化过程中存在的负面因素，认为流动儿童的家庭物质条件差、缺乏亲子沟通、父母教养方式不当；打工子弟学校缺乏文化传承、师资力量薄弱，加之流动频繁，使得学生在行为规范习得方面存在障碍；他们所居住的社区封闭落后、支持网络薄弱；流动儿童远离原先熟悉的同龄群体，又由于和城市儿童之间的差异，他们可能受到歧视、孤立，而出现与同龄人交往困难，缺乏认同感与归属感，因而出现孤独、焦虑、低社会信任感，甚至造成行为偏差，导致社会问题（风笑天、张毅，2003；陈黎，2007；史晓浩、王毅杰，2007；张大维、谢洪波等，2012）。

（二）社会适应

基于流动儿童可能在城市生活中面临的一些不利因素，一些学者表达了对于其社会适应状况的担忧，对流动儿童的城市社会适应状况进行了经验研究。他们采用不同的测量维度和测量方法，来描述流动儿童社会适应状况，研究所涵盖的维度包括价值观、心理适应、学习适应、社会与生活适应等；他们的研究显示，流动儿童的社会适应状况总体较好（郭良春，姚远等，2005；范兴华、方晓义等，2009；范兴华、方晓义等，2012；曾守锤，2009）；但也有学者的研究结果表明流动儿童相较于城市儿童社会适应力更低（赵青霞等，2015；王体宾、李峥、孔德荣，2015），比城市儿童存在更多的行为问题（曾守锤，2010），伴随年龄增长可能感受到更多社会排斥（郭良春、姚远等，2005）。刘杨、方晓义等（2008）通过质性研究总结了流动儿童社会适应的过程与机制，认为流动儿童的社会适应有四个发展阶段，即兴奋与好奇—震惊与抗拒—探索与顺应—整合与融入。一些学者还探究了流动儿童社会适应的影响因素，例如，父母的教养方式对流动儿童的社会适应力有显著影响，积极的教养方式有助于提高社会适应力（李峥、王体宾、孔德荣，2015）；普通话水平、流动时间、留守时间是流动儿童社会适应的稳定预测因子（曾守锤，2010）；袁晓娇、方晓义等（2009）通过对公办学校和打工子弟学校流动儿童进行对比研究，发现教育安置方式对其城市适应有显著预测作用，公办学校流动儿童的适应状况相对更好。

（三）社会融入

如果说社会适应将关注点更多地聚焦于流动儿童作为主体，在新的环境中自我调整，适应流入地的学习与生活；那么社会融入的视角将流入地的环境与文化以及社区与当地居民的接纳和认同也纳入其研究范围中。社会融入与社会排斥相对应，是指“流动人口在经济、行为、文化、观念上都融入了流入地的主流社会体系中”，并且涵盖经济、社会、文化、心理等多个层面（杨菊华，2009）。

许多学者对于影响流动儿童社会融入的因素进行了探究。任远、乔楠（2014）通过模型分析，指出流动人口社会融合受到三个层面因素的影响，即个人和家庭状况、社会参与和社会资本以及城市制度安排。诸多学者对于流动儿童社会融入影响因素的实证研究，也基本可以通过这三个方面来归纳。个人因素主要体现为流动儿童的个体心理状况，例如流动儿童的受歧视知觉（郝振、崔丽娟，2014）、归因方式和应对风格（李思霓、崔丽娟等，2009），年龄和性别也有一定影响（周皓、章宁，2003），另外，时间也是一个重要影响因素，流动儿童迁移到流入地时间越长，越倾向于融入当地社会（周皓、章宁，2003；唐有财，2009）。家庭情况对于流动儿童社会融入有影响，如父母的受教育程度，特别是母亲的受教育程度（周皓、章宁，2003）。许多学者也发现社会参与对流动儿童的社会融入有重要影响，当地社区居民对外来人口的接纳与包容程度（或者说排斥与歧视）影响着流动儿童的社会融入（周皓、章宁，2003；唐有财，2009；黄晓燕，2009）；另外，由于打工子弟居住社区与城市居民的隔离，限制了与当地居民交流的机会，这对社会融入造成负面影响（王毅杰、梁子浪，2008；黄晓燕，2009）。制度层面的影响可以总结为两方面，一方面政府对于流动儿童的教育、社会保障等方面的政策，影响着他们在流入地的生活，另一方面户籍的限制也会影响到流动儿童自我身份认同，当地居民可能会将他们贴上“外来人口”的标签，唐有财（2009）的实证研究发现地区制度和户籍政策对流动儿童社会融入有所影响。

综上所述，影响制度障碍对流动儿童社会融入有着决定性的影响作用，家庭是社会融入的基础，儿童的个体因素影响着融入的进程与深度，社会接纳则是社会融入的前提（巩在暖，刘永功，2010）。

（四）社会认同

Tajfel 于 20 世纪 80 年代提出了社会认同理论，他认为社会认同是“个人对自己属于特定的社会群体的认识，这种群体成员的资格对他有某种情感的和价值的意义”；社会认同是人们自我概念的重要组成部分，影响着态度和行为（Tajfel，1982）。许多学者的研究和分析指出，社会身份认同对迁入地社会适应和社会融入有着重要影响，流动儿童对自己身份的界定影响着他们在城市中适应新的生活和融入当地环境（袁晓娇、方晓义等，2010；王中会，蔺秀云，2012；王中会、周晓娟，2014；白文飞、徐玲，2009）。

总体而言，流动儿童对自己的身份认同处于不确定的状态，没有形成清晰的社会认同（吴新慧，2012；刘杨，方晓义，2011）。而袁晓娇、方晓义等（2010）的研究显示，流动儿童的社会认同呈现城市认同和老家认同并存的特征，且对城市的认同水平显著高于老家认同；大多数儿童的社会适应模式为同化和分离。王开庆、王毅杰（2011）则从情感归属（对自己身份群体的界定）与身体归属（由于制度和现实考虑的未来定居意愿）两方面来分析流动儿童的社会认同状况，他们发现这两个维度并不总是一致的，而呈现出多元的关系，并据此将社会认同分为融入型、隔离型、游离型和断裂型，流动儿童存在这四种不同类型的社会认同模式，且隔离型的认同模式所占比例最高。

影响流动儿童社会认同的因素主要有个体、家庭、学校、社区这四个方面。具体来说，研究者的调查分析表明，流动儿童的性别、在流入地居住时间、家庭经济地位、家庭的教导内容、亲子依恋关系类型、教育安置方式、社区的人员构成，都影响着流动儿童对自己身份的界定（袁晓娇、方晓义等，2010；王薇、罗静等，2011；王开庆、王毅杰，2011）。

二、教育学视角

接受教育是每个公民的基本权利，教育关系着儿童的健康成长与未来发展。我国流动儿童的教育政策随着问题的出现与讨论不断发展，学术界也十分关注流动儿童的教育问题。从研究方法上来看，现有的研究既有基于现状与理论的分析探讨，也有利用普查数据或全国性、地区性的抽样问卷调查的定量研究，以及通过访谈的定性研究。研究内容大致可以分为两类，一类是着眼于宏观层面，描述与分析流动儿童接受教育的现状，探讨其教育机会与教育公平问题；另一类的研究角度相对微观，关注流动儿童在学校接受教育过程中的学校适应、学业表现等问题。

（一）教育机会与教育政策

流动儿童的教育权利、教育机会与教育公平问题是研究者十分关注的主题，这部分研究着眼于宏观的制度与政策的理论分析，描述流动儿童目前接受教育的现状，并对其面临的教育不平等问题进行分析，提出政策建议。

杨菊华、段成荣（2008）使用 2000 年人口普查 0. 95% 数据，比较农村地区 11~14 岁的流动儿童、留守儿童和其他儿童的教育机会，分析结果显示流动儿童的教育机会低于留守儿童和其他儿童。有学者探讨了流动儿童失学的主要原因，首先可能是居住地的不确定性，其次是家庭经济条件影响着父母是否有能力负担孩子的教育，另外，少数家长受临时居住或“读书无用论”的影响，让孩子在家干活或照顾弟妹，致使儿童辍学（陈玉云，2004）。

许多学者对目前流动儿童在流入地接受教育中存在的不平等问题进行了原

因分析和对策探讨，主要认为户籍政策的限制、教育资源配置不均衡、政策落实程度欠缺、经费投入力度不够等造成了流动儿童受教育状况与当地儿童存在差异。张琳璘（2009）通过调研发现，与“户籍”挂钩的升学政策致使很多流动儿童被迫返乡。范先佐（2011）指出与户籍相关的证件办理手续繁杂，其后蕴藏的社会排斥阻碍了农民工子女的入学。李皎认为“分级办学、分级管理”的体制，促使公办学校不愿降低生均教育经费以接纳流动儿童（2003）。周序则指出，“以县为主”的管理体制使义务教育经费划拨在实践中造成权利和义务相错位（2014）。范先佐（2004、2011）、宋茂华（2012）等提出加强中央对于流动儿童的教育责任，以省为主负责教育经费的划分。许询（2009）、金乐（2009）等则建议借鉴美国的做法，通过“教育券”实现“钱随人走”的目标。

（二）学业表现与学校适应

关于不同的学校类型对流动儿童教育与成长的影响是学界的研究热点，学者对于在不同类型学校就读的流动儿童的学校适应、心理状况进行了实证研究，其结果倾向于支持流动儿童入读公办学校。打工子弟学校的流动儿童在幸福感、情绪调控能力、自尊水平、对社会支持的利用度方面明显低于公办学校的流动儿童，农民工子女学校的流动儿童在情绪、行为、人际交往方面出现的问题也多于公办学校中的农民工子女（中央教育科学研究所课题组，2008）；公办学校的流动儿童的学校适应状况、积极心理品质的发展优于打工子弟学校的流动儿童（李晓巍、邹泓，2009；余益兵、邹泓，2008）。这些研究的结论表明，在公办学校接受教育可能更有利于流动儿童的成长，这也为政府“两为主”的政策提供了支持。

三、国外相关政策实践

户籍政策带来了我国特有的流动儿童教育公平问题，与此类似，移民儿童的教育公平问题也备受外国研究者的关注。在国外文献中，移民儿童或流动儿童（migrant children 或 immigrant children）是指来自移民背景或少数族裔的儿童或学生。在移民人口较多的国家，例如西欧与美国，移民儿童在教育中面临的不利处境也是学者们关注的重点。研究发现，在接受教育年限、就读学校类型、辍学率、学业成就等指标上，来自移民家庭背景的学生处于弱势地位；教育的不平等在移民群体中也存在内部分化，如移民代际、迁移时间对于教育机会、教育结果有所影响（OECD，2010a；Borgna，2014）。为了保证移民儿童获得同等的教育权利与教育机会，不同国家也实施了各种促进教育公平的政策实践。

Heckmann（2008）的研究指出，移民儿童教育公平的政策涉及宏观、中观和微观层面。宏观的政策包括国家教育体制，早期教育有助于打破弱势循环，教育体制中较晚对学生进行分流能够对弱势背景学生提供更好的教育机会；中观层面聚焦于学校之中的变革，例如课程设置是否考虑到移民背景的学生、家长对学校教育的参与等；微观层面关注个人与家庭，针对具体学生与家长所面临的特殊情境、需求与资源而采取干预措施。

（一）美国——紧急移民教育计划（EIEP）

为了应对新移民学生增多的学区面临的教育问题，美国于 1984 年推动实行“紧急移民教育计划”（The Emergency Immigrant Education Program，EIEP），向州及地方教育机构提供额外教育支持，为接受初等教育及中等教育的移民儿童提供资金补助。根据移民儿童的数量，联邦政府向州政府划拨资金，由州政府向地方教育机构分配经费（U.S. Department of Education）。

EIEP 的经费可用于以下几方面：①增加父母对儿童教育参与的活动；②为移民学生提供服务人员的薪水和培训资金；③对移民学生开展的家教、辅导或咨询；④课程资料的确认与购买；⑤与学区中移民学生相关的基础设施服务。此外，美国教育部也会批准其他必要的与移民学生教育相关的费用，比如双语教育或英语课程（Osorio-O’Dea，2001）。

该项目服务的移民学生数量自 1984 年起翻了不止两番，大约 85% 的符合项目资格的学生得到 EIEP 资金支持的服务。该计划之所以十分重要，是因为它是唯一一项通过联邦立法、专门针对新移民学生的教育政策（Repique 等，2012）。

（二）芬兰——语言教育与预备课程

芬兰的教育不仅因学生在国际测试中出色的能力与表现而备受瞩目，在教育平等方面的成果与努力也十分突出。许多比较研究都发现，芬兰学生的学业成就与家庭背景相关性较弱，代际流动性较强（如 Marks，Cresswell & Ainley 2006；OECD，2010b）。与其他欧洲国家相比，芬兰的移民潮出现得较晚，从 20 世纪 80 年代开始移民者数量才出现迅速增长，由此带来对于移民家庭背景的学生教育问题的关注（Kilpi-Jakonen，2012）。

芬兰于 2004 年颁布实施《平等法案》（Equality Act（L21/2004）），禁止针对年龄、族裔、国籍、语言、宗教、性取向等多方面的歧视，该法案适用于教育及劳动就业领域。芬兰的教育政策强调对所有学生提供平等的教育机会，具体来说，对于移民儿童提供语言课程、预备课程，帮助他们更好地接受教育、完成学业。

语言问题是少数族裔学生及移民学生可能面临的困难，芬兰各地政府要求学校为母语非官方语言的学生安排专门的语言课程，帮助他们更好地融入学校和社会，学校可以向当地教育部门申请额外经费（Ministry of Education and Culture & Finnish National Board of Education，2013）。

基础教育阶段，注重为移民学生提供额外的辅导和帮助，或是鼓励他们参加免费的学前预备课程，使得他们更好地接受基础教育（Finnish National Board of Education）。另外，芬兰教育部从 2014 年开始为移民学生设置高中预备课程的计划，帮助他们更好地融入高中课堂，确保他们顺利完成高中学业（芬兰广播公司、芬兰教育部国际交流中心，2013）。

（三）瑞典——学前教育与教师培训

瑞典素有平等主义政策的传统，全面的社会福利政策惠及瑞典居民及移民人口，并且其教育体系也建立在提供平等机会的广泛社会共识基础之上，对于推动移民儿童教育公平而言打下了良好的基础（Taguma et al. 2010）。《瑞典教育法案》（The Swedish Education Act）强调儿童接受教育的平等权利，规定“全部儿童与青年，无论其性别、居住地、社会经济条件，享有在公共教育系统中获得平等教育机会的权利”。

研究发现，发达的早期教育体系有助于降低移民背景与社会经济地位对学业表现的影响（Sch ü tz and W??mann 2005，转引自 Heckmann，2008）。瑞典为学龄前儿童提供早教与照护服务（Early Childhood Education and Care，ECEC），其早期教育的政策发展始于 20 世纪 60 年代，经过 2002 年的改革，全部四岁以上的儿童可以接受至少每年 525 小时的免费学前教育。地方教育机构还提供“特殊语言学前班”（special language pre-school groups），母语非瑞典语的儿童可以参加瑞典语学习，获得母语学习支持（Korpi 2007；Taguma et al.，2010）。

瑞典教育系统强调分权与学校自主性，因此推动移民儿童教育公平政策注意到对教师与学校领导的培训，增强他们在教学活动和学校管理方面多元文化视角。2001 年瑞典因缺乏合格师资而发起对师范教育的改革，将文化交流教育（intercultural education）作为核心培训课程，通过培养具有包容性、文化敏感性的教师，增强移民儿童的教育公平性（Nicaise et al.，2005）。

四、相关理论背景

教育获得或个体的教育成就与社会分层之间的复杂关系，往往围绕着一个“双刃剑”的经典问题：从冲突论层面的教育作为代际传承的主要机制，和功能主义层面的教育作为至关重要的社会流动机制（刘精明，2005：7-8）。在这一问题上，研究者往往将重点放在地位获得更为关键的高等教育，即“寒门能否出贵子”取决于大学甚至高中的优质教育资源获得上（吴晓刚，2016；吴愈晓，2013；杨东平，2006）。这些研究论述的一个基本前提是，无论国内还是国外，政府通过教育资源扩大和教育扩张，推进并实现了小学和初中基础教育的普及，从而使人口总体的平均教育水平迅速提高。而最低限度教育的平等，无疑加强了较高阶段教育的精英地位取向意义。

在关注精英教育对社会分层结构变化影响的同时，一些学者也发现教育的延续性和累积性导致升学竞争下移，教育获得的阶层分化不断提前。从教育体制来看，教育分流存在于初中毕业的升学考试；但由于重点学校制度的存在，隐性的教育分流从小学甚至幼儿园就开始了（洪岩璧、钱民辉，2008；吴晓刚，2016；李忠路、邱泽器，2016）。李忠路和邱泽奇（2016）已关注到这种教育累积性的过程研究，探讨家庭背景通过什么机制和路径影响义务教育阶段儿童的学业成就。需要指出的是，上述研究中的基础教育已超越个体适应社会基本生存的“生存教育”意义（刘精明，2005：12–23），而是国家作为利益主体选择精英的教育技术策略，和文化资本意义上“精英教育”资源的前移争夺。然而，针对生存取向的基础教育获得的阶层结构，甚至是阶层内部分化的研究却十分稀少，而在其意义上的教育机会和最基本教育权利的平等，不仅是阶层结构中较低层级群体发展的基本诉求，更是国家教育政策维护社会整体秩序的治理需求。

在我国当前的教育制度框架中，除了职业技术教育之外，一般意义上的“生存教育”是指每个儿童都应享受的9年义务教育。在上述理论背景下，在城市适龄儿童义务教育已然普及的今天，数量庞大的流动儿童成为在我国讨论“生存教育”的重要主体。目前，针对流动儿童教育的社会科学研究多停留在户籍制度分割、教育资源配置不均、借读费负担重等传统问题的宏观描述上，这些“现状”已然因为“两为主”等政策的实施得到有效缓解。但是，在政策利好的背景下，生活在城市尤其是特大城市的流动儿童，在有教育机会、有经费支持的情况下，部分儿童却连基本的教育权利都享受不到。这实则需要在宏观背景下，探讨流动儿童教育获得的微观动力以及“以小博大”地探讨国家/地方、群体/个体各方力量相互博弈的微观机制，这是目前研究亟待关注和解决的难题。

在流动儿童教育获得的机制层面，经验研究极其匮乏。邵书龙（2010）的研究从思辨的教育政治学角度提出，政府的教育决策和执行过程是一个府际关系与利益的博弈及其副产品——城乡二元结构下社会阶层的再生产过程（邵书龙，2010：58）。这种“政策群”的思路恰恰是探讨博弈性的结构机制的进路，然而邵文却从解析“两为主”政策入手，引入“contain”概念，走向了国家利用流动儿童的教育需求，进行对流动人口“由堵转疏”的治理术的转变分析。将国家与地方混为一体，也就是说，将国家视为“政策群”的主体，其实忽略了国家和地方作为不同利益主体之间的矛盾，而这恰恰是论述应该关注的一个核心问题。流动儿童的教育绝不仅仅限于流入地、流出地的府际矛盾，而是嵌套在更为复杂的、科层组织的水平体系（中央部委机构）和垂直体系（上下级政府）下的多种权力机构的关系运作。

此外，以往研究在论及流动儿童的学业适应和社会融入问题时，均将流动人口和城市居民对立而论，这其实潜在地将流动人口视为一个同质群体，忽略了群体的内部分层以及相应的争取教育机会的资本调动和应对策略。

因此，了解流动儿童教育获得的社会影响因素，并将教育社会学实证研究关注的“校内过程”机制前移至“求学过程”的经验性解释机制；除却家庭背景这一重要自变量外，“求学过程”往往卷入更多外生变量，包括国家和地方的教育政策和城镇化政策执行所形成的错综复杂的权力关系与个体的教育选择，这需要纳入组织社会学的视角，讨论政策（及其制定者）与政策受体之间的动态关系。从教育社会学和组织社会学的交叉视角讨论特大城市流动儿童的教育获得机制。

陈玉佩　佘　宇　富晓星　执笔

主要参考文献

［1］杜越，汪利兵，周培植．城市流动人口子女的基础教育——政策与革新．杭州：浙江大学出版社，2004

［2］周佳．教育政策执行研究——以进城就业农民工子女义务教育政策执行为例．北京：教育科学出版社，2007

［3］中国进城务工农民子女教育研究及数据库建设课题组．中国进城务工农民随迁子女教育研究．北京：教育科学出版社，2010

［4］国务院发展研究中心课题组．农民工市民化——制度创新与顶层政策设计．北京：中国发展出版社，2011

［5］世界银行和国务院发展研究中心联合课题组．2030 年的中国：建设现代、和谐、有创造力的社会．北京：中国财政经济出版社，2013

［6］王列军等．完善城镇化进程中的社会政策．北京：中国发展出版社，2013

［7］国务院发展研究中心，世界银行．中国：推进高效、包容、可持续的城镇化．北京：中国发展出版社，2014

［8］杨东平．中国流动儿童教育发展报告（2016）．北京：社会科学文献出版社，2017

后　记

构筑共“童”成长梦

本书是国务院发展研究中心2016年副研以上研究人员招标课题“特大城市流动儿童义务教育问题研究”课题组的集体成果。这项课题得以顺利完成，需要感谢的人很多。首先，要感谢我们所在单位领导和同事的大力支持。作为课题顾问的国务院发展研究中心社会发展研究部部长葛延风研究员对这项研究非常支持，对研究提出了很多建设性意见，并从部门研究经费中对课题开展及成果出版予以支持。社会发展研究部的其他领导和同事在日常工作中给予的无私帮助也是我们能够顺利完成课题研究不可或缺的支持。

典型地区的调研得到了很多人的支持和帮助。课题组先后赴北京市、重庆市、上海市、广州市等地进行专题调研并开展深入的个案研究，通过参与观察、个案深入访谈、专题小组讨论等方法，获取流动儿童及其家庭城镇化、社会化、教育问题等综合性信息。其中，北京市部分调研活动从2015年11月持续至2016年6月，并在方法上予以创新，研究发展的“生命地图法”[①]可以更加直观全面地反映流动儿童家庭的整体状况。为了对上述四个城市的定性研究在研究广度和结论延伸性上予以必要补充，课题组还另行委托北京市、上海市、广州市和深圳市的社会工作机构对其服务社区内居住的非本地户籍居民进行了调查问卷的发放与回收，最后回收有效问卷607份。所到之处，均得到了流动儿童就读的公办学校、打工子弟学校以及相关政府部门（如街道、社区）的大力支持与帮助。通过对校长、老师、学生、政府工作人员（教委、街道干部等）

---

① 即将流动儿童及其父母的迁徙路线、他们目前居住的空间环境和区位、社会人口学特征以及对于家庭、教育和社会状况的访谈呈现在同一份文档中，这样从历时性和共时性两个层面可以提供更为恰切的分析和解释。

进行访谈，课题组多渠道了解流动儿童及相关群体（如打工子弟小学教师）的学习、工作和生活现状，进而扩展了对于“（仅限于）流动儿童教育公平”的理解和认识。大量一手资料的获取，使课题组对特大城市流动儿童义务教育的历史、现状、存在的问题与挑战以及下一步政策的发展等有了更加深刻的理解和把握。此外，佘宇利用 2016 年 10 月参加第二届中国教育财政学术研讨会之际，在“流动、回流与留守困境：代价与出路”分论坛上就流动人口子女教育及财政政策挑战相关议题同与会专家进行研讨；冯文猛则利用 2017 年 5 月参加暨南大学“首届流动人口子女学术研讨会暨政策论坛”之际，就如何破解当前流动儿童的教育问题同与会专家进行交流。这些对课题研究本身而言，也是受益良多的。我们要对他们表示由衷的感谢！

我们要感谢课题组的所有成员——富晓星、田阡、付来友、杨昕、高慧、曹启挺、张龙、谢萍、张建茹、张贺以及中国人民大学、西南大学、上海社会科学院、中山大学、长沙民政职业技术学院和美国瓦萨学院的部分在校生，无论是课题立项阶段，还是调研实施阶段以及报告撰写及修改阶段，他们都为最后报告的完成提供了不可或缺的帮助。

当然，这项课题还存在一些不足，还有许多问题尚需深入研究以寻求破解之道，例如：流动人口与户籍人口（原住民）之间、流出地政府与流入地政府之间的利益矛盾如何协调；新《民办教育促进法》及相关配套文件出台后，原有的打工子弟学校或接收流动儿童的民办学校又会面临哪些新的问题；人口倒挂地区流动儿童义务教育问题如何有效解决；流动儿童后义务教育阶段的教育权利（即同等享受高中阶段及高等教育权利）如何保障；等等。我们想，这些都是课题组后续研究需要予以关注的内容。因此，本书呈现给各位读者的仍然是阶段性的研究成果，课题组会继续为破解特大城市流动儿童义务教育困境尽一份绵薄之力。

最后，谨以本书献给所有关注特大城市流动儿童义务教育问题的机构及个人。

佘　宇　冯文猛

丁酉冬于北京